国际政治经济学通论
（第二版）

2nd edition
General Theory of International Political Economy

王正毅 著

图书在版编目(CIP)数据

国际政治经济学通论/王正毅著.—2版.—北京：北京大学出版社，2022.11
21世纪政治学规划教材.国际政治系列
ISBN 978-7-301-33554-3

Ⅰ.①国… Ⅱ.①王… Ⅲ.①世界经济政治学—高等学校—教材 Ⅳ.①F11-0

中国版本图书馆CIP数据核字(2022)第201442号

书　　　名	国际政治经济学通论(第二版)
	GUOJI ZHENGZHI JINGJIXUE TONGLUN(DI-ER BAN)
著作责任者	王正毅　著
责 任 编 辑	徐少燕　韩月明
标 准 书 号	ISBN 978-7-301-33554-3
出 版 发 行	北京大学出版社
地　　　址	北京市海淀区成府路205号　100871
网　　　址	http://www.pup.cn
新 浪 微 博	@北京大学出版社　　@未名社科-北大图书
微信公众号	北京大学出版社　　北大出版社社科图书
电 子 邮 箱	编辑部 ss@pup.cn　　总编室 zpup@pup.cn
电　　　话	邮购部 010-62752015　　发行部 010-62750672
	编辑部 010-62753121
印 刷 者	北京虎彩文化传播有限公司
经 销 者	新华书店
	730毫米×980毫米　16开本　28印张　487千字
	2010年9月第1版
	2022年11月第2版　2023年12月第2次印刷
定　　　价	79.00元

未经许可，不得以任何方式复制或抄袭本书之部分或全部内容。
版权所有，侵权必究
举报电话：010-62752024　电子邮箱：fd@pup.cn
图书如有印装质量问题，请与出版部联系，电话：010-62756370

第二版前言

随着中国不断融入、参与甚至引领世界体系，中国学术界迫切需要更多既能反映国际学术界前沿动态又能体现中国视角的国际政治经济学教材。《国际政治经济学通论》2006年入选普通高等教育"十一五"国家级规划教材，2010年由北京大学出版社出版。承蒙学术界同行和广大读者的厚爱，出版后重印五次。

2008年全球金融危机之后，世界政治经济出现了巨变，为了能在课堂上尽快反映这些变化，笔者在《国际政治经济学通论》第一版的基础上进行了修订。再版修订工作主要集中在如下五个方面：

第一，全书的篇章结构。为了压缩篇幅，删除第一版中的序言"构建一个国际政治经济学的知识框架"和介绍古典政治经济学理论范式的三章（第二章"财富、贸易与古典重商主义"、第三章"工业革命、霸权与古典自由主义"和第四章"'革命'与古典马克思主义"）以及第一版中全部16个专栏和索引。全书由第一版的15章压缩为现在的12章。

第二，关于国际政治经济学学科的发展，主要涉及总论"国际政治经济学：知识谱系、理论范式与研究方法"。与第一版相比，第二版在总论中，主要对20世纪90年代以来盛行于国际学术界的开放经济政治学的基本内容进行了细化（第三部分），同时增加了2008年全球金融危机在研究议题、理论范式和学术共同体上对国际政治经济学的影响（第四部分），并对国际政治经济学在中国的新近发展进行了概括性总结（第五部分）。

第三，关于国际政治经济学的理论演进，主要涉及国际政治经济学兴起时学者们构建的五大理论：相互依存理论（第二章）、霸权稳定理论（第三章）、国家主义理论（第四章）、依附理论（第五章）、世界体系理论（第六章）。这五大理论不仅催生了国际政治经济学,为国际政治经济学的发展奠定了理论范式和研究路径基础(第七章第二节和第三节),而且引起了国际关系学界三次大的理论论战,推动了国际关系研究的理论创新(第七章第一节)。与第一版相比,第二版主要进行如下修订:(1)在第二章"相互依存理论:合作与国际机制"中,主要增加了新相互依存论,对经济全球化背景下相互依存理论的继承者对早期相互依存论的修正和发展进行了总结(第三节第三部分)。(2)在第三章"霸权稳定理论:霸权与世界经济"中,主要增加了霸权秩序论,对全球化和新兴经济体兴起背景下霸权稳定论的继承者对早期霸权稳定论的修正和发展进行了总结(第三节第三部分)。(3)在第四章"国家主义理论:国家利益、权力结构与对外经济政策"中,围绕着三位国家主义者发表的经典文献,对国家主义的基本观点进行了提炼,并对相应章节的标题进行了修改(第二节)。(4)在第五章"依附理论:核心与边缘"和第六章"世界体系理论:世界经济、历史体系与文明"中,由于依附理论是世界体系理论的思想来源之一,所以对重复的内容进行了删减。(5)在第七章"全球化与国际政治经济学:超越范式之争?"中,主要增加了2008年全球金融危机后国际政治经济学不同学派之间的范式争论及其融合发展的趋势(第一节第四部分)。

第四,关于国际政治经济学的实证分析,主要涉及国际政治经济学五个主要专题领域(国际贸易、国际货币和金融、跨国直接投资、国家发展、地区主义)。与第一版相比,第二版主要进行了如下修订:(1)在第八章"国际贸易的政治学"中,对20世纪70年代国际贸易三种传统范式面临的困境进行了改写(第二节第四部分),分别从以社会为中心的研究路径和以国家为中心的研究路径对政府对外贸易政策偏好的具体表现进行了改写(第三节)。(2)在第九章"国际货币和金融的政治学"中,主要对2008年全球金融危机后国际货币基金组织的改革及其成效进行了改写(第四节第二部分)。(3)在第十章"跨国公司、国家与全球价值链"中,主要对跨国公司为何进行跨国生产和如何塑造全球价值链进行了改写,增加了国家在全球价值链中所面临的两难困境和应对困境的政策选择(第三节第二部分),还增加了对国际投资协定发展历史进程的分析(第三节第三部分),以及对国家在全球价值链或全球生产链中发挥何种作用的分析(第四节第一部分)。(4)在第十二章"地区主义的政治经济学"中,增加了欧洲一体化进程的内容,并对欧洲一体化与亚太区域化的特征进行了比较(第二节),增加了"21世纪海上丝绸之路"倡议(第三节第二部分),删除了第一版中的第四节"全球学者参与的区域化研究?"。

第五,在结语"理解中国道路:国家战略目标、制度调整与国际力量"中,将原标题中的"理解中国转型"改为"理解中国道路",增加了 2013 年以来的相关政策内容,并对相关数据进行了更新。

本书的修订获得 2020 年度北京大学教材建设立项,得到了北京大学教材建设委员会和教务部的资助,在此深表谢意。在编辑过程中,北京大学出版社社会科学编辑室徐少燕主任和韩月明编辑反复通读书稿,字斟句酌,她们的专业眼光和敬业精神着实为本书增色不少,唯愿本书能够成为一本经得起时间考验的专业性教材。当然,书中的缺点和不足完全由我本人负责,敬请学术界同仁和广大读者不吝赐教。

王正毅

2022 年 8 月于北京大学

第一版前言

从1989年开始作为一名高校教师从事国际关系,特别是国际政治经济学的教学和研究以来,在亲历国际政治经济学在中国的发展的过程中,我一直希望写一本既能反映国际学术界前沿动态又能体现中国视角的国际政治经济学教材。呈现在读者面前的这本《国际政治经济学通论》就是我在过去20年教学和科研中的心得的总结。

一

本书之所以能够完成,最直接的动力莫过于各个层次的学生(本科生、硕士生、博士生和博士后)在课堂上的不断激励。"师者,传道授业解惑也",在过去20年教学中,不管哪个层次的学生,在学习国际政治经济学这门课的过程中大多会面临如下"四个困惑"。

困惑之一:国际关系与国际政治经济学的关系是什么?尽管从20世纪90年代以来中国国际关系学界普遍意识到国际政治经济学的重要性,但如何将国际政治经济学作为国际关系研究的一个重要组成部分并进行理论上的创新,却是学生们普遍感到困惑的问题。在我看来,造成这种困惑的原因主要有两个:一是对西方国际关系理论历史演进的知识谱系把握不足,特别是对20世纪70年代以来西方,尤其是美国国际关系学界所出现的三次理论论战的本质了解不够透彻;二是分析性工具的学术训练严重不足,这就使得学生们习惯于经验描述,而或多或少地缺乏理论分析。本书的序言"构建一个国际政治经济学的知识框架"、总论"国际政治经济学:知识谱系、理论范式与研究方法"和第十章"全球化与国际政治经济学:超越'范式之争'?"主要是回答这一困惑的。

困惑之二:全球政治经济学还是全球化与国际政治经济学?进入21世

之后,在国际学术界,许多学者将其著作或教材命名为"全球政治经济学"(Global Political Economy),这是否意味着"全球政治经济学"已经作为一门独立学科而取代了以往的"国际政治经济学"?在我看来,这种称谓的改变只是反映了国际政治经济学的研究议题所立足的现实背景发生了变化,即从20世纪70年代的美国霸权衰退到90年代以来的经济全球化,但国际政治经济学的研究议题并没有多大变化。事实上,国际政治经济学自20世纪70年代产生以来,一直围绕着两个既相互关联又各自独立的领域展开研究:一个是国内政治和国际政治经济之间的相互作用,另一个是国际体系。冷战的结束和全球化的深入虽然对这两个研究领域的一般理论趋向和具体的研究纲领产生了广泛的影响,但并没有改变国家仍然是国际关系的行为主体(虽然不是唯一的主体)这一现实,所有经济要素(资本、技术、信息和劳动力)的流动和管理仍然是以国家为基本分析单位的。本书的第一章"世界体系与国家兴衰"就是从世界历史的角度帮助学生们理解全球化、国家与市场之间的关系。

困惑之三:国际政治经济学与经济学(或国际经济学)的关系是什么?有学生说,如果学习国际政治经济学,那我还不如直接学习经济学或国际经济学。造成这种困惑的原因大致有两个:一是受经济学所取得的"成就"影响,因为经济学在过去40年的全世界社会科学界都是一门"显学",这既与经济学在分析工具上的飞速发展密切相关,也与全球劳动市场的需求相关联;二是对经济学的误解,尽管许多学生看不懂经济学模型,但仍然认为经济学是最贴近现实的。我一直认为,要想更好地把握国际政治经济学,国际经济学的基本原理应该是必备的,但国际政治经济学与国际经济学最大的区别在于,国际政治经济学将政治或制度作为一个内生变量,以此弥补经济学将政治作为一个外在变量所出现的各种不足。出于这种考虑,本书在"国际政治经济学的实证分析"部分的每一章(第十一章至第十四章)都增设了国际政治经济学在该领域(国际金融和货币、国际贸易、直接投资、发展与转型)的核心研究议题,以此与国际经济学相区别。

困惑之四:国际政治经济学的学术训练与政策研究的关系是什么?学习国际政治经济学对于理解"中国的崛起"是否有用,是中国学生在学习国际政治经济学过程中普遍感到困惑的问题。造成这种困惑的原因主要有两个:第一,国际政治经济学的发展主要是以美国为中心的"国际组织学派"和以英国为中心的"英国学派"推动的,并且主要基于发达国家,特别是经济合作与发展组织国家的经验,一般很少关注中国的经验,一些学者(特别是西方国家的中国问题专家)即使是对中国的经验进行总结,也主要是运用来自西方发达国家经验的既有范畴来"切割"中国的经验;第二,中国学者更多的是从事经验描述性的对策研究,而且在描述过程中没有将"政治和社会动员语言"(如"分灶吃饭""下岗""抓大放小")转化成学术语言(如"财政改革""失业""产业政策"),因而在理论创新上严重不足。为此,本书特别增列第十四章"经济发展、国家与全球化"和第十五章"地区主义的政治经济学:以亚洲区域合作为例",并且在结语"理解中国转型:国家战略目标、制度调整与国际力量"中增加了中国学者提出的"进程主导模式"和"社会主义市场经济是一种功能性的制度设计",为学生们理解中国在过去30年如何应对国内政治经济和国际政治经济的关联性提供一个理论分析框架。

二

本书之所以能够完成,也得益于我过去20年在国际关系,特别是国际政治经济学领域所从事的科研工作。

我对国际政治经济学这门学科的兴趣始于1990年,当以"经济增长和发展"为题准备博士学位论文时,我触及国际学术界关于发展的两个命题:发展是单一国家的行为,因而存在一种普遍的发展模式;发展是国家在区域或世界体系中的行为,因而受制于所处的国际体系。在我的博士学位论文(后以《边缘地带发展论:世界体系与东南亚的发展》为名于1997年由上海人民出版社出版)中,通过对东南亚10个国家的经济增长和发展的经验进行历时性的结构分析和共时性的比较分析,我证实了一个观点:任何国家的发展都是在某种国际体系中的发展。

1994—1995年,我有幸赴美国纽约州立大学和法国社会科学高等研究院,在伊曼纽尔·沃勒斯坦(Immanuel Wallerstein)教授的指导下从事博士后研究,对马克思主义的国际政治经济学(依附理论和世界体系理论)进行了比较系统的学习,回国后出版了《世界体系论与中国》一书(商务印书馆2000年版);1996—2000年,在美国亚洲国际问题研究促进会(PISA)的支持下,我与美国加州大学圣迭哥分校迈尔斯·卡勒(Miles Kahler)教授和日本防卫研究所高木诚一郎教授共同承担"国际政治经济学与亚太区域化"国际合作项目,在为期四年的学术活动中,我们共举办了两次国际会议和三次国际研讨班,对现实主义的国际政治经济学(国家主义理论)和自由主义的国际政治经济学(相互依存理论、霸权稳定理论)进行了比较深入的探讨和研究。在这些学术活动的基础上,我发表了《国际政治经济学:历史、理论与方法》一文(《欧洲》2002 年第 1 期),对国际政治经济学理论进行了简要梳理。

在进行国际政治经济学理论学习和研究的同时,我尝试将国际政治经济学的理论范式用于现实经验研究,主要集中于发展问题(以东南亚为例)、转型问题(以中国为例)、亚太区域化(以商业网络和制度建设为例)、跨国投资的政治分析(以东亚资本流动为例)、东亚国际体系(以区域认同为例)以及中国的社会重新建构(以中国社会科学史为例)等方面的研究,先后完成了《边缘地带发展论:世界体系与东南亚的发展》(上海人民出版社 1997 年版)、《东亚国际体系何以成为可能?》(《世界经济与政治》1997 年第 2 期)、《国家利益是合法性相互制约的利益》(《中国社会科学季刊》1997 年 8 月)、"Inherit or Transfer: A Dilemma in Reconstructing Chinese Social Reality"(*Review*, Vol. 21, No. 3, 1998, pp. 327-382)、"Industrial Distribution Channels in the People's Republic of China Market"(Sam Dzever and Jacques Jaussaud, eds., *China and India: Economic Performance and Business Strategies of Firms in the Mid-1990s*, St. Martin's Press, 1999, pp. 113-131),以及"Contending Regional Identity in East Asia: Market-Led, Institutions or Social Reconstruction?"(*East Asian Review*, Vol. 13, 2010, pp. 15-40)。同时,我还主持教育部"资助优秀年轻教师基金"项目"亚太区域化的政治经济学分析"(1999—2002)和教育部"跨世纪优秀人才(人文社会科学)培养计划"基金项目"区域化理论及冷战后亚太区域化现实研究"(2000—2003)的研究工作,最终出版了《亚洲区域合作的政治经济分析:制度建设、安全合作与经济增长》(上海人民出版社 2007 年版)。

出于专业建设需要,我曾与南开大学国际经济研究所张岩贵教授合作,于 2003 年出版了《国际政治经济学:理论范式与现实经验研究》,其中,我负责导论、理论部分和结束语部分,张先生负责现实部分。在之后的教学和研究中,学界同行和学生们在肯定该书的同时,也指出该书的四个不足:一是对国际政治经济学的定义不明确;二是没有反映国际学术界在 20 世纪 90 年代中期以后的发展趋势;三是理论部分和现实部分脱节;四是对中国改革开放 30 年成功的现实经验没有反映。作为学术回应,我一方面发表文章,如《争论中的国际政治经济学:编写〈国际政治经济学:理论范式与现实经验研究〉有感》(《世界经济与政治》2004 年第 5 期)、《理解中国转型:国家战略目标、制度调整与国际力量》(《世界经济与政治》2005 年第 6 期)、"Conceptualizing Economic Security and Governance: China Confronts Globalization"(*The Pacific Review*, Vol. 17, No. 4,

2004, pp. 523-546),《超越"吉尔平式"的国际政治经济学：1990年代以来IPE及其在中国的发展》(《国际政治研究》2006年第2期),《构建一个国际政治经济学的知识框架：基于四种关联性的分析》(《世界经济与政治》2009年第2期)等；另一方面,我着手撰写一部新的国际政治经济学著作,以弥补这些不足。2006年我申报的《国际政治经济学通论》入选普通高等教育"十一五"国家级规划教材。(同时,由我主持的课程"国际政治经济学"于2008年被评为"北京市精品课程"和"国家级精品课程"。)考虑到张岩贵教授的身体状况,我不得不独自耗费4年时间来完成这项相当艰巨的任务,撰写一本在体系和内容上既能反映国际学术界前沿动态又能体现中国视角的全新著作(除了理论部分的八大理论是在我原来撰写的内容基础上进行局部修改之外,其余部分全部是重新写就的,以避免理论和现实的脱节)。这本《国际政治经济学通论》的特色主要体现在如下几个方面：

第一,构建一个完整的知识框架。在国际政治经济学40年的发展过程中,经过两代学者的努力,无论是就定义和研究议题,还是就研究方法和内容,已经形成了一个相对完整的知识框架。本书的序言和总论意在为学生们勾画出一个关于国际政治经济学的总体图景。

第二,从原著中理解理论范式。国际政治经济学虽与传统的国际政治和国际经济有关联,但又有所不同,这种关联性和差异性首先体现在其理论范式上。正是这些理论范式决定了国际政治经济学研究的视角和方法。本书在分析理论研究的进展中,主要立足于各种理论范式提出时的原创性著作和文章的分析。

第三,分析主要现实经验。国际政治经济学在过去40年的发展中对现实经验分析的专题有很多,本书主要集中于全球政治经济的历史与结构、国际金融和货币、国际贸易、跨国投资、发展与转型、地区主义这六大专题的研究,但这并不意味着其他问题不重要。这一方面是因为我自己的知识结构和学术视野的局限,像环境和气候问题、能源和资源问题、劳动力的跨国流动问题等未能列入本书；另一方面,我认为这六大问题是目前以及今后相当长一个时期内中国在融入世界经济以及国际体系的过程中急需了解并解决的问题。

第四,追踪国际学术界前沿动态。在我看来,从事国际政治经济学研究的学者们在过去40年大致可以被划分为两代。20世纪70—80年代的学者可以称为第一代学者,他们的主要贡献在于不但打破了传统国际关系研究中高级政治和低级政治二分法,而且打破了视国家为"黑匣子"这个现实主义的基本假设,促使国际关系研究在20世纪70—80年代展开了两次大的论战,推动了国际关系研究的进程;20世纪90年代中期以来的学者可以被称为第二代学者,他们的主要贡献在于将"利益"与"制度"作为两个核心范畴,强化理性主义的分析工具,构建出一个相对完整的国际政治经济学的分析框架,推动了国际关系研究中"自由制度主义"的发展。本书的第十章"全球化与国际政治经济学:超越'范式之争'?"主要从国际关系理论演进的角度阐述了这一历史进程和最新发展趋势。

第五,体现中国视角。毫无疑问,国际政治经济学起源于美国和欧洲学术界,这是否意味着美国和欧洲国家之外的学者只能是知识的消费者? 在我看来,中国学者要成为知识的生产者也许有许多途径,但立足于中国的现实经验,特别是中国融入世界经济的成功经验,是成为国际政治经济学领域知识生产者的一个重要途径。本书的结语就是基于这一思考的理论雏形。这里需要特别指出的是,这一分析框架是就中国改革开放30年经验的思考,只是回答了国际经济如何影响中国,而随着中国在世界经济中地位的加强,中国如何影响国际政治经济,将是未来30年或更长时间内需要中国学者以及国际学者共同回答的问题。

三

我由衷地感谢我所供职的北京大学国际关系学院。2002年,北京大学国际关系学院决定加强国际政治经济学这门学科的建设,我有幸来到这所我仰慕已久的著名学府任教,正是北京大学兼容并包的学术传统和国际关系学院宽松的学术氛围,为国际政治经济学在中国的飞速发展和制度化提供了广阔的平台。

感谢我的学生们。根据过去20年的教学经验,我发现,本科生、硕士研究生和博士研究生对国际政治经济学这门课的要求和希望是不同的:本科生希望对这门课程有一个框架性的了解,所以基本概念和范畴、基本研究方法和总结性的资料必不可少;硕士研究生希望对原著和已有的研究成果有一个比较深入的理解;而博士研究生则更多是希望了解最为前沿性的研究课题以及相关的论点和资料。本书尽量满足这三个层次学生的要求,在理论深度和资料广度上呈现出某种梯度性。

特别感谢我所指导的博士生和博士后,作为导师的我不能肯定给予了他们多少知识,但我可以肯定的是,我们在一起是怀着对知识的敬畏和对人生的憧憬,相互学习和交流,彼此分享所得(如本书第十一章第二节"汇率制度选择的三种解释模式"是在我和专攻货币合作的曲博博士合写的论文的基础上修改而成的;第十三章第一节中关于"跨国公司与国内政治"的三个专栏则是专攻跨国直接投资的钟飞腾博士提供的;熊洁博士不辞辛苦地帮我查阅了难以计数的资料并提出了许多宝贵意见;董昭华博士和博士后研究人员郑雪飞通读了全稿并指出了许多被我疏漏的错误)。每当他们进行论文选题时,我总是先问我自己"选题是否具有价值和前沿性";每当他们的论文有所进展并弥补我在某些知识领域的不足时,我常常感叹古人"长江后浪推前浪"这样的佳句所蕴含的哲理;每当我看到他们的论文能够出版,为国际政治经济学在中国的进一步发展添砖加瓦时,内心的欣慰难以言表,我没有愧对他们的父母、他们的亲朋好友以及他们自己对我的期待。

感谢国内和国际学术界的同行们。在过去20多年的学术交往中,他们不但能包容我直爽的性格,而且还能倾听和分享我的学术见解,激励我对知识的执着追求。这里,尤其值得一提的是伊曼纽尔·沃勒斯坦(耶鲁大学)、罗伯特·基欧汉(Robert O. Keohane,普林斯顿大学)、彼得·卡赞斯坦(Peter Katzenstein,康奈尔大学)、海伦·米尔纳(Helen Milner,普林斯顿大学)、迈尔斯·卡勒(加州大学)、戴维·莱克(David Lake,加州大学)、雷文修(John Ravenhill,澳大利亚国立大学)、谢淑丽(Susan Shirk,加州大学)、肖恩·布雷斯林(Shaun Breslin,英国华威大学)、阿米塔·阿查亚(Amitav Acharya,美利坚大学)。作为我的导师,沃勒斯坦曾给我一个令我终身受益的知识框架,让我将求学阶段所接受的哲学、经济学、社会学和历史学知识完美地结合起来;米尔纳曾为我列出美国一流大学的学生们学习国际政治经济学必读的16本名著,我们正在合作将这些著作陆续翻译介绍到中国学术界;雷文修在我修改本书书稿时将他新近主编出版的 *Global Political Economy* 的第二版惠寄给我,缩短了本书和国际学术界的差距;莱克将他主编的 *International Political Economy: Perspectives on Global Power and Wealth* 推荐给我,这才有了该书的影印版(北京大学出版社2003年版);卡勒是我多年的学术合作朋友,他让我了解了欧洲区域制度主义研究的前沿;卡赞斯坦和阿查亚为我提供了国际学术界从建构主义研究亚洲区域合作的近况;谢淑丽和布雷斯林让我明了西方学者眼中的或多或少有点局限的中国政治经济;基欧汉不但呼吁国际学术界更多地了解全球政治经济中的中国和中国学术界关于国际政治经济学研究的状况,而且身体力行为我指导的博士生们提供博士后训练的机会,帮助他们成为具有国际学术视野的人才。

综观人类历史,为师者,大致可以分为三类:一类是"教师",帮助学生进行知识积累,所谓"传道授业解惑也";一类是"专家",是那些在某一专门领域有所建树之人;一类是"思想家",是那些思想创造性超越某一专门领域并对人类历史进程产生影响者。我从未奢望成为后两类人,但我却一直在思考如何成为一名合格的教师。在我看来,作为一名合格的教师至少应该具备两个标准:一是教师自己应该有一个相对完整的知识框架,帮助学生进行知识积累;二是培养一批优秀的学生,使其不但具有知识,而且具有智慧和情趣。20年过去了,我万不敢说我已经实现了这两个目标,但我能确定的是,我一直在为这两个目标而努力,并将一直努力下去。

王正毅

2009年11月于北京大学朗润园

目 录

总　论　国际政治经济学：知识谱系、理论范式与研究方法 …………… 1
　　一、国际政治经济学：定义及其争论 ……………………………… 1
　　二、霸权衰退与IPE范式的确定(20世纪70—80年代) …………… 5
　　三、全球化与国际政治经济学的深化(20世纪90年代—
　　　　2008年) ……………………………………………………… 12
　　四、全球金融危机与国际政治经济学的分化(2008年至今) …… 18
　　五、国际政治经济学在中国的发展：成就与挑战 ………………… 24

第一章　世界体系与国家兴衰 ……………………………………………… 28
　第一节　世界体系与历史时段 ………………………………………… 29
　　一、第一个时段：1500—1750/1800 ……………………………… 30
　　二、第二个时段：1800/50—1914/45 ……………………………… 31
　　三、第三个时段：1945—2035 …………………………………… 31
　第二节　世界体系的基本动力 ………………………………………… 33
　　一、国家生存空间 …………………………………………………… 33
　　二、国际贸易与金融 ………………………………………………… 35
　　三、科学和技术 ……………………………………………………… 37
　　四、国际制度与战争 ………………………………………………… 39
　第三节　世界体系的历史遗产 ………………………………………… 40
　　一、民族国家和国际体系 …………………………………………… 40
　　二、世界经济与全球经济 …………………………………………… 40
　　三、学术意识形态和政治意识形态 ………………………………… 41

国际政治经济学的理论演进

第二章 相互依存理论：合作与国际机制 …… 47
第一节 相互依存论的兴起 …… 47
一、20世纪50—60年代的现实主义 …… 47
二、20世纪60—70年代相互依存的社会现实 …… 51
第二节 相互依存论的基本观点 …… 54
一、相互依存的概念和特征 …… 54
二、复合相互依存：特征和过程 …… 56
三、相互依存与国际机制 …… 60
第三节 相互依存论的贡献及面临的挑战 …… 64
一、相互依存论的理论贡献 …… 64
二、相互依存论面临的挑战 …… 66
三、新相互依存论 …… 68

第三章 霸权稳定理论：霸权与世界经济 …… 70
第一节 霸权稳定论的兴起 …… 70
一、资本主义的第二个黄金时期 …… 70
二、20世纪70年代资本主义的危机 …… 73
第二节 霸权稳定论的基本观点 …… 75
一、理解霸权的三种模式 …… 75
二、霸权和国际体系的稳定 …… 78
三、霸权周期和国际体系的变革 …… 84
第三节 霸权稳定论的影响和局限性 …… 89
一、霸权稳定论的影响 …… 89
二、霸权稳定论的局限性 …… 90
三、霸权秩序论 …… 92

第四章 国家主义理论：国家利益、权力结构与对外经济政策 …… 95
第一节 国家主义理论的复兴 …… 95
一、日本和新兴工业化国家的兴起 …… 96
二、美国带头推行新贸易保护主义 …… 96

三、欧洲区域一体化的深化 …………………………………… 97
第二节　国家主义理论的基本观点 ……………………………………… 98
　　一、国家权力与跨国经济关系 ………………………………… 99
　　二、国内政治结构、国际力量与对外经济政策 ………………… 111
　　三、国家利益与外交政策 ……………………………………… 119
第三节　国家主义理论的贡献及面临的挑战 …………………………… 125
　　一、国家主义理论的贡献 ……………………………………… 125
　　二、国家主义理论面临的挑战 ………………………………… 127

第五章　依附理论：核心与边缘 ……………………………………… 131
第一节　依附理论的兴起 ………………………………………………… 131
　　一、现代化理论的崛起 ………………………………………… 132
　　二、现代化理论面临的困境 …………………………………… 136
　　三、依附理论的产生 …………………………………………… 137
第二节　依附理论的基本观点 …………………………………………… 138
　　一、依附的定义和形式 ………………………………………… 139
　　二、中心—外围的结构 ………………………………………… 141
　　三、外围社会的一般形态及其发展 …………………………… 144
第三节　依附理论的贡献和争论 ………………………………………… 147
　　一、依附理论的贡献 …………………………………………… 147
　　二、依附理论的争论 …………………………………………… 148

第六章　世界体系理论：世界经济、历史体系与文明 …………………… 150
第一节　世界体系理论的兴起 …………………………………………… 150
　　一、世界体系理论的社会现实起源 …………………………… 151
　　二、世界体系理论的学术思想起源 …………………………… 151
　　三、世界体系理论的分析方法起源 …………………………… 156
第二节　世界体系理论的基本观点 ……………………………………… 161
　　一、单一的世界经济 …………………………………………… 161
　　二、多重国家体系 ……………………………………………… 167
　　三、作为一种文明的世界体系 ………………………………… 173

第三节　世界体系理论的影响及其争论 …………………… 174
　　一、世界体系理论的影响 ………………………………… 174
　　二、世界体系理论的争论 ………………………………… 179

第七章　全球化与国际政治经济学：超越范式之争？ …………… 184
　第一节　国际关系理论论战与国际政治经济学 …………… 184
　　一、自由主义挑战古典现实主义 ………………………… 185
　　二、新自由主义/自由制度主义与新现实主义的论战 …… 187
　　三、理性主义与建构主义的论战 ………………………… 189
　　四、国际政治经济学：美国学派、英国学派、批判理论，
　　　　还是其他？ …………………………………………… 191
　第二节　国内政治与全球政治经济：政策偏好与制度选择 … 198
　　一、以体系为中心的研究路径 …………………………… 198
　　二、以国家为中心的研究路径 …………………………… 199
　　三、以社会为中心的研究路径 …………………………… 200
　　四、以行业间生产要素流动为中心的研究路径 ………… 201
　第三节　国际体系：机制/制度设计与战略选择 …………… 204
　　一、国际体系面临的困境：共同利益困境和共同失利困境 … 204
　　二、理性选择、机制/制度与国际合作 …………………… 206
　　三、制度设计、战略互动与博弈论 ……………………… 210

国际政治经济学的实证分析

第八章　国际贸易的政治学 ……………………………………… 225
　第一节　贸易政治学的核心议题：政治联盟、对外贸易政策与
　　　　　全球贸易机制 …………………………………………… 225
　　一、贸易与政治联盟 ……………………………………… 225
　　二、国内政治过程与对外贸易政策 ……………………… 226
　　三、贸易政策的外部性与国际机制 ……………………… 227
　第二节　关于国际贸易的三种传统范式及其困境 ………… 228
　　一、自由主义的国际贸易理论 …………………………… 228
　　二、现实主义的国际贸易理论 …………………………… 230

三、结构主义的国际贸易理论 ………………………………… 232
　　　四、传统范式的困境 …………………………………………… 234
　第三节　新政治经济学:政府偏好与对外贸易政策 ……………… 235
　　　一、国内政治联盟 ……………………………………………… 236
　　　二、国家与产业政策 …………………………………………… 242
　第四节　全球贸易制度安排:从 GATT 到 WTO ………………… 246
　　　一、自由贸易与贸易保护之争(1860—1945) ……………… 247
　　　二、捍卫自由贸易的临时性协定:GATT(1947—1994) …… 250
　　　三、全球贸易制度:WTO(1995 年至今) …………………… 259

第九章　国际货币和金融的政治学 …………………………………… 267
　第一节　国际货币和金融政治学的核心议题:汇率制度选择和
　　　　　国际货币体系 …………………………………………… 267
　　　一、货币及货币的政治职能 …………………………………… 267
　　　二、汇率及汇率政治三难 ……………………………………… 268
　　　三、国际货币体系及其治理 …………………………………… 269
　第二节　汇率制度选择的三种解释模式 …………………………… 271
　　　一、霸权国家偏好 ……………………………………………… 271
　　　二、国内社会利益集团 ………………………………………… 274
　　　三、国内政治制度 ……………………………………………… 276
　第三节　汇率政策与国际货币体系 ………………………………… 278
　　　一、国际货币体系:演进与困惑 ……………………………… 278
　　　二、地区货币合作:最优货币区理论及欧元的诞生 ………… 287
　第四节　金融危机与国际货币体系 ………………………………… 299
　　　一、全球金融危机 ……………………………………………… 299
　　　二、国际货币基金组织的改革 ………………………………… 304
　　　三、建立新的国际金融体系? ………………………………… 310

第十章　跨国公司、国家与全球价值链 ……………………………… 313
　第一节　直接投资政治学的研究议题:直接投资、国内政治与
　　　　　国际机制 ………………………………………………… 314
　　　一、跨国投资:直接投资与间接投资 ………………………… 314

二、跨国公司与国际机制 …………………………………………… 314
　　三、跨国公司与国内政治 …………………………………………… 315
第二节　直接投资的政治经济学：三种理论模式及其超越 ………… 316
　　一、自由主义的分析模式 …………………………………………… 316
　　二、激进学派的研究路径 …………………………………………… 320
　　三、国家主义的研究路径 …………………………………………… 323
　　四、超越传统的理论范式 …………………………………………… 325
第三节　跨国公司与国际机制 ………………………………………… 326
　　一、跨国公司与世界经济的结构变革 ……………………………… 326
　　二、跨国公司：作为一个独立的行为体？ ………………………… 330
　　三、跨国公司与国际投资协定 ……………………………………… 339
第四节　跨国公司与国内政治 ………………………………………… 347
　　一、跨国公司与国家 ………………………………………………… 347
　　二、对外直接投资的流出与母国国内政治 ………………………… 349
　　三、外国直接投资的流入与东道国国内政治 ……………………… 351

第十一章　经济发展、国家与全球化 …………………………………… 355
第一节　发展/转型政治学的核心议题：经济发展/转型、国家与
　　　　全球化 ………………………………………………………… 355
　　一、经济增长与发展 ………………………………………………… 355
　　二、经济转型与转型国家 …………………………………………… 356
　　三、发展/转型的政治经济学 ……………………………………… 357
第二节　发展经济学：理论进展及其挑战 …………………………… 359
　　一、线性阶段经济增长理论 ………………………………………… 359
　　二、新古典结构变动理论 …………………………………………… 360
　　三、国际依附理论 …………………………………………………… 363
　　四、争论中的"发展型国家"模式 ………………………………… 364
第三节　转型的政治经济学：两种模式及其争论 …………………… 367
　　一、转型的政治经济学：规范性研究与实证性研究 ……………… 368
　　二、大爆炸模式与渐进主义模式 …………………………………… 369
　　三、制度变革、市场经济与全球化 ………………………………… 371

第十二章　地区主义的政治经济学 …… 377
第一节　地区主义研究：从理性主义走向建构主义 …… 377
一、国际制度研究方法 …… 378
二、大国关系和国内政治研究方法 …… 379
三、建构主义：地区主义研究的另一种方法 …… 380
第二节　竞相走向地区合作：欧洲一体化与亚太区域化 …… 382
一、欧洲一体化与欧洲联盟 …… 382
二、亚太区域化与开放的地区主义 …… 384
第三节　亚洲区域合作：四种相互竞争的区域合作观念 …… 386
一、雁行发展模式 …… 386
二、"21世纪海上丝绸之路"倡议 …… 387
三、势力均衡论和大国协调论 …… 389
四、东盟方式 …… 390
第四节　区域合作的亚洲方式：合理性及其局限性 …… 392
一、区域合作的亚洲方式的合理性 …… 393
二、区域合作的亚洲方式的局限性 …… 395

结　语　理解中国道路：国家战略目标、制度调整与国际力量 …… 399
第一节　关于中国转型的两种不同理论解释 …… 399
一、趋同论 …… 399
二、实验说 …… 400
第二节　国家战略目标、国内约束与制度调整 …… 401
一、中央和地方的关系 …… 401
二、政府和企业的关系 …… 403
三、富裕和贫穷的关系 …… 405
第三节　国际资本、商业网络、工业生产周期与制度调整 …… 406
一、直接投资与贸易 …… 406
二、海外华人商业网络 …… 408
三、国际工业生产周期 …… 409
第四节　作为一种制度创新的社会主义市场经济 …… 410

主要参考文献 …… 413

图 目 录

图 0-1 IPE 主要理论、方法和知识传统背景及其相互关系 …………… 11
图 7-1 协作博弈 …………………………………………………… 213
图 7-2 协调博弈 …………………………………………………… 215
图 7-3 保证型博弈 ………………………………………………… 216
图 7-4 劝说型博弈 ………………………………………………… 218

表 目 录

表 0-1　国际关系中政治和经济的关联矩阵 …………………………………… 8
表 2-1　现实主义和复合相互依存条件之下的政治进程 ……………………… 59
表 3-1　世界出口（1938—1974） ………………………………………………… 71
表 3-2　康德拉季耶夫周期和霸权/竞争 ………………………………………… 87
表 5-1　对依附的不同看法 ……………………………………………………… 139
表 7-1　新自由主义与新现实主义的论战 ……………………………………… 188
表 7-2　利益、战略选择与制度解决利益分配问题的难易度 ………………… 219
表 8-1　1947—1994 年的 GATT 谈判 …………………………………………… 253
表 8-2　发展中国家占世界出口的份额 ………………………………………… 257
表 10-1　1990—2018 年外国直接投资和国际生产的若干指标 ……………… 327
表 10-2　国际投资协定的历史演变 ……………………………………………… 340

总 论
国际政治经济学：知识谱系、理论范式与研究方法

国际政治经济学（International Political Economy, IPE）产生于20世纪70年代的美国和欧洲。在过去半个多世纪里，从最初作为一门课程，到成为国际关系的一个重要研究领域，IPE取得了长足的发展，在有些大学，IPE的发展甚至到了超越政治学和国际关系学的地步。[①] 这里首先对IPE过去半个多世纪在西方学术界以及中国学术界的进展做出一个总结性的评估，以期回答如下四个问题：20世纪70—80年代的IPE发展的特点是什么？20世纪90年代中期以来的IPE有何重大学术进展？2008年全球金融危机对IPE的发展有何影响？如何评估IPE在中国的发展？

一、国际政治经济学：定义及其争论

从20世纪70年代国际政治经济学产生以来，尽管经过三代学者[②]的努力，国际政治经济学无论在研究的深度上还是传播的广度上都有了新的突破，但关

[①] 关于IPE在美国和英国大学的发展状况，可以参阅R. Denemark and R. O'Brien, "Contesting the Canon: International Political Economy at UK and US Universities," *Review of International Political Economy*, Vol. 4, No. 1, 1997, pp. 214-238。

[②] 第一代是20世纪70—80年代推动国际政治经济学研究的学者，第二代是20世纪90年代中期至21世纪初深化国际政治经济学研究的学者，第三代则主要指2008年全球金融危机以来年轻一代的学者。这里提出的第一代国际政治经济学学者与第二代国际政治经济学学者的划分，主要基于如下三个标准：是否接受过国际政治经济学的专业学术训练；是否建立了一个国际政治经济学的学术共同体；是否在理论范式上有所创新以及在研究方法上有重要突破。如果以这些标准来衡量，第三代学者与第二代学者的区别远不如第二代学者与第一代学者的区别那样大。国内学术界最早关于代际的划分，可以参阅（转下页）

于国际政治经济学的定义一直处于争论之中。①

20世纪70—80年代第一代国际政治经济学学者研究的目标是，将经济要素作为一个内生变量置于国际关系研究中，打破传统的国际关系认为国际关系就是国际政治关系的局面。所以，第一代国际政治经济学学者对国际政治经济学进行定义的核心是寻求**国际关系研究中政治和经济的关联性**。其中，最典型的是英国的苏珊·斯特兰奇(Susan Strange)和美国的罗伯特·吉尔平(Robert Gilpin)的定义：

> 我对国际政治经济学研究所下的定义是，这门学科是研究影响到全球生产、交换和分配体系，以及这些体系所反映出来的价值观念组合的社会、政治和经济安排。这些安排不是天赐的，也不是偶然机会带来的。它们是人类在自己确定的体系与一套自己确定的规则和惯例中做出选择的结果。②

虽然把政治经济学看作经济学理论与方法的具体应用是十分有益的；但这仍然未能给学术研究提供一个完美的框架。概念、变量以及因果关系等分析方法在这方面尚未得到发展，政治及其他非经济因素经常被忽视。事实上，政治经济学理论或方法的统一，需要对社会变化的过程有比较全面的理解，其中也包括对社会经济、政治以及其他各方面相互作用的方式的认识。因此，我在使用"政治经济学"这个术语时，仅仅是指运用折中的分析方法与理论观点加以研究的问题。这些问题由当代政治学和经济学的集中体现——国家和市场的相互作用而产生，涉及国家以及它的政治作用如何影响生产和财富的分配，尤其是政治决策与政治利益如何影响经济活动分布，以及这种活动的成本及利润的分配等方面。反过来，这些问题

王正毅：《超越"吉尔平式"的国际政治经济学：1990年代以来IPE及其在中国的发展》，《国际政治研究》2006年第2期。国际学术界最早关于代际的论述，可以参阅 Benjamin J. Cohen, *International Political Economy: An Intellectual History*, Princeton University Press, 2008(本杰明·J. 科恩：《国际政治经济学：学科思想史》，杨毅、钟飞腾译，上海人民出版社2010年版)；Robert O. Keohane, "The Old IPE and the New," *Review of International Political Economy*, Vol. 16, No. 1, 2009, pp. 34-46。

① Helen Milner, "Reflections on the Field of International Political Economy," in Michael Brecher and Frank P. Harvey, eds., *Millennial Reflections on International Studies*, University of Michigan Press, 2002, pp. 623-636; Nikolaos Zahariadis, ed., *Contending Perspectives in International Political Economy*, Harcourt Brace & Company, 1999.

② 〔英〕苏珊·斯特兰奇：《国家与市场(第二版)》，杨宇光等译，上海人民出版社2006年版，第13页。

也涉及市场和经济力量如何对国家和其他政治行动主体之间权力与福利的分配施加影响,尤其是这些经济力量如何改变政治与军事力量在国际上的分布。仅仅国家或市场都不是主要的,至关重要的是它们的相互作用、相互关系及其周而复始的变化。①

如何解决学术界这种将政治和经济分离因而难以解释国际社会现实的状况,便成为20世纪70—80年代国际政治经济学的倡导者们首先关注的问题,正如一位学者所描述的那样:

> 按照国际政治经济学一些最基本的教科书,国际政治经济学主要讨论世界经济在政治上被组织的方式,或者政治无政府状态如何和国际经济合作相协调——政治组织和经济职能的不一致。更为准确地说,国际政治经济学是国际关系中政治因素和经济因素的结合,核心问题是**如何定义这种结合**。②

进入20世纪90年代中期以后,随着国际政治经济学研究的深入,第二代国际政治经济学学者则更多地关注如何寻求政治和经济的关联性。在寻求政治和经济关联的过程中,强调**国内和国际的关联性以及国家和社会的关联性**是第二代国际政治经济学学者的共同特征。其中,最具代表性的是美国的海伦·米尔纳(Helen Milner)、莉萨·马丁(Lisa Martin)和戴维·莱克(David Lake)的定义:

> 这一领域的定义并不是很明确,而且通常是由两种独特的方式来定义的。一方面,国际政治经济学被定义为国际关系研究中所有不是安全研究的东西;另一方面,国际政治经济学被定义为涉及经济自变量或经济因变量,例如经济要素作为原因或者作为后果的经济结果。……第一种定义是一种比较宽泛的定义,它包括不是安全方面的所有问题,尽管所有这些问题是重要的,但它们并不都是国际政治经济学的领域。……第二种相对狭窄的定义更富有启发性,它假设经济要素是这个领域中一个不可分割的部分。政治和经济的相互作用,或者更狭窄地说国家和市场的相互作用,是

---

① 〔美〕罗伯特·吉尔平:《国际关系政治经济学》,杨宇光等译,上海人民出版社2006年版,第6—7页。
② Bjorn Hettne, ed., *International Political Economy: Understanding Global Disorder*, Fernwood Publishing, 1995, p. 2.

国际政治经济学的关键。它包括如政府的政策选择这样的政治因素是如何影响经济结果,特别是市场运行的。反过来说,它也包括经济现象是如何通过改变行为体的偏好以及能力从而改变政治运行的方式。……没有经济要素组成的现象,不属于国际政治经济学的研究。①

经过多年[的努力],一种替代的组织方式出现在国际政治经济学的研究中,即人们所熟悉的2×2模式。一方面,我们可以问,命题是否集中在利益或者制度的解释性作用上;另一方面,我们可以问,命题中的解释要素是否根植于国内层面或国际层面。……除了国内和国际的相互作用,或者利益和制度的相互作用,国际政治经济学中[已有]的几乎所有的路径都能在这一分析框架中找到合适的位置。②

国际政治经济学主要集中于国际经济交换的政治学研究。它在本质上是一种探究领域,而不是一种方法论,经济模型只是被应用于政治现象研究。这一领域主要由两类问题组成:(1)国家如何、何时以及为何开放自己,使得货物、服务、资本和人员跨界流动?在这一类问题中,开放是一个因变量,或者说是一个需要解释的结果,而政治是一个自变量或原因变量。经济理论假设自由和无限制的国际商业通常能够提高福利水平,[这导致]许多幼稚的政治分析家主张国家应该不断地开放。相反,国际政治经济学立足的现实是,[国家]开放在历史上是比较罕见的,也是很有问题的,因而是需要解释的。(2)融入(或不融入)国际经济如何影响个人的利益、行业的利益、生产要素的利益,或国家的利益,进而影响国家的政策?这里,政治是一个因变量,而一个行为体如何确定自己在国际经济中的地位则是一个自变量。在现实中,这两类问题通常是融合在一起的,但为了研究方便,几乎所有的分析者都只研究这个因果圈中的一半。③

仔细比较一下第一代国际政治经济学学者和第二代国际政治经济学学者关于国际政治经济学的定义的共同性和差异性,我们可以对国际政治经济学做出如下定义:国际政治经济学主要研究国际体系中经济要素(资本、技术、劳动

---

① Helen Milner, "Reflections on the Field of International Political Economy," in Michael Brecher and Frank P. Harvey, eds., *Millennial Reflections on International Studies*, pp. 624-625.

② Lisa Martin, "International Political Economy: From Paradigmatic Debates to Productive Disagreement," in Michael Brecher and Frank P. Harvey, eds., *Millennial Reflections on International Studies*, p. 654.

③ David A. Lake, "International Political Economy: A Maturing Interdiscipline," in Barry R. Weingast and Donald Wittman, eds., *The Oxford Handbook of Political Economy*, Oxford University Press, 2006, p. 758.

力和信息)的跨国流动对国际体系、国家和国家之间的政治关系与国家内部政治结构和过程的影响,反之亦然。这种定义自然将国际政治经济学的研究议题分为三类:一类是全球层面的问题,包括国际金融与货币体系、国际贸易体系、跨国生产(跨国直接投资)、国际环境、国际秩序(资本主义体系)以及全球化;一类是区域层面的问题,包括区域化(例如欧洲区域化、亚洲区域化等)、联盟经济;一类是国家层面的问题,包括发展问题、转型问题、国家竞争力问题等。依照这种定义,国际政治经济学的研究涉及三种关联性:一是政治和经济的关联性;二是国内和国际的关联性;三是国家和社会的关联性。

国际政治经济学与国际政治不同:国际政治主要立足于国际关系中的政治和军事因素,即使涉及经济要素,也是将其作为一个外在变量;而国际政治经济学在讨论国际关系时,将经济要素作为一个内在变量,探讨经济要素的流动对政治关系的影响。

国际政治经济学也不同于国际经济学,主要表现在两个方面:一是国际经济学假设世界市场是完全市场,特别是立足于新古典经济学的国际经济学更是如此,而现实中的世界市场是不完全的,国际经济学不能解释世界市场中存在的诸如"联盟经济"的现象;而国际政治经济学正是立足于世界市场是不完全的这一现实基础之上,主张对这种不完全市场的原因以及结果进行研究。二是国际经济学假设维护世界市场的制度因素(例如国家、霸权、国际组织)是可以忽略的或者是外在的,但在现实中,世界市场是创造出来的,在世界市场创造过程中,国家是作为一个内在变量参与其中的;国际政治经济学主要研究国家在参与世界市场的创造过程中是如何分配利益的,以及这种分配对国家利益的影响。

二、霸权衰退与 IPE 范式的确定(20 世纪 70—80 年代)

国际政治经济学产生于对 20 世纪 60 年代末 70 年代初国际体系内发生的几件大事的反思:一是世界范围内的经济衰退;二是尼克松冲击以及由此引发的国际货币体系从固定汇率制向浮动汇率制的转变;三是美国霸权的衰退;四是欧洲区域合作的初步成功。对这些重大事件进行反思的学者既有来自政治学界的,也有来自经济学界的,虽然他们的学术背景并不完全相同,但他们所关注的研究议题以及所使用的研究方法却有许多共同之处。正是这些研究议题和研究方法框定了 IPE 在 20 世纪 70—80 年代的理论范式。

(一) 研究议题

就研究议题而言,按照海伦·米尔纳教授的总结,这一时期的学者们主要关心如下五个核心命题,以此向20世纪60—70年代的国际关系研究提出挑战①:

(1) 在经济要素日益重要的情况下,军事力量是否仍然有用?事实上,罗伯特·基欧汉(Robert O. Keohane)和约瑟夫·奈(Joseph S. Nye, Jr.)的《权力与相互依存》主要就是回答这一问题的。与汉斯·摩根索(Hans J. Morgenthau)在《国家间政治:权力斗争与和平》中主张权力政治的核心是军事这一命题不同的是,基欧汉和奈认为复合相互依存具有三个特征:社会之间的多渠道联系、问题之间没有等级之分以及军事力量起次要作用。在复合相互依存下,军事力量并不总是被当作一个国家反对另一个国家的手段。比如,在联盟以及与敌对集团的政治、军事关系上,军事力量起着非常重要的作用,但在解决盟国之间在经济问题上的分歧时,军事力量可能是毫无作用的。

(2) 美国的霸权是否在衰退?这方面的著作主要有查尔斯·金德尔伯格(Charles P. Kindleberger)的《1929—1939年世界经济萧条》与苏珊·斯特兰奇的《国家与市场》。前者对英国在1929—1939年世界经济萧条中的作用进行了分析,认为英国不愿也不能发挥霸权作用是导致当时经济萧条的主要原因,以此类推,20世纪70年代世界经济萧条也反映出美国霸权正在衰退。而后者则认为,世界市场中存在着权力结构,这种权力结构决定了各个国家的实力,由于美国仍然在世界权力结构中处于主导地位,所以美国的霸权并没有衰退。

(3) 为什么在国内政治结构和国际主张上非常相似的发达国家,对待相同的石油危机却做出了非常不同的反应?这个问题激发了学者们对国内政治利益的研究,而且主要集中在对发达工业化国家的国内政治利益的研究。其中,最具影响力的是彼得·卡赞斯坦(Peter Katzenstein)的《国内和国际力量与对外经济政策战略》,卡赞斯坦以六个发达国家(美国、联邦德国、英国、意大利、法国和日本)为案例,提出了研究对外经济政策的两点主张:一是从国家(官僚政治系统)和社会相互关系的角度研究对外经济政策,以此克服只基于美国经验的国内官僚政治研究方法的局限性;二是在研究对外政策,特别是对外经济政策

---

① 海伦·米尔纳教授在她那篇被广泛引用的论文中以"问题解决"方式总结了这一阶段IPE的研究议题。参见Helen Milner, "Reflections on the Field of International Political Economy," in Michael Brecher and Frank P. Harvey, eds., *Millennial Reflections on International Studies*, pp. 623-636。

时,将国际力量和国内政治结构(包括统治联盟和政策网络)结合起来,以此克服单独运用两种方法固有的局限性。这种方法为20世纪90年代中期以后寻求国内政治和国际关系关联性的研究路径奠定了基础。

(4)为什么欠发达国家一定是处于边缘区,并在经济上处于依附地位?这方面出现了著名的依附理论和世界体系理论。这些理论认为,发达国家和发展中国家处于一个体系之中,这个体系就是起源于欧洲的资本主义世界经济。资本主义世界经济在长期的历史过程中形成了核心—边缘(依附理论)或核心—半边缘—边缘(世界体系理论)的经济结构,这种结构之所以能持续,主要是由于核心和边缘存在着一种不等价交换关系,处于边缘区的国家只能依附核心区而发展。

(5)20世纪70年代的经济危机是否意味着石油输出国组织(OPEC)、国际货币基金组织(IMF)、世界银行(World Bank)和国际能源机构(IEA)等在世界政治中的地位提高了?这方面比较突出的成果是斯蒂芬·克拉斯纳(Stephen Krasner)的《国际机制》和雷蒙德·维农(Raymond Vernon)的《主权困境》。前者虽然是一位现实主义者,但同时看到了国际机制对国家的影响,认为国际机制本身并不总是随着国家的衰退而消失,有时,国家已经衰退了,而由衰退的国家制定的机制仍然在起作用。后者则假设,在一个相互依存的世界经济中,经济力量占据主导地位,跨国公司以及国际或者区域制度在国际体系中发挥着主要作用。

(二) 研究路径

就研究路径而言,我们可以发现,这一阶段IPE研究的核心问题是寻求国际经济关系中政治(国家)和经济(市场)的关联性,至于依据何种路径(政治学的、经济学的、政治经济学的还是其他)来研究国际经济关系中政治和经济的关联性,则是IPE创立以来一直在争论的问题。如果依据研究路径来看这些争论,我们大致可以将其归纳为两类:

一类是单一的历史社会科学。在IPE中,依据这种路径的比较成熟的流派,当推以劳尔·普雷维什(Raul Prebisch)和特奥托尼奥·多斯桑托斯(Theotonio Dos Santos)为代表的依附理论和以伊曼纽尔·沃勒斯坦(Immanuel Wallerstein)为代表的世界体系理论,当然也包括以罗伯特·考克斯(Robert Cox)为代表的批判学派。这种路径暗含的逻辑是,政治和经济本来是一个领域,同时存在于单一的资本主义世界经济的历史和结构之中。这种方法主要从社会经济历史的角度探讨已经形成的历史的结构和过程,并且假定在这种历史过程中,政治和经济是一个领域,不是两个不同的逻辑。

另一类就是寻求政治和经济的关联性。这种路径暗含的逻辑是,政治(政治学)和经济(经济学)是两个不同的领域,因此,进行政治经济学的分析主要是寻求政治和经济的关联性,我将其概括为政治和经济的关联矩阵(见表0-1)。在IPE中,这种方法是作为主流方法出现的,也就是我们所熟悉的理性主义,其中比较成熟的理论包括相互依存理论、霸权稳定理论、国家主义理论、联盟经济等。

表 0-1 国际关系中政治和经济的关联矩阵

问题领域	方法	
	作为一种探究方法的政治学	作为一种探究方法的经济学
作为一个探究领域的政治学	传统的政治分析(用政治学的方法研究政治领域的问题)	公共选择或新经济政治学(用经济学的概念、假设和方法探究政治问题),在国际政治经济学中最为典型的是相互依存理论
作为一个探究领域的经济学	新政治经济学(用政治学的方法和概念来探究经济活动),在国际政治经济学中最为典型的是霸权稳定理论、国家主义理论、联盟经济	传统的经济分析(用经济学的方法研究经济领域的问题)

(三) 学术意识形态与特征

就学术意识形态而言,与继承19世纪以前的古典政治经济学密切相关,在IPE中也形成了三大学术意识形态,即现实主义(国家主义理论、霸权稳定理论)、自由主义(相互依存理论)和马克思主义(依附理论和世界体系理论)。

这样,国家(政治)与市场(经济)的关联性成为20世纪70—80年代IPE构造理论范式时所关注的核心议题。政治学家罗伯特·吉尔平和苏珊·斯特兰奇以此为基础,分别在20世纪80年代(1987年、1988年)的教科书中对IPE进行了总结[①],由此框定了IPE的基本理论范式、研究议题和学术意识形态。后来

---

① Robert Gilpin, *Political Economy of International Relations*, Princeton University Press, 1987; Susan Strange, *State and Market: An Introduction to the International Political Economy*, Pinter Publishers Limited, 1988.

的莉萨·马丁将其概括为"吉尔平式"(Gilpin's typology)的国际政治经济学。[①]
我个人更愿意将这一时期(20世纪70—80年代)的IPE学者称为第一代IPE学者,他们的共同特征主要有:(1)他们并没有经过IPE的训练,其学术背景或为政治学(如美国的罗伯特·吉尔平、斯蒂芬·克拉斯纳、罗伯特·基欧汉、彼得·卡赞斯坦,英国的苏珊·斯特兰奇),或为经济学[如美国的理查德·库珀(Richard N. Cooper)、查尔斯·金德尔伯格],或为历史学(加拿大的罗伯特·考克斯),或为社会学(如美国的伊曼纽尔·沃勒斯坦);(2)他们在各自供职的大学里主持IPE研究项目或类似IPE的项目,讲授IPE方面的课程,培养IPE方面的博士生。我们可以将这一时期称为IPE发展的早期阶段。

这里的问题是:以吉尔平为代表的第一代IPE学者所奠定的IPE有哪些主要特征?在20世纪90年代以后又面临哪些挑战?后来的学者在哪些方面继承了第一代学者所奠定的框架?又如何克服和超越第一代学者所面临的挑战?

第一代学者所奠定的IPE主要有以下四个特征:

(1)以国家和市场的关联性为核心。在这一点上,似乎这一时期所有的IPE学者达成了共识。但在政治和经济的具体关联上,侧重点又各有不同。概括起来,大致形成了如下三种研究路径:一是吉尔平的国家权力分析法。吉尔平式的国家—市场关联性的核心在于国家,他的基本假设是国家是单一的、理性的,国家的作用在于影响和改变财富的分配和分布,进而改变和影响权力的分配和分布。二是斯特兰奇的权力结构论。斯特兰奇式的国家—市场关联性的核心在于世界市场,她的基本假设是世界市场本身就是一种权力结构,可概括为四个领域的权力结构,即安全结构、生产结构、金融结构以及知识结构,国家在这四个领域中所拥有的权力不同,决定了国家的财富和实力的差异。三是彼得·卡赞斯坦和罗伯特·基欧汉的国家—社会联系论,我将其称为"中间路径"。这种路径力图打破国家是单一的、自治的这一假设。所不同的是,彼得·卡赞斯坦关注的是国内政治结构和社会的联系如何影响一个国家的对外经济政策,而罗伯特·基欧汉则关注国内社会和国际社会的(多渠道)联系如何影响一个国家的议事日程。

(2)与国际关系理论和古典政治经济学相关联。在20世纪70—80年代,

[①] Lisa Martin, "International Political Economy: From Paradigmatic Debates to Productive Disagreement," in Michael Brecher and Frank P. Harvey, eds., *Millennial Reflections on International Studies*, p. 654.

当学者们讨论 IPE 的研究议题和方法时,大多力图借用古典政治经济学的理论范式并在国际关系领域内进行讨论,因而主要任务在于确定研究范式,借用莉萨·马丁的话来说就是所谓的"范式之争"。① 因此,在这一时期,IPE 的理论范式主要与古典政治经济学和国际关系理论自身的发展密切相关。

IPE 与古典政治经济学的关联性在于,IPE 主要从古典政治经济学的知识谱系中寻求政治和经济的关联性,图 0-1 给出了 IPE 中比较盛行的 IPE 与古典政治经济学的关联。

IPE 与国际关系的关联性则主要在于,研究国际关系的学者们围绕着霸权衰退和世界政治经济变革展开了争论,这些争论不仅催生了国际政治经济学,而且推动了国际关系大理论的构建。其中最为突出的大理论包括:关注国际经济中国家之间政治合作的相互依存论,关注开放的国际经济体系的稳定和权力分配的霸权稳定论,关注国际体系中不平等发展的依附理论和世界体系论,以及关注国际组织作用的国际机制理论。

(3) 以霸权和国际制度的论争为主线。从 20 世纪 60 年代末对欧洲一体化的研究开始,一批学者开始从经济联系的角度挑战现实主义。从一般理论趋向上来讲,这一时期主要是现实主义和自由主义的争论,即著名的"两次论战",而就具体的研究纲领而言,则集中体现为霸权稳定论和国际制度研究的相互竞争。自由主义从新功能地区一体化理论(50—60 年代)、相互依存理论(70—80 年代)到新自由制度主义(90 年代),其核心就是力图证明世界政治并不如现实主义设想的那样悲观,国际制度能够促进国家间合作。而以吉尔平、克拉斯纳等为代表的现实主义学者,则强调国际经济关系只有放在国家权力框架内才能得到理解。因此,霸权稳定论就成了现实主义者辩驳自由主义的重要研究纲领。这一时期的 IPE 研究始终围绕着全球市场和民族国家的关系展开,其基本假设是全球市场与民族国家的关系处于紧张状态:一方主张全球市场的发育或侵蚀国家主权,或决定民族国家的经济发展;另一方则坚持民族国家(特别是霸权国家)能够有效地控制市场力量。双方争论的焦点是市场和政府两种力量哪种占主导地位,而不是研究世界市场和民族国家是如何互动的。

(4) 初步形成了一个"国际政治经济学"学术共同体。尽管在这一时期,学者们关于何为国际政治经济学、如何做国际政治经济学研究存在很大争论,

---

① Lisa Martin, "International Political Economy: From Paradigmatic Debates to Productive Disagreement," in Michael Brecher and Frank P. Harvey, eds., *Millennial Reflections on International Studies*, p. 654.

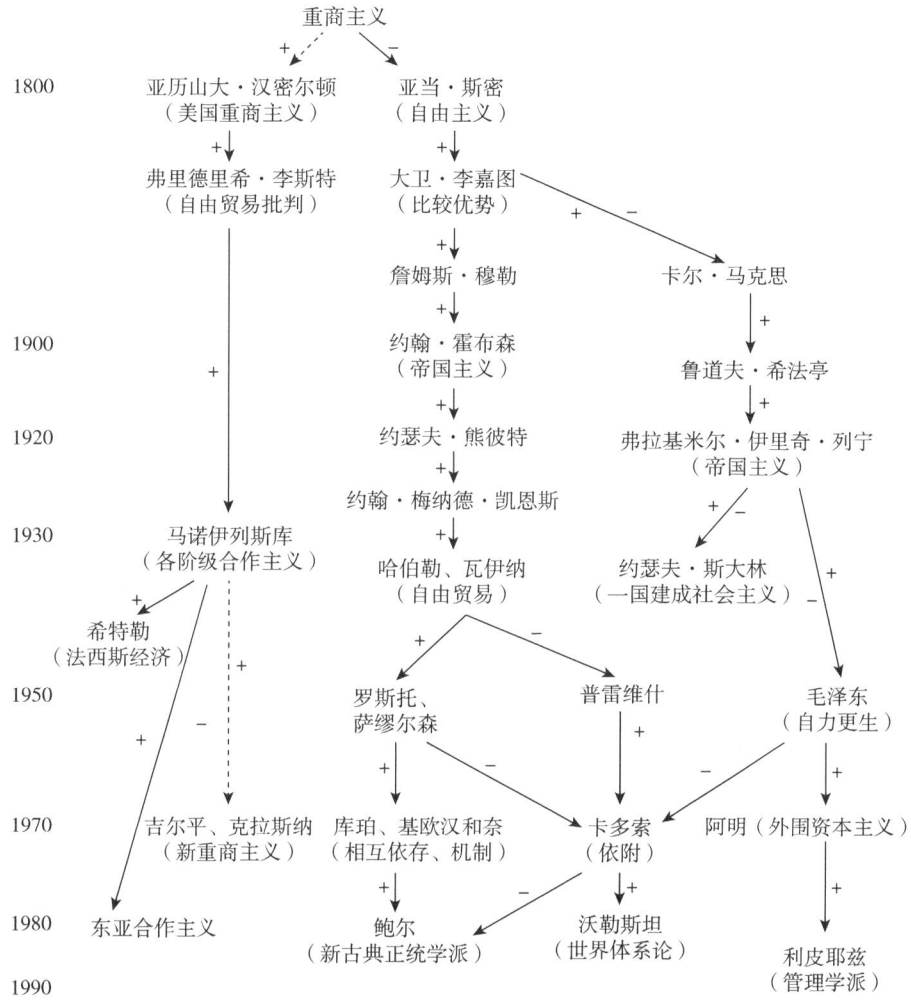

图 0-1　IPE 主要理论、方法和知识传统背景及其相互关系

说明：这一框架表示如下关系：实线表示直接影响，虚线表示间接影响；总体上在原有基础上进一步发展的理论(+)，基本上是相反的理论(-)，两种情况混合存在(+/-)或(-/+)。

资料来源：Thomas J. Biersteker, "Evolving Perspectives on International Political Economy: Twentieth-Century Context and Discontinuities," *International Political Science Review*, Vol. 14, No. 1, 1993.

但一个关于 IPE 的学术共同体已经初步形成。这具体表现在如下几个方面：第一，在国际问题研究联合会(International Studies Association)之下设立国际政治经济学分会(IPE Section)，并且从 1985 年起出版《国际政治经济学年鉴》(*International Political Economy Yearbook*);第二,不但在《国际组织》杂志和《世界政治》杂志发表 IPE 的文章,而且在英国还于 1994 年出现了专门以"国际政治经济学"冠名的杂志《国际政治经济学评论》(*Review of International Political Economy*);第三,学者们在 IPE 的核心研究议题(国际贸易、国际金融和货币、跨国投资、发展)的界定上趋于一致,并在大学里开设国际政治经济学课程,设置博士项目,进行专业训练,这些博士生今天已经成为研究 IPE 的主要力量。

三、全球化与国际政治经济学的深化(20 世纪 90 年代—2008 年)

进入 20 世纪 90 年代,国际关系领域的学者们受到两个现实的挑战:一个是冷战的结束,另一个则是全球化的深入与拓展。对于冷战的结束,学者们为现实主义未能很好地做出预言而感到不满,并开始对现实主义的"国家是单一的"假设进行修正;而全球化进程中行为体的多样性则进一步促使学者们质疑现实主义的层次分析法。这样,利益与制度成为 IPE 关注的主题。

如果说 IPE 在 20 世纪 70—80 年代关注的是美国霸权衰退背景下民族国家与世界市场之间的对立关系,那么,进入 20 世纪 90 年代,随着全球化的深入与扩展,IPE 关注的则是全球化背景下民族国家与世界市场是如何相互作用的。与第一代 IPE 学者吉尔平和斯特兰奇"单一、自治的国家"的假设不同,第二代 IPE 学者[①]则假设,在全球化进程中,国家既不是单一的,也不是自治的。在这种逻辑推导下,第二代学者将第一代学者的前提假设加以扩大,即 IPE 主要研究如下两种关系:(1)国家和社会的关系;(2)国内政治经济与国际政治经济的关系。莉萨·马丁将国家和社会的关系修改为利益和制度的关系,并将利益与制度的相互作用、国内政治和国际力量的相互作用概括为"2×2"模式。[②]

---

① 第二代 IPE 学者是指那些在 20 世纪 80 年代中后期获得博士学位,现在一流大学任教,主持或参与 IPE 项目的一批学者。他们进入国际关系领域研究时,IPE 已经是重要的博士训练课程;他们抓住了 IPE 发展的机遇,将第一代学者的研究成果迅速推进,形成了新自由制度主义。以获得博士学位时间为序,其代表人物有杰弗里·弗里登(Jeffry A. Frieden, 1984)、戴维·莱克(1984)、海伦·米尔纳(1986)、爱德华·曼斯菲尔德(Edward Mansfield, 1989)、莉萨·马丁(1990)、贝思·西蒙斯(Beth Simmons, 1991)和安德鲁·莫劳夫奇克(Andrew Moravcsik, 1992)等。

② Lisa Martin, "International Political Economy: From Paradigmatic Debates to Productive Disagreement," in Michael Brecher and Frank P. Harvey, eds., *Millennial Reflections on International Studies*, p. 654.

与 20 世纪 70—80 年代的发展相比,国际政治经济学在 90 年代以后的发展特征可以概括为如下三个方面:

(一) 以利益和制度为核心

利益和制度其实并不是两个新概念,第一代学者已经进行了大量相关研究,20 世纪 90 年代以来研究的不同就在于将原来的国家利益和国际制度的研究核心扩展了,其中国内社会行为体的利益和国内政治制度安排成为研究的重要方面。① 与第一代学者主要立足于"国家是单一的"这一假设不同,第二代学者则将国家放在经济全球化的背景下,寻求国内和国际的关联性。他们在日益成熟的 IPE 学科内,加强对经济学工具的自觉运用,用经济学原理分析和界定利益与偏好的形成,同时将西方民主国家日渐完善的政治学分析工具扩展应用于对其他地区的研究中,由此形成了四个系列的核心议题:

第一,关于国家的研究。与 20 世纪 70—80 年代国家中心主义"单一的国家"的假设不同,90 年代以来自由贸易在全球的拓展以及国际资本流动的加速,导致与国家相关联的研究发生了两个方向性的改变:(1)将国家理解为汇聚国内政治利益偏好(个人的、行业的或者利益集团的)的制度框架,强调国内政治利益偏好如何影响国家之间的合作。在这一路径下,多数学者把国家看作国内社会力量和国际力量的中介,重点分析国内利益、制度和信息如何影响一个国家的对外经济政策(贸易政策、金融政策和汇率政策)以及国际层面的谈判与合作。(2)讨论经济全球化是否改变以及如何改变一个国家的利益偏好和制度调整。

第二,关于地区主义的研究。20 世纪 60—70 年代的地区主义研究主要关注地区组织对推进地区相关国家之间的合作以及地区和平所起的作用。90 年代中期以后,随着欧洲区域化进程的加深(特别是单一货币的实施与共同防务和立法的提出)和亚洲区域化进程的加快(特别是东盟的扩大以及基于"东盟方式"建立的一系列地区机制),地区主义的研究主要集中在如下三个问题上:一是民族国家主权的让渡问题;二是经济要素的跨国流动在地区合作进程中的地

---

① 在这方面,里程碑式的著作是 Helen Milner, *Interest, Institutions, and Information: Domestic Politics and International Relations*, Princeton University Press, 1997。另外需要提及的是,IPE 的核心刊物《国际组织》自 1998 年发表 50 周年纪念刊之后,接连以专刊形式从不同的视角研究不同问题领域的制度问题,如 2000 年第 54 卷第 3 期"国际制度的合法性"、2001 年第 55 卷第 4 期"国际制度的理性设计"、2002 年第 56 卷第 4 期"货币机制的政治经济学"、2005 年第 59 卷第 4 期"从社会化角度研究欧盟的制度"。

位和作用;三是地区主义和全球化之间的关系,例如地区自由贸易协定是加强了 WTO 还是削弱了 WTO。

第三,关于经济发展不平等的研究。20 世纪 70—80 年代,依附理论和世界体系理论将经济发展不平等主要归因于资本主义的世界经济结构(核心与边缘、北方与南方),并认为不等价交换是经济发展不平等的主要原因。进入 90 年代以后,随着全球化的发展以及昔日边缘地区成为新兴工业化地区,在 IPE 领域产生了两个更为根本性的问题:(1)全球化是否导致资本主义世界经济结构本身的变化?如果有变化,有哪些变化?(2)那些经济得到飞速发展的国家(如在亚洲),是由于进行了国内政策的调整,还是因为接受了国际经济组织既有的规范?那些经济没有得到发展或发展比较缓慢的国家(如在非洲),是否由于没有进行政策调整?

第四,关于国际制度和全球治理的研究。20 世纪 70—80 年代,IPE 也研究国际制度,但此类研究大都建立在一个逻辑假设上,即美国霸权是推动国际合作、建立国际制度的主要动力,所以,学者们关心的问题是:如果美国霸权衰退,国际合作是否仍然可能?如果可能,国际制度的作用何在?进入 20 世纪 90 年代以后,随着全球化的发展、冷战的结束以及相应国家的经济改革和转型,IPE 关于全球化的研究主要集中在如下三个核心问题:一是推动全球化的基本动力是什么?是技术变革和创新吗?如果是,为什么在不同的国家和社会,人们接受技术变革和创新存在很大的差异?二是非国家因素(包括公司、非政府组织和社会运动)如何改变全球治理的方式?三是进入全球化进程并推动全球化的国家是如何进行政策调整的?

(二) 与国际关系、比较政治和经济学相关联

如果说 20 世纪 70—80 年代的 IPE 主要与国际关系和古典政治经济学相关联,那么,90 年代中期以后,第二代学者在对"2×2 模式"(利益与制度、国内与国际)达成共识的基础上,主要吸收了国际关系、比较政治和经济学的成果。

进入 20 世纪 90 年代中期以后,随着全球化的持续深入与拓展,在国际关系领域,理性主义和社会建构主义颇为盛行,并由此出现了国际关系理论的"第四次论战"。与此相关联,IPE 也深受制度主义和社会建构主义的影响,并形成了 IPE 的两种方法。理性主义作为一种分析方法,主要强调正式制度和非正式

制度的重要性,尤其是规则在框定个体行为方面所起的作用;而建构主义作为一种分析方法,在 IPE 中主要体现在强调规范和价值并不独立于行为体的利益之外,规范和价值本身就构成了身份,因而也就成为利益。

20 世纪 70—80 年代,IPE 主要集中探讨国际体系层面的问题,因为一般都假设相同的国际力量可以导致相同的国家行为,因而 IPE 与比较政治的关联性不大;但进入 90 年代,学者们发现,即使相同的国际力量也可能导致不同的国家行为,因此,比较相关国家国内政治制度及其社会基础的共同性和差异性,便成为 IPE 学者努力的方向之一。这也是新一代 IPE 学者主张国内政治与国际关系相关联的主要原因。① 比较政治对 IPE 的贡献主要集中在两点:一是使用"Large-N"方法进行案例研究②;二是打开国家这个"黑匣子",尤其是研究经济合作与发展组织(OECD,简称经合组织)国家之外的国家国内政治的多样性③。这

---

① John Kurt Jacobsen, "Are All Politics Domestic? Perspectives on the Integration of Comparative Politics and International Relations Theories," *Comparative Politics*, Vol. 29, No. 1, October 1996, pp. 93-115; James A. Caporaso, "Across the Great Divide: Integrating Comparative and International Politics," *International Studies Quarterly*, Vol. 41, No. 4, December 1997, pp. 563-592; Bruce Bueno de Mesqutia, "Domestic Politics and International Relations," *International Studies Quarterly*, Vol. 46, No. 1, March 2002, pp. 1-9.

② Robert Jackman, "Cross-National Statistical Research and the Study of the Comparative Politics," *American Journal of Political Science*, Vol. 29, No. 1, 1985, pp. 161-182; Herbert Kitschelt, "Industrial Governance Structures, Innovation Strategies, and the Case of Japan: Sectoral or Cross-national Comparative Analysis?," *International Organization*, Vol. 45, No. 4, Autumn 1991, pp. 453-493; Gary King, Robert Keohane and Sydney Verba, *Designing Social Inquiry: Scientific Qualitative Research*, chs. 1-3, Princeton University Press, 1994; Helen V. Milner, "Rationalizing Politics: The Emerging Synthesis of International, American, and Comparative Politics," *International Organization*, Vol. 52, No. 4, Autumn 1998, pp. 759-786; William Roberts Clark, Usha N. Reichert, Sandra L. Lomas and Kevin L. Parker, "International and Domestic Constraints on Political Business Cycles in OECD Economies," *International Organization*, Vol. 52, No. 1, Winter 1998, pp. 87-120; Richard F. Doner, Bryan K. Ritchie and Dan Slater, "Systemic Vulnerability and the Origins of Developmental States: Northeast and Southeast Asia in Comparative Perspective," *International Organization*, Vol. 59, No. 2, Spring 2005, pp. 327-361.

③ 20 世纪 70—80 年代,关于国家内部政治结构的论述主要集中在发达国家,特别是经合组织国家。这方面富有建设性的成果有:Peter J. Katzenstein, "International Relations and Domestic Structures: Foreign Economic Policies of Advanced Industrialized States," *International Organization*, Vol. 30, No. 1, 1976, pp. 1-45; Peter Gourevitch, "The Second Image Reversed: The International Sources of Domestic Politics," *International Organization*, Vol. 32, No. 4, 1978, pp. 881-912; Helen Milner, *Resisting Protectionism*, Princeton University Press, 1988; Ronald Rogowski, *Commerce and Coalitions: How Trade Affects Domestic Political Alignments*, Princeton University Press, 1989。

两点为 IPE 提供了大量的案例。①

如果说 20 世纪 70—80 年代 IPE 与古典政治经济学相关联,主要是创立 IPE 的理论研究范式,以此寻求政治和经济的关联性,突破当时国际关系研究中高级政治和低级政治的二分法,借用古典政治经济学的学术传统来解释当时国际体系中出现的新问题,那么,进入 90 年代中期以后,随着 IPE 在问题领域研究的进展,学者们越来越认识到新古典经济学在分析国际经济问题中的重要性,尤其是国际贸易和国际金融理论对于理解国际事务的重要性。新古典经济学对 IPE 的影响主要是方法论上的,具体来说主要表现在两个方面:一是强调理性选择方法②和博弈论③在 IPE 研究中的重要性。理性选择作为一种分析方法,主要是探讨单个行为体如何根据其偏好争取利益最大化,在 IPE 中这种方法主要应用在贸易领域以及合作问题上;而博弈论则强调在做出选择时考虑对方的选择,双方的选择不是在信息完全或者对称的情况下进行的,在 IPE 中它主要应用于强调国际和国内力量互动进程中的偏好、信息不对称以及决策的时序问题。其中,最为成功的是第二代学者提出的战略选择方法,据此研究国家间互动如何影响选择和战略。在这里,行为体的选择不仅反映出其偏好和约束条件,也必须考虑其他行为体的决策过程,这样就彻底打破了现实主义的层次分析法。④ 二是借鉴新政治经济学的分析工具来加强国内利益集团的研究,主

---

① Jack S. Levy, "Domestic Sources of Alliances and Alignments: The Case of Egypt, 1962-73," *International Organization*, Vol. 45, No. 3, Summer 1991, pp. 369-395; Manuel Pastor and Carol Wise, "The Origins and Sustainability of Mexico's Free Trade Policy," *International Organization*, Vol. 48, No. 3, Summer 1994, pp. 459-479; Michael J. Hiscox, "Class Versus Industry Cleavages: Inter-industry Factor Mobility and the Politics of Trade," *International Organization*, Vol. 55, No. 1, Winter 2001, pp. 1-46; Benjamin O. Fordham and Timothy J. McKeown, "Selection and Influence: Interest Groups and Congressional Voting on Trade Policy," *International Organization*, Vol. 57, No. 3, Summer 2003, pp. 519-549.

② Mark P. Petracca, "The Rational Choice Approach to Politics: A Challenge to Democratic Theory," *The Review of Politics*, Vol. 53, No. 2, Spring 1991, pp. 289-319; Jack S. Levy, "Prospect Theory, Rational Choice, and International Relations," *International Studies Quarterly*, Vol. 41, No. 1, March 1997, pp. 87-112; Robert H. Bates, "Comparative Politics and Rational Choice: A Review Essay," *American Political Science Review*, Vol. 91, No. 3, September 1997, pp. 699-704.

③ Pierre Allan and Christian Schmidt, eds., *Game Theory and International Relations: Preferences, Information and Empirical Evidence*, Edward Elgar, 1994. 值得注意的是,2005 年诺贝尔经济学奖得主托马斯·谢林(Thomas C. Schelling)的贡献主要在合作博弈研究上。

④ David A. Lake and Robert Powell, eds., *Strategic Choice and International Relations*, Princeton University Press, 1999.

要有两大类模型:一类是通过选举来决定经济政策的模型,另一类是不同利益集团游说导致的政治决策模型。①

(三) 突出理性主义的分析方法

20世纪90年代中期以后,理性主义和建构主义的辩论成为国际关系研究中的一个重要方面。面对建构主义的挑战和批评,理性主义也开始了新的自我完善,修正理论前提和分析框架,而理性主义的这种进展在IPE研究中是最为明显的,特别是美国学术界,更是在构建"开放经济政治学"(Open Economy Politics)的旗帜下,借用新古典经济学的理论,通过统计学的方法,努力使国际政治经济学"科学化"。虽然这种强调理性主义的分析方法受到英国学派和批判理论的质疑,但却主导着这一时期的国际政治经济学研究。

开放经济政治学主要是由美国学术界第二代国际政治经济学学者(如哈佛大学的杰弗里·弗里登、普林斯顿大学的海伦·米尔纳、加州大学的戴维·莱克)倡导的。他们继承了20世纪70年代注重国内利益的研究路径,但认为只研究国内利益是不够的,因为利益通常是通过那些对政策产生影响的政治制度反映出来,所以,他们主张不但要对国内利益进行研究,而且要对国内制度进行研究。这样通过对国内利益和国内制度的比较研究,就可以将比较政治经济学和国际政治经济学纳入一个统一的分析框架,并借助统计学的方法将其科学化。按照莱克教授的总结,开放经济政治学的分析框架可以简要地概括为如下三个步骤②:

第一步是确定利益及相关行为体。利益被认为是开放经济政治学最为基本的核心概念,这里的利益,既可以是个人利益,也可以是群体的利益,由于群体的利益通常是具有相同利益的个体利益的汇总,所以开放经济政治学主要研究群体的利益。群体通常是指厂商、行业或生产要素的所有者。

开放经济政治学通常是通过经济理论(厂商、产业或生产要素的所有者)来确定哪些行为体(比如特殊要素模型和赫克歇尔-俄林模型)拥有共同的可以认

---

① Susan Lohmann and Sharyn O'Halloran, "Divided Government and US Trade Policy," *International Organization*, Vol. 48, No. 4, 1994, pp. 595-632; Carlos Boix, "Partisan Government, International Economy and Macroeconomic Policies," *World Politics*, Vol. 53, No. 1, 2000, pp. 38-73.

② David A. Lake, "Open Economy Politics: A Critical Review," *Review of International Organizations*, Vol. 4, No. 3, 2009, pp. 219-244.

定的利益,然后研究这些行为体的利益如何影响相关国家的政策偏好,进而影响到这些国家在国际经济中采取不同经济政策所带来的分配效应。

第二步研究国内制度。与20世纪70年代国家主义不同的是,开放经济政治学认为,只关注利益是不够的,因为利益并不能直接导致一个国家经济政策的产生,而是通过国内政治制度来影响国家经济政策的制定。所以,开放经济政治学主张,既要研究政治制度如何将不同的甚至相互冲突的社会利益汇集起来,也要研究政治制度如何为对立的利益群体进行谈判提供条件。

第三步是国际谈判。当国内利益通过国内政治制度汇集为一个国家的政策后,由于任何政策都有外部性,所以一个国家的政策必然会对其他国家产生影响。为了保证一国政策得以顺利实施,就需要和与其相关的国家进行国际谈判。对于国际谈判,开放经济政治学主要关注两类问题的研究:一类问题是,在国际谈判中,国际制度如何影响讨价还价的过程和结果,以及如何通过制度设计来满足成员国的目标;另一类问题是,围绕合作收益如何讨价还价,即合作分配问题。

这样,全球政治经济体系是由三个子系统构成的:私人企业利益的形成、汇集各方利益并将其转化为政府偏好的国内制度,以及进行国际谈判。这三个子系统是相互独立的。我们可以通过统计分析分别对三个子系统进行独立验证并获得一般性知识,这种一般性知识可以超越以往比较政治经济学假设的国内政治的差异性。开放经济政治学这种分析方法被学术界称为还原主义的方法。[1]

总之,国际政治经济学的第二代学者高举理性主义大旗,在构建开放经济政治学的口号下,试图通过吸收新古典经济学的理论将国际政治经济学和比较政治经济学纳入一个统一的分析框架,并运用统计分析的方法使之科学化。由于在核心概念、分析框架以及研究方法方面取得了空前的共识,开放经济政治学成为20世纪90年代以来国际政治经济学的主导性学派。

四、全球金融危机与国际政治经济学的分化(2008年至今)

2008年发生的全球金融危机,不仅对20世纪90年代以来不断拓展和深化

---

[1] Thomas Oatley, "The Reductionist Gamble: Open Economy Politics in the Global Economy," *International Organization*, Vol. 65, No. 2, 2011, pp. 311–341.

的全球化产生了重大冲击,而且对主导国际政治经济学研究的开放经济政治学提出了挑战。开放经济政治学因为没有预见到这次全球金融危机而备受批评。正是在对2008年全球金融危机的反思中,国际政治经济学研究出现了一些新的发展趋势。这些趋势既触及研究议题的设定,也关乎理论范式和研究方法的选择,还涉及学术共同体的建设。[①]

(一) 关注宏观大问题

与20世纪90年代以来开放经济政治学假设世界政治经济结构是稳定的,因而主张对国内利益和制度进行比较研究不同,2008年全球金融危机以及各国盛行的民粹主义和民族主义促使学者们认识到,世界政治经济结构并不是稳定的,它的变革对不同国家国内利益和制度的影响也是不同的,因此应该加强对体系层面宏观大问题的研究。具体来说,这些宏观大问题主要包括如下系列的核心议题:

(1) 关于世界秩序的争论。20世纪90年代以来盛行的全球化,不但表现为国际贸易的自由化、跨国投资和生产的便利化以及资本流动的国际化,而且表现为参与全球化的国家规模空前。冷战时代由于苏联、东欧国家、中国、越南等实行中央计划经济,国际贸易、跨国投资和国际资本流动主要局限在美国主导的资本主义世界体系;随着东欧剧变、苏联解体、冷战结束,以及中国和越南等国家实行改革开放政策,国际贸易、跨国投资和资本跨国流动几乎触及国际体系中的所有国家。然而,随着全球化的深入,围绕着全球化出现了前所未有的争论,其焦点在:谁是全球化的真正受益者?谁又是全球化的受损者?这一争论由于2008年全球金融危机的爆发以及世界范围内出现的民族主义和民粹主义而得以强化。与此相关联的主要有三个方向性的议题:第一,美国和欧盟的分化、中国经济的崛起、世界性民族主义和民粹主义的兴起是否意味着美国

[①] Robert O. Keohane, "The Old IPE and the New," *Review of International Political Economy*, Vol. 16, No. 1, 2009, pp. 34-46; Juliet Johnson, Daniel Mügge, Leonard Seabrooke, Cornelia Woll, Ilene Grabel and Kevin P. Gallagher, "The Future of International Political Economy: Introduction to the 20th Anniversary Issue of RIPE," *Review of International Political Economy*, Vol. 20, No. 5, 2013, pp. 1009-1023; Erica Owen and Stefanie Walter, "Open Economy Politics and Brexit: Insights, Puzzles, and Ways Forward," *Review of International Political Economy*, Vol. 24, No. 2, 2017, pp. 179-202; Mark Blyth and Matthias Matthijs, "Black Swans, Lame Ducks, and the Mystery of IPE's Missing Macroeconomy," *Review of International Political Economy*, Vol. 24, No. 2, 2017, pp. 203-231.

主导的自由世界秩序的瓦解?① 第二,新兴经济体崛起对全球政治权力分配有何影响,是因为利益攸关而选择在现存秩序中多中心共存,还是因为权力转移而选择构建新的秩序?② 第三,国际体系中出现的权力转移是否意味着对之前所建立的国际机制或国际制度进行改革?如果进行改革,基于何种规则进行改革?③

(2)关于全球治理的研究。20世纪90年代以来不断拓展与深化的经济全球化导致的最为显著的结果,就是国际体系中权力的流散和权力结构的变革。国际体系中权力的流散不仅体现在美国领导的自由世界秩序受到种种质疑,而且表现在非国家行为体不断增加。这些非国家行为体,如组织良好的国内公司和利益集团、全球性和地区性的国际组织,以及具有专业知识的营利和非营利的组织机构,也成为全球经济的重要参与者。经济全球化所引起的权力的流散,使得全球经济治理面临着前所未有的挑战,在2008年全球金融危机之后表现得尤为突出,这使得全球治理成为国际政治经济学最为突出的研究议题。与此相关联的主要涉及三个问题:第一,在全球治理中是坚持主权原则还是倡导行为体的多样化?如果继续坚持主权原则,如何避免陷入免费搭车或以邻为壑的困境?④ 第二,全球经济治理是遵循既有的基于西方发达国家的观念的治理规则,还是考虑到权力的转移而重新制定规则?如果重新制定治

---

① Barry Eichengreen, *Exorbitant Privilege: The Rise and Fall of the Dollar and the Future of the International Monetary System*, Oxford University Press, 2011; Deborah Brautigam, "China and Africa: A Century of Engagement," *International Affairs*, Vol. 89, No. 2, 2013, pp. 543-544; Amitav Acharya, *The End of American World Order*, Polity Press, 2014; Kevin Gallagher, *The China Triangle: Latin America's China Boom and the Fate of the Washington Consensus*, Oxford University Press, 2016.

② Stewart Patrick, "Irresponsible Stakeholders? The Difficulty of Integrating Rising Powers," *Foreign Affairs*, Vol. 89, No. 6, 2010, pp. 44-53; Sevasti-Eleni Vezirgiannidou, "The United States and Rising Powers in a Post-Hegemonic Global Order," *International Affairs*, Vol. 89, No. 3, 2013, pp. 635-651; Oliver Stuenke, "The BRICS: Seeking Privileges by Constructing and Running Multilateral Institutions," *Global Summitry*, Vol. 2, No. 1, 2016, pp. 38-53; Cynthia Roberts, Saori N. Katada and Leslie Elliott Armijo, *The BRICS and Collective Financial Statecraft*, Oxford University Press, 2017.

③ Dries Lesage and Thijs Van de Graaf, eds., *Rising Powers and Multilateral Institutions*, Palgrave Macmillan, 2015.

④ Kenneth Abbott and Duncan Snidal, "International Regulation Without International Government: Improving IO Performance Through Orchestration," *The Review of International Organizations*, Vol. 5, No. 3, 2010, pp. 315-344.

规则,应该基于什么样的理念?① 第三,关于治理结构,是选择分层级分问题领域的碎片化治理,还是跨层级跨功能的网络化治理?②

(3)对地区主义的反思。在20世纪90年代经济全球化背景下,地区主义得以飞速发展并且在欧洲地区取得成功,欧洲一体化模式成为地区主义合作的经典范例。然而,进入21世纪之后,随着欧元危机、全球金融危机的爆发以及英国公投退出欧盟,人们开始对地区主义进行反思。与此相关的研究主要集中在如下三个议题上:第一,地区主义的比较研究。与20世纪90年代关注地区主义和全球化的关系不同,越来越多的学者主张将地区主义作为世界政治的一个组成部分进行比较研究。有学者甚至认为,今天的世界秩序就是地区秩序,今天的世界就是地区的世界。基于这种认识,学者们主张对地区主义进行比较研究,研究国家与非国家行为体在其中多领域和多层面如何互动,以及这些互动所形成的制度的多样性和复杂性。③ 第二,地区性大国与地区主义的关系。即在地区一体化进程中,是否一定需要地区性大国来主导?随着新兴经济体的飞速发展,地区性大国在地区一体化进程中的作用受到广泛关注,比如巴西在南方共同市场(MERCOSUR)中的作用,南非在南部非洲发展共同体(SADC)中的作用,以及中国在东亚地区合作进程中的角色和作用。④ 第三,英国脱欧对欧

---

① Matthew D. Stephen, "Rising Powers, Global Capitalism and Liberal Global Governance: A Historical Materialist Account of the BRICs Challenge," *European Journal of International Relations*, Vol. 20, No. 4, 2014, pp. 912–938.

② David Held and Thomas Hale, eds., *Handbook of Transnational Governance: New Institutions and Innovations*, Polity Press, 2011.

③ Peter J. Katzenstein, *A World of Regions: Asia and Europe in the American Imperium*, Cornell University Press, 2005; Amitav Acharya, "The Emerging Regional Architecture of World Politics," *World Politics*, Vol. 59, No. 4, 2007, pp. 629–652; P. De Lombaerde, F. Söderbaum, L. Van Langenhove and F. Baert, "The Problem of Comparison in Comparative Regionalism," *Review of International Studies*, Vol. 36, No. 3, 2010, pp. 731–753; L. Van Langenhove, *Building Regions: The Regionalization of the World Order*, Ashgate Publishing, 2011; P. Riggirozzi, "Region, Regionness and Regionalism in Latin America: Towards a New Synthesis," *New Political Economy*, Vol. 17, No. 4, 2012, pp. 421–443; L. Fioramonti, ed., *Civil Society and World Regions: How Citizens Are Reshaping Regional Governance in Times of Crisis*, Lexington Books, 2014; Tanja A. Borzel and Thomas Risse, eds., *The Oxford Handbook of Comparative Regionalism*, Oxford University Press, 2016.

④ S. Krapohl, K. L. Meissner and J. Muntschick, "Regional Powers as Leaders or Rambos? The Ambivalent Behaviour of Brazil and South Africa in Regional Economic Integration," *Journal of Common Market Studies*, Vol. 52, No. 4, 2014, pp. 879–895; S. Krapohl, "Financial Crises as Catalysts for Regional Cooperation? Chances and Obstacles for Financial Integration in ASEAN+3, MERCOSUR and the Eurozone," *Contemporary Politics*, Vol. 21, No. 2, 2015, pp. 161–178.

洲一体化的挑战。作为地区主义的经典模式,英国脱欧被认为是一个非常重要的事件。成员国退出对于地区生产网络和成员国之间的政治关系产生何种影响?英国脱欧对欧盟的地区机制或国际机制以及其他地区的地区主义会产生何种影响?[①]

(二) 强调理论范式的多元化

与20世纪90年代以来国际政治经济学为理性主义所主导不同,2008年全球金融危机之后,国际政治经济学发展的另一个重要趋势就是,除了理性主义(现实主义与自由主义、新现实主义与新自由主义)的范式以外,建构主义、批判理论和英国学派等在关注国际体系变革的背景下再度回到国际政治经济学研究中。这种趋势既体现在美国学术界对开放经济政治学的批评和反思中,也体现在英国学派和批判理论的复兴上。

第一,重拾认知分析的重要性,强调观念、文化和知识在利益认知和制度构建中的作用。这种趋势既体现在第一代学者(如基欧汉、卡赞斯坦等)对开放经济政治学的批评中[②],也体现在新一代学者所设置的具体研究议程中[③]。他们认为,开放经济政治学在分析行为体的利益和偏好的形成过程中过分强调理性主义,太过注重物质利益,忽略了观念对行为体利益认知以及国内制度形成的影响。他们强调,国内各行为体的利益最后成为一项政策是一个非常复杂的过程,在利益形成过程中,人们所有的观念以及人们集体分享的观念对其偏好产生很大影响。这种对观念和文化的重视,其实是再次强调理性主义和建构主义的互补性。

第二,重提价值判断的意义,强调理论的目的性。这种趋势主要体现在批

---

① Erica Owen and Stefanie Walter, "Open Economy Politics and Brexit: Insights, Puzzles, and Ways Forward," *Review of International Political Economy*, Vol. 24, No. 2, 2017, pp. 179-202.

② Robert O. Keohane, "The Old IPE and the New," *Review of International Political Economy*, Vol. 16, No. 1, 2009, pp. 34-46; Peter J. Kazenstein, "Mid-Atlantic: Sitting on the Knife's Sharp Edge," *Review of International Political Economy*, Vol. 16, No. 1, 2009, pp. 122-135.

③ Stefan A. Schirm, "Ideas and Interests in Global Financial Governance: Comparing German and US Preference Formation," *Cambridge Review of International Affairs*, Vol. 22, No. 3, 2009, pp. 501-521; Stefan A. Schirm, "Domestic Ideas, Institutions, or Interests? Explaining Governmental Preferences Towards Global Economic Governance," *International Political Science Review*, Vol. 37, No. 1, 2016, pp. 66-80; Rawi Abdelal, Mark Blyth and Craig Parsons, eds., *Constructing the International Economy*, Cornell University Press, 2010.

判理论和影响英国学派新一代学者的研究①中。开放经济政治学假设政治结构和经济社会结构是中性的,因而主张寻求因果关系并从经验上进行证实或证伪。与开放经济政治学的假设不同,无论是批判理论还是英国学派都强调价值判断的重要性。在他们看来,理论总是某些人的理论,因而是有目的的,任何脱离价值判断的经验性研究都是有局限性的。所以,理论不是简单地理解世界的合作和冲突,而是要揭示那些自称客观的分析判断究竟反映了哪些人的利益。

第三,重新评估历史分析和制度分析的作用,强调规范分析和实证分析并举。这种趋势既体现在继承马克思主义分析和坚持批判理论的新一代学者的研究中,也体现在新一代英国学派的研究中。与开放经济政治学强调实证主义和经验主义的分析方法不同,批判理论在方法论上反对基于个人主义的理性行为体模型,倡导对单个事件要根据不同的哲学前提和假设进行具体的分析和建构。新一代英国学派则更强调通过制度分析和历史分析的路径,对系统性的变迁或社会发展进行研究。

(三) 构建一个全球性的学术共同体?

国际政治经济学过去50多年的发展,大致经历了三代学者的努力。如果我们以理论范式的创新和研究方法的突破作为划分代际的标准的话,虽然到目前为止,第三代学者作为一个整体远不及第一代学者和第二代学者的特征和贡献那么明显,但这并不影响我们通过对三代学者学术成果的总结和分析,对国际政治经济学发展进程和趋势做出判断。与前两代学者相比,新一代学者在构建学术共同体的过程中主要面临着两个挑战。

第一个挑战是:国际政治经济学是属于政治学或社会科学,还是属于传统意义上的政治经济学或道德哲学?与20世纪70年代第一代学者回归古典政治经济学寻求国际关系中的政治和经济关联性不同,也与20世纪90年代第二代学者倡导开放经济政治学力图将国际政治经济学"科学化"有别,第三代学者在构建国际政治经济学学术共同体的过程中出现了广泛的争论:追随英国学派

---

① 关于国际政治经济学批判学派的最新成果,读者可以参阅 Stuart Shields, Ian Bruff and Huw Macartney, eds., *Critical International Political Economy: Dialogue, Debate and Dissensus*, Palgrave, 2011; Alan Cafruny, Leila Simona Talani and Gonzalo Pozo Martin, *The Palgrave Handbook of Critical International Political Economy*, Palgrave, 2016。

和批判理论的第三代学者,就像第一代学者斯特兰奇和考克斯一样,在继承古典政治经济学传统的同时,更愿意将国际政治经济学看作一门交叉学科,其范围涉及政治学、经济学、社会学、哲学、法学和地理学;美国学派中继承开放经济政治学的第三代学者,在国际政治经济学协会(International Political Economy Society)中继续借助新古典经济学的理论范式,通过规范模型和量化方法实现国际政治经济学"科学化";而美国学派中那些质疑开放经济政治学的第三代学者,尽管仍然将国际政治经济学看作政治学的一个分支,但更愿意通过规范和实证研究相结合的方法将这一学科"科学化"。国际政治经济学究竟是属于政治学、经济学,还是属于政治经济学?这一挑战不仅关系到学术共同体的建构,还关系到国际政治经济学知识的积累。

第二个挑战是:国际政治经济学作为一门学科,是美国式的或英国式的,还是全球性的?在第一代学者构建国际政治经济学的过程中,无论是美国学者,还是英国和加拿大学者,虽然他们的学术意识形态不尽相同,但这丝毫没有影响他们之间的相互借鉴,他们所创造知识的地理属性或国别属性并没有那么明显。国际政治经济学研究的主要分歧出现在第二代学者中,即追求实证和经验研究的美国学派、追求规范和道德判断的英国学派与批判理论,而且他们之间的分歧越来越大,互不来往。随着2008年全球金融危机对国际政治经济学,特别是对美国学派倡导的开放经济政治学的冲击,新一代学者在构建国际政治经济学学术共同体的过程中不得不回答的一个问题是:国际政治经济学是美国式的或英国式的,还是全球性的?如果是全球性的,如何才能构建一个全球性的国际政治经济学知识共同体?

五、国际政治经济学在中国的发展:成就与挑战

相对于国际政治经济学在西方学术界的发展,IPE进入中国学术界主要是20世纪90年代初期以后的事情。首先是盛行于欧美学术界的两本IPE的导论性著作——苏珊·斯特兰奇的《国家与市场》和罗伯特·吉尔平的《国际关系政治经济学》被翻译出版;与此同时,袁明教授于1991年组织了"面向21世纪的挑战:中国国际关系学科的发展"国际学术会议,吉尔平教授前来参加。宋新宁教授连续八年(1990—1997)组织了"中美关系国际研讨班",斯蒂芬·克拉斯纳、约翰·奥德尔(John S. Odell)、杰克·斯奈德(Jack Snyder)等国际政治经济学学者都曾在研讨班上授课。王正毅教授组织了为期五年的"国际政治经济学与亚太区域化"国际合作项目(1995—2000)。这些国际学术活动不仅邀请了国际学术界的 IPE 领军学者前来参加,而且吸引了一大批国内的学者参与其中。到 90 年代中期,在教育部审定的普通高等学校本科专业目录中,"国际政治经济学"被列为国际政治专业和外交学专业的主干课程。

进入 21 世纪以后,有五件事尤可称道,它们标志着 IPE 在中国的发展已经进入一个新的阶段。

第一,专业制度化。2002 年,北京大学国际关系学院进行了学科专业调整,率先在国内建立了国际政治经济学本科专业,并获得了硕士学位授予权,设立了博士和博士后研究方向,为这门学科在中国的进一步发展奠定了制度化基础。之后,中国人民大学、复旦大学、外交学院、中国社会科学院等在国际政治或国际关系专业中设立国际政治经济学方向,招收硕士生和博士生。现在,"国际政治经济学"作为一门课程,几乎出现在所有大学的政治学系的课程目录中。

第二,原版教材的影印出版与经典著作的翻译出版。从 2003 年开始,北京大学出版社为了推动国际关系学科在中国的深入发展,决定引进一批在国际学术界产生了广泛影响的原版国际关系教材及专著直接影印出版,涉及 IPE 的主要有三本,其中由哈佛大学政府系杰弗里·弗里登教授和加州大学圣迭戈分校戴维·莱克教授选编的《国际政治经济学:审视全球权力与财富》的出版,对于中国学生了解 IPE 在美国一流大学的教学内容起了很大的作用。

与此同时,上海人民出版社东方编译所翻译出版了国际学术界关于国际政治经济学的一系列经典著作,如海伦·米尔纳的《利益、制度与信息:国内政治与国际关系》、罗纳德·罗格夫斯基(Ronald Rogowski)的《商业与联盟:贸易如何影响国内政治联盟》、本杰明·科恩(Benjamin J. Cohen)的《国际政治经济学:学科思想史》等,这些经典著作的翻译出版进一步加强了中国学术界对国际学术界前沿成果的了解。

第三,国内学者编写的教材出版。中国人民大学宋新宁教授和陈岳教授、复旦大学樊勇明教授、北京大学王正毅教授和朱文莉教授相继出版了《国际政治经济学概论》(中国人民大学出版社 1999 年版)、《西方国际政治经济学》(上海人民出版社 2001 年版)、《国际政治经济学:理论范式与现实经验研究》(商务印书馆 2003 年版)、《国际政治经济学》(北京大学出版社 2004 年版)。特别值得一提的是,对国际关系进行政治经济学分析也引起了经济学界的关注,标志性的成果是张宇燕、李增刚推出的《国际经济政治学》(上海人民出版社 2008 年版)。所有这些对于中国国际政治经济学的学科建设及学术研究无疑起了巨大的推动作用。

第四，既有理论范式的拓展、修正以及融合或折中。在对国际学术界的理论进行梳理分析的同时,中国学术界也在不断进行理论创新。这些理论创新一方面体现在对已有理论的拓展和修正上,如对世界体系理论和批判理论的扩展和修正①,对国际制度选择和对地区公共产品的研究②,以及对联盟经济③和知识产权保护的研究④;另一方面也体现在对不同理论范式的融合或折中上,如将社会联盟与国家主义融合起来的"社会联盟的国家理论",将国际制度和国家主义融合在一起的"国际制度的国家理论",以及将结构现实主义和自由制度主义融合在一起的"现实制度主义"⑤。

第五,学术共同体的建设。2010年,中国社会科学院世界经济政治研究所与北京大学国际关系学院国际政治经济学系共同发起"国际政治经济学论坛"。之后,"国际政治经济学论坛"每年举办一次,许多大学和研究单位作为年度论坛主办单位参与其中。"国际政治经济学论坛"的设立,标志着国际政治经济学学术共同体的成立,为学者们就国际政治经济学的教学和研究进行交流提供了平台。

在肯定既有成就的同时,我们也面临着诸多挑战,其中最为突出地表现在如下几个方面:

第一,专业训练比较薄弱。尽管国际政治经济学在专业设置上隶属于政治学,但一定的经济学训练是必不可少的。国际政治经济学的定义和研究议题要求我们具备起码的经济学知识基础。这也是20世纪90年代以来IPE与经济学相关联的一个主要原因。很难想象,如果没有博弈论的基础,如何理解一个

---

① 王正毅:《世界体系论与中国》,商务印书馆2000年版;张建新:《激进国际政治经济学》,上海人民出版社2011年版。
② 苏长和:《全球公共问题与国际合作——一种制度的分析》,上海人民出版社2000年版;田野:《国际关系中的制度选择:一种交易成本的视角》,上海人民出版社2006年版;樊勇明:《区域性国际公共产品——解析区域合作的另一个理论视点》,《世界经济与政治》2008年第1期。
③ 杨毅:《安全联盟与经济合作研究》,中央党校出版社2012年版。
④ 熊洁:《知识产权保护的国际政治经济学:利益、制度与进程》,中国财政经济出版社2017年版。
⑤ 曲博:《危机下的抉择》,上海人民出版社2012年版;田野:《国家的选择——国际制度、国内政治与国家自主性》,上海人民出版社2014年版;李巍:《制度之战:战略竞争时代的中美关系》,社会科学文献出版社2017年版。

国家的对外决策过程，又如何理解联盟经济；也很难想象，如果没有社会经济史的基础，如何理解世界经济中的制度建设。

第二，分析性研究工具掌握不足。在 IPE 的发展历程中，中国学者也做了大量工作，但与西方学术界的研究相比，总体上是描述性的研究多于分析性的研究。在讨论政治和经济的关联性时，喜欢用"经济的政治化和政治的经济化"这样的语言，至于政治如何经济化以及经济化的程度如何，或者经济如何政治化以及政治化的程度如何，却很少有比较像样的成果。导致这种研究倾向的关键原因在于，学者们在寻求经济的政治原因或者政治的经济原因时，没有相应的分析工具将其变成一个内在变量，结果自然局限于表面寻求政治和经济的关联性，而实际上在研究过程中，政治和经济仍然是两个相互独立的变量。

第三，对中国经验的理论性研究较少。20 世纪 90 年代以来，在国际政治经济中，没有哪个事件可以与如下两者相提并论：一是冷战结束，俄罗斯和东欧国家直接进入资本主义世界经济；二是中国实行改革开放政策，最终于 2001 年加入世界贸易组织，并在 2010 年超越日本成为世界第二大经济体。这两大事件使相关国家成为新兴经济体，然而，即使是在国际学术界，对新兴经济体的发展进行政治经济学研究也刚刚开始。与大量关注欧洲和美国（特别是 OECD 国家）的经验相比较，真正将中国改革开放的经验放在世界体系中进行科学研究的工作真是少之又少。究其根源，主要是由于学者们担心中国的经验研究是否具有知识的普世性。其实，在国际学术界，这种从个体的经验出发创造出普世性知识的例子比比皆是，问题的关键是我们是否有这种学术意识。如果没有这种学术意识，我们就会一直在一种两难境地中徘徊：或担心自己落后而成为西方知识的消费者，或担心失去自己而强调本土化和特殊性。

保持已有的成就，面对挑战，绝非哪个人或者某所大学独立所能完成，这需要我们国际关系学界作为一个知识共同体的共同努力，唯有这样，国际政治经济学才能在中国得到进一步的发展。

第一章
世界体系与国家兴衰

经济史的研究表明,16 世纪之前,在欧洲之外的其他地区不但存在着各种各样的区域性世界经济(regional world-economy),而且这些不同的区域性世界经济相当繁荣,有的甚至处于世界领先地位,如学者们经常提及的 13 世纪的中国、美索不达米亚、埃及、印度河谷。① 经济史学家普遍认为,16 世纪之前的世界主要有两个基本特征:(1)区域性世界经济林立,各区域性世界经济有自己独立的分工体系与经济结构;(2)区域性世界经济之间虽然有联系,但主要依靠远距离贸易,在整个世界并没有形成一个单一的世界经济结构。

16 世纪的地理大发现不但改变了欧洲,而且改变了世界,整个世界经济出现了三个显著特征:(1)伴随着资本主义生产方式在西欧的出现,西欧区域经济得以飞速发展,并且逐渐超越了世界其他地区,正如经济史学家所述,"到 1820 年时,它的收入和生产率水平超出世界其他地区两倍"②。(2)产生于西欧的资本主义生产方式不断向世界其他地区扩展,并最终于 19 世纪形成了全球性的资本主义世界经济。(3)资本主义世界经济在全球范围内呈现出一种结构性,即存在核心区与边缘区。尽管在之后的竞争中,处于核心区和边缘区的国家在不断变化,但核心区和边缘区这种结构却一直延续至今。

16 世纪之前的世界与 16 世纪之后的世界出现的这种差异,向学者提出两

---

① 关于这一问题的综合性论述,可以参阅王正毅:《世界体系论与中国》,商务印书馆 2000 年版,第 276—286 页。

② 〔英〕安格斯·麦迪森:《世界经济千年史》,伍晓鹰等译,北京大学出版社 2003 年版,第 37 页。

个关联的问题:16世纪以后逐渐形成的资本主义世界经济是如何产生的？不断加入这个体系的国家和地区又是如何兴衰的？用世界体系论的集大成者伊曼纽尔·沃勒斯坦的话来说就是：

> 我们一定要重新提出资本主义世界经济是如何产生的以及什么时候产生的；为什么这种转化发生在封建的欧洲而不是其他地方；为什么它发生在那个时候，而不是早一点或晚一点；为什么转化的早期努力都失败了。这不只是一个考古学上的重建，而是完全理解我们现在这个体系的本质的关键。①

为了对这两个关联的问题做出回答，我们有必要分析一下世界历史经历的三个时段:1500—1750/1800年的古典重商主义、1800/50—1914/45年的古典自由主义和古典马克思主义，以及1945—2035年出现且可能持续的混合主义。

第一节 世界体系与历史时段

迄今为止，关于人类历史的转折点有许多断言，但根据生产方式的变革，人类历史在过去主要有两大分水岭:一个是新石器时代革命；另一个就是现代世界体系的产生。诚如伊曼纽尔·沃勒斯坦所言:

> 世界社会科学的主要断言之一，就是在人类历史上有过一些大的分水岭。这样的分水岭的标志之一是通常所说的新石器时代的革命或农业革命，尽管只有少数的社会科学家研究它；另一个大的分水岭就是现代世界的产生。②

如果说新石器使得人类社会进入农业革命时代，那么现代世界体系的产生则使得人类进入单一的资本主义世界经济时代。这个时代首先起源于1500年左右的欧洲世界。

这个起源于1500年左右的欧洲世界经济，伴随着地理大发现和殖民主义，不断向世界其他地区(美洲、非洲、大洋洲以及亚洲)扩张，到19世纪末最终完成了向全球扩张的进程。进入20世纪之后，这个资本主义世界体系虽然存在

---

① Immanuel Wallerstein, *The Capitalist World-Economy*, Cambridge University Press, 1989, p. 135.
② Ibid., pp. 160-161.

着这样那样的矛盾,遭遇各种各样的危机,但一直处于不断深化的进程中。我们分三个时段来详细分析一下这个世界体系扩张的过程以及与之相应的民族国家的兴衰。

一、第一个时段:1500—1750/1800

在1500—1750年这250年时间里,西欧有五个国家(葡萄牙、西班牙、荷兰、英国、法国)的生产方式发生了巨大的变革,尽管它们有各自不同的文明或文化。这种生产方式的变革不但使这五个国家的财富得以增长,国家实力得以加强,而且也让世界财富得以增长。这种新的生产方式用后来的语言来说就是"资本主义生产方式",而以这种生产方式从事的经济活动被后人称为"资本主义经济"。

资本主义在早期的发展过程中的含义,与我们今天的理解并不完全相同。我们今天所说的资本主义,被作为一种意识形态,是20世纪以后的事情。而在1500—1750/1800年,资本主义在这五个国家里,既是一种生产方式,也是一种生活方式,同时还是一种国家发展战略,这就是人们所熟知的重商主义。回顾历史,我们可以发现,这五个国家在自然资源禀赋、民族习惯以及文化等方面存在着很大差异,从而导致这五个国家在重商主义的具体政策上出现不同,如同经济学家翁根(A. Oncken)所说的那样:

> 重商主义的主要表现,在法国是工场手工业;在西班牙和葡萄牙是殖民地贸易;在荷兰是航海和中间人贸易;在英国,这运动是更进了一步,这里连农业都包括在里面了。原来还有农业的重商主义哩。[1]

这五个国家在1500—1750/1800年间完成了各自的原始资本积累,成为资本主义国家。这五个国家相互竞争,甚至不惜发动战争,到了1750年左右,只有150万人口的荷兰,凭借其农业革命、工业优势以及商业制度的创新,不但使得欧洲区域经济的核心从早期的地中海位移到波罗的海,而且依靠拉丁美洲的白银和亚洲的香料建立了一个世界性的商业帝国。[2]

---

[1] 〔苏〕卢森贝:《政治经济学史》第一卷,李侠公译,生活·读书·新知三联书店1978年版,第40页。

[2] 王正毅:《世界体系与国家兴衰》,北京大学出版社2006年版,第108—117页。

二、第二个时段：1800/50—1914/45

在随后的 1800/50—1914/45 年，全世界又有四个国家加入资本主义世界经济，进入最早起源于西欧的世界体系。第一个国家是 1806—1848 年开始追赶英国的普鲁士（即后来的德国）[①]；第二个国家是沙皇俄国[②]；第三个国家是从 19 世纪 90 年代早期开始工业化的美国[③]；第四个国家则是亚洲的日本，日本从 1868 年开始明治维新，从上到下进行改革，借助不同的条约（如 1854 年与美国签订《日美亲善条约》，1858 年分别与美国、荷兰、俄国、英国和法国签订《安政条约》）直接加入了这个体系[④]。到 1914 年，这个最初起源于西欧的资本主义世界经济主要有九个国家（葡萄牙、西班牙、荷兰、英国、法国、德国、美国、俄国以及日本）。在 1800/50—1914/45 年，随着这九个国家财富的增长和实力的增强，它们之间的相互竞争加剧，冲突不断，甚至发生了大规模的战争，其中最为著名的便是第一次世界大战和第二次世界大战。从 1800/50 年到 1914 年，有一个国家在国家之间的相互竞争中最终胜出而成为霸权国家，这就是英国。英国依靠工业革命、自由贸易和国际黄金标准，不但击败了葡萄牙、西班牙和法国，而且还取代了荷兰，成为资本主义世界经济 500 年历史上的第二个强国（霸权国家）。工业革命和自由贸易在使得英国成为资本主义世界经济的经典范例的同时，创造了资本主义世界经济的第一个黄金周期。[⑤]

三、第三个时段：1945—2035

一个尤其值得我们注意的事实是，资本主义世界经济并没有因第一次世界大战和第二次世界大战而结束。恰恰相反，战争之后的资本主义世界经济不但

---

① 〔美〕查尔斯·P. 金德尔伯格：《世界经济霸权：1500—1990》，高祖贵译，商务印书馆 2003 年版，第九章；John H. Clapham, *The Economic Development of France And Germany*, *1815-1914*, Cambridge University Press, 1936; W. O. Henderson, *The Industrial Revolution on the Continent: Germany*, *France*, *Russia* (*1800-1914*), Frank Cass, 1961; Thorstein Veblen, *Imperial Germany and the Industrial Revolution*, Macmillan, 1915。

② James Mavor, *An Economic History of Russia*, 2nd ed., E. P. Dutton and Company, 1925.

③ Emily S. Rosenberg, *Spreading the American Dream: American Economic and Cultural Expansion* (*1890-1945*), Hill and Wang, 1982.

④ 〔日〕大野健一：《从江户到平成：解密日本经济发展之路》，臧馨、臧新远译，中信出版社 2006 年版。

⑤ 〔美〕查尔斯·P. 金德尔伯格：《世界经济霸权：1500—1990》，第 201—242 页。

得以延续,而且无论是在广度上还是在深度上都有所拓展,显现出如下四个明显特征:

第一,范围更为广泛。20世纪50年代以来,资本主义世界经济作为一个体系,其范围达到了前所未有的广度,主要表现为全世界又有一批国家加入这个世界体系,包括非洲的尼日利亚和南非,美洲的巴西,亚洲的日本、韩国、新加坡、菲律宾、印度尼西亚、马来西亚和泰国,以及冷战结束后的俄罗斯、东欧国家与实行改革开放政策的中国和推行革新开放政策的越南。

第二,世界体系中各国的制度选择更为多样,呈现出混合主义特征。与先前相对单一的重商主义(16—18世纪)或自由主义(19世纪后半叶和20世纪50—70年代)占主导地位相比,在20世纪50年代大批国家加入之后,这些国家在制度选择上明显呈现出多样化趋势:既有英美式的自由放任式的市场经济和北欧国家的社会福利主导型的市场经济,也有日本的发展型的资本主义体系和新加坡的儒家资本主义,还有德国的社会市场资本主义体系和中国的社会主义市场经济。

第三,世界体系中各国家之间相互竞争更为激烈,最突出的是主导权之争。在世界经济的发展过程中,关于霸权或主导权的竞争一刻都没有停止过,在1945年以后更是如此。在美国成为世界经济的霸权国家或主导国家之后,一直受到其他国家的挑战。先是20世纪60年代欧洲国家成立欧洲共同体,在农业领域(共同农业政策)和金融领域(特别提款权)向美国提出挑战,最后因1973年的世界性经济危机而终止;然后是日本在1968年成为世界第二大经济体,从1968年到1985年在贸易领域(美国与日本多回合的贸易摩擦)向美国挑战,最后因日本1993—2003年的经济衰退而告终;进入21世纪后是发展中国家(特别是新兴经济体)在贸易和金融领域向美国主导的国际机制(世界贸易组织和国际货币基金组织)提出了挑战,这些挑战因2008年全球金融危机而进一步加强。

第四,世界体系的时间转折点更不确定,这主要是因为中国的崛起。既有世界经济已经延续了500年,作为一个经济体系,它还能持续多久?这是学者们和政策制定者们经常思考的一个问题,这一问题因中国的加入以及中国经济的持续增长而不断被问及。中国自从1978年实行改革开放政策以后,积极主动地融入这个世界体系,其主要标志是,1980年加入这个世界体系在货币和金融领域的全球性组织国际货币基金组织,之后又于2001年加入这个世界体系在贸易领域的全球性组织世界贸易组织。美国学术界对中国经济前景进行了预测:从两国的经济增长速度来看,1993—2004 年间,中国的年均增长率为 9.6%,美国的年均增长率为 3.3%,假如两国都按过去十年的年均经济增速增长而没有受到大的冲击,那么到 2035 年,中国的经济将超过美国;而如果以两国的人均国内生产总值来看,2005 年中国人均国内生产总值为 1700 美元,美国的人均国内生产总值为 42 000 美元,中国的人均国内生产总值仅为美国的 1/25,那么到 2035 年,中国的人均国内生产总值将上升到美国的 1/4(中国为 10 000 美元)。[1] 就像 20 世纪 70—80 年代国际社会关心日本一样,20 世纪 90 年代中期以来,国际社会将关心的目标从日本转向崛起的中国。国际社会对中国的关心主要集中在如下两个问题上:中国能否在 2035 年迈向世界经济的核心区? 当中国成为世界经济的核心区时,中国为世界经济提供的方案是什么?

第二节 世界体系的基本动力

在过去 500 年,资本主义世界经济得以产生并且不断扩展,从最初的西欧地区扩展到全球,形成一个体系,其中有一个核心问题需要我们来回答:是什么动力让这一体系得以延续? 在我看来,资本主义世界经济作为一个体系得以延续 500 年的动力主要来自四个方面,即国家生存空间、国际贸易与金融、科学和技术、国际制度与战争。

一、国家生存空间

世界体系得以延续 500 年的第一大动力是国家生存空间的维护和扩展。国家生存空间的维护和扩展在过去 500 年中主要是通过两次地理大发现完成的。"地理大发现"作为一个专有名词,最早是指西班牙和葡萄牙的航海家们受到哥伦布 1492 年发现美洲新大陆的鼓舞,开始寻找到达中国和印度这两个富裕国家而进行的横渡大西洋、印度洋和太平洋的一系列航海活动。

西欧的地理大发现给西方带来一场革命,这场革命的意义有两点:第一,地理大发现对于西欧国家的意义在于,在经过长时间的经济停滞之后,这些西欧国家寻找到了新的国家生存空间。与地理大发现相伴随的是这些国家采取的

---

[1] C. Fred Bergsten, Bates Gill, Nicholas R. Lardy and Derek Mitchell, *China: The Balance Sheet*, Public Affairs, 2006, p. 19.

殖民主义政策。通过殖民政策，这些国家不但获得了黄金、白银等贵重金属，而且获得了发展经济的原材料，进而完成了原始的资本积累。所以，地理大发现使得这些国家的财富急剧增长，实力不断增强。在之后的400多年时间里，殖民主义成为许多国家进行国家生存空间扩展和原始资本积累的重要政策手段。第二，地理大发现对于世界的意义在于，它在政治上将欧洲和亚洲的关系颠倒过来，用地理学家麦金德的话来说就是：

> 地理大发现主要的政治效果是把欧洲和亚洲的关系颠倒过来，因为在中世纪时，欧洲被关在南面不可逾越的沙漠、西面无边莫测的大洋和北面、东北面冰或森林覆盖的荒原之间，而东面和东南面又经常受到骑马和骑骆驼民族的优势机动性威胁。欧洲现在出现在世界上，它能到达的海域和沿海陆地增加了30倍以上，它的势力包围着至今一直在威胁它本身生存的欧亚陆上强国。①

殖民主义政策随着第二次世界大战的结束而退出历史舞台，殖民地国家和地区开始在政治上建立独立主权国家。世界经济因意识形态的对立也被断然分成两种形态——资本主义世界经济与反资本主义世界经济（社会主义计划经济），前者随着布雷顿森林体系的建立进一步加强，而后者尽管也有经济互助委员会（Council for Mutual Economic Assistance），但由于没有形成一个单一的世界市场，最后随着冷战的结束而告终。

尽管国际社会关于1989年柏林墙的倒塌以及冷战结束的政治意义众说纷纭，但对于其经济意义的认识却几乎是一致的：这就是世界经济从以前的区域性世界经济开始真正成为全球性世界经济或全球经济。起源于西欧的区域性世界经济曾因美洲国家和亚洲国家的加入不断向世界其他地区扩展，但由于意识形态的对立而没有成为全球经济。1989年之后，随着俄罗斯、东欧国家以及中国、越南等的加入，世界经济成为真正意义上的全球经济。

进入20世纪90年代，由于计算机技术的发展和应用，人类历史上出现了第二次地理大发现，其标志就是光纤电缆在全球（陆地和海洋）的铺设和1996年美国通过的《电信法案》（Telecommunication Act of 1996）。20世纪90年代的地理大发现与16世纪的地理大发现的区别在于：第一，16世纪的地理大发现发源地是西欧国家，而20世纪90年代的地理大发现的国家主要是美国。第二，

---

① 〔英〕哈·麦金德：《历史的地理枢纽》，林尔蔚、陈江译，商务印书馆1985年版，第58页。

16世纪西欧国家通过地理大发现向世界其他地区扩张的过程中,主要依靠殖民政策和国家主导下的公司(如西印度公司和东印度公司)获取原材料,如美洲的黄金和白银,亚洲的胡椒和香料等,这种扩张是对有形资源的掠夺;而20世纪90年代美国通过地理大发现向世界扩张的过程中,主要依靠跨国公司和国际机制获取人力资本,这种扩张是对无形资源的掠夺,例如发生在印度和其他发展中国家的外包以及中国的离岸经济。第三,伴随着16世纪西欧国家地理大发现的是国家之间无穷的战争,但范围是有限的;而与20世纪90年代美国地理大发现相伴随的则是相关国家的经济冲突和合作,并且范围是全球性的。

二、国际贸易与金融

世界体系得以延续500年的第二大动力是贸易与金融。贸易是一个比较古老的范畴,"几百年来,贸易税收一直是帝国和政治集团最重要的财源之一。许多帝国选择以贸易为契机而发展起来,并且为了控制亚洲、非洲和中东的贸易路线,曾经彼此大动干戈"①。

1648年民族国家体系出现之后,各国仍将贸易作为财富增长的动力,并因此在欧洲历史上出现了著名的重商主义(1500—1750/1800),贸易是重商主义政策的核心,至于如何进行贸易,各国的具体政策的关注点有所不同。在随后的两个时段(1800/50—1914/45 和 1945—2035)中,贸易仍然是各国实现财富增长的重要手段。1870—1914年和1945—1970年被称为资本主义世界经济的两个黄金周期。在第一个黄金周期,自由贸易不但成就了英国的霸权梦,而且推动了资本主义世界经济财富的整体增长,根据经济统计资料,1870—1913年间,世界GDP总额年均增长率为2.1%,世界人均GDP年均增长率为1.3%,就贸易占世界GDP的比率而言,1800年仅为2%,1913年则增加到21%②;在第二个黄金周期,自由贸易制度的建立使得世界经济飞速增长,经济统计资料表明,世界经济在1950—1973年间比以往任何时候增长都要快,世界人均GDP年均增长率为2.9%(这意味着每25年翻一倍),世界GDP总额年均增长率为4.9%,

---

① 〔美〕罗伯特·吉尔平:《国际关系政治经济学》,杨宇光译,上海人民出版社2006年版,第159页。
② Angus Maddison, *Monitoring the World Economy, 1820-1992*, Development Centre of OECD, 1995, p. 60;〔美〕E. 赫尔普曼:《经济增长的秘密》,王世华等译,中国人民大学出版社2007年版,第6、52页。

世界贸易额年均增长率将近8%①。

国际贸易一直是世界经济增长的"火车头",也是西方发达国家进行财富积累的强大动力。当西方殖民体系随着第二次世界大战结束解体后,以前沦为殖民地的广大发展中国家尽管在政治上独立,建立了有独立主权的国家,但在经济上并未彻底脱离资本主义世界经济,而是采取了几乎相同的国家经济发展战略,即进口替代战略或出口导向战略,竞相成为资本主义世界经济的一个重要组成部分。与以前殖民地经济所不同的只是,这些已经拥有主权的发展中国家自己制定本国的发展战略。这不但体现在20世纪60年代大多拉丁美洲国家推出依附性发展战略上,也体现在东南亚国家(泰国、马来西亚、印度尼西亚、菲律宾和新加坡)从20世纪50年代实施的进口替代(制造业)和出口导向(橡胶业)战略的制定上,同时还体现在中东地区石油输出国组织国家采取的出口导向(石油产业)和进口替代(制造业)的结合上。这些发展中国家出口导向型产品的主要目的地是西方发达国家的市场,而进口替代型产品的主要来源地也是西方发达国家的市场。至于苏联建立的社会主义集团,由于反对市场经济,相互之间主要以援助为主,相互之间的贸易往来虽然也有,但比起资本主义世界经济的贸易量和贸易品种而言,则是小巫见大巫。而非洲的大多数国家则主要是以接受援助为主,几乎游离于世界市场之外。

在世界体系的发展过程中,金融与贸易同样重要。与第一次地理大发现相伴随的是黄金、白银的开采,由于黄金和白银属于贵重金属,因而成为价值储藏和交换的重要手段。1500—1750年,黄金和白银不仅是各国财富的象征,而且成为欧洲国家进行海外掠夺的主要对象,同时也是各国相互之间进行贸易的重要支付手段。经济史研究的结果表明,1500年,欧洲有大约3600吨黄金存量和37 000吨白银存量,而从1493年到1800年,世界白银产量的85%和黄金产量的70%来自拉丁美洲。仅在美洲,白银产量在17世纪约为42 000吨,其中有31 000吨运抵欧洲,而欧洲又将其中的40%运往亚洲;在18世纪约为74 000吨,其中有52 000吨运抵欧洲,欧洲将其中40%运往亚洲。②

而真正将黄金作为唯一的国际货币则起源于1819年英国国会颁布的《恢复条令》,要求英格兰银行恢复在拿破仑战争(1793—1815)爆发以后被停止了

---

① Augus Maddison, *Monitoring the World Economy, 1820-1992*, p.60;〔英〕安格斯·麦迪森:《世界经济千年史》,第8页。

② 〔德〕贡德·弗兰克:《白银资本:重视经济全球化中的东方》,刘北成译,中央编译出版社2000年版,第202—211页。

四年的将通货与黄金按一固定比率兑换的业务。《恢复条令》标志着金本位制的正式采用。开始只有英国和其部分殖民地采用金本位制;到19世纪70年代,许多国家和地区逐渐效仿,包括德国(1872),斯堪的纳维亚(1873),荷兰(1875),比利时、法国和瑞士(1878),以及美国(1879);到1879年,许多工业化国家已经采用金本位制。尽管在1873—1896年经济危机中,关于是否采用金本位制在许多国家内部出现了政治争论,但经济危机之后,随着黄金价格的上涨,金本位制得到了加强,日本和俄国(1897)、阿根廷(1899)、奥匈帝国(1902)、墨西哥(1905)、巴西(1906)以及泰国(1908)也纷纷采用金本位制。到1908年,除了中国和波斯(现在的伊朗)在进口结算时不用黄金外,几乎所有的国家都接受了金本位这种固定汇率制度。

尽管金本位制度随着20世纪30年代的以邻为壑的政策而结束,但稳定的国际货币体系和适度的货币政策是世界经济增长的稳定器这一铁律并未改变,这是战后以"双挂钩制"(美元与黄金挂钩、其他国家的货币与美元挂钩)为基础的国际货币体系出现的主要原因。即使1976年以后国际货币体系开始向浮动汇率制转变,但建立稳定的国际货币体系仍然是各国为了维持经济增长而追求的目标。

三、科学和技术

世界体系得以延续500年的第三大动力是现代科学的产生和技术进步。在15世纪之前,人类在科学研究和技术进步方面也曾取得过许多成就,如古希腊的数学、古代中国的"四大发明"、古巴比伦的天文学等,但这些科学知识不仅是零散的,而且通常与宗教和哲学思辨结合在一起。欧洲的文艺复兴运动(1440—1540)为现代科学的诞生奠定了思想和社会基础,但现代科学的真正革命却主要发生在17—18世纪。[1]

与之前的科学研究相比较,现代科学主要有如下三个最为基本的特征:第一,对自然的研究逐渐从以往抽象的哲学思辨转向相对数字化的实验描述。其中,哥白尼的《天体运行论》(1543)、哈维的《血液循环论》(1628)、牛顿的《自然哲学的数学原理》(1687)、达尔文的《物种起源》(1859)等科学著作开启了天文学、生物学、生理学、物理学等实验科学的先河。第二,对知识的态度从中世纪傲慢地藐视自然和社会的宗教(基督教)教条逐渐世俗化。其中,最为重要的措

---

[1] 〔英〕J. D. 贝尔纳:《历史上的科学》,伍况甫等译,科学出版社1981年版,第214—288页。

施是一系列促进科学实验的研究机构的建立,如佛罗伦萨的西芒托学院(1657)、伦敦的皇家学会(1662)、巴黎科学院(1666),以及为了英国海军利益而建立的格林尼治天文台(1675)。第三,科学仪器的应用。与之前使用的一些极为简陋的科学仪器相比,17世纪出现了六种非常重要的科学仪器,即望远镜、显微镜、温度计、气压计、抽气机和摆钟。这些科学仪器的出现使得人们对自己所处的自然世界的认识更为准确甚至精确。①

现代科学和技术的进步不只是体现在科技成果上,更为重要的是,科学革命与工业革命结合在一起,推动了欧洲经济和社会的发展,这首先出现在17世纪的荷兰和英国。

17世纪的荷兰,土地贫瘠,为了开垦荒地,依靠风车排干沼泽地,完成农业技术的革新;荷兰织机的诞生和染料技术的进步,使荷兰的纺织业得到飞速的发展;而造船技术的进步使得荷兰的平底快船的成本不到英国造船成本的三分之二。技术进步不仅使得荷兰成为"木制机械时代"的中心②,而且使得荷兰在17世纪中叶成为世界性的商业帝国。

在17世纪的英国,科学和技术进步不但推动了采掘业和纺织业的发展,而且推动了交通运输业的发展。③ 基于空气和流体静力学的空气泵的产生以及不断改进,解决了长期困扰采掘业的三个难题——矿井出水、新鲜空气的供给限制以及难以将矿石提升到地面,使得英国在对煤、铁、锡和铜的开采方面走在世界的前列;纺纱机和织布机的诞生使得纺织业的机械化大生产成为可能,从而使得英国成为纺织业的中心;数学和天文学的经济意义在于,它们不但提升了计算航线、距离、经度和纬度的准确性,而且推动了英国航海业和海洋交通运输业的发展。所有这些对于英国在19世纪中叶成为世界经济中的霸权国家起到了关键的作用。

科学和技术进步作为世界经济的推动力之一在20世纪以后得以延续,技术进步不但改变了人类的生产方式和生活方式,而且也是国家竞争力最为主要的指标。20世纪70年代以来计算机技术和通信网络的发展是如此,人们通常

---

① 〔英〕亚·沃尔夫:《十六、十七世纪科学、技术和哲学史》上册,周昌忠等译,商务印书馆1997年版,第1—15页。
② 王正毅:《世界体系与国家兴衰》,第108—117页。
③ 〔美〕罗伯特·金·默顿:《十七世纪英格兰的科学、技术与社会》,范岱年等译,商务印书馆2002年版,第184—251页。

将其称为"第三次工业革命"①;进入21世纪,信息物理系统(cyber-physical systems)的兴起更是如此,人们甚至将其称为"第四次工业革命"②。计算机技术和通信网络的应用,以及近几年盛行的人工智能、机器人和人机对话,不但改变了世界的生产方式,例如盛行世界的外包,而且改变了我们日常的相互交流的方式。更为重要的是,它使得美国拓展了"无形的"国家生存空间,并试图通过这些新的核心技术继续维持其在世界经济中的领导地位。

四、国际制度与战争

世界体系得以延续500年的第四大动力是国际制度的建设。国际制度是国家之间相互合作、避免冲突甚至战争的一个比较有效的手段。所谓制度,是指一个体系内限制、规范并且使其参与者的行为合法化的一系列规则、规定、章程和程序。如果不遵守这些规则、规范、章程和程序,参与者的行为将被视为是不合法的。

在过去500年世界体系的产生和扩展过程中,制度化体现在资本主义世界体系的各个领域:在政治领域,国家之间相互合作的制度化和机制化主要是通过条约和协定的签订来完成的。通过签订条约进而达到势力均衡,是欧洲国家在近代相互合作、避免战争的一个重要经验。在贸易领域,将自由贸易制度化以避免20世纪30年代以邻为壑的贸易保护主义是1945年以来相关国家和地区努力的目标,并最终产生了关税及贸易总协定(GATT)和世界贸易组织(WTO)。在金融和货币领域,从1870—1914年的金本位制到1944—1976年布雷顿森林体系的"双挂钩制"以及国际货币基金组织的建立,其实都是国际货币制度化的体现。国家之间相互合作的制度化,曾为资本主义世界经济带来两个黄金周期,即1870—1914年和1945—1970年。

对国家之间相互合作的制度化或机制化最大的威胁就是战争。尽管人类社会渴望和平,但在过去500年资本主义世界经济发展的历程中,冲突和战争很少因为人类的美好愿望而停止。综观人类过去500年的历史,我们可以发现,战争一般采取如下三种形式:(1)交战双方都以结束对方的生命为目标。历史上所有军事战争的目标都是如此。(2)交战的一方是以结束双方的生命为目

---

① 〔美〕杰里米·里夫金:《第三次工业革命》,张体伟、孙豫宁译,中信出版社2012年版。
② Klaus Schwab, *The Fourth Industrial Revolution*, World Economic Forum, 2016.

标。也就是说,当交战一方发现无法结束对方的生命时,选择与对方一起结束生命。(3)交战的一方出于各种原因并不能结束对方的生命,但让对方对生命存在的意义感到恐惧。

第三节 世界体系的历史遗产

在简略地分析世界体系的发展时段和基本动力之后,仍然有一个问题需要我们深思:这个延续了500年的世界体系给我们留下了什么样的历史遗产?在我看来,这个世界体系给我们留下的历史遗产主要集中在如下三个方面。

一、民族国家和国际体系

世界体系给我们留下的第一种历史遗产是政治层面的,即民族国家(nation state)和国际体系(international system)。在1648年之前,世界许多地区盛行的是帝国体系,1648年西欧国家签订的《威斯特伐利亚和约》奠定了民族国家体系的基础。随着资本主义世界经济从欧洲不断向世界其他地区扩展,其他地区和国家在融入这个体系的同时,其国内政治结构和体制也开始发生变化。比如,日本于1868年推行明治维新、大清帝国于1912年解体、东南亚地区从1945年开始脱离欧洲殖民体系,这些亚洲国家在政治上建立了民族国家并逐渐加入民族国家体系之后,国家主权及其巩固才是其优先考虑的问题。

二、世界经济与全球经济

世界体系给我们留下的第二种历史遗产是经济层面的,即从一个起源于欧洲的区域性世界经济最后扩展为一个全球性世界经济(global world-economy)。

这个世界经济的第一个重要组成部分是商业资本的形成。商业资本形成的一个重要标志就是银行和信贷体系的建立。虽然银行早在中世纪的意大利就发展起来了,并承担着那个时期的货币往来与汇兑、接收存款、兑换汇票、提供贷款、代为付款等业务,但大规模的、遍及欧洲的金融经营业务开始于16世纪,这就是国家银行和私人银行的兴起。如1586年创办的作为清算银行的威尼斯的里阿尔托银行,1593年创办的米兰的圣安东尼奥银行,1609年创办的阿姆斯特丹市贴现银行、米德尔堡贴现银行、德尔夫特贴现银行和鹿特丹贴现银行,1619年创办的汉堡银行,等等。这些银行的业务并不局限于货币经营,而是大力发展信贷业务,特别是经过17世纪银行业的改革,银行在欧洲国家的财政管理和国际商业活动中起着越来越重要的作用。17世纪的荷兰依靠银行业务和功能的创新,最终发展成为一个世界性的商业帝国;19世纪的英国依据占主导地位的金本位制成为经济上的霸权国家;20世纪中叶的美国依靠"双挂钩制"主导国际金融市场。

这个世界经济的第二个重要组成部分是贸易。在1500—1750年,欧洲人通过贸易,不但增加了财富,而且增强了国家的实力。正如欧洲经济史学家所描述的:

> 贸易在1500年至1750年间所发挥的重要作用在欧洲历史上是罕见的。有一些历史学家称这段时期为早期资本主义时代或商业资本主义时代,也有一些历史学家命之为重商时代或重商主义时代。这段时期的某些国际冲突——例如17世纪英国与荷兰之间的战争以及18世纪上半叶英国与西班牙之间的战争——也许便是由商业原因引起的。当时的人们普遍认为世界财富的总量是既定的,而诸如海关法与航海法所体现的商业政策的目标就是为各自的国家尽量夺取财富。另一方面,在近代初期引起欧洲爆发战争或冲突的种种原因中,贸易仅次于宗教与封建帝国主义而位居第三。同时,我们应当考虑到,各国政府在推行其外交政策时有时也会寻找出一些商业方面的理由。许多事例证明,贸易——首先是对外贸易——对于一个国家的繁荣来说在当时被认为是至关重要的,而财富则被认为是一种最基本的实力,正如实力是获取财富的基本手段一样。于是,财富与实力就成了国家政策的最终目标。①

三、学术意识形态和政治意识形态

世界体系给我们留下的第三种历史遗产便是学术意识形态和政治意识形态。

意识形态化是资本主义世界经济向全球扩展过程中的一个重要特征,这主要是通过法国大革命完成的。按照沃勒斯坦的观点,法国大革命对于世界体系而言,最大的意义便是孕育出三种政治意识形态(保守主义、自由主义和马克思

---

① 〔意〕卡洛·M.奇波拉主编:《欧洲经济史(第二卷):十六和十七世纪》,贝昱、张菁译,商务印书馆1988年版,第365页。

主义)并将其制度化。①

保守主义(conservatism)作为一种意识形态,是资产阶级对法国大革命所带来的变革做出的第一个反应。保守主义者也承认社会变革的正常性和必要性,但保守主义的基本主张是,某些变革是可以的,也是必需的,但那些影响社会基本结构的变革是不行的,也是没有必要的。在保守主义看来,家庭、社团、宗教以及君主这些最为基本的结构不应该改变。实际上,保守主义是传统的捍卫者,是文化乐观主义的具体体现。他们的逻辑是,传统长期在那里发挥作用,传统的价值里有许多优秀的东西,所以任何对传统的反叛都需要很强的合法性论证,否则,就会引起社会的衰退和崩溃。

自由主义(liberalism)是变革的正常性最为自然的拥护者。但有一点是非常值得注意的,即自由主义是出现在保守主义之后的,也就是说,自由主义是在保守主义产生之后作为保守主义的反对者出现的。尽管在19世纪早期英国托利党人就把保守主义的对立面称作是自由的,英国哲学家洛克被认为是这一思想最典型的代表人物,但与19世纪以前以及19世纪早期那种追求个人的权利的自由不同的是,沃勒斯坦等人这里所指的是在19世纪作为一种意识形态的自由主义,即在政治上有意识地追求立法改革,以此支持正常的变革,为这种变革疏通渠道,创造条件。一句话,自由主义作为一种意识形态,其宗旨就是力图理性地说明正常变革的合法性。

马克思主义(marxism)是在19世纪晚期出现的。作为一种意识形态,马克思主义接受了自由主义意识形态所倡导的追求社会进步的理论,但马克思主义在此基础上加了两个非常重要的特殊条件:一个条件是,进步的实现不是连续的而是非连续的,即通过革命来实现;另外一个条件是,资本主义社会不是人类最终追求的社会,而是会被另一种社会形态取代的社会。马克思主义对自由主义的这两个修改使得马克思主义的政治日程与自由主义的政治日程完全不同。

这三种意识形态伴随着资本主义世界经济向全球拓展,不仅作为一种政治意识形态向全球扩展,而且也通过哲学和社会科学的制度化被作为一种学术意识形态向全球传播。

关于这三种意识形态,过去人们通常强调的是其分歧点,而忽略了其共同点。如果我们将这三种意识形态纳入其产生的资本主义世界经济的历史时段,那么我们不但可以发现其差异性,也可以发现其共同点。

---

① 关于三大意识形态的具体内容,请参阅王正毅:《世界体系论与中国》,第205—206页。

三种意识形态的差异性在于：如何回答为什么在资本主义世界经济中存在核心区和边缘区这种结构。自由主义者认为，核心区之所以为核心区，边缘区之所以为边缘区，是由比较优势决定的，核心区在资本、技术和劳动力方面具有比较优势，而边缘区则没有；马克思主义者认为，核心区之所以为核心区，边缘区之所以为边缘区，是因为在核心区和边缘区之间存在着不等价交换，核心区和边缘区的关系是一种剥削与被剥削的关系；而保守主义者认为，核心区之所以为核心区，边缘区之所以为边缘区，是核心区和边缘区的国家战略不同所致，因此，核心区和边缘区的关系是一种功能关系，而不是剥削和不等价交换关系。

三种意识形态的共同点在于：第一，三种意识形态都承认资本主义世界经济是一个整体；第二，三种意识形态都认为资本主义世界经济是有结构的，这种结构性主要表现在核心和边缘区的划分上。

国际政治经济学的理论演进

在国际政治经济学过去半个世纪的发展历程中,经过三代学者的不断努力,国际政治经济学在理论创新上得以飞速发展。20世纪70—80年代,第一代国际政治经济学学者在美国霸权衰退的背景下,围绕着国家和市场的关系,承袭古典政治经济学的学术传统,在国际关系理论的两次论战中开始了理论构建,由此产生了五大理论:沿袭古典自由主义学术传统的相互依存理论(Interdependence Theory),沿袭古典重商主义学术传统并与国际关系中的现实主义相结合的霸权稳定理论(Hegemonic Stability Theory)和国家主义理论(Statist Theory),沿袭古典马克思主义学术传统的依附理论(Dependence Theory)和世界体系理论(World System Theory)。20世纪90年代以来,第二代国际政治经济学学者在经济全球化的背景下,围绕着国家和市场的关系,吸收新古典经济学理论,并在构建开放经济政治学的口号下,借助统计学的分析工具,试图将国际政治经济学和比较政治经济学纳入一个统一的分析框架。2008年之后,受全球金融危机以及盛行的民族主义和民粹主义影响,国际政治经济学的研究出现了一些新的发展趋势。全球金融危机的爆发促使学者们重新重视被开放经济政治学忽略的国际体系层面的大变革和危机,进而主张进行微观和宏观相结合的研究;而民族主义和民粹主义的兴起,则引起越来越多的学者质疑美国学派倡导的开放经济政治学对统一分析框架和还原主义方法的追求,强调理论范式的多元化和研究方法的多样性。

第二章
相互依存理论：合作与国际机制

面对20世纪60年代末70年代初国际社会出现的变革,一些学者继承了古典自由主义政治经济学的学术传统,对国际体系中出现的相互依存的特征和过程进行了深入细致的研究,由此产生了相互依存理论。

第一节 相互依存论的兴起

一、20世纪50—60年代的现实主义

（一）霍布斯开创的现实主义传统

国际关系研究中的现实主义传统起源于霍布斯。霍布斯对国际关系研究的贡献就是后来经常被现实主义者引用的无政府的自然状态思想。

霍布斯将哲学研究分为两个部分,即自然哲学和公民哲学。前者以自然物体作为研究对象,后者则以国家为研究对象。在研究国家时,霍布斯引进两个概念,即自然权利和自然法。自然权利是由人的本性决定的。人的本性就是自我保护、趋利避害。"在人的天性中我们便发现：有三种造成争斗的主要原因存在。第一是竞争,第二是猜疑,第三是荣誉。第一种原因使人为了求利,第二种原因使人为了求安全,第三种原因则使人为了求名誉而进行侵犯。"[①]这些就构成人的自然权利。人类最初都是按照自己的本性生活的,这种状态就是自然状态。在自然状态中,人人都在追求自己的自然权利,从而导致一切人反对一切

---

① 〔英〕霍布斯：《利维坦》,黎思复、黎廷弼译,商务印书馆1985年版,第94页。

人的战争。这种状态并不仅仅是对远古人类生活状态的一种设想,凡是没有国家权力或国家权力软弱无力的地方都可能出现这种状态。自然状态的混乱、摆脱战争的欲望使得人们求助于理性,教导人们遵循共同的生活规则,这就是自然法。自然法的基本内容就是一条,即"己所不欲,勿施于人"。但建立在理性基础上的自然法的约束力是内发的,只有当人们完全按照理性行事时,自然法才有约束力。可是,人的本性是自私的,都力图按照自己的自然权利行事,这样一来就需要一个强有力的公共权力机构来维护人们的利益,这样的权力机构就是国家。

霍布斯这种无政府的自然状态被后来的国际关系研究者逻辑推演到国家与国家的关系上。他们假定,每个国家都有自己的利益,如果都追求自己的利益就会导致国家与国家之间发生战争,因此国家之间的战争实际上是权力之间的斗争。在这种意义上,我们说,霍布斯开创了国际关系领域中现实主义研究的传统。

(二) 摩根索的现实主义

在当代国际关系研究中,现实主义最早的倡导者是英国威尔士大学的爱德华·卡尔(Edward H. Carr),他于1939年完成了他的那本成名作《20年危机(1919—1939):国际关系研究导论》。在书中,针对以往国际关系研究中的理想主义,卡尔提出了三个基本命题:权力是政治活动的主要因素;道德、民主和正义是相对的,是权力的产物;政治不能脱离权力,政治活动是权力和道德的结合。由此奠定了当代国际关系研究中现实主义的基础。

随着第二次世界大战的结束以及之后国际体系中冷战结构的形成,摩根索继承了现实主义的分析传统,于1948年出版了使其久负盛名的著作《国家间政治:权力斗争与和平》,成为现实主义的集大成者。现实主义从20世纪40年代末期开始到60年代一直主导着西方国际关系的研究。

摩根索的现实主义的第一个基本命题是,国家是国际关系的真正主体。摩根索是从主权的角度来探讨这一问题的。针对理想主义过分强调国际法以及建立在国际法之上的国家体系的观点,摩根索主张应该从国家主权来理解国际体系。在他看来,从16世纪后半叶现代意义上的主权概念形成时,主权就开始成为民族国家至高无上的权力。三十年战争结束时,主权作为一定领土内的最高权力已成为一种政治事实。后来的国际法领域之所以出现疑虑和困难,主要源于两个在逻辑上互不相容但又反映国际法本质的假定:"一个是国际法对各个国家施加法律限制;另一个是这些国家同时又是拥有主权的,它们都拥有最高的立法和执法的权力,但它们自身并不受法律限制。"① 民族国家的这种主权在当代国际体系中仍然存在,所以,在理解国际体系时应该立足于国家的主权而不是国际法,"因为如果各国不能做到互相尊重属地管辖权,如果没有对这种尊重施以法律保障,国际法和建立在国际法之上的国家体系显然就无法存在"②。

摩根索的现实主义的第二个命题是,国际政治和国内政治一样必然是权力政治。摩根索对国际政治中的权力斗争做了细致的研究,这主要包括权力的定义、权力的表现、权力的限制以及追求权力的结果。

摩根索从人的本性出发对权力做出了定义。在他看来,生存、繁衍和支配是人的本性。其中,支配是全人类联系的一种普遍形式,这不但表现在诸如家庭、社团、社会、组织等之中,而且也表现在国际政治的权力斗争中。他在《国家间政治》中明确地指出:"我们在本书讲到权力时,不是指人类驾驭自然的能力,或掌握某些艺术手段诸如语言、会话、声音、色彩的能力,或支配生产资料或者消费资料的能力,或自我控制能力。在我们讲到权力时,是指人支配他人的意志和行动的控制力。至于政治权力,我们指的是公共权威的掌控者之间以及他们与一般公众之间的控制关系。"③

关于权力的表现,摩根索认为,"全部政治,无论是国内政治还是国际政治,都揭示出三种基本的模式,也就是说,所有政治现象都可以简约为三种基本类型之一。一项政治政策所寻求的,或者是保持权力,或者是增加权力,或者是显示权力"④。与这三种类型的政治模式相对应,有三种国际政策,即现状政策、帝国主义政策和威望政策。所谓现状政策,是指一国的外交政策趋向于维持权力而不是朝着利己的方向改变权力分配,在这种状况下,我们可以说该国奉行的是现状政策;如果一国的外交政策目的在于通过反转现存的权力关系获得比它实际拥有的权力更多的权力,也就是说,一国的外交政策寻求的是在权力地位上的有利变化,那该国奉行的就是帝国主义政策;如果一国的外交政策寻求的是为维护或增加权力而显示它所拥有的权力,则该国奉行的就

---

① 〔美〕汉斯·摩根索:《国家间政治:权力斗争与和平(第七版)》,徐昕、郝望、李保平译,北京大学出版社 2006 年版,第 343 页。
② 同上书,第 343—344 页。
③ 同上书,第 56 页。
④ 同上书,第 76 页。

是威望政策。

在摩根索看来,国际政治中对权力的限制主要有如下三种形式,即权力均衡、国际道德和世界舆论、国际法。

关于权力均衡在国际政治中对权力的限制,摩根索的观点是,"国际权力均衡不过是一项社会普遍原理的特定表现,在任何一个由若干独立单位构成的社会中,各组成单位之所以能够保持独立,都归因于这一原则;权力均衡和旨在维护权力均衡的政策,不仅是无法避免的,而且也是使由主权国家构成的社会得以稳定的基本因素;国际权力均衡的不稳定,并非因为该原理出了问题,而是因为该原理在一个主权国家构成的社会中运行时,无法摆脱特定的环境"①。在人类历史上,权力均衡主要有这样几种方式:分而治之、补偿政策、军备以及联盟。

关于国际道德和世界舆论在国际政治中对权力的限制,摩根索的观点是,在国际关系中,道德的作用是很大的,国际政治的实质其实是可以在道德、习惯和法律的规范性秩序中发现的。道德、习惯和法律既可以缓和国际舞台上的权力斗争,改良权力斗争的手段,并把权力斗争引导到将社会各成员的生命、自由和对幸福的追求与权力斗争的牵涉减少到最低程度;也可以在和平时期和战争时期保护人类生命、对战争进行道义上的谴责。

关于国际法在国际政治中对权力的限制,摩根索的观点是,尽管国际法由于其松散性而不能像国内法律制度一样成为一种非常有效的法律制度,特别是不能说国际法能够有效地控制和约束国际舞台上的权力斗争,但这并不意味着应该否定国际法对国际舞台上权力斗争所施加的限制性影响,因为在国际法存在的 400 年中,绝大多数情况下国际法都得到严格的遵守。如果把国际法法典化,并把它扩展为国家间政治关系的规范,那么,国际法通过其内在的力量,即使不能取代国际政治舞台上的权力斗争,也能对这种权力斗争施加限制性的影响。

关于追求权力的结果,摩根索认为,尽管权力均衡、道德和世界舆论、国际法对国际政治中的权力斗争起了很大的限制作用,但这三种限制权力的形式由于其自身存在的弱点而有很大的局限性。权力均衡的最大弱点是不确定性、不现实性和功能不足,这种不确定性主要来源于国家权力的不确定性,所以国际体系的稳定和国家的独立如果完全依靠权力均衡是根本不可能实现的。道德和世界舆论的最大弱点是不统一性,每个国家的价值和行为标准的差异使得国

---

① 〔美〕汉斯·摩根索:《国家间政治:权力斗争与和平(第七版)》,第 205 页。

际道德的形成和遵守非常困难,再加上民族主义的影响,使得统一的国际道德的形成变得更加困难。国际法的最大弱点是它的松散性:一方面,国际法规则原则上只对同意规则的国家有约束力,这就严重削弱了国际法的立法职能;另一方面,许多已得到各国同意的规则本应有约束力,但是它们常常语焉不详,或者受到许多条件和保留规定的限制,因此各个国家在被吁请遵从国际法规则时,仍然具有很大程度的行动自由,这就直接影响到国际法的司法职能和执行职能。由于限制国际政治中权力斗争的三种形式都有弱点,所以追求权力仍然是各个国家的首要目标,其最终结果必然是战争和冲突。

摩根索现实主义的第三个基本命题是,国际政治中权力斗争的核心是军事斗争。

尽管摩根索认为国家的权力是由地理位置、自然资源、工业能力、军事准备、人口、民族性格、国民士气、外交质量和政府质量九种因素组成,并主张在评价国家的实力时要进行综合评估,不能以单一因素(如地缘政治学以地理位置、民族主义以民族属性、军国主义以军事力量)来衡量国家的实力,但综观摩根索的著作《国家间政治》,军事力量仍然是摩根索关于权力的论述中的核心要素,国家之间在国际政治中的权力斗争也主要是军事斗争。关于军事因素和其他因素的关系,摩根索的观点是:

> 战备使得地理、自然资源和工业能力等因素赋予一国权力实际的重要意义。国家权力对战备的依赖十分明显,不需要我们做很多论述。战备需要一个有能力支持国家推行外交政策的军事机构。这种能力来源于几个因素。从我们讨论的角度来看,其中最有影响的因素是技术创新、领导才能以及武装力量的数量和质量。①

二、20世纪60—70年代相互依存的社会现实

以摩根索为代表的现实主义反映了20世纪40年代以来国际政治中冷战结构的现实。从第二次世界大战结束到20世纪60年代,国际社会的背景一方面是冷战结构的形成,这种冷战状态在20世纪50年代中期由于美国和苏联的全面对抗(政治、经济、军事和意识形态)以及两大阵营(社会主义阵营和资本主义阵营)的建立达到了顶峰;另一方面是西方各国经济赖以生存的国际体系的

---

① 〔美〕汉斯·摩根索:《国家间政治:权力斗争与和平(第七版)》,第159页。

稳定以及各国从未有过的经济增长,其中尤为突出的是德国和日本的经济得到了飞速的发展。这一时期占主导地位的理论就是反映以上国际社会现实的权力政治以及势力均衡论。

但从20世纪60年代末期开始,国际社会现实出现了一些本质的变化,这些变化主要表现在以下几个方面:

(1)美元浮动。1971年8月15日,美国总统尼克松在一次电视演讲中,宣布了一项新经济政策,即改变以其他国家的货币和黄金折算美元这一布雷顿森林体系确定的"双挂钩"规则。这一决定首先在经济上对整个世界产生了重大的影响,它标志着固定汇率时代的结束以及无体系的浮动汇率时代的开始。从此以后,各国围绕着建立一种什么样的货币体制、如何稳定汇率等问题开始了激烈的争论。

(2)石油冲击。1973年10月,埃及通过苏伊士运河与叙利亚联合进攻以色列,这就是人们所熟悉的第四次中东战争。中东战争爆发后,石油输出国组织的成员国联合采取了一项措施,将石油的价格由每桶的2.59美元上涨到11.65美元。这一行动对西方发达国家的经济产生了重大的影响,特别是对那些从中东进口石油的西方国家的经济来说是一个沉重的打击。阿拉伯国家对美国、西欧和日本提出挑战,如不改变对以色列的政策就中断石油供给。这是发展中国家第一次用经济或资源的力量对发达国家采取的有力行动,因而具有重要的政治意义。它反映了经济上的依存是如何转化为政治力量的现实,也使人们注意到,国际政治中所使用的力量不只是军事上的力量。同时,发展中国家以此为契机,一致要求发达国家建立"国际经济新秩序",促使联合国大会1974年4月通过《关于建立国际经济新秩序宣言》。

(3)贸易保护主义。从20世纪70年代开始,在国际领域出现了一些重大事件,这些事件包括:改用浮动汇率以及由此造成的汇率反复无常;世界能源价格的大幅度上涨;日本经济竞争力的加强;具有高度竞争力的新兴工业化经济体进入世界市场;美国经济相对衰退;欧洲经济共同体越来越封闭;全球性经济滞胀的出现。[①] 所有这些事件结合在一起,使得第二次世界大战之后建立起来的贸易自由化进程开始放缓,贸易保护主义开始在各国抬头。

正是在这种背景下,20世纪60年代被看作低级政治的国际经济被政治化,

---

① 〔美〕罗伯特·吉尔平:《国际关系政治经济学》,杨宇光等译,上海人民出版社2006年版,第220页。

第二章 相互依存理论：合作与国际机制

上升为高级政治。学者们开始重新从理论上思考国际社会现实,这首先反映在理查德·库珀于 1968 年出版的著作《相互依存的经济学：大西洋共同体的经济政策》中。在其中,库珀明确地说,

> 在过去十年[20 世纪 60 年代]间,在工业国家之间出现了一种很强的经济相互依存的趋势。这种不断增长的相互依存使得追求民族国家经济政策变得更加困难。宽泛地说,不断增长的相互依存在三个方面使得成功地追求民族经济目标变得日益复杂起来。第一,相互依存提高了每个国家收支平衡易于失调的范围和程度,从而使政策的注意力和政策工具转向对外平衡的恢复;第二,相互依存放慢了每个国家依据其自身能力达到国内目标的步伐;第三,对进一步一体化的反应将国际社会卷入对抗运动中,这使得所有国家境遇更糟。这些困难由于这样一个事实变得更为复杂,即比较深入的经济一体化包括国际协定,而这减少了主权国家为了寻求其经济目标所能采取的政策工具的数量。[①]

之后,英国著名的国际政治经济学家苏珊·斯特兰奇于 1972 年在《国际事务》杂志上发表的一篇论文《1971 年的美元危机》也提出了类似的观点。她在其中指出,第二次世界大战结束到 20 世纪 60 年代为止的国际政治学,反映了东西方对立的局面,但对安全保障势力均衡等的研究比重过大。在国际政治中,金融、贸易等经济问题是至关重要的,其重要性今后会日益显现,因此应该更加推进国际政治经济学的研究。[②]

20 世纪 60 年代,一方面是美国和苏联冷战对峙的缓和,另一方面是贸易保护主义的抬头,这使得学者们逐渐对 50—60 年代盛行的现实主义产生怀疑,并重新思考国家与国家之间的关系,特别是国家之间在经济上的日益相互依存,以及跨国公司和地区经济一体化的兴起。相互依存理论就是学术界在理论上对这些国际社会现实进行反思的产物。

尽管从 20 世纪 60 年代后期开始,相互依存论就以各种形式被提出,但相互依存论作为政治学,特别是国际政治学的一种比较系统的理论出现主要是在 70 年代后期的美国。相互依存论的主要代表人物及其代表著作有:

---

① Richard N. Cooper, *The Economics of Interdependence: Economic Policy in the Atlantic Community*, Columbia University Press, 1968, p. 148.
② Susan Strange, "The Dollar Crisis 1971," *International Affairs*, Vol. 48, No. 2, April 1972, pp. 191-216.

理查德·库珀:《相互依存的经济学:大西洋共同体的经济政策》(The Economics of Interdependence: Economic Policy in the Atlantic Community, 1968);

爱德华·莫尔斯(Edward L. Morse):《现代化和国际关系的转化》(Modernization and the Transformation of International Relations, 1976);

罗伯特·基欧汉、约瑟夫·奈:《权力与相互依存》(Power and Interdependence: World Politics in Transition, 1977)。

第二节 相互依存论的基本观点

自从哈佛大学国际经济学教授库珀于1968年发表《相互依存的经济学:大西洋共同体的经济政策》之后,相互依存便成为国际关系学界讨论的一个主题,到1977年罗伯特·基欧汉和约瑟夫·奈发表《权力与相互依存》之后,相互依存论便逐渐成为一种理论,罗伯特·基欧汉和约瑟夫·奈也被认为是相互依存理论的集大成者。以下关于相互依存论基本观点的论述主要基于《权力与相互依存》这本经典性著作。

一、相互依存的概念和特征

(一) 相互依存的概念

关于相互依存的概念,学者们一般都同意相互依存理论的集大成者罗伯特·基欧汉和约瑟夫·奈在《权力与相互依存》中所下的定义:

> 一般而言,依存指的是被外在力量支配或受其巨大影响的一种状态。简而言之,相互依存是指彼此依存。世界政治中的相互依存,指的是以国家之间或不同国家的行为体之间相互影响为特征的情形。这些影响往往源自国际交往——跨越国界的货币、商品、人员和信息流动。[①]

(二) 相互依存的理解

为了与以往自由主义者对国际政治中的相互依存的理解相区别,相互依存论者提醒人们在理解相互依存时应注意如下几个问题:

---

① Robert O. Keohane and Joseph S. Nye, Jr., *Power and Interdependence*, 4th ed., Pearson, 2011, p. 7.

第一,相互依存并不意味着互利。相互依存论者认为,国家或社会之间的交往活动很多,但并不是所有的国家或社会之间的交往都是相互依存,只有当行为体为彼此的交往活动付出代价时才可以称得上是相互依存。依据这种理解,相互依存并不意味着互利,也不意味着没有国际冲突,相反,国际冲突会采取新的形式,甚至可能增多。"我们的观点是,相互依存关系将总是包含着代价,因为相互依存限制自主权;但是要想事先确定某种关系的收益将大于代价是不可能的。这既取决于行为体的价值又取决于关系的性质。没有任何东西能保证我们所说的'相互依存'关系是以互利为特征的。"①

古典经济学或传统的自由主义认为相互依存各方共同受益(joint gains),强调不受扭曲的国际贸易将为各方提供纯利,但忽视了利益的分配问题,比如,石油输出国政府和跨国石油公司都从石油价格高涨中获得利益,但它们在如何分享这方面的收益上存在着矛盾。相互依存论则主张,相互依存的双方只存在相对的收益和分配,即相对受益(relative gains)和相对受损(relative losses)。所以,相互依存并不意味着没有冲突。

第二,相互依存并不意味着"非零和"。相互依存论者提醒人们,在理解相互依存时,不能机械地认为传统国际政治是"零和"政治,即一方所得必然为另一方所失,而经济上相互依存的政治就是"非零和"政治。因为以往军事上的相互依存并不总是零和的,比如军事联盟的成员国一般都积极地寻求相互依存来增加共同的安全,而经济相互依存的政治也包含着竞争,即使是在合作有望给合作各方带来纯收益的情况下也如此。所以,相互依存论和传统的国际政治的区别不在于"非零和"和"零和"。

第三,相互依存并不意味着完全平等。相互依存论者还提醒人们,不应把相互依存的定义局限于相互之间均等的依存。因为在行为体的交往中,最有可能为行为者提供影响力的是相互依存关系中的不对称状况。而不对称的通常情况是,依存性较小的行为体将相互依存关系作为一个筹码,进而在某一问题上与依存性较大的行为体进行讨价还价或影响其他问题。

(三) 权力与相互依存:敏感性和脆弱性

在相互依存论者看来,由于在相互依存中权力的来源变得更加复杂,所以,在考察相互依存中的权力时就有必要区分两个概念,即敏感性和脆弱性。

---

① Robert O. Keohane and Joseph S. Nye, Jr., *Power and Interdependence*, 4th ed., p. 8.

所谓敏感性,是指在某种政策框架内各国之间的相互反应程度,也就是说,某国发生的变化导致另一国有代价的变化的速度有多快,所付出的代价就有多大。敏感性不仅要以跨国界的交往数量来确定,而且以交往变化所付出的代价对社会或政府所产生的影响来衡量。这里有两点值得注意:一是敏感性相互依存产生于一个政策框架内各种政策的相互作用过程中,所以它的前提假设是这种框架是不变的;二是敏感性相互依存不是单一要素的作用,而是各种要素相互作用的结果。所以,敏感性相互依存可以是经济的,也可以是政治或社会方面的。

脆弱性则是指在相互依存被切断时所蒙受的损失程度。用罗伯特·基欧汉和约瑟夫·奈的话来说就是:"就依存的代价而言,敏感性指的是在试图改变局面而做出政策调整之前对外部强加的有代价的影响的承受程度。脆弱性可以定义为行为体对外部事件甚至是在政策发生变化之后所强加的代价而遭受损失的承受程度。由于政策往往难以迅速变更,外部变化的直接影响往往表现为敏感性依存。脆弱性依存的衡量标准只能是,行为体在一段时间内为有效适应变化了的环境做出调整而付出的代价。"[①]也就是说,相互依存的脆弱性程度取决于各行为体获得可替代选择的相对能力以及为此所付的代价。

二、复合相互依存:特征和过程

(一)复合相互依存的特征

在相互依存论者看来,以摩根索为代表的现实主义理论模型主要基于如下三个最基本的假设[②]:

第一,国家作为一个整体是国际政治舞台上最重要的行为体,是国际政治中的决定性因素。这是一个带有双重含义的假设:一是假设国家是最有力量的行为体,二是假设国家是作为一个整体性单位来行动的。

第二,军事力量是最为有效的手段。也就是说,武力是一种可以使用的、有效的政策工具,当然,其他工具也是可以使用的,但使用武力和以武力相威胁是行使权力最有效的手段。

---

① Robert O. Keohane and Joseph S. Nye, Jr., *Power and Interdependence*, 4th ed., p. 11.
② Ibid., p. 19.

第三,世界政治中的问题有等级之分。其中军事安全是首要问题,军事安全这种高级政治支配经济和社会事务等低级政治。

相互依存论者认为,以摩根索为代表的现实主义者所做的三个假设都是可以反驳的。

第一,社会联系的多种渠道。各个社会之间的联系渠道是多样的,这些渠道可以概括为三类:一类是国家之间的关系,主要包括政府权势人物之间的非正式关系和外交部门的正式安排;一类是跨政府关系,包括非政府权势人物之间(面对面和通过电信)的非正式关系;一类是跨国家关系,比如跨国公司的行为。所以,"如果我们放宽现实主义者关于国家作为整体单位而行动的假设,则跨政府联系就出现在我们的视野之内;如果我们放宽现实主义关于国家是唯一行为体的假设,则跨国联系将出现在我们的视野之内"①。

第二,问题间等级之分可能消失。国家之间关系的议程是由多个并不是按照非常清楚的等级排列的问题构成的。军事安全并不总是国家之间关系议题中的首要问题,许多问题是由通常被认为属于国内政策范畴的事务所引起的,在这种意义上,国内问题和对外问题之间的区别并不总是非常明确的。

第三,军事力量不起主要作用。在相互依存占主导地位的情况下,军事力量并不总是被当作一个国家反对另一个国家的手段。比如,在联盟与敌对集团的政治、军事关系上,军事力量起着非常重要的作用,但在解决盟国之间经济问题上的分歧时,军事力量可能是毫无作用的。

在批判现实主义和对相互依存理解的基础上,罗伯特·基欧汉和约瑟夫·奈提出了他们自己的关于世界政治的构想,即复合相互依存(complex interdependence)。

> 现实主义的每个假设都是可以辩驳的。如果同时反驳这些假设,我们可以设想出一个这样的世界:非国家的行为体直接参与世界政治,各问题之间不存在明确的等级区分,而武力并非有效的政策工具。在这些条件下——我们称之为复合相互依存的特征,我们可以看到与现实主义的假设截然不同的世界政治图景。②

---

① Robert O. Keohane and Joseph S. Nye, Jr., *Power and Interdependence*, 4th ed., p. 20.
② Ibid.

(二) 复合相互依存的政治过程

在相互依存论者看来,复合相互依存以上三个主要特征产生了不同的政治过程,这些政治过程把权力资源转化为控制结果的能力。与复合相互依存三个特征相关联的政治过程主要有四个:联系战略、议题的确定、跨国以及跨政府关系、国际组织的作用。

1. 复合相互依存的政治过程之一:联系战略

传统的分析方法认为,在世界政治中,军事和经济上的强国可以通过把自己在某些问题上的政策与其他国家在其他问题上的政策联系起来,使自己在各种组织和各种问题上占支配地位,包括使自己在没有优势的问题中也占上风。也就是说,传统的方法将一切问题与具有支配力量的军事和经济能力联系在一起,所以,世界政治被看作一张无缝的网。但在复合相互依存的情况下,武力的效用下降,各种问题的重要性趋于相等,这就意味着把不同问题联系起来的做法更加困难,而且所付代价过高。比如,一个在经济上占支配地位的国家力图通过经济力量来影响其他问题,以达到联系的目的,如果利害关系仅涉及经济目标,它可能会成功,但如果经济目标具有政治意义,则强国的经济联系战略就会受到某些国内、跨国和跨政府行为体的限制。所以,在复合相互依存的条件下,联系战略非常复杂,所付出的代价也是非常高的。

2. 复合相互依存的政治过程之二:议题的确定

传统的政治分析把注意力集中在政治和军事问题上,其他问题只有在影响政治安全和军事力量的情况下才变得非常重要。在相互依存论者看来,传统政治分析过分注重军事和安全事务,总是先入为主以军事和安全来确定国际关系的议题,忽视了国际关系中某些非军事问题(如国际金融政治、商品贸易条件、石油、粮食和多国公司等问题),也忽视了国际关系中议题的形成过程。实际上,在复合相互依存的条件下,议题产生的政治变得更加微妙,更加多样化。比如一些国内集团会将本属于国内的问题塞进国际议题之列,实力强的政府可能把某些问题与其他问题联系起来从而使其政治化。所以,在确定关系的议题时,一定要考虑议题形成的过程,特别是政治过程。

3. 复合相互依存的政治过程之三:跨国以及跨政府关系

在复合相互依存的条件下,由于各社会之间的联系是多渠道的,国内政治和国际政治的区别更加模糊,其结果必然是,政治联盟的伙伴不一定像传统政治分析的那样认为受国界限制,政治讨价还价的结果也越来越受超国家关系的影响。跨国以及跨政府关系表现在,多国公司可以既是一个重要的独立行为体,又是政府操纵的重要工具。国内团体的政策立场和态度可能受它们与国外同行有组织和无组织(比如主管同类事务的政府官僚之间的联系)的交往的影响。所有这些要求我们必须改变以往国际政治中根据国家自身利益行事的观念,重视跨国和跨政府政策网络对国际关系的影响。

4. 复合相互依存的政治过程之四:国际组织的作用

传统的现实主义认为,各国根据自身利益行事,并为权力和安全而斗争,在国际关系中,由于战争威胁始终存在,所以安全问题是首要问题。在这样的世界中,国际组织很难协调各国的利益,因而所起的作用很小。但在相互依存的条件下,由于各种问题联系的复杂性,同时由于存在着跨国公司和跨政府联盟,所以国际组织在国际政治的讨价还价的过程中的潜在作用将大大加强。国际组织不但有助于国际议题的确定,因为国际组织可以把各国官员汇集在一起,确定哪些问题可以按类别组合在一起,而且成为联盟产生的催化剂和弱国提出政治主张、推行联系政策的场所。

总之,复合相互依存条件下国际政治的特征和过程与现实主义条件下国际政治的特征和过程很不相同(参见表2-1),如果立足于相互依存这一现实,不仅需要对国家利益进行重新解释,而且需要对相互依存条件下的国际体系和国际制度进行重新解释。

表2-1 现实主义和复合相互依存条件之下的政治进程

	现实主义条件之下	复合相互依存条件之下
行为体的目标	军事安全将是首要目标。	国家的目标因问题领域而异。跨政府政治的存在导致目标难以确定。跨国行为体将追求其自身的目标。
政府的政策工具	军事力量是最为有效的政策工具,尽管也采用经济手段及其他政策工具。	适用于具体问题领域的权力资源最为相关。相互依存、国际组织和跨国行为体的管理将是主要手段。

（续表）

	现实主义条件之下	复合相互依存条件之下
议题的形成	势力均衡的潜在转变和安全威胁将确定高级政治领域的议程，并将对其他议程产生重大影响。	议题受到如下因素的影响：各问题领域内权力资源分配的变化；国际机制地位的变化；跨国行为体重要性的变化；与其他问题的联系以及敏感性相互依存增强而导致的政治化。
问题的联系性	联系将降低问题领域间后果的差别，强化国际等级性。	由于武力的效用难以发挥，强国实行联系战略将愈加困难。弱国通过国际组织推行联系战略将削弱而非强化国际等级性。
国际组织的作用	受制于国家权力和军事力量的重要性，国际组织的作用有限。	国际组织将设置议程，促动联盟的建立，并为弱国的政治活动提供场所。为解决某一问题而选择国际组织论坛并争取支持票的能力将是重要的政治资源。

资料来源：Robert O. Keohane and Joseph S. Nye, Jr., *Power and Interdependence*, 4th ed., p. 31.

三、相互依存与国际机制

国际机制（international regime）是相互依存论者关心的另一个主题。在相互依存论者看来，相互依存关系常常发生在使行为规范化及控制行为结果的规则、规章和程序的网络之中，相互依存论者把对相互依存关系产生影响的一系列具有主导性的安排称作国际机制。国际机制可能由国家之间的协议或条约组成，如1944年布雷顿森林会议上对国际货币所做的安排；国际机制也可能产生于建议性的正式安排，但这些安排从未得以实施；国际机制还可能是暗含的，如二战后美国和加拿大之间的关系。由于国际机制有助于提供一种政治框架，所以它是理解相互依存政治的关键。

相互依存论者认为，研究国际机制的变化应该从研究国际体系的结构和过程入手，因为国际机制是在国际体系的权力结构中进行讨价还价的中介因素，国际体系的结构对国际机制有很大的影响，国际机制反过来也影响国际体系中讨价还价的过程。从相互依存出发,有四种模式可以用来解释国际机制的变化,即经济过程解释模式、总体权力结构解释模式、问题领域结构解释模式、国际组织解释模式。①

(一) 经济过程解释模式

相互依存论者批评以往的经济学为了使经济解释更为确切和完美,常常有意地避开政治问题而进行抽象,因而没有提出一种国际机制变化模式。在相互依存论者看来,完全竞争是不存在的,即使是通过竞争性的价格体系来进行贸易,表面看来与政治权力无关,实际上也间接地受政治的影响,因为一旦公司对其所处的环境进行某种控制,讨价还价、战略、影响力以及领导等方面的问题随即产生。所以,为了解释国际机制的变化,就必须使用带有明确政治假设的模式,将政治因素纳入分析。

对国际机制变化做经济过程的解释一般基于三个前提:技术变革和经济相互依存的加强,将使现存的各种国际制度过时;政府将对提高生活水准的国内政治要求做出极为迅速的反应;资本、商品和劳务的国际性流动所带来的巨大经济利益,成为促使政府改变或者重建国际制度以恢复其效用的有利因素。在这样的前提下,国际制度变化将是一个逐渐适应跨国经济活动的新规模和新形式的过程,政府可以通过调整来逐渐适应这种变化,而为了本国的自主利益抵制国际制度的变化将付出昂贵的经济代价。

(二) 总体权力结构解释模式

以往的现实主义根据总体权力结构而建立的国际机制变化模式的核心是,在一种国际体系中,各国之间的权力分配状况决定国际机制的性质,一旦结构发生变化,构成国际机制的规则也将随之发生相应的变化。在现实主义关于国际体系的总体权力结构的假设中,军事实力是最重要的权力资源,因此,如果是强国制定规则,那么政治和军事实力的变化就会对经济制度产生影响。在罗伯特·基欧汉和约瑟夫·奈看来,现实主义的这种总体权力结构分析最容易使人们将注意力集中于霸权和领导地位的分析上,即某国强大到不但有能力维护国际体系的基本规则,而且有意愿这样做,同时,这个国家也有能力废止已有的规则和阻止采用它不赞成的规则,或者在确立新规则过程中起主要作用。

---

① Robert O. Keohane and Joseph S. Nye, Jr., *Power and Interdependence*, 4th ed., pp. 32–49.

相互依存论者对现实主义者这种过分强调军事力量的总体权力结构模式提出了质疑。相互依存论者认为,尽管军事实力分布格局影响国际经济制度,但其本身只提供一小部分的解释。一种充分的总体权力结构解释方法,还必须增加其他三个主要因素,使之更符合战后国际经济制度的变化的现实。这三个要素包括:(1)对军事侵略威胁认识的变化。比如1947年以后美国将苏联视为重大威胁的认识促使其决策者对欧洲和日本做出各种经济让步,以便发展和维护战后的自由经济制度,这种制度促进了欧洲和日本经济在战后的恢复。(2)美国与其贸易、投资伙伴的相对经济实力的变化。欧洲经济的恢复以及由此而产生的信心,解释了关税及贸易总协定狄龙回合谈判中关税的削减、货币自由兑换、减少对美元的依赖以及欧洲共同市场的建立。(3)欧洲与第三世界关系的变化。1956年英、法入侵苏伊士运河失败以及20世纪60年代英国撤回在苏伊士运河以东的军队后,欧洲对欧洲大陆以外的控制能力已与以前的殖民时代不同,这增加了世界政治的复杂性,也为美国和其他工业化国家改变国际经济制度增加了难度。

(三) 问题领域结构解释模式

问题领域结构解释模式假设:某一问题领域中的权力资源在用于其他问题领域时,就会失去部分或全部的效力。

在相互依存论者看来,在国际政治中,不同的问题领域往往具有不同的政治结构,而这些结构可能在不同程度上独立于经济、军事力量总体分布状况。比如,在石油问题领域,沙特阿拉伯、利比亚、伊朗等国具有很大的影响力,而像澳大利亚这样的粮食大国或像瑞典那样的重要贸易国就不会起什么作用。所以,问题领域结构模式的结论是:武力只有在付出高昂代价的条件下才可以使用,而且对政府来说,军事问题并不总是问题等级中的最高级问题;各个问题领域不可能有效地联系起来,权力资源也不可能轻易地转化,即军事力量在经济问题领域将是无效的,与某一问题领域相关的经济力量可能与另一问题领域无关;不同的问题领域存在不同类型的政治过程和制度。

相互依存论者认为,与总体权力结构解释模式相比,虽然问题领域结构模式不像总体权力结构模式那么有效力,但它能分清各种问题领域,具有很强的分辨力,而这对于分析当代世界政治中的许多问题是至关重要的。但问题领域结构模式与总体权力结构解释模式一样,其最主要的弊病是只注重国家的权力潜能,忽视国内和跨国行为体。问题领域结构模式的另一个弊病就是,一旦各种问题能够联系起来,权力资源可以相互转化时,问题领域结构模式的解释价值就会下降。

（四）国际组织解释模式

国际组织解释模式的基本假设是:一系列的网络、规则和机构一旦建立,就难以清除或者进行大规模调整。国际组织模式的有效性取决于一个假设,即行为体不会利用彼此的脆弱性而摧毁国际制度,在这种情况下,连具有优势潜能的政府有时也会感到,当它与现存的网络、机构中的既定行为方式发生冲突时,难以按自己的意愿行事。

与总体权力结构解释模式和问题领域结构解释模式相比,国际组织解释模式主要强调政府间或跨政府关系的多层次性,所以,国际组织模式有助于解决信奉那两种解释模式的人可能遇到的困难,即考虑到那些被基本权力潜能忽略或者来不及考虑的因素。比如在联合国中,如果按照强国在国际体系中通常占支配地位的观点,就不可能预测出联合国大会最后表决的结果;相反,如果我们仔细研究一国一票制这种规则,就可以预测联合国的网络、规则和机构对某些问题如国际经济新秩序的影响。

但国际组织解释模式也有局限性:第一,国际组织解释模式比总体权力结构解释模式更为复杂,因而需要更多的资料,它强调与国际组织相关联的政治过程,并不能预测国际机制如何由于某一原因而变化;第二,与总体权力结构解释模式相比,国际组织解释模式的稳定性不是很强,所依靠的因素也更为短暂、更易发生逆变,这样就有很大的选择和多层次讨价还价的余地;第三,国际组织解释模式只能在复合相互依存条件下使用,而且即使在这种条件下,它的可预测性也主要取决于政府对国际机制的信心和态度,因为国际组织解释模式是建立在国际机制是稳定的这样一种基本假设的基础上,一旦政策发生变化,国际机制本身就会受到挑战。

基于对以上四种解释模式的分析,相互依存论者得出结论,由于相互依存的世界是一个非常复杂的世界,所以在分析世界政治时不存在一种适合于一切的模式。以上四种模式各有优点和缺点,所以,相互依存论者主张,在分析现实的国际政治时,可以使用一种综合解释方法,即最好先寻求最简单的模式,必要时再增加其复杂性。

第三节 相互依存论的贡献及面临的挑战

从 20 世纪 70 年代相互依存论产生以来,相互依存论一直是国际关系的主流理论之一,对后来的国际关系研究产生了广泛的影响,同时也成为国际政治经济学一个重要流派。

一、相互依存论的理论贡献

相互依存理论作为国际政治经济学中一个重要的流派,甚至在某种意义上可以说是主流流派,尽管在其发展过程中由于受到其他理论的挑战而不断进行补充甚至修正,但这并不影响相互依存理论对国际关系(包括国际政治经济学)的贡献。相互依存论的贡献主要表现在如下几个方面:

第一,将非国家因素引入国际关系研究,并将其系统化。相互依存论对国际关系中以国家为中心的理论所持的偏见提出了挑战,它强调将跨国公司和国际组织等非国家因素纳入国际关系的分析。同时,相互依存论对自由主义经济学所假设的国际经济关系的性质做出了修改。① 以往的自由主义经济学都假设国际经济关系是和谐的,行为体之间不存在冲突。而相互依存论则认为,在复合相互依存中,无论是敏感性的相互依存,还是脆弱性的相互依存,某种程度的冲突的存在是必然的,所以国际经济关系并不像自由主义假设的那样不存在任何冲突。

第二,将权力和相互依存结合起来,拓宽了国际关系研究的视角。在 20 世纪 50—60 年代的现实主义那里,权力是国际关系的主导因素,权力的争夺必然导致冲突甚至战争。而相互依存论则将经济利益与政治代价结合起来,从成本和收益这一最古老的经济学原理来分析权力。国际学术界对此的评价是:

> 无论是强调市场作用还是强调国家作用,到 20 世纪 70 年代有一点已经变得十分清晰,市场和国家这两种现象,无论缺少了哪一种,都无法充分地分析另外一种现象。正如基欧汉和奈在他们 1977 年出版的著作中所意识到的那样,将权力和相互依存结合起来加以研究是非常必要的。②

---

① Thomas J. Biersteker, "Evolving Perspectives on International Political Economy: Twentieth-Century Contexts and Discontinuities," *International Political Science Review*, Vol. 14, No. 1, 1993, p. 19.

② 彼得·卡赞斯坦、罗伯特·基欧汉、斯蒂芬·克拉斯纳编:《世界政治理论的探索与争鸣》,秦亚青等译,上海人民出版社 2006 年版,第 17 页。

罗伯特·O.基欧汉和约瑟夫·S.奈从跨国关系这一已知的事实出发,探讨了国家之间的依赖状态,强调了相互依存所导致的经济收益与政治代价之间的关系。他们探讨了跨国关系对国家自主性的影响,这样就把对相互依存的研究与政治学的经典命题联系在一起。①

第三,将国际机制和相互依存结合起来,为后来的国际机制研究以及新自由制度主义的提出奠定了基础。从20世纪70年代中期以来,国际机制一直是国际关系研究的主题之一,它既是70年代自由主义向现实主义提出挑战的问题之一,也是80年代新自由主义与新现实主义论战的主题之一。自由主义/新自由主义、现实主义/新现实主义以及后来的建构主义都加入了关于国际机制的论战②,并逐渐形成国际机制理论③。基欧汉在之后的学术生涯中继续关注这一问题的讨论,在他及其学生们的努力下,在国际学术界出现了以机制或制度研究为核心的新自由制度主义(neoliberal institutionalism)。

关于相互依存论对国际机制研究的贡献,正如后来的学者在评价《权力与相互依存》这部著作时所说的:

> 基欧汉和奈的合作是那么成功,他们走在国际关系理论讨论的最前沿。他们并没有将跨国主义(transnationalism)作为一种新理论进行构建,如果他们深入探究的话,构建新理论是完全可能的。相反,他们对国际关系的主要贡献在于他们将其他学者多年来讨论的问题综合化、范畴化以及精确化。但是,随着他们合作的深入,他们关于国际关系的研究视角的重要性也逐渐上升。随着基欧汉和奈被引用最多的著作《权力与相互依存》的出版,尽管他们主要是以跨国主义和相互依存作为研究范例,但也出现了朝向机制[研究]这种概念上的重要转变。④

---

① 彼得·卡赞斯坦、罗伯特·基欧汉、斯蒂芬·克拉斯纳编:《世界政治理论的探索与争鸣》,秦亚青等译,第16—17页。

② 对自由主义、现实主义和建构主义关于国际机制的观点比较详细的论述,可参阅 Paul R. Viotti and Mark V. Kauppi, *International Relations Theory: Realism, Pluralism, Globalism, and Beyond*, Allyn and Bacon, 1999, pp. 215-219。

③ Andreas Hasenclever, Peter Mayer and Volker Ritterberger, *Theory of International Regimes*, Cambridge University Press, 1997.

④ Iver B. Neumann and Ole Wæver, eds., *The Future of International Relations: Masters in the Making*, Routledge, 1997, p. 99.

二、相互依存论面临的挑战

与其他理论相比较而言,西方国际关系学界对相互依存论的肯定多于批评,特别是20世纪90年代全球化和区域化两大思潮盛行以来,相互依存这一概念更是成为学者们观察和理解国际政治经济现实的一个基本的,在某种意义上也可以说是首要的既定逻辑前提。但相互依存理论自从产生以来一直面临着许多挑战,正是这些挑战促使相互依存理论不断进行修正。

相互依存理论提出之后所面临的理论挑战虽然不能说全部,但可以说主要是围绕着国际机制/国际制度这一核心问题的。具体表现在三个主要问题上:一是国际机制与霸权国家的关系问题,这主要是霸权稳定论对相互依存论的挑战;二是国际机制与国家利益问题,这一问题主要是国家主义理论对相互依存理论提出的挑战;三是国际机制与国内行为体利益的关系问题,这一问题主要是新相互依存论者提出的。

(一) 机制功能理论

"机制"这一概念是由约翰·鲁杰(John G. Ruggie)于1975年引入国际关系研究的[①],后来基欧汉和奈将其用于相互依存理论的构建中。20世纪70年代以来,国际机制成为国际关系研究关注的一个主题,也成为新自由主义和新现实主义论战的焦点。

新自由主义的一个基本假设是将机制看作对国家行为的一种制约,并认为机制可以促使国家相互受益。霸权稳定论基于世界是无政府的而且权力分布是不均衡的这一现实主义的假设对相互依存论提出挑战。按照霸权稳定论的观点,相互依存的国际机制必须有一个制定者,国际机制也需要维持者,如果国际机制无法维持,相互依存的政治经济秩序就会遭到破坏。国际机制的制定者和维持者就是霸权国家,否则就无法解释为什么国家会追求跨国合作与相互依存。

在霸权稳定论的冲击下,相互依存论者,特别是基欧汉本人,在20世纪80年代对早期相互依存论所主张的国际机制概念做了修正。1984年,基欧汉出版

---

① John Gerard Ruggie, "International Responses to Technology: Concepts and Trends," *International Organization*, Vol. 29, No. 3, 1975, pp. 557-583.

了《霸权之后:世界政治经济中的合作与纷争》,将现实主义的观点融入自己的理论前提,提出了机制功能理论(Functional Theory of Regimes)。① 在其中,他主张,即使在美国霸权衰退之后,相互依存仍然存在,因为机制一旦产生,它有时可以按照自己的逻辑来运行,而国家之所以愿意接受这种机制,主要是因为在某些问题领域的相互依存有利于国家利益。

(二) 国际制度主义理论

在相互依存理论与国家主义的论战中,在20世纪90年代还出现了另外一种理论,这就是国际制度主义(International Institutionalism)。②

在相互依存论者关注国际机制的同时,国家主义理论的推动者克拉斯纳和吉尔平对国际机制予以高度重视,形成所谓的新现实主义观点。他们主张,机制可以帮助国家避免不协调的行为,而且在某些情况下可以成为弱国的一种权力资源③,国际机制并不是独立发挥作用的。

面对国家主义理论的挑战,相互依存论者开始将研究重点从国际机制在国际体系中如何独立发挥作用转向已有的国际制度如何影响冷战后欧洲国家的战略,并与新现实主义相结合,形成了"国际制度主义"一些最为基本的观点:制度对于有雄心的政府来说是一种潜在的资源;制度有利于有利益冲突的国家在国际制度中进行讨价还价;国际制度可以作为平衡或反对其他制度的工具;国际制度可以在政治上刺激国家表达意愿,从而为其他国家提供信息,使得政策更具有可预测性;国际制度可以促使国家的责任具体化;国际制度不但可以影响国家的利益,而且还影响国家的基本偏好。④

相互依存论者后来向现实主义靠拢,并相互影响,对此,连罗伯特·基欧汉和约瑟夫·奈这两位相互依存理论的集大成者也表现出无奈:

---

① Iver B. Neumann and Ole Wæver, eds., *The Future of International Relations: Masters in the Making*, pp. 95-102.
② Ibid., pp. 104-110.
③ Paul R. Viotti and Mark V. Kauppi, *International Relations Theory: Realism Pluralism Globalism and Beyond*, p. 216.
④ Iver B. Neumann and Ole Wæver, eds., *The Future of International Relations: Masters in the Making*, p. 106.

非常可笑的是,[如果]考察我们关于跨国关系的早期著作的观点,其结果不是形成另外一个前后一致的关于世界政治研究的理论框架,而是一直在扩展新现实主义,并且不断为现实主义提供新的概念。①

三、新相互依存论

进入 21 世纪,伴随着经济全球化的深入,新一代学者对早期相互依存论将国内各行为体置于国内/国际二分法假设产生怀疑,并对早期相互依存论将全球化作为一个外在变量进行修正,提出了新相互依存论(New Interenpendence Approach)。

新相互依存论者认为,经济全球化的深入已经产生了一个全新的相互依存的世界,相互依存不仅为国内诸行为体带来了利益,而且超越了国家,为国内各行为体创造了更多的机会和渠道来追逐利益。新相互依存论对早期相互依存论的修正主要体现在如下三个假设上②:

第一,早期相互依存论假设,在无政府的国际社会中,国家是最基本的行为体,国内所有行为体(个人、企业、利益团体)都存在于国内/国际二分法之中。而新相互依存论者认为,全球化并不是在无政府状态下进行的,而是在一种规则重叠(rule overlap)的状态下进行的。在新相互依存论者看来,随着国家之间相互渗透,市场规则与全球性机制之间的冲突会不断增加,这就迫使那些不断国际化的私人行为体不得不面对这些相互冲突的规则,他们为了寻求全球市场的稳定性,可能在政治上偏离支持他们母国的市场规则。正是在这种意义上,可以说,随着市场规则重叠程度的提高,全球化降低了现存的政治妥协性。

第二,早期相互依存论假设,个人、企业、利益团体这些行为体主要是通过国内政治制度和政治渠道来表达各自的偏好,并在国内通过相互之间的博弈影响国家的对外经济政策决策。而新相互依存论者则认为,全球化为集体行动者

---

① Robert Keohane, *International Institutions and State Power: Essays in International Relations Theory*, Westview Press, 1989, p. 251.

② Henry Farrell and Abraham Newman, "The New Interdependence Approach: Theoretical Development and Empirical Demonstration," *Review of International Political Economy*, 2016, pp. 713-736; Henry Farrell and Abraham L. Newman, "Linkage Politics and Complex Governance in Transatlantic Surveillance," *World Politics*, Vol. 70, No. 4, October 2018, pp. 515-554; Henry Farrell and Abraham L. Newman, "Weaponized Interdependence: How Global Economic Networks Shape State Coercion," *International Security*, Vol. 44, No. 1, 2019, pp. 42-79.

建立各种跨国联盟创造了机会结构(opportunity structure)。全球化不但对现存的国内收益分配规则产生影响,而且能为那些国内不满分子开辟新的政治渠道,与跨国的或者国际行为体建立跨国联盟。基于这种跨国政治联盟的利益群体不但会加深国内社会的裂痕,而且会产生跨国性分裂以及形成跨国性的新联盟。

第三,早期相互依存论假设,经济全球化完全是一个外在变量,国际规则和国际制度主要是国家之间通过谈判制定的。而新相互依存论则认为,制度不只是游戏规则,也是权力不对称(asymmetric power)的一种主要来源。制度不仅可以汇集国内行为体的各种偏好,而且会使有些行为体较其他行为体更具有优势,更易于接近资源,这就很容易导致国内各行为体拥有的权力不对称。

这样,新相互依存论将经济全球化作为相互依存世界的一个内在变量,一方面探讨相互依存如何导致各个国家内部各个行为体利益及其权力的不对称,另一方面探讨国内各个行为体如何通过相互依存寻求跨国联盟,进而绕开国家影响国际规则的制定。所以,与旧相互依存论寻求国家之间经济交往的政治基础不同,新相互依存论主要探讨国家之间的经济交往如何引起国内政治和国际政治的转型和变革。

相互依存理论的影响及其面临的挑战表明,相互依存理论虽然拓展了国际关系的研究视野,对国际关系理论的发展做出了贡献,但相互依存理论提出的一些概念也存在着很大的争议,这是我们今天运用"相互依存"这一概念时尤其值得注意的。

第三章
霸权稳定理论：霸权与世界经济

20世纪70年代是一个变革与危机并存的时代。如果说相互依存论是对70年代国际体系中出现的变革的顺势反映,那么霸权稳定论则是对同一时代国际体系出现的危机的反思;从内容上讲,如果说相互依存论关心的是如何解释国际体系中国家在经济上的相互依存,那么霸权稳定论关心的则是如何维持和管理相互依存的国际体系。

第一节 霸权稳定论的兴起

一、资本主义的第二个黄金时期

从第二次世界大战结束到20世纪70年代初期,资本主义世界经济进入了其历史上的第二个黄金时期,著名国际政治经济学家罗伯特·吉尔平甚至将这段时间概括为"人类历史上最繁荣的时期"①。这一时期有三个显著的时代特征:世界贸易的飞速发展、国际经济制度的建设和美国霸权的确立。

这一时期第一个显著的时代特征是各工业化国家的经济增长以及世界贸易的飞速发展。就工业化国家的经济增长而言,"自40年代末50年代初战后重建阶段之后,工业化国家的经济增长率达到了史无前例的水平。50年代,西欧国家年增长率约为4.5%,60年代达到5%左右。更加非同寻常的例子是日

---

① 〔美〕罗伯特·吉尔平:《全球资本主义的挑战:21世纪的世界经济》,杨宇光、杨炯译,上海人民出版社2001年版,第52页。

本:50年代和60年代,日本的年增长率空前绝后地约为10%。美国落在后面,50年代约为3%,60年代约为4%"①。就世界贸易的发展而言,世界出口以及贸易得以持续稳定地增长(参见表3-1),从1948年539亿美元增长到1974年的7292亿美元。经过关税及贸易总协定范围内的连续几个回合的谈判,工业国的商业贸易得以飞速发展,从1950年到1975年每年平均增长8%,比其国民生产总值增长率快一倍。②

表3-1 世界出口(1938—1974)　　　　（单位:10亿美元）

年份	出口总值
1938	21.1
1948	53.9
1958	96.0
1960	107.8
1965	156.5
1970	265.7
1972	355.3
1974	729.2

资料来源:Robert A. Pastor, *Congress and the Politics of U.S. Foreign Economic Policy*, University of California Press, 1980, p. 99.

这一时期第二个显著的时代特征是作为资本主义世界经济飞速发展的国际制度保障的布雷顿森林体系的出现。布雷顿森林体系所确立的国际制度主要体现在这样几个领域:国际货币领域的固定汇率制;国际贸易领域的关税及贸易总协定;国际金融领域的国际货币基金组织。

(1)固定汇率制。第二次世界大战之后,为了建立稳定的世界经济秩序,防止20世纪30年代破坏性的经济民族主义卷土重来,美国和英国等国家合作,于1944年召开了布雷顿森林会议。它的主要内容是:第一,美元与黄金直接挂钩,国际货币基金组织的会员必须确认美国在1934年规定的每盎司黄金等于

---

① 〔美〕罗伯特·吉尔平:《全球资本主义的挑战:21世纪的世界经济》,第52页。
② 〔美〕罗伯特·吉尔平:《国际关系政治经济学》,杨宇光等译,上海人民出版社2006年版,第219页。

35美元的官价,并协助美国政府维持黄金的官价;第二,其他资本主义国家的货币与美元挂钩,各国货币与美元建立固定的比价,实行固定汇率制。这种双挂钩制使得美元处于中心货币的地位,并等同于黄金,成为国际储备资产和国际支付的手段。

(2)关税及贸易总协定。在国际贸易领域,1947年签订的关税及贸易总协定为战后国际贸易谈判提供了一个体系和机制。关税及贸易总协定的根本目标就是,通过削减关税和消除其他贸易壁垒,进行更加自由和公平的贸易。关税及贸易总协定主要奉行如下三个原则:第一,不歧视、多边主义和对所有缔约成员实行最惠国待遇;第二,通过减少贸易壁垒来扩大贸易;第三,所有缔约成员之间实行无条件互惠。战后在关税范围内连续几个回合的贸易谈判,促使关税壁垒大大减少、世界贸易显著增长。主要工业国的商业贸易从1950年到1975年年平均增长率为8%,是它们的国民生产总值增长率4%的2倍。这种逐渐扩大的贸易网使得各工业国经济进入一个经济上互相依存的体系。

(3)国际货币基金组织。1944年布雷顿森林会议在国际货币领域的一个令人瞩目的成就就是建立了国际货币基金组织,其主要职能是管理成员的汇率和收支不平衡,监督货币体系的运行,并向暂时面临收入逆差困境的成员提供中期贷款。国际货币基金组织虽然也有一些不尽如人意之处,但它的固定汇率、货币的可兑换性以及后来的特别提款权的建立,对于稳定国际货币、解决各国国内自主和国际稳定之间的矛盾起了很大的作用。

这一时期第三个显著的时代特征是美国继19世纪中叶的英国之后成为世界历史上又一个霸权国家。美国处处以一个警察的形象出现在国际政治和经济舞台上:在国际政治中,美国雄心勃勃,以一种世界警察的姿态卷入了越南战争;在世界经济中,除了确立了以美元为中心货币的国际货币体系以外,美国的对外贸易从1949年到1973年石油危机发生之时几乎在成倍地增长,美国对外贸易在世界贸易中所占的份额也呈相对稳定的状态。

总之,在这一时期,由美国领导的资本主义世界经济看起来运转得非常顺利,给人们所留下的印象正像基欧汉所描述的:

> 欧洲和日本的经济迅速从第二次世界大战的破坏中恢复。在20世纪60年代,美国已经非常强大,经济持续增长。在七个主要的工业化国家,失业率和通货膨胀率平均只有2.8%。产出量增长为5%,国际贸易的增长比产出的增长还要快,直接对外投资更是飞速增长,肯尼迪多边贸易谈判于

1967年6月结束;同月,由阿拉伯国家在阿以战争后挑起的石油禁运的威胁被西方工业国轻松化解。由于成功地顶住了交换汇率,黄金还可以直接兑换美元;一种充满前景的"国际货币"特别提款权在国际货币基金组织的主持下于1967年产生。"像巨人一样傲视世界"的美国,对其能力充满了信心,调动了50万人去解决越南问题。美国的力量和机制构成了问题或前提。①

二、20世纪70年代资本主义的危机

20世纪70年代的经济危机主要表现在三个方面:持续的经济滞胀、固定汇率制的结束和美国霸权的衰退。

第一,经济滞胀的出现。所谓经济滞胀,主要是指20世纪70年代资本主义世界经济出现的特有的"一低两高"现象,即低经济增长率与高失业率和高通货膨胀率并行,这种状况从1973年开始一直持续到1979年,构成了资本主义世界经济近十年的大滞胀时期。导致这种状况的罪魁祸首是美国采取的宏观经济政策,即尽管美国的生产率在70年代之后急速下降,但美国两届政府(约翰逊政府和尼克松政府)一直在采取具有通货膨胀倾向的宏观经济政策。而1973年石油以及其他许多产品价格的急剧上升进一步加剧了世界性的萧条和通货膨胀。正如吉尔平所指出的:

> 70年代初期,世界经济不得不对付60年代末的高通货膨胀,战后经济高速增长结束,开始了长达十年的经济混乱。越南战争的逐步升级和与此同时约翰逊政府(1963—1969)所推行的伟大社会计划造成了全球通货膨胀率的加速上升。为了向公民隐瞒越南战争的财政成本,美国政府拒绝增加税收,相反情愿采用具有通货膨胀倾向的宏观政策,支付战争费用和福利开支。接任的尼克松政府(1969—1974)加重了通货膨胀问题。另外,美联储竭力刺激经济,这种毫不谨慎的行为被评论家称为公然想使尼克松再次当选。之后对币值高估的美元的投机性打击和美国贸易赤字的激增导致美国在1971年8月15日决定迫使美元贬值。1973年,第一次石油危机使世界陷入大滞胀;高通货膨胀、低经济增长和高失业率史无前例地结合

---

① Robert O. Keohane, "The Theory of Hegemonic Stability and Changes in International Economic Regimes, 1967-1977," in George T. Crane and Abla Amawi, eds., *The Theoretical Evolution of International Political Economy: A Reader*, Oxford University Press, 1991, p. 245.

在一起,在美国、西欧和其他国家出现,世界经济被迫作出深刻变革。①

第二,固定汇率制的结束。在1976年国际货币基金组织的牙买加会议上,工业国在尝试建立一种新的既稳定又可调整的汇率制度的努力失败之后,原则上认同了浮动汇率制,这样,美国战后精心设计并运行良好的布雷顿森林体系正式告终。固定汇率制的结束,标志着战后资本主义世界经济得以飞速发展所依赖的稳定的国际货币体系的规则不复存在。从此,各经济强国就稳定货币价值以及相关的货币事务争论不断。一个最好的证明就是,出于对美国宏观经济政策的失望以及不满,为了稳定欧洲货币,欧洲议会于1978年接受法国总统德斯坦和德国总理施密特的倡议,建立欧洲货币体系以及相关的欧洲汇率机制。②

第三,美国霸权的衰退。与美国的力量和机制构成了问题或前提的20世纪50—60年代相比,从70年代开始,美国的霸权力量明显衰退,这主要表现在如下三个方面:(1)在美国国内,经济增长率急速下降,由1889—1937年1.9%的年均生产增长率和1937—1973年3%以上的年均生产增长率下降到20世纪70年代的不到1%的年均生产增长率③;同时,失业率翻了一番,通货膨胀率几乎增加了三倍,钢铁、纺织和造船业出现严重的生产过剩,并引起其他行业的恐慌。(2)在国际政治方面,美国在60年代为显示其霸权力量而倾其全力发动的越南战争最终以美国的失败而告终。(3)在世界经济中,欧洲在70年代以后加速了一体化的进程,并致力于在欧洲建立一个相对稳定的汇率制度;而日本则实施了一系列重要的经济改革和企业重组,以此提高日本的工业生产效率并加强出口。美国越来越感到来自欧洲和日本这两个经济实体的压力和挑战,从1968年开始的美国和日本五个回合的贸易摩擦就是一个极好的证明。

美国霸权的衰退和资本主义世界经济体系出现的危机,促使一些学者开始探讨霸权国家和国际体系的管理之间的关系,霸权稳定理论就是在这种背景下产生的。

霸权稳定论首先是由经济学家查尔斯·金德尔伯格提出来的,他的理论最初只是力图说明为什么会出现20世纪30年代的经济危机,他将这场经济危机归因于英国由于霸权地位的下降,虽有意愿却没有能力管理国际体系。这种霸

---

① 〔美〕罗伯特·吉尔平:《全球资本主义的挑战:21世纪的世界经济》,第66—67页。
② 同上书,第68、76页。
③ 同上书,第69—70页。

权稳定论在70年代初期只限于经济领域,后来被政治学家斯蒂芬·克拉斯纳、罗伯特·吉尔平、乔治·莫德尔斯基(George Modelski)、罗伯特·基欧汉等政治学家和国际关系学家所继承并扩展到军事、安全领域,这样,霸权稳定论就成为国际政治经济学的一个重要流派,并在兴起的国际政治经济学中作为一种理论假说而存在。

霸权稳定论的主要代表人物及其主要作品有:

查尔斯·金德尔伯格:《1929—1939年世界经济萧条》(*The World in Depression, 1929-1939*, 1973);

斯蒂芬·克拉斯纳:《国家权力和国际贸易的结构》("State Power and the Structure of International Trade," *World Politics*, Vol. 28, No. 3, 1976, pp. 317-347),《捍卫国家利益:原材料投资与美国的外交政策》(*Defending National Interest: Raw Materials Investments and U. S. Foreign Policy*, 1978);

罗伯特·吉尔平:《世界政治中的战争与变革》(*War and Change in World Politics*, 1981);

罗伯特·基欧汉:《霸权之后:世界政治经济中的合作与纷争》(*After Hegemony: Cooperation and Discord in the World Political Economy*, 1984)。

第二节 霸权稳定论的基本观点

一个开放和自由的市场体系应该具备什么条件和前提,这是许多学者在20世纪70年代资本主义世界经济体系出现危机之后思考的问题。霸权稳定论就是在回答这个问题的过程中形成的。霸权稳定论主要讨论的是国际体系的管理问题。具体地说,霸权稳定论主要围绕三个问题展开论述:霸权的模式;霸权和国际体系的稳定;霸权周期和国际体系的变革。

一、理解霸权的三种模式

何谓霸权?一个国家成为霸权国家的标志是什么?关于这个问题,目前主要存在着三种理解模式:基本力量模式(crude basic force model)、力量行动模式(force activation model)和马克思主义的霸权概念(Marxian notion of hegemony)。[①]

[①] Robert O. Keohane, *After Hegemony: Cooperation and Discord in the World Political Economy*, Princeton University Press, 1984, pp. 31-49.

(一) 基本力量模式

按照基本力量模式的观点,所谓霸权,就是指在物质资源方面具有绝对优势。在这些物质资源中,有四种资源尤其重要,包括原材料、资本、市场以及在高附加值产品生产中的竞争优势。一个国家要想在世界政治经济中成为霸权国家,就必须能够接近原材料市场,控制主要的资本资源,维持广阔的进口市场,以及在高附加价值产品的生产中具有比较优势。

在这种强调基本力量的模式中,不同的学者提出了相应的霸权标准。比如,吉尔平认为霸权国家主要有三个标志:(1)市场规模。霸权国的市场规模相对巨大,是它的实力庞大的一个根源,并因此建立其经济势力范围,它既可以向友好国家开放市场,也可以拒不友好国家于自己的市场之外。(2)货币。霸权国的货币在国际体系中的核心地位,使它获得了金融和货币方面的优势,如利用金融力量让盟友进入资本市场等。(3)经济的灵活性和流动性。经济实力既不在于掌握某种垄断权和技术,也不在于经济自给自足,而在于该国经济改造自己以及在全球经济环境中适应变化的能力。①

(二) 力量行动模式

力量行动模式是由基欧汉提出的,他在《霸权之后:世界政治经济中的合作与纷争》一书中对霸权稳定论做了比较系统的分析。② 在他看来,基本力量模式指出了霸权国家应该具备的基本力量要素,这是值得肯定的,但基本力量模式有其自身的局限性。局限性之一就是它将霸权看作国际体系中合作的必要条件和充分条件,霸权国家的衰退必然意味着国际体系中冲突的增加。他认为,这种论断本身是没有充分证据的,经验事实表明,在1900—1913年英国力量衰退期间,世界经济中商业的冲突并不是增加而是减少了。局限性之二就是基本力量模式忽视了国内的因素,如国内的态度、政治结构以及决策的过程,将霸权行为看作一种力量的自动行为,即只要一个国家具备了力量,它就自动地表达出其向外施展的意图。在基欧汉看来,一个国家是否是霸权国家,既取决于它的能力,也取决于它的意愿,他将这种模式称为"力量行动模式"。在这种模式

---

① [美]罗伯特·吉尔平:《国际关系政治经济学》,第93—94页。
② Robert O. Keohane, *After Hegemony: Cooperation and Discord in the World Political Economy*, pp. 32-39.

中,所谓霸权是指,一个国家有足够的能力来维持主宰国家之间关系的必要规则,并且有意愿这样做。①

(三) 马克思主义的霸权概念

马克思主义从整体上并不承认霸权稳定论,按照马克思主义的观点,由于资本主义生产关系的局限性,资本主义生产关系的持续发展不可能长久,资本主义内部的矛盾肯定会发生。对马克思主义者来说,霸权理论必然具有片面性,因为它不能解释资本主义所面临的矛盾的变化。但这并不是说马克思主义者不使用霸权这个概念,不重视霸权这个事实,马克思主义者也使用霸权这个概念,但只是将其放在资本主义世界政治中,定义为一种统治力量。② 新马克思主义者伊曼纽尔·沃勒斯坦关于霸权的观点就是一个典型。在沃勒斯坦看来,现代世界体系就是资本主义世界体系,资本主义世界体系作为一个体系起源于欧洲,并在随后几个世纪中伴随着资本积累得以在全球扩展,最终于19世纪成为一种世界性的体系,这种体系作为一种历史体系将最终为一种新的体系所取代。然而,当我们考察资本主义世界体系的特殊历史时期时,霸权及其军事力量发挥了很大的作用。在世界历史上,曾出现过三个霸权国家,这就是17世纪中叶的荷兰、19世纪中叶的英国以及20世纪中叶的美国。沃勒斯坦对历史上出现的这三个霸权国家做过比较,认为尽管这些霸权国家出现在不同的时代,但它们也有相似之处,这种相似性主要表现在如下三个方面:第一,每个霸权国家的兴衰与其在三个经济领域的效率是相关的。每个霸权国家都是先在农业—工业取得优势,然后在商业领域占有优势,最后在金融领域占有优势。当一个国家在所有三个领域都占有优势,它就获得短暂的霸权地位。第二,每个霸权国家在其霸权期内都奉行全球自由主义,反对重商主义者对贸易的限制。第三,霸权国家的全球军事力量的模式是相同的,即霸权主要是海上(现在是海上/空中)力量。霸权的物质基础在于它的公司在三个经济领域即农业—工业、商业和金融领域的效率更高。

基于对历史上曾出现的霸权国家的共同特征的概括,沃勒斯坦提出了他自己的关于霸权的观点。在他看来,霸权存在于资本主义世界体系的国家体系之中,国家体系中的霸权主要是指这样一种机制:在所谓的大国之间的竞争中,一

---

① Robert O. Keohane, *After Hegemony: Cooperation and Discord in the World Political Economy*, p. 34.
② Ibid., p. 42.

个大国能够在很大程度上将它在政治、经济、军事、外交甚至文化上的原则和意愿强加于国家体系。①

从以上关于霸权的三种理解模式中,我们可以发现,尽管不同的学者在霸权的具体定义和标志上存在着不同的观点,但几乎所有的学者都力图将霸权和国际体系的稳定联系起来,在理论上和现实经验中寻求二者的相关性。霸权稳定论便是其中的一种理论。

二、霸权和国际体系的稳定

霸权和国际体系的稳定之间的关系是霸权稳定论者关心的首要问题,所不同的是,有的学者是从经济领域论述二者的关系,有的学者则是从政治和军事领域寻求论据。

(一) 世界经济领域的霸权

在经济领域探求霸权国家和国际体系的关系的学者首推霸权稳定论的最初倡导者、美国经济学家金德尔伯格。在《1929—1939 年世界经济萧条》这本富有影响的著作中,金德尔伯格比较全面地分析了霸权国家在世界经济稳定和发展方面的作用。他将霸权国家的领导权和世界经济体系的稳定联系起来,认为一个开放和自由的世界经济需要有一个居霸主或主宰地位的强国。

在金德尔伯格看来,20 世纪 30 年代之所以发生经济危机,主要是因为英国没有能力、美国没有意愿承担责任以稳定国际经济体系,从而使得国际经济体系处于一种不稳定状态。这些责任具体表现在三个方面:为跌价出售的商品保持比较开放的市场;提供反经济周期的长期的资本贷款;在危机时期实行贴现。②

金德尔伯格就以上三个方面未能在 1929—1933 年世界经济萧条中得到保证进行了细致的分析。比如在为廉价的商品保持市场方面,英国 1846—1916 年一直坚持自由贸易,尽管在 1873 年以后英国的发展并不快,但它坚持奉行自由贸易,从而为国外积压的剩余产品提供市场,做到了在紧张时期使进口市场保持开放。英国在萧条时期顽强地坚持自由贸易,在金德尔伯格看来,并非自

---

① Immanuel Wallerstein, *The Politics of the World-economy: The States, the Movements and the Civilizations*, Cambridge University Press, 1984, p. 38.

② 〔美〕查尔斯·P. 金德尔伯格:《1929—1939 年世界经济萧条》,宋承先、洪文达译,上海译文出版社 1986 年版,第 348 页。

觉地服务于世界经济,而是由于文化上的滞后和斯密的自由贸易传统。但在1929—1933年间,没有一个大国为廉价出售的商品提供市场,没有一个大国愿意容忍贬值,更不愿意为经济困难的国家提供长期资金或贴现手段,从而导致经济危机。由此,金德尔伯格得出一个结论:国际体系中必须有一个稳定者,并且只能有一个稳定者,这个稳定者就是霸权理论中的霸权国家,它的作用就是制定有效的国际机制,保证国际经济的持续和健康发展,防止出现全球性的经济混乱。

吉尔平也对霸权国家在世界经济稳定中的作用提出了自己的观点。他极为坦率地认为,自由市场体系的出现和发展必须有三个前提,即霸权、自由意识形态和共同利益。① 只有在霸权统治下的国际体系才是稳定的,否则就会出现战争或混乱。霸权国家主宰下的国际体系既有利于霸权国家自身,又有利于国际体系的发展。对于霸权国家和国际自由经济之间的关系,吉尔平的观点是:

> 国际自由经济的存在少不了有一个霸主。不管人们是否把这种经济看作为某个集团国家所分享的集体商品或私人商品,历史经验表明,没有一个占主宰地位的自由强国,国际经济合作极难实现或维持,冲突将成为司空见惯的现象。②

(二) 世界政治和军事领域的霸权

霸权和国际体系稳定之间的因果关系不仅存在于国际经济领域,也存在于政治和军事领域。罗伯特·吉尔平在另一本著作《世界政治中的战争与变革》中对此做过系统的论述。吉尔平从现实主义出发,对国际体系的统治形式提出了自己的看法。③ 在他看来,对国际体系的统治或控制主要有三种方式:一种是国际体系中政治联盟之间权力的分配;一种是国家间威望的不同层次;一种是国际体系中的一系列权力与规则。

关于国际体系中政治联盟之间权力的分配,在吉尔平看来,历史上有三种颇具特色的通过政治联盟控制国际体系的形式:第一种是帝国主义或霸权主义的结构,即一个强大的国家控制或统治该体系内部比较弱小的国家。这种类型

---

① 〔美〕罗伯特·吉尔平:《国际关系政治经济学》,第88页。
② 同上书,第105页。
③ 〔美〕罗伯特·吉尔平:《世界政治中的战争与变革》,武军、杜建平、松宁译,中国人民大学出版社1994年版,第25—34页。

是最为普遍的,一直延续到近代。第二种是二元结构,即两个实力强大的国家控制和调节各自势力范围内以及彼此之间的互动关系。第三种是均势结构,即三个或更多的国家通过施展外交手段、更换盟友以及挑起公开冲突来控制相互的行为。均势结构体系最为典型的例子当属"欧洲均势",这种均势被认为从1648年《威斯特伐利亚和约》开始,一直保持到第一次世界大战爆发前夕。由此,吉尔平总结道:

> 国家间权力的分配构成了各种国际体系的主要控制形式。每种国际体系中占支配地位的国家或帝国都在该体系内,尤其是在其各自的势力范围内,组织并维持一种政治、经济以及其他领域的网络。这些在历史上被称为列强、在今天被称为超级大国的国家,在各自单方面努力和相互作用的共同影响下,确立并实施了既左右它们自己,也控制该体系内相对比较弱小国家的行为的基本规则和权利。①

对国际体系实行统治的第二种方式是威望。吉尔平在这里将威望定义为一个具有一定的特殊内容的命令将为一定的人群所服从的可能性。威望虽然并不等同于实力,但最终取决于经济和军事实力。所以,威望就是实力的声望,尤其是军事实力的声望,是国际关系中的通用货币。威望的树立总是与战争相关联的。关于威望与战争之间的关系,吉尔平特别强调了如下三点:

> 第一,虽然威望在很大程度上是经济和军事能力的一种功用,然而它却主要是通过成功地使用力量,尤其是通过战争的胜利来实现的。国际体系中威望最高的成员是那些刚刚成功地使用其军事或经济力量,并且由此而将自己的意志强加于他人的国家。第二,无论是权力还是威望,最终都是无法估计和难以确定的,因为任何事先的计算都不可能绝对地搞清这个问题。只有通过比试,尤其是战场上的较量,才能明了这些问题。第三,战争,尤其是我们称之为霸权战争的主要作用之一,就是确定国际性威望的不同层次,并由此确定由哪些国家实际上统治这个国际体系。②

对国际体系实行统治的第三种方式就是国际体系中的一系列权力与规则。这些权力以及体现权力的规则既来源于习惯,也来源于正式谈判所达成的国际

---

① 〔美〕罗伯特·吉尔平:《世界政治中的战争与变革》,第30页。
② 同上书,第33页。

条约。在当代国际体系中,这些权力与规则主要涉及三个广泛的领域:其一,涉及外交行为和国家之间的政治往来,这些政治往来受制于详尽系统的法典;其二,涉及某些战争法规;其三,涉及国家之间经济和其他领域交往的体系规则,比如国际贸易、技术合作以及与此类事务相关的规则。这些权力与规则尽管在某种程度上是以共同的价值和利益为基础的,但其主要依据还是一个社会体系中居支配地位的集团或国家的权力和利益。比如,波斯帝国是第一个通过立法将调整国际经济关系的规则强加于其他国家,并对其较小邻国间的争端进行调解的国家;古罗马帝国在地中海地区实施自己的法典,并给西方文明留下了第一部国际法这样的遗产;而现在的国际法的规则则是西方文明施于当代世界的,它反映了西方文明的价值观念和利益。

这样,霸权稳定论者通过世界经济领域以及世界政治和军事领域的经验事实,在霸权国家和国际体系的稳定之间建立了因果关系,霸权稳定论之名就来源于此。

(三)理解霸权和国际体系稳定需注意的问题

在霸权国家和国际体系稳定的关系中,有一些问题仍然需要澄清:为什么霸权国家愿意付出代价来管理国际体系?在国际体系中,为什么其他国家愿意服从霸权国家的管理?如何避免免费搭车现象?这就涉及三个问题,即霸权国家的利益、国际体系的公共利益、国际体系中的相互受益。

1. 霸权国家的利益

为什么霸权国家愿意来管理国际体系,甚至在霸权国家国内萧条时,如金德尔伯格所指出的,也要付出代价来维持国际体系?这个问题涉及霸权国家建立和维持国际自由经济的动机。

根据霸权稳定论者的解释,霸权国家之所以愿意来建立和维持国际体系,主要是出于霸权国家的国家目标和利益。吉尔平认为,一个国家的目标主要有三个类型:国家的第一目标就是领土征服,以此来谋取更多的经济、安全和其他利益。尤其是在工业革命之前,领土征服是一个群体或国家能够扩大其安全和财富的主要手段。国家的第二个目标是扩大它对其他国家行为的影响。每一个国家都力图通过使用威胁和高压政治手段,组织盟国以及建立排他性的势力范围来创立一种国际政治环境和国际体系的规则,因为这有助于国家实现其政治、经济和意识形态的利益。国家的第三个目标就是实现对世界经济的控制或者至少是施加影响。从以上国家的三个目标来看,国家的对外政策都是围绕自己的切身利益制定的。为了捍卫切身利益,每个国家不惜诉诸战争。所以,霸权国家的国家利益是其建立和维持国际体系的动机和动力。① 按照吉尔平的解释,美国在第二次世界大战之后,发起建立固定汇率的布雷顿森林体系、实施马歇尔计划、带头参加关税及贸易总协定的贸易自由化谈判,主要出于其自身的利益,即在经济上维护自由世界经济,在政治上建立安全的国际秩序,在意识形态上向国外宣扬它的价值观念,所以美国的动机是"开明的自私自利"。②

对于霸权国家对自身利益的追逐,马克思主义者则从不同的角度进行了分析。沃勒斯坦对霸权国家政策的分析就是其中一例。沃勒斯坦批判了以往两种对待资本主义的态度,一种认为资本主义的特征就是生产要素的自由流动,另一种认为资本主义的特征就是国家机器不干预市场。沃勒斯坦认为,资本主义的特征其实是生产要素部分流动,国家机器有选择地干预市场③,霸权就是后者的一个例证。资本主义最为根本之处就是追求无休止的资本积累,而有选择地干预市场的目的就是加速积累的过程。国家这种有选择地干预市场一般采取两种形式:一种是直接干预,比如国家可以征收直接税或间接税,以此来改变利润率进而影响一种产品的竞争性;另一种是国家通过颁布相应的法规和法则来影响资本、劳动力和货物的流动,或者制定最高或最低价格。总之,霸权国家通过国家这个政治机器来为其在世界市场上获得最大利润提供垄断政治条件(oligopolistic conditions)。这就是霸权在世界经济中的政治职能。

2. 国际体系的公共利益

在国际体系中,为什么其他国家愿意接受霸权的统治,霸权国家统治的合法性基于什么?对此,吉尔平做出如下回答:

> 概言之,对一个强国来说,其"统治权"的合法性被认为取决于三个因素。第一,它取决于这个强国在最近的霸权战争中的胜利,以及它所表现出来的把自己的意志强加于他国的能力。在这种情况下签订的确立现状的条约以及为现存秩序而制定的章法便具有权威性,因为它们仅仅是上述现实的反映而已。第二,由于居支配地位的大国提供了诸如某种有利可图的经济秩序或某种国际安全一类的"公共物品",故其统治常常为人们所接

---

① 〔美〕罗伯特·吉尔平:《世界政治中的战争与变革》,第 23—25 页。
② 〔美〕罗伯特·吉尔平:《国际关系政治经济学》,第 106—107 页。
③ Immanuel Wallerstein, *The Politics of the World-Economy: The States, the Movements and the Civilizations*, p. 43.

受。第三,这种大国所居的支配地位可望在意识形态、宗教或者别的方面得到与其有共同价值观念的一系列国家的支持。①

霸权稳定论者认为,自由的国际经济体系可以提供种种公共物品,这些公共物品包括建立在不歧视原则和无条件互惠原则基础上的自由开放的贸易制度、有利于人们从事商业活动的稳定的国际货币、国际安全等。但自由经济体系不可能自行延续下去,因为开放、自由的国际经济经常受到"免费搭车"行为的威胁,即有些国家希望得益于公共物品,却拒绝为此承担合理的支出。自由的国际体系的建立和维持,需要一个强大的国家。国际体系中的其他国家之所以愿意接受霸权的统治,主要是因为霸权国家能够为国际体系提供并维持公共物品。

3. 国际体系中的相互受益

霸权稳定论者并不认为霸权统治之下的国际体系只对霸权国家有益,在他们看来,霸权统治下的国际体系既对霸权国家有益,也对国际体系的成员国有益。吉尔平认为,这种霸主国和国际体系成员国相互受益的机会并不是很多,从历史上来看只出现过两次:第一次是从拿破仑战争结束到第一次世界大战爆发,这是英国统治下的和平时期;第二次是第二次世界大战结束后到20世纪70年代,这是美国统治下的自由国际经济秩序盛行时期。他指出:

> 霸权国家或许被认为是以提供公共利益(安全和保护财产权)来换取报偿的。像罗马统治下的和平一样,英国统治下的和平与美国统治下的和平保证了一种相对和平与安全的国际体系。英国和美国创立和巩固了一个自由国际经济秩序的规则。英国和美国的政策促进了自由贸易和资本的自由流动。这些大国提供了关键货币并管理了国际货币体系……它们承担起这些责任是因为这样做有利可图。对它们来说,保持现状、自由贸易、外国投资和一个功能完善的国际货币体系所带来的收益大于相应的成本。霸权国家的政策在给它们自己带来好处的同时,也使那些期望并能够利用国际政治和经济现状的国家得到好处。②

霸权稳定论者认为,相互受益既是霸权国合法性的基础,也是国际体系稳定的基础。因为在国际体系中,霸权国也是受制约的,霸权国家之所以愿意承

---

① 〔美〕罗伯特·吉尔平:《世界政治中的战争与变革》,第34页。
② 同上书,第145页。

担维护国际机制的责任,一方面是因为自身的国家利益,另一方面是因为获得了其他国家的认同。如果霸权国的公民认为其他国家弄虚作假,或者认为霸权国家为维持领导地位所付出的代价超过预期的利益,那么建立在霸权基础上的国际体系的稳定性就会下降。同样,国际体系中的其他成员国愿意接受霸权国家的统治,既出于自身的利益,也出于对霸权国家在国际政治体系中的威望和地位的尊重。如果成员国认为霸权国家的行动只是在牟取私利,并且与它们的政治和经济利益背道而驰,那么国际体系的稳定性就会削弱。

三、霸权周期和国际体系的变革

霸权国家是国际体系稳定的维持者,但霸权国家并不是永远处于霸权状态,霸权国家也会有兴衰。霸权国家的兴衰与国际体系的变革有什么关系?这是所有霸权稳定论者关心的一个课题。

(一)霸权周期

霸权周期一般是指霸权国从兴起到衰退的整个历史时期。许多学者都认为,世界政治中存在着长周期,这种周期与霸权国家的兴衰密切相关。这方面著名的代表人物有莫德尔斯基、沃勒斯坦、吉尔平等人。如莫德尔斯基认为,世界政治中存在五个长周期:1540—1560 年的葡萄牙周期、1640—1660 年的荷兰周期、1740—1763 年的第一次英国周期、1850—1873 年的第二次英国周期、1973—2000 年的美国周期。①

沃勒斯坦等人认为,就像世界经济体系在不断的周期性运行过程中会出现垄断(康德拉季耶夫周期的 A 段)一样,国家体系在其运行过程中也会出现周期性的变动,这个周期是一个长周期,可以称之为"霸权周期"。根据农业—工业、商业和金融领域的优势,不但霸权国家在历史上出现得很少,而且每个霸权国家都会经历一个兴衰的过程,即霸权上升阶段(ascending hegemony)—霸权胜利阶段(hegemonic victory)—霸权成熟阶段(hegemonic maturity)—霸权衰退阶段(declining hegemony),而真正达到霸权的时间是非常短暂的。自资本主义世界体系产生以来,国家体系主要经历了三个霸权周期,产生了三个霸权国家,分别是荷兰、英国和美国。

吉尔平则认为,在前现代世界,国际政治的转变都是以帝国周期为特征的,

---

① George Modelski, *Exploring Long Cycles*, Lynne Rienner Publishers, 1987, p. 4.

"过去的1000年里,国际政治的转变形式被描绘成一个帝国周期。世界政治以强大帝国的兴衰为特征,每一个帝国都统一并安排了它自己的国际体系"[①]。而在现代世界,英国和美国取代了以往的帝国,继承了以往的霸权,国际体系则以这些霸权国家的兴衰为特征。在国际体系中,霸权国家的周期表现为扩张—平衡—衰落—新的扩张—新的平衡—新的衰落。国际体系就是在这种霸权国家的周期中不断变革的。"千百年来,那些不断兴衰的帝国、霸主和大国统治着国际体系。这些相继占支配地位的国家改变了这一体系,一直扩张到在进一步的变革和扩张的成本与收益之间达到一种平衡为止。一旦达到这一平衡状态,占支配地位的国家国内外环境的发展就开始破坏这种平衡。"[②]

(二) 霸权周期的动力:成本与收益

为什么会出现周期性的霸权?也就是说,霸权周期的基本动力是什么?对此,吉尔平和沃勒斯坦给了看似不同实际却相同的回答。

在吉尔平看来,霸权周期的动力从根本上讲是一个经济成本问题。无论是霸权国家的扩张、霸权国家对国际体系的控制,还是霸权国家的衰落,都与经济成本密切相关。吉尔平以帝国和现代国家体系中的霸权国家为例对此进行了论述。

吉尔平认为,帝国周期的主要决定因素是以农业为基础的社会结构。在工业出现之前,由于没有突出的技术进步,经济和财富增长的基本因素是土地的可获得性和人与土地的比率。一国财富和力量增长主要源于可以产生经济盈余的领土。因此,在其他条件相同的情况下,一个帝国的领土越大、政治控制越强,可征税的盈余就越多,帝国的力量也就越强大。但是,这种方式会遇到一个收益递减的问题,当财政不能进一步支持帝国的领土扩张时,比如提供维持最好武器的经费,帝国或是分裂,或是被迫减少领土控制和财政负担。一旦不能成功地收缩,达到成本和资源的平衡,帝国将衰败并为下一个帝国周期所代替。

在现代国家体系中,经济成本和收益同样是霸权周期的动力。现代国际关系与帝国统治时期的国际体系最大的区别就在于:民族国家取代帝国成为国际关系的主角;经济增长主要建立在现代科学技术之上;世界性市场经济的出现。这三者相互作用虽然改变了霸权国家扩张的形式,即由以帝国和领土扩张为获

---

① 〔美〕罗伯特·吉尔平:《世界政治中的战争与变革》,第112—113页。
② 同上书,第156页。

得财富的手段转变为以民族国家和经济扩张为积累财富的手段,但是这种转变并未改变霸权周期的动力。在世界性市场经济中,通过国际分工,每个国家都能从国际交换中获益,每个国家财富的多少主要取决于市场以及交易量的大小,所以加入国际经济并分享扩大的贸易体系的利益就成为民族国家进行经济扩张和政治扩张的动力。在经济扩张中,虽然大多数国家都能从世界性市场经济中获益,但由于技术上的差异,结果往往是那些效率较高和技术较先进的国家获益更多,它们享受着更高的利润和更有利的贸易条件,从而也就成为富有经济竞争力的国家或强国。由于这些占效率和技术优势的国家能够从世界性市场经济中获利更多,因此这种经济利益便成为这些国家创立和维持世界市场经济的根本动力。但随着时间的推移,根据效益递减规律,霸权国家收益逐渐减少,成本逐渐增加,从而限制了霸权国家的进一步扩张,这样进一步的变革与扩张在成本和收益上达到平衡。发展的趋势便是,保护国际体系所需成本增加,而霸权国家收益减少,如果成本和收益持续的失衡以及霸权国家财政上的枯竭不能解决,霸权国家在经济上和政治上就会衰落。所以,霸权国家的扩张—平衡—衰落周期的根本动力就是经济成本和收益。

沃勒斯坦也是从经济成本和收益来分析霸权周期的。沃勒斯坦认为,人类历史上每一次"特长周期"的出现都与一种世界范围内的经济制度创新(如新的贸易方式、新的金融体制的出现)密切相关,而这些新的经济制度一般都是一个强的核心国家强加于世界体系的,所以"特长周期"与"霸权兴衰的周期"密切相关。[①] 在沃勒斯坦看来,当一个国家在经济上和军事上占有优势时就会出现霸权状况,一个国家是否是霸权国家主要取决于它在农业—工业、商业和金融领域的优势。通过研究经济史,他发现,霸权周期和经济周期(主要是特长周期)密切相关。比如,16世纪的A段与西班牙哈布斯堡王朝"接近于"霸权密切相关,A段的终结与西班牙衰退的时间大致相当,荷兰获得了霸权,但在随后的B段中衰退了;英国的上升与19世纪的A段时间上大致相当,而它的衰退与随后的B段在时间上是一致的;美国的霸权与20世纪的A段在时间上是完全一致的。[②] 对于经济周期和霸权之间的关系,世界体系论者曾给出过一个非常明晰的总结,如表3-2所示:

[①] Immanuel Wallerstein, "Long Waves as Capitalist Process," *Review*, Vol. 7, No. 4, 1984, p. 571.

[②] Immanuel Wallerstein, "Crisis: The World-Economy, the Movement, and the Ideologies," in A. Bergesen, ed., *Crisis in the World-System*, Sage, 1983, pp. 21-36.

表 3-2 康德拉季耶夫周期和霸权/竞争

霸权	I：西班牙哈布斯堡王朝	II：荷兰	III：英国	IV：美国
A1（霸权上升）（低工资商品短缺）	1450	1575—1590	1798—1815	1897—1913/20
B1（霸权胜利）（供求平衡）		1590—1620	1815—1850	1913/20—1945
A2（霸权成熟）（高工资产品的生产上升）	1559	1620—1650	1850—1873	1945—1967
B2（霸权衰退）（高工资商品的市场短缺）	1559—1575	1650—1672	1873—1893	1967—？
		II a: A3　1672—1700 B3　1700—1733/50 A4　1733/50—1770 B4　1770—1798		

资料来源：Terence K. Hopkins and Immanuel Wallerstein, eds., *World-Systems Analysis: Theory and Methodology*, Sage, 1982, p. 118.

但是，霸权的政治职能并不是无限的。因为霸权国家本身也处于国家体系之中，离开国家体系本身，也就无霸权而言，所以，霸权国家要想将自身的观念和规则强加于国家体系，它就必须为此付出代价，只有当它的所获远超过它付出的代价时，它才能被称为霸权。同时，霸权国家在将其偏好强加于国家体系时，必然会遭到一些国家的反对，如荷兰曾遭到英国和法国的反对，英国曾遭到德国和美国的反对，而美国曾遭到日本和西欧的反对。正是在这两种意义上，沃勒斯坦认为，在国家体系中，霸权不是一种存在的状态，而是连续的大国相互竞争中的一个点，在这一点上，存在着几个力量相互平衡的国家，因此，霸权统治时期的国家体系是暂时稳定的，国家体系本身并不总是在霸权统治之下，但追求霸权地位就如同经济中追求利润最大化一样,是各个国家的目标。资本主义世界体系正是在这种经济上追求利润最大化、政治上追求霸权地位的推动下不断进步,并呈现出周期性的变化。

(三)霸权战争与国际体系的变革

关于霸权和国际体系的关系,霸权稳定论者的观点是,霸权维持着国际体系的稳定,而当国际体系出现失衡状态时就会出现霸权战争,霸权战争通常会导致国际体系基本规则的变革。

如果国际体系出现失衡状态,就表明在国际体系内出现了对现存的统治方式和权力分配的不满,那些处于上升势头的国家开始意识到可以通过改变现存的国际体系来增加自己的收益,并力图通过改变现存的国际体系结构来增加自己在国际体系内的权力,也就是说,以往霸权国家的统治地位开始受到挑战。在吉尔平看来,面对国际体系的失衡和新兴国家的挑战,霸权国家首要的任务就是通过改变政策来恢复国际体系的平衡,为此,霸权国家有两条行动路线:一是增加资源,即霸权国家可以寻求增加保持它在国际体系中的地位和承担的义务所需的资源;一是减少成本,即霸权国家能够减少它现在承担的义务以及相应的成本,使得它的国际地位最终不至于受到危害。①

但通常的情况是,占支配地位的国家没有足够的资源来履行自己的义务,它能够做到的只是把成本和承担的义务减少到能够对付的范围内。在这种情况下,国际体系内霸权国家力图保持其地位和新兴国家力图让国际体系进入能够促进自己利益的轨道的矛盾会变得越来越尖锐,国际体系被紧张、不稳定和危机所困扰。通观历史,解决国际体系内这种现存的结构和权力再分配之间不平衡的主要手段就是战争,特别是霸权战争。正是在这种意义上,霸权稳定论认为,霸权战争是现存国际体系中大国相对地位转变的最终测定。

霸权战争在历史上一直是世界政治体系变革的基本机制。霸权争斗,是由维持一个帝国或霸权地位的包袱与占支配地位的国家为执行这一使命所需获得资源之间越来越不平衡引起的,从而导致一个新的国际体系的建立。……一场霸权战争的结束是另一次成长、扩张,并且是最终衰落周期的开端。不平衡发展规律继续重新分配权力,从而破坏着上一次霸权争斗建立起来的现状。不平衡代替平衡,世界走向一轮新的霸权冲突,这种

---

① 〔美〕罗伯特·吉尔平:《世界政治中的战争与变革》,第185—186页。

周期已经并且还将继续下去直至人类或者毁灭自己,或者学会发展一种有效的和平变革的机制。①

第三节 霸权稳定论的影响和局限性

一、霸权稳定论的影响

霸权稳定论自从20世纪70年代产生以来,虽然并没有形成一个非常完整而系统的理论,学者们就霸权稳定论也一直存在着激烈的争论,但是这丝毫无碍这一理论在国际学术界的广泛影响。例如,国际问题研究联合会中的国际政治经济学分会1990年以"世界领导权和霸权"为题出版了第五卷《国际政治经济学年刊》。② 在其中,学者们对霸权的概念、霸权力量的合法性、美国霸权的衰退对国际经济关系的影响、多边主义与全球秩序、霸权之后的国际合作、霸权的局限性、日本和世界领导权、全球的领导权等问题进行了激烈的讨论。

具体地讲,与世界体系论强调经济因素有所不同的是,霸权稳定论突出了政治结构的变动对国际经济秩序的影响。对此,吉尔平教授的评价是:

> 霸权稳定论的一个优点是,它集中关注民族国家体系的作用,以及国际政治关系在组织和管理世界经济中的作用。尽管现代世界体系论显然正确地认为,现代民族国家归根到底是历史力量造成的,但是民族国家及其行动不能仅仅归因于经济力量。一旦民族国家问世,它就会按照竞争性的国家体系的逻辑行动。③

> 该理论[霸权稳定论]与完全注重经济因素的二元经济论及与现代世界体系论必然有联系。霸权稳定论指出,政治环境是国际自由经济秩序存在的条件,并指出霸主的兴衰是结构变革的重要决定因素。因此,它对我们理解国际政治经济学的动力做出了一份贡献。④

---

① 〔美〕罗伯特·吉尔平:《世界政治中的战争与变革》,第207页。
② David P. Rapkin, ed., *Internatioal Political Economy Yearbook*, Vol. 5, *World Leadership and Hegemony*, Lynne Rienner Publishers, 1990.
③ 〔美〕罗伯特·吉尔平:《国际关系政治经济学》,第102页。
④ 同上书,第109页。

二、霸权稳定论的局限性

霸权稳定论的理论前提和一些基本观点也受到了强有力的挑战,其中最有影响的批评者是罗伯特·基欧汉,他在《霸权之后:世界政治经济中的合作与纷争》一书中对霸权稳定论进行了系统的评价。在他看来,霸权稳定论的局限性主要体现在对霸权与国际合作、霸权与国内因素以及霸权与社会联系的理论假设上。

霸权稳定论的第一个局限性就是将霸权假设为国际合作的充分条件和必要条件,因而不能解释霸权衰退之后国际合作的可能性。在基欧汉看来,尽管霸权是国际体系的稳定者,"合作可以通过霸权来培育,为了制定和加强规则,霸权要求合作,但霸权和合作并不是互为替代物。相反,它们之间通常是一种共生关系"[①]。霸权稳定论关于霸权是国际合作的必要条件,也是国际合作的充分条件的论断是没有充分证据的。比如,英国在其强大的时期尽管能维持海上自由,但是在1870年以后,它不能劝导欧洲大陆的大国坚持自由贸易政策;1967—1977年在美国霸权衰退的情况下,发达工业国家之间的国际合作仍在进行。所以,在国际体系合作方面,起决定性作用的不是霸权,而是国际机制。"霸权是以一种复杂的方式与合作以及制度(如国际机制)相联系。成功的霸权领导者依赖于某种特定的不平衡合作。霸权起着一种决定性的作用,但是,与帝国力量不同,没有其他主权国家的某种程度的认同,霸权不能制定规则,也不能强加规则。两次世界大战期间的经验表明,只是物质上的优势既不能保证稳定也不能保证领导。实际上,为了保证霸权国家所偏好的规则能够指导其他国家的行为,霸权国家必须挖掘机制方面的资源。"[②]在霸权衰退之后,国际合作仍然是可能的。一方面,共同的利益会使得相关的国家为了自己利益的实现创造合作机制。即使没有霸权国家,只要相关的国家认为共同利益非常重要,并且其他重要的合作条件也能满足,那么这些国家也会寻求合作并创造合作机制。另一方面,霸权的衰退并不必然导致国际机制的衰弱。因为国际机制的维持要易于国际机制的创造,国际机制产生之后会按照自身的逻辑逐渐形成制度和问题的网络(networks of issues and regimes),这些制度和问题的网络并不是某国政府能够即刻改变的,相反,由于国际机制在创立和维持过程中已经获得相关国

---

① Robert O. Keohane, *After Hegemony: Cooperation and Discord in the World Political Economy*, p. 46.
② Ibid.

家政府的认同,所以,某一霸权国家的衰退既不能促使已运行的国际机制停止运行,也不能阻止其他国家的政府否认既存的国际机制。

霸权稳定论的第二个局限就是过分忽视国内因素。虽然霸权稳定论能部分地解释战后经济制度变化的原因,但它不是一种非常清晰的解释模式,也不能清楚地预测国际体系的变化,确切的原因是霸权稳定论对国内政治、利益和问题的预期不够充分。霸权稳定论认为,霸权国家衰退必然导致国际体系的变革,这种分析的证据是不充分的。这是因为,尽管霸权国家衰退了,但霸权国家中跨国公司、金融界名人以及政府官僚在现存国际体系中的利益仍然存在,这些利益集团希望维护自己的既得利益,他们会对国家的外交政策产生影响,这样就会出现维护现存国际体系和国际经济制度的跨国联盟。

霸权稳定论的第三个局限性就是过分强调政府因素对市场经济的影响,强调政府之间的联系是国际体系各个社会联系的唯一渠道,忽视了各个社会之间多渠道联系所造成的复杂情况。在现实的国际体系中,政府的行为有时和相应的社会行为的联系并不完全一致,各个社会联系并不一定通过政府这样正式的渠道,有时也通过非正式的渠道。社会联系多渠道的形式包括跨国公司和其他跨国行为体,以及官僚之间非正式的、跨政府的联系。这种社会联系的多渠道所造成的复杂情况,使得识别问题领域的难度增加,而霸权稳定论假设能够控制所有问题,但实际上分不清各个问题领域,这就很难有说服力,也很难预测问题。比如,在1973—1974年的石油危机中,尽管美国在军事上和经济上比中东产油国要强大得多,但它却无法说服产油国降低石油价格。

对于霸权稳定论这些局限性,连霸权稳定论的积极倡导者吉尔平也不得不承认:

> 霸权稳定论(至少其最原始的见解),往往过分强调国家和政治因素在国际市场经济生存和运营过程中的作用,同时却很少强调意识形态动机、国内因素、社会力量、技术发展以及市场本身在决定全局时的重要性。不管霸权稳定论的倡导者是否曾经想把这个理论搞成这个样子,批评家评论和批评它为国际政治经济学的一般理论,他们正确地指出了该理论的局限范围,指出它未能证明实力和结局之间的密切联系,也未能预测霸主在特定情况下什么时候以及如何采取行动。①

---

① 〔美〕罗伯特·吉尔平:《国际关系政治经济学》,第109页。

三、霸权秩序论

进入 21 世纪以后,随着全球化的深入和新兴经济体的崛起,虽然美国霸权和世界经济之间的关系越来越松散,美国与欧洲、日本以及某些盟国之间的冲突时有发生,但霸权稳定论的继承者仍然将美国霸权视为全球化的基础,将全球化概括为"美国霸权的全球化"。①与早期霸权稳定论主要探讨霸权与世界经济稳定之间的关系不同,霸权稳定论的继承者将其修正为霸权与国际秩序的关系,并将其称为"霸权秩序论"(hegemonic-order theory)。②较之早期的霸权稳定论,霸权秩序论有三个基本的观点:

第一,霸权塑造的国际秩序远比霸权本身重要。早期的霸权稳定论主张,国际体系需要一个稳定者,否则国际体系就会出现军事冲突或经济混乱,这个稳定者就是霸权国家。与早期霸权稳定论强调霸权国本身不同的是,霸权秩序论更为强调霸权国塑造的国际秩序。在他们看来,霸权国或领导者的重要性不在于其作为国际体系的稳定者,而在于其所塑造的国际秩序,即霸权秩序(hegemonic-order)霸权秩序论的倡导者约翰·伊肯伯里(G. John Ikenberry)认为,第二次世界大战后自由开放的世界秩序以及随后的经济全球化之所以成为可能,与美国霸权塑造的一系列地区和全球市场秩序密切关联,这些秩序包括:(1)建立大西洋政治与安全制度,推动欧洲一体化;(2)剥夺日本的军事能力,与日本建立联盟体系,支持日本融入世界经济;(3)拓展民主世界秩序。正是在这种意义上,伊肯伯里认为,经济全球化其实就是美国霸权的全球化。③

第二,霸权并不简单是国际秩序的塑造者(order maker),同时也是国际秩序的接受者(order taker)。早期的霸权稳定论强调的重点是霸权国的意愿和能力。霸权国之所以愿意建立和维持稳定的国际秩序,主要是出于霸权国的目标和利益。霸权国通过创立一种国际政治环境和国际体系的规则,以实现其政治、经济和意识形态的利益。而国际体系中的其他国家之所以愿意接受霸权的统治,是因为霸权国能够为国际体系提供并维持公共物品。与早期霸权稳定论

---

① G. John Ikenberry, "Globalization as American Hegemony," in Divid Held and Anthony McGrew, eds., *Globalization Theory: Approaches and Controversies*, Polity Press, 2007, pp. 41-61.

② G. John Ikenberry and Daniel H. Nexon, "Hegemony Studies 3.0: The Dynamics of Hegemonic Orders," *Security Studies*, Vol. 28, No. 3, 2019, pp. 395-421.

③ G. John Ikenberry, "Globalization as American Hegemony," in Divid Held and Anthony McGrew, eds., *Globalization Theory: Approaches and Controversies*, pp. 41-61.

这种过分突出霸权国的意愿和能力以及国际体系的结果不同,霸权秩序论的倡导者们则更强调霸权国塑造国际秩序的过程。在他们看来,在霸权国塑造国际秩序的过程中,就参与的行为体而言,既有霸权国家或领导国家,也有作为追随者的次要国家;既有国家行为体,也有非国家行为体。而且随着经济全球化的深入,这些非国家行为体,尤其是社会行为体,在国际秩序的塑造过程中发挥着越来越重要的作用。就国际秩序塑造过程而言,在领导者和追随者之间,既有相互之间的合作与联盟,也有相互之间的竞争与冲突。特别是伴随着经济全球化的进程,先前追随者的经济得以飞速发展,成为既存霸权秩序的挑战者和修正者,如欧盟、日本以及后来的俄罗斯和中国。①所以,霸权国塑造国际秩序的过程,并不完全是霸权国将其自身意愿强加于国际体系,也不完全是霸权国为国际秩序提供公共产品的简单的静态过程,而是一个领导者与追随者相互讨价还价的复杂的动态过程。②

第三,国际社会并不是无政府状态,而是处于一种具有自由特征的等级秩序之中。早期的霸权稳定论因无法解释霸权衰退后国际秩序如何维持而受到挑战。后来的现实主义者克拉斯纳和自由制度主义的倡导者基欧汉都强调国际机制的作用,认为国际机制一旦产生,即使霸权国衰退了,这些国际机制仍然可以按照自身的逻辑运行下去,但这种解释并没有彻底解决"免费搭车"或"邻为壑"的难题。霸权秩序论的倡导者们则希望通过分析国际制度与霸权及其追随者之间的关系,构建一种新的理解国际秩序的分析框架。在他们看来,在国际秩序的塑造过程中,制度发挥着两种重要作用:一方面,制度对作为领导者的强国或霸权国家的权力有着制约作用。领导者之所以愿意在制度性秩序中行事,是因为领导者倡导的秩序不但可以获得追随者的支持,从而降低其维持自己所偏好的秩序的成本,而且使得领导者对秩序的未来可以预期,从而获得更大的回馈。另一方面,制度为作为追随者的弱国提供了讨价还价的工具。追随者或弱国之所以愿意接受制度,是因为制度不但可以使强国变成友好的乐于合作的国家,而且弱国可以通过制度发声,将制度变成与强国讨价还价的工具。

---

① T. J. Pempel, "Soft Balancing, Hedging, and Institutional Darwinism: The Economic-Security Nexus and East Asian Regionalism," *Journal of East Asian Studies*, Vol. 10, No. 2, 2010, pp. 209–238; Stacie E. Goddard, "Embedded Revisionism: Networks, Institutions, and Challenges to World Order," *International Organization*, Vol. 72, No. 4, 2018, pp. 763–797.

② Michael Mastanduno, "System Maker and Privilege Taker: U. S. Power and the International Political Economy," *World Politics*, Vol. 6, No. 1, 2009, pp. 121–154.

如果强国不受制度约束,就会出现帝国秩序或势力均衡状态,强国将为此付出更高代价,而且很容易爆发大的战争;如果强国能约束自身的权力,即使霸权衰退了,其所建立的国际制度仍然可以持续。正是在这种意义上,国际社会并不像早期霸权稳定论所假设的那样处于无政府状态,而是处于一种由领导者和追随者形成的具有等级性的权力结构之中。在这种具有等级性的国际社会中,制度允许领导者和追随者相互讨价还价,所以这种秩序是具有自由特征的等级秩序,有学者将其称为自由的霸权秩序(liberal hegemonic-order)。[①]

无论霸权稳定论的修正者发明什么样的术语,都无法回避这样一个基本事实:美国霸权在不断衰退,完全由美国主导的自由的世界经济秩序的时代正在走向终结。为了确保经济全球化的持续,我们不得不对世界秩序的权力结构进行谨慎思考:是在美国建立的自由的世界经济秩序基础上对其进行修正和改进,还是基于权力转移的现实构建多元的多边主义制度?

[①] David A. Lake, *Hierarchy in International Relations*, Cornell University Press, 2009; Janice Bially Mattern and Ayse Zarakol, "Hierarchies in World Politics," *International Organization*, Vol. 70, No. 3, 2016, pp. 623-654; Michael Mastanduno, "Liberal Hegemony, International Order, and US Foreign Policy: A Consideration," *The British Journal of Politics and International Relations*, Vol. 21, 2019, pp. 47-54; G. John Ikenberry, "Reflections on After Victory," *The British Journal of Politics and International Relations*, Vol. 21, 2019, pp. 5-19.

第四章
国家主义理论：国家利益、权力结构与对外经济政策

在国际政治经济学中,沿袭古典重商主义政治经济学学术传统并与后来国际关系领域中的现实主义结合最为突出的是国家主义理论[①],有时又称经济现实主义(Economic Realism)、经济民族主义(Economic Nationa-lism)或新重商主义(Neo-Mercantilism)[②]。与霸权稳定论关心霸权国家与自由的国际经济体系管理之间的关系不同的是,国家主义理论主要集中于国家的行为以及国家的利益(不只是霸权国家)对国际经济关系的影响,从而推动了国际政治经济学中的国家权力结构分析方法的发展。

第一节 国家主义理论的复兴

20世纪60年代末70年代初,随着布雷顿森林体系的衰落、日本和欧洲经济的复苏以及美国霸权的衰退,在国际社会出现了一系列对资本主义世界经济,特别是世界贸易产生重大冲击的现象,其中最为突出的是:(1)日本和新兴工业化国家的兴起;(2)美国带头推行新贸易保护主义;(3)欧洲区域一体化的深化。

---

① 关于国家主义理论讨论的问题,《国际政治经济学年刊》曾以专卷(第8卷)予以讨论,可以参阅 David P. Rapkin and William P. Avery, eds., *International Political Economy Yearbook*, Vol. 8, *National Competitiveness in a Global Economy*, Lynne Rienner Publishers, 1995。

② 关于对经济现实主义或新重商主义的详细探讨,可以参阅 R. J. Barry Jones, *Conflict and Control in the World Economy: Contemporary Economic Realism and Neo-Mercantilism*, Humanities Press International, 1986。

一、日本和新兴工业化国家的兴起

日本和新兴工业化国家的兴起,是 20 世纪 70 年代发生在世界经济领域中的一件具有重大意义的事件。从 60 年代末期开始,在世界经济增长率急速下降时,在亚太地区,先是日本实施了一系列重要的经济改革和企业重组,提高了日本工业的效率,建立了高效的出口机制;然后是韩国、新加坡以及泰国、马来西亚、菲律宾、印度尼西亚的经济飞速发展,成为新兴工业化国家。

建立了高效出口机制的日本,不仅加强了对美国和欧洲的贸易,特别是工业间的贸易,而且出于建立亚洲市场的目的也加强了对亚太地区,特别是东盟国家的投资与贸易。为了对抗日本的贸易策略,也出于对自己经济增长的担心,美国和欧盟主动采取贸易保护政策。诚如吉尔平教授所概括的那样:

> 新保护主义发生的背景是日本和此后亚太新兴市场的崛起,以及它们给世界贸易格局造成的巨大冲击。与其他发达工业国家不同的是,日本基本上进行的是工业间贸易。70 年代日本出口大增,几乎涵盖了所有工业产品(大部分流向别的工业化国家);日本进口的商品则多数是美国、发展中国家和其他国家的食品、能源和原材料。人们对日本这种独特的贸易模式的阐释存在很大争议,……不管这种贸易模式的成因是什么,美国和西欧国家政府指责日本故意不向它们的制成品开放市场。此外,美国修正派也批评日本对抗性的经济战略有意逐个破坏其贸易伙伴国的高科技产业。80 年代,亚太地区正在工业化国家的出口由初级产品向制成品的转变大大加剧了东西方的贸易摩擦。①

二、美国带头推行新贸易保护主义

自从 1944 年布雷顿森林体系产生以来,为了建设一个稳定开放的世界经济,在关税及贸易总协定这一国际机制的不歧视原则以及多边主义的指导下,经过最初几个回合的贸易谈判,从 1963 年到 1967 年,关税削减了近 73%,到 1963—1967 年的肯尼迪回合谈判,制造品的贸易壁垒减少了约 33%,世界贸易得以飞速发展,由此形成了一个经济上相互依存的世界。但 60 年代末 70 年代初世界范围内的经济滞胀、石油危机、固定汇率的结束以及日本和欧洲经济的

---

① 〔美〕罗伯特·吉尔平:《全球资本主义的挑战:21 世纪的世界经济》,杨宇光、杨炯译,上海人民出版社 2001 年版,第 78—79 页。

复兴,特别是美国霸权的衰退,最终导致新贸易保护主义的兴起。

美国霸权的衰退以及日本的挑战促使美国带头推行贸易保护主义,分别于1973年通过《国际纺织品协定》、1974年通过《贸易法》,从而导致世界贸易由战后布雷顿森林体系的贸易自由化和多边主义开始向贸易保护主义和单边主义转化,在世界范围内兴起了一种新的贸易保护主义。吉尔平指出:

> 之所以称为新保护主义,是因为它有着与旧的贸易保护主义方式不同的特征。前者在许多方面都是非正式的、不透明的;换句话说,保护手法很隐蔽,难以辨认。保护主义有时表面上采取行政决定形式,指望维护经济的兴旺和安全。保护主义还更加强调双边贸易谈判。虽然关税及贸易总协定体制基于透明原则、多边主义和正式贸易壁垒的取消,但新保护主义却大大增加非正式的贸易壁垒、单边主义和行政决定。①

三、欧洲区域一体化的深化

20世纪70年代在世界经济领域发生的另一件具有深远历史意义的事件是欧洲区域一体化的深化。欧洲一体化始于1951年建立的欧洲煤钢联营,并在1957年签订《罗马条约》组建欧洲经济共同体。1967年,通过建立欧洲共同体(共同市场)以取代欧洲经济共同体,欧洲一体化得以加速,并开始进一步深化,其中最突出的措施是:1969年欧共体首脑在海牙会议提出建立经济和货币联盟,加强机构职能,扩大政治合作;1970年通过维尔纳计划提出实现货币统一;1979年启用欧洲货币体系,其中包括实施比较松散的固定汇率机制。欧洲一体化在20世纪70年代的深化,一方面是应对1973年的石油危机导致的欧洲经济增长率的急速下降,另一方面是出于对美国经济优势减弱的担心而稳定欧洲货币市场,同时更为主要的是应对日本对世界贸易格局的冲击。所有这些都加剧了新贸易保护主义的蔓延。

正是在这种背景下,在国际关系研究领域,一些西方学者对国际政治经济学中以自由主义为基础的研究方法的期望值降低,并皈依古典重商主义政治经济学传统,建构了强调国家利益的国家主义理论或经济民族主义理论。

国家主义理论的主要代表人物及其主要作品有:

罗伯特·吉尔平:《美国的实力与跨国公司:对外直接投资的政治经济学》

---

① 〔美〕罗伯特·吉尔平:《全球资本主义的挑战:21世纪的世界经济》,第78页。

(*U. S. Power and the Multinational Corporation: The Political Economy of Foreign Direct Investment*, 1975)、《贸易、投资和技术政策》(*Trade, Investment, and Technology Policy*, 1982)、《国际关系政治经济学》(*The Political Economy of International Relations*, 1987)、《全球资本主义的挑战》(*The Challenge of Global Capitalism*, 2000)、《全球政治经济学：解读国际经济秩序》(*Global Political Economy: Understanding the International Economic Order*, 2001)；

彼得·卡赞斯坦：《国际关系与国内结构：发达工业化国家的对外经济政策》("International Relations and Domestic Structures: Foreign Economic Policies of Advanced Industrial States," *International Organization*, Vol. 30, Issue 1, Winter 1976)、《国内和国际力量与对外经济政策战略》("Domestic and International Forces and Strategies of Foreign Economic Policy," *International Organization*, Vol. 31, Issue 4, Autumn 1977)、《世界市场中的小国：欧洲工业政策》(*Small States in World Markets: Industrial Policy in Europe*, 1985)、《地区构成的世界：美国帝权中的亚洲和欧洲》(*A World of Regions: Asia and Europe in the American Imperium*, 2005)；

斯蒂芬·克拉斯纳：《国家权力和国际贸易结构》("State Power and the Structure of International Trade," *World Politics*, Vol. 28, April 1976)、《捍卫国家利益：原材料投资与美国的外交政策》、《国际机制》(*International Regimes*, 1983)、《结构冲突：第三世界对抗全球自由主义》(*Structural Conflict: The Third World against Global Liberalism*, 1985)。

第二节　国家主义理论的基本观点

与继承自由主义政治经济学传统的相互依存论以及继承马克思主义政治经济学传统的依附论和世界体系论相比，继承重商主义政治经济学传统以及后来国际关系领域中现实主义传统的国家主义理论的最大特点在于，尽管国家主义提供了一种与自由主义/新古典理论以及马克思主义非常不同的关于经济现实的重要观点，但国家主义并没有一种系统的政治经济学理论体系。卡赞斯坦指出：

> 经济现实主义，以及它的新重商主义的逻辑推论，提供了一种与自由主义/新古典理论以及马克思主义非常不同的关于经济现实的重要观点。它的论述更多的是立足于现实主义而不是它的理论公式的优雅。它所提

供的不是一种严密的理论,而是一种现实的主张,这种主张很少是学说性的观点和判断,而是那些在真实的世界中经常能被采纳的政策和实践。①

对此,罗伯特·吉尔平的评价则更为直截了当:

> 经济民族主义与经济自由主义很相似,在过去的几百年中经历了数次变革。从重商主义、中央集权下的经济统治论、保护主义、德国历史学派直至今天的新保护主义等,其名称在不断改变着。不过从所有这些代表性学说中,看不出具有继承性的、系统的政治经济学理论体系,而只是一系列的论点或看法。其中心思想就是经济活动要为——而且也应该为国家建设的大目标(或国家的整体利益)服务。所有的民族主义者均强调国家、国家安全以及军事实力在国际体系的组织与运转过程中的首要作用。②

尽管在强调国家利益和国家权力这一点上所有的国家主义者是一致的,但在一些具体问题的关注和论述上却并不相同,比如吉尔平关注的是跨国公司,克拉斯纳关注的是对原材料的投资,卡赞斯坦更多关注的是发达工业化国家对外经济政策的区别。在这里,我们只就当代国际关系领域几位著名的国家主义倡导者的观点做一分析。

一、国家权力与跨国经济关系

如何分析跨国经济关系是国家主义者关心的一个重要问题,对此做出重大贡献的是罗伯特·吉尔平,这集中体现在他 1971 年发表在《国际组织》的论文《跨国经济关系的政治分析》③,以及 1975 年出版的著作《美国的实力与跨国公司:对外直接投资的政治经济学》④。通过对跨国公司和跨国经济关系的政治基础进行分析,罗伯特·吉尔平推动了国际政治经济学的国家权力分析法。

---

① R. J. Barry Jones, *Conflict and Control in the World Economy: Contemporary Economic Realism and Neo-Mercantilism*, p. 83.
② 〔美〕罗伯特·吉尔平:《国际关系政治经济学》,杨宇光等译,上海人民出版社 2006 年版,第 41—42 页。
③ Robert Gilpin, "The Politics of Transnational Economic Relations," *International Organization*, Vol. 25, No. 3, Summer 1971, pp. 398-419.
④ Robert Gilpin, *U. S. Power and the Multinational Corporation: The Political Economy of Foreign Direct Investment*, Basic Books, 1975.

(一) 关于国家和世界市场的三种模式

20世纪70年代,随着跨国公司在全球的兴起,政治和经济的相互关系再一次进入学者们的视野,具体地说就是,如何看待高度一体化的跨国经济和民族国家的相互关系。罗伯特·吉尔平概括如下:

> 这个问题用专业术语来讲就是,多国公司是否已经成为或即将成为国际事务中的一个重要角色,并替代或至少部分替代民族国家。如果多国公司确实是在成为日益重要的独立的国际角色,又是什么因素促使它打破了民族国家的政治垄断呢?这两组政治角色间有何联系?多国公司对国际关系又有何重要意义?最后,未来又将是什么样的呢?如果多国公司现在的角色是政治和经济的特殊结构所造成的,那么人们能否预见到它的重要地位在将来继续存在呢?[1]

针对跨国公司在世界经济中的作用以及跨国公司与民族国家的关系,在20世纪70年代的国际学术界曾出现三种理论模式:主权困境模式、依附模式和重商主义模式。

1. 主权困境模式

主权困境模式得名于维农1971年出版的关于跨国公司的著作《主权困境》[2],这种模式其实就是自由主义的模式。这种模式的主要观点是:由于不断增长的经济上的相互依存以及通信和交通上的技术进步,民族国家正在变得不合时宜。经济的发展和技术的进步正在促使传统经济的载体——民族国家逐渐让位于跨国公司,跨国公司正在逐步取代传统的民族国家而成为世界经济的主体。这种观点的主要论据包括如下几点:

第一,跨国公司正在促使世界经济成为一个相互依存的世界经济。由于跨国公司在市场、生产和资源供应方面不断跨越国家界线,所以生产、市场和投资的组织在人类历史上首次是在全球范围内而不是在以往的国家经济中运行。比如,美国的跨国公司不断增加对海外的投资,并在其他国家设立子公司,日本和欧洲的跨国公司也不断地增加对美国的投资,所以跨国公司已经使得发达国

---

[1] Robert Gilpin, "The Politics of Transnational Economic Relations," *International Organization*, Vol. 25, No. 3, Summer 1971, p. 399.

[2] Raymond Vernon, *Sovereignty at Bay*, Basic Books, 1971.

家的经济成为一个经济体。

第二,民族国家经济日益融入相互依存的世界经济。通过贸易、投资和金融,国际社会正日益交织在一起。在这样一个相互依存的国际社会中,一旦民族主义者为了独立的民族经济而从世界经济中脱离出来,将付出很高的代价。在日益相互依存的世界经济中,民族国家面临着一个无法解决的悖论:融入世界经济可以满足国内日益增长的经济需求,但必须付出的代价是将自己传统的对国内经济事务的控制权让渡给跨国公司;游离于世界经济之外可以保障民族国家的安全和权力,但付出的代价是不能从相互依存的世界经济中受益。

第三,相互依存的世界经济使得发达国家和发展中国家相互受益。随着世界经济的发展,发达国家的能源和原材料贸易条件将日益恶化,劳动力的成本将日益提高,这就迫使发达国家的制造业不断地向欠发达国家或发展中国家转移,如美国在亚洲和拉丁美洲设立海外生产基地,西欧不断地吸收地中海地区的劳动力。但在获得廉价的能源以及有利的贸易条件结束以后,这种制造业中心的转移将日益有益于欠发达国家或发展中国家。发展中国家将从这种制造业中心的转移中获得资本、技术和管理知识。所以,在这样一个相互依存的世界经济中,发达国家和发展中国家的关系是一种自愿的合作关系,正是在这种合作中,人人都在分享经济增长带来的益处。

2. 依附模式

依附模式其实就是马克思主义的模式,关于这种模式兴起的背景、基本观点和学术影响,我们将在本书第五章"依附理论:核心与边缘"中进行比较详细的探讨。这里只就依附模式关于民族国家和跨国公司以及由此产生的世界经济的关系的观点做一论述。

依附模式与主权困境模式有许多共同之处,在关于民族国家和世界市场的关系上,两种模式的共同之处主要表现为两点:第一,两种模式都认为世界经济是一个日益相互依存的经济体,发达国家和发展中国家都是世界经济的参与者;第二,主导世界经济的主体不是民族国家,而是跨国公司。

依附模式与主权困境模式也存在着许多不同之处。在某种意义上,这些不同更为根本。依附模式关于民族国家和世界经济的观点主要集中在如下三个方面:

第一,在相互依存的世界经济中,发达国家和发展中国家的关系是一种剥削与被剥削的关系。与主权困境模式认为在相互依存的世界经济中,经济增长和财富是由发达国家流入发展中国家的观点相反,依附模式认为,相互依存的世界经济是存在等级的。在这个存在等级的世界秩序中,纽约、伦敦和东京拥有先进的技术、金融、公司、研究和管理,因而是全球生产和消费体系的中心,而发展中国家则因为低廉的劳动力、丰富的原材料和落后的技术成为世界经济的边缘地区,其结果自然是世界经济增长所创造的财富是由全球,特别是从欠发达国家流向那些具有金融实力和金融决定权的发达国家所在的核心区。所以,在相互依存的世界经济中,欠发达国家处于被剥削的地位。

第二,世界经济中的跨国公司是遵循"不断扩大公司规模"规律运行的。所谓"不断扩大公司规模"规律是指,自从工业革命以来,资本主义发展的趋势是从作坊到工厂到国家公司到多分属公司再到跨国公司。

第三,发展与欠发展是同一个过程的两个方面。世界经济的发展是遵循"不平等发展"规律运行的。所谓"不平等发展"规律是指,资本主义世界经济的趋势是在创造富有的同时也创造了贫穷,在创造发展的同时也创造了欠发展。欠发展国家之所以欠发展,就是因为在政治上缺乏自主权,在经济上依附于发达国家。

3. 重商主义模式

与自由主义模式强调世界经济的合作是有益的合作的模式不同,也与马克思主义强调世界经济的合作是帝国主义的不等价合作的模式不同,重商主义模式强调的是世界经济中的民族国家利益,这种模式将民族国家的政治和经济目标看成参与世界经济考虑的首要因素。关于民族国家和世界经济的关系,当代重商主义模式的基本观点是:全球经济快速增长的时代已经结束,特别是随着美国技术优势的下降以及其他国家经济竞争能力的提高,民族国家之间的竞争将加强,当代国际社会面临的首要问题是如何组织工业化的世界经济,其结果必然是世界经济被分割成不同的区域以及经济集团。

第一,全球经济快速增长的时代已经结束。与自由主义模式认为自由化孕育了全球经济增长的观点不同,重商主义者认为,过去几十年不间断的经济增长一方面得益于相对便宜的能源,如中东地区的石油以及其他地区的原材料;另一方面得益于美国和其他国家的技术差距,正是这种技术差距将日本带入世界经济,使欧洲得以统一,并进而让世界经济融为一体。但随着世界能源价格的上涨以及美国和其他国家技术差距的缩小,世界经济快速增长以及全球相互依存的条件正在消失。

第二,民族国家之间的竞争和冲突正在加强。随着美国经济实力的衰退,在国际社会中已经出现了民族国家之间的竞争和冲突,如发达的资本主义国家之间的冲突,发达国家和石油输出国之间的冲突,发达国家和实施出口导向发展战略的新兴工业化国家之间的冲突,以及发达国家和发展中国家之间的冲突。所有这些都表明,过去那种由跨国公司主导的有益于所有国家利益的相互依存的世界经济已经成为历史,代之而起的是民族国家之间在市场、投资、技术和原材料等方面的日益激烈的竞争。

第三,区域化是当代国际社会面临的主题。随着美国经济实力的相对衰退以及其他国家如日本和德国经济实力的提高,几乎所有民族国家都力图通过建立地区经济集团或经济联合来增加本国的利益,其结果必然是地区内部的贸易、投资和金融安排逐渐取代美国强调的多边自由贸易、美元的国际作用和美国跨国公司的统治。对于这种日益增加的地区安排,重商主义者的评价也是不同的,恶意的重商主义者认为这种区域化将导致国际经济冲突加强,而善意的重商主义者认为这种区域化将稳定世界经济关系。但无论在区域化的具体观点上有何差异,所有的重商主义者都认为,今日的世界经济是区域化主导的经济,而不是以往的自由化主导的经济。

（二）对三种模式的批判

在吉尔平看来,无论是自由主义的主权困境模式、马克思主义的依附模式,还是重商主义的模式,都存在着这样或那样的缺陷,不足以解释当代国际经济关系的本质。吉尔平对这三种模式进行了详细的分析和批判。

1. 主权困境模式的局限性

在吉尔平看来,自由主义者提出的主权困境模式最主要的局限性就是没有处理好民族国家利益与跨国公司的关系:

> 从根本上讲,主权困境模式可以还原为一个关于利益与实力的问题:谁有实力能让跨国公司和世界经济为其利益服务? 这一点只有通过考察跨国公司和民族国家之间的关系才能验证。主权困境模式关于这种关系的论述是最应该受到批评的。[①]

吉尔平根据20世纪70年代以后国际社会出现的经验事实对主权困境模式加以批评。

---

① Robert Gilpin, *U. S. Power and the Multinational Corporation: The Political Economy of Foreign Direct Investment*, p. 237.

第一,美国的跨国公司受到日本和欧洲国家的国家经济的挑战。主权困境模式在关于跨国公司与东道国关系上的错误假设是:许多民族国家缺乏规模经济,缺乏本土的技术,以及缺乏本土的公司,因而当民族国家出于经济的需要吸引跨国公司时,主动权和优先权在跨国公司这一边。吉尔平认为,这种情况只适应于第二次世界大战之后美国占统治地位的 20—25 年,20 世纪 70 年代以后,国际社会现实发生了重大的变化,这就是美国的跨国公司并没有主宰日本和欧洲的国家经济:日本成功地打破了资本、技术和公司的瓶颈,日本不需要资本,没有通过美国的公司日本也得到了技术,日本的公司掌握在日本人的手中;在欧洲,虽然美国的跨国公司不愿意在共同市场建立其子公司,而是选择不同的国家进行单独投资,但这种策略受到德国和法国的挑战,德国加强了其在欧洲的投资,而戴高乐执政的法国则努力寻求德国跨国公司的投资,以此制约和反对美国跨国公司对欧洲共同市场的主宰。

第二,无论发达国家还是发展中国家的政府都开始采取措施挑战国外的跨国公司。20 世纪 70 年代以后,无论发达国家还是发展中国家都开始采取措施减少跨国公司在本国经济发展中的作用,其中最为引人注目的措施包括:办理技术准入证;提高税收;建立投资壁垒;发展本国跨国公司与外国跨国公司抗衡。在这些东道国政府的措施面前,跨国公司不得不牺牲母国政府的利益来满足东道国政府以及地方的要求。这种状况对美国的跨国公司以及美国的国家利益冲击最大。

第三,美国跨国公司实力的衰退既改变了美国政府和美国跨国公司之间的关系,也改变了美国政府和其他国家之间的关系。美国跨国公司在世界经济中实力的衰退无论对美国政府还是对美国的跨国公司都有着不寻常的意义。对美国的跨国公司和美国政府之间的关系而言,当美国的跨国公司实力下降时,东道国政府对美国跨国公司的技术、投资和管理的需求就开始下降,日本和欧洲的跨国公司借此进入世界市场进行竞争,而美国的跨国公司为了参与竞争就不得不满足东道国政府的要求,这就导致美国的跨国公司不能完全像以前那样很好地满足美国政府的要求;就美国政府和东道国政府的关系而言,随着美国跨国公司优势的衰退,以及日本和欧洲国家跨国公司实力的增强,东道国政府不必像以前那样因为想引进美国的跨国公司的投资、技术和管理而对美国政府言听计从,在众多跨国公司面前,东道国政府可以为本国经济利益与美国讨价还价,这从根本上改变了东道国政府与美国政府的政治关系。

所有这些都表明,世界经济中跨国公司和民族国家之间的关系已经发生了根本性的转变,世界经济被跨国公司,特别是美国的跨国公司所主宰的局面已经被民族国家利益所取代。自由主义者所倡导的主权困境模式却忽视了这一点,这正是这种模式的局限性所在。

2. 依附模式的局限性

在吉尔平看来,在关于跨国公司和民族国家利益的关系上,依附模式提出了许多值得思考的问题。

第一,关于对外国投资的依附的问题。跨国公司确实破坏了当地的公司,因而也限制了东道国政治和经济的发展。但是,这种认识不能绝对化。在一些国家,跨国公司的进入使得本国的工业,特别是那些幼稚工业得不到发展,从而失去了发展本国工业的机会;而在另外一些国家,对外国投资的依附被看作快速发展经济的捷径。

第二,关于技术依附的问题。跨国公司通过投资确实为东道国带来技术,从短期来看,东道国通过吸引跨国公司获得了技术上的优惠,但从长期来看,东道国这种对跨国公司技术的依附是非常危险的,因为跨国公司的技术是在不断更新的,新一代技术仍然掌握在工业化国家手中。

第三,关于经济增长和发展的问题。尽管跨国投资刺激了经济增长,但跨国公司使得东道国的经济结构和消费结构畸形发展,从长远来看,这不利于东道国经济的发展。

但依附模式也存在着许多局限性,这种模式的局限性主要集中在如下三个方面:

第一,依附模式过分夸大了美国、欧洲国家和日本之间的共同利益。事实上,在世界经济中,美国的国家利益与欧洲国家的利益和日本的国家利益并不完全相同。非常明显的事实是,美国仍然努力通过其在技术、农业和资源方面的优势将美国经济作为世界经济体系的核心;欧洲努力建立自己的贸易、投资和货币区域,以此与美国抗衡;日本则努力通过自己的技术优势进入美国和欧洲的市场,同时加强对亚洲地区的投资,以此与美国和欧洲争夺亚洲市场。这些都表明,美国、欧洲国家和日本的国家利益的差异远远大于其共同利益。

第二,依附模式低估了亚洲国家、非洲国家、中东国家和加拿大这些边缘国家在世界政治和经济关系中的地位。在吉尔平看来,现在的边缘地区与两个世纪以前大不相同,现在边缘地区的精英已经不再是无知的、逆来顺受的被殖民者,他们在西方接受过教育,明白如何与跨国公司打交道。同时,这些国家正在成为世界经济力量平衡的新的中心。假如这些地区组织得当,他们就可以通过控制重要的资源而使得核心国家依附于这些边缘国家。1974年石油输出国组织的行动就充分证明了这一点。

第三,依附模式关于发达国家和发展中国家之间存在着剥削关系的假设也是值得商榷的。在吉尔平看来,跨国公司获得廉价的原材料供应的例子不胜枚举,但仅以此就认为发达国家对发展中国家进行剥削似乎太武断。一方面,因为1973—1974年石油价格的上涨带动了其他商品价格的上涨,所以何为合理的原材料价格仍然存在着许多争议;另一方面,由跨国公司带来的技术确实使得东道国的经济在某些产业领域获得资本和技术。因此,资本主义积累财富的动力使得资本流向国外,但并不是剥削而是扩大了经济收益。

3. 重商主义模式的局限性

相对于自由主义的主权困境模式以及马克思主义的依附模式,吉尔平对于重商主义模式的批评显然不是很激烈:

> 我们对重商主义模式的批评将严格限制在当代重商主义者的思想的一个方面,即重商主义者认为世界经济正在瓦解成经济团体或区域集团。所有的重商主义者,无论是恶意的还是善意的,都将区域化和经济联合看作当代经济关系最为可能的结果。①

在吉尔平看来,当代重商主义者关于世界经济将被区域化所取代的判断是没有充分说服力的。这种观点至少忽视了如下两个事实:

第一,尽管美国的经济开始衰退,但美国仍然主宰着世界经济。美国的经济,无论经济规模、经济多样化,还是经济动力,仍然是世界经济的中心,而且美国在农业和资源方面拥有欧洲和日本无可比拟的优势。在某种意义上,美国仍然有能力通过在某一个领域的谈判弥补其在另外一个领域的损失。

第二,美国仍然为欧洲和日本提供军事和安全保障。尽管美国的实力开始下降,其在世界经济中的地位不但受到日本和欧洲的挑战,而且受到中东石油输出国等的挑战,还受到中国等国家的挑战,但所有这些挑战并没有彻底改变美国在军事和安全上的优势。美国继续为日本和欧洲提供军事和安全上的保护,没有这种保护,日本和欧洲自己将无法确保经济上的稳定和国家安全。

---

① Robert Gilpin, *U. S. Power and the Multinational Corporation: The Political Economy of Foreign Direct Investment*, p. 253.

第四章　国家主义理论：国家利益、权力结构与对外经济政策

所以,只要欧洲和日本没有找到其他途径来取代对美国经济和军事上的依赖,重商主义设想的区域集团的模式就缺乏可信度。

(三) 国家权力分析方法

在对自由主义的主权困境模式、马克思主义的依附模式和重商主义的模式进行批判性分析的同时,吉尔平以市场(经济力量)和政治(国内和国际政策)与对外投资的相互关系为切入点,对其所主张的国家权力分析方法在国际经济关系中的应用进行了详细的论述。[①]

1. 世界经济的增长与扩散

吉尔平接受了国际关系研究中的结构主义关于国际体系的观点,即认为一个相互依存的国际体系(无论国家层次、地区层次还是国际层次)是一个有等级结构的体系。所谓结构,是指国际体系存在着核心或中心区与边缘区之分;所谓等级,是指核心区在国际体系中处于主导和支配地位,而边缘区在国际体系中处于从属地位,核心区从边缘区获得食品、原材料和劳动力,而边缘区从核心区获得商品、服务和市场。但吉尔平既不同意非马克思主义者认为国际体系中有许多核心区的观点,也不同意马克思主义者将整个资本主义经济看成核心区,把整个第三世界看成边缘区,并且认为核心区与边缘区的关系是一种剥削与被剥削的关系的观点。

吉尔平认为,当代有等级结构的国际体系有两个最为基本的特征:第一,核心只是指一个在国际经济中发挥某种政治和经济功能的民族国家;第二,核心区和边缘区的关系不是一种剥削关系,而是一种功能关系。[②]

吉尔平首先对核心区的标准进行了界定,以此与以往的非马克思主义,特别是自由主义相区别。在他看来,衡量一个国家是不是国际体系的核心主要依据其发挥的三种功能:一是在国际体系中发挥一种国际银行的功能,即为国际体系提供国际货币和国际结算,建立并且管理国际货币体系;二是在创立和组织国际贸易中发挥重要作用,如英国于1846年通过废除谷物法建立单边自由贸易体系,以及美国于1944年通过布雷顿森林体系建立多边自由贸易体系;三是能够通过私人投资或对外援助为国际体系提供投资资本并且促进国际体系

---

① Robert Gilpin, *U. S. Power and the Multinational Corporation: The Political Economy of Foreign Direct Investment*, p. 59.

② Ibid., pp. 48-49.

的发展。① 在吉尔平看来,能够满足这三个条件的核心国家只有19世纪国际体系中的英国和20世纪国际体系中的美国。在19世纪相互依存的世界中,英国是核心区,国际经济中的其他大部分地区和国家是边缘区;在20世纪中叶以后的相互依存的世界经济中,美国是核心区,世界其他地区和国家是边缘区,尽管欧洲和日本也是高度工业化的国家,但就技术、管理知识和工业组织而言,欧洲和日本相对于美国仍然是落后的,仍属边缘区。

国家主义和马克思主义的分水岭在于另外一个问题,即这种由核心国家主导的国际体系是否只有利于核心国家。吉尔平认为,关键在于如何看待世界经济的增长与经济扩散。与马克思主义认为经济增长只存在于核心区,经济扩散只有利于核心区的观点不同,国家主义的倡导者吉尔平认为:经济增长不仅存在于核心区,而且也出现在边缘区;经济扩散不仅有利于核心区,而且有利于边缘区。

吉尔平认为,国际经济体系中的财富、权力和经济活动存在着两个过程:一个是世界经济增长分布的极化过程;一个是世界经济扩散的过程。所谓世界经济增长分布的极化过程,是指世界经济的增长和分布是不均匀的。核心区往往是世界经济增长和分布集中的地区。这一方面是因为核心区市场的力量和比较优势,核心区拥有技术优势、丰富的人力资源(特别是技术劳动力)、优良的交通体系、比较好的社会和技术设施、比较低的交易成本、比较高的储蓄率,以及比较大的经济规模;另一方面是因为核心区在其技术以及比较优势处于初始阶段时常常阻止工业化的扩散,只有这样才能在工业化核心区的激烈竞争中保持其技术和经济优势。而边缘区则是低技术、低技术工业和原材料生产商集中的地区。但如果就此认为核心区和边缘区的关系是一种剥削与被剥削的关系,那就错了。在吉尔平看来,在注重世界经济增长和分布的同时,必须看到这一过程的另一个方面,即经济扩散的过程。世界经济的扩散过程是指,随着工业化程度的提高和相互依存的世界经济的加强,所有的生产要素,包括劳动力、资本、技术和土地,都是流动的,主要通过技术劳动力的移动、贸易的扩展和对外投资从核心区流向边缘区。在世界经济的扩散过程中,有两点特别值得注意:其一,世界经济扩散的过程及其结果在世界经济体系中并不是均衡的。边缘区在原材料、交通网络以及其他要素方面的不同,导致财富和权力在不同的边缘

---

① Robert Gilpin, *U. S. Power and the Multinational Corporation: The Political Economy of Foreign Direct Investment*, p. 48.

区增长和分布的不同,其中,有的边缘区在世界经济的扩散过程中成为一个新的增长中心和进一步扩散增长的中心。其二,在世界经济的扩散过程中,在边缘地区出现了债权人。在世界经济扩散过程的开始阶段,由于依附于外国投资,边缘地区的年轻的债务人大量吸收外国资本以发展本土制造业,随着经济的发展,这些债务人变为成熟的债务人并逐渐减少对外国资本的依附,最后变成新型的债权人并开始向外输出自己的资本。随着其盈余的增加,这些新型的债权国家在国际工业和权力分布中成为新的工业中心。

正是由于经济增长和扩散不仅有利于核心区,而且有利于边缘区,边缘区愿意接受由核心国家制定并且主导的国际体系的规则,吉尔平对此的总结是:

> 总之,核心国家制定国际交换和发展的规则,并且强制实行这种规则。而边缘区之所以愿意接受这些规则,既是因为核心区的力量,也是因为国际体系不但为核心区而且为边缘区提供了经济增长。①

2. 国内政治、经济政策与对外投资

对外投资不仅受到世界市场力量的影响,而且受到国内政治秩序和经济政策的影响,特别是在一个国家经济衰退时,对外投资的政治化尤为明显。吉尔平以核心国家英国和美国为例对此进行了详细的分析。

在英国和美国经济处于上升和主导时期,其国内政治和经济政策都倾向于在国内和国外推行自由的经济秩序。就国内政治而言,在 19 世纪的英国,社会阶层等级严格,大量国家财富掌握在租赁阶层手中,下层民众比较温和;在 20 世纪 60 年代以前的美国,大量国家财富掌握在大公司手中,在这种情况下,国内政治有利于储蓄者和投资者。就经济政策而言,由于政治和经济领导者相信自由主义的观点,所以这一时期的经济政策是鼓励自由贸易、资本流动和有效的国际劳动分工。

但在英国和美国的经济开始衰退时,它们将对外投资政治化,英国是在 19 世纪最后十年,美国是在肯尼迪政府时期。这种对外投资的政治化主要表现在核心国家所采取的经济战略中,吉尔平将这些经济战略归纳为四类②:

第一类,核心区以借贷或证券投资的形式将资本输出到正在工业化或非工

---

① Robert Gilpin, *U. S. Power and the Multinational Corporation: The Political Economy of Foreign Direct Investment*, p. 48.
② Ibid., pp. 63-72.

业化的边缘地区。在这种情况下,核心区国家成为租赁者,可以从海外的投资获得比国内更高的利润。比如,英国在19世纪的后期就是采取证券投资战略。

第二类,核心区采取跨国公司的对外直接投资战略。这种战略主要是美国在第二次世界大战之后,特别是1958年以后实行的。与英国的证券投资战略不同的是,美国的对外投资主要是通过跨国公司的直接投资而不是通过金融或银行。在这种战略中,跨国公司通过在海外设立分工厂或子公司形成垄断优势,从而在海外获得比在国内更高的利润,还可以进一步刺激美国的对外投资以对付来自国内和国外的竞争者对其垄断优势的挑战。

第三类,为了防止核心区国家经济的衰退,核心区国家重新盘活核心区经济本身。这种战略主要集中在政府鼓励发展新的技术、新的工业以及资本流向那些核心区经济以往被忽视的产业。在这种战略中,政府对内鼓励对公共产业如教育、交通、城市重建的投资,对外鼓励贸易而不是投资。

第四类,核心国家政府采取保护战略或建立某种有益于本国经济的体系。随着边缘地区经济的发展,边缘地区摆脱对核心区的依附并且让投资条件变得有利于边缘地区,在这种情况下,核心国家就会采取保护主义的经济策略。

由此可见,在国内事务中,市场力量与政治秩序和公共政策的关系是一种互动的关系。吉尔平指出:

> 在国内事务就像在国际事务中一样,政治秩序是经济活动方向的一个主要的决定性因素。市场力量不会在一个政治真空中运行;相反,国内政治秩序和公共政策在努力地框定经济力量朝某一个方向而不是其他方向发展。与在国际事务中相同,经济、政治和技术力量在努力转变国内利益的结构并且破坏现存的政治秩序和公共政策。当围绕着国内和国际经济政策出现经济利益冲突的变化时,经济关系就会变得越来越政治化。新出现的国内政治秩序和公共政策就会重新引导经济力量进入一个新的渠道。因此,在国内事务就像在国际事务中一样,政治和经济的关系是一种互动的关系。①

3. 工业扩展和国际冲突

随着核心区经济的衰退和边缘地区经济的起飞,旧的核心区与新的核心区

---

① Robert Gilpin, *U. S. Power and the Multinational Corporation: The Political Economy of Foreign Direct Investment*, p. 60.

就会在市场、原材料和投资上不断发生冲突,也就是说,工业的扩展会导致国际冲突。按照吉尔平的观点,在这种情况下,会出现三种可能性①:

第一种可能性,原来的核心国家会想方设法维持或重新确立自己的主导地位,继续制定规则。比如,英国在其经济衰退后的很长一段时间内一直在努力维持其在国际货币体系和对外投资中的主导地位,直到经济大萧条为止。

第二种可能性,国际体系由一个有等级的国际体系转变为一个由几个相对平等的核心区组成的体系,这几个核心区一起通过谈判确定贸易和投资的规则。比如,在20世纪70年代中期,几个工业国家力图通过谈判来确立国际贸易规则。

第三种可能性,国际体系解体并分化成相互冲突的帝国体系或区域集团。比如,19世纪后半叶以及两次世界大战期间都出现过这种情况。

由工业扩展带来的国际冲突是暂时的,这主要是由国际体系中核心国家经济的衰退所致,当一个国家崛起成为新的核心国家时,国际冲突就不存在了,历史上英国统治下的和平时期和美国统治下的和平时期都证明了这一点。

二、国内政治结构、国际力量与对外经济政策

在国际政治经济学中,彼得·卡赞斯坦经常被引用的论文是他于1977年发表在《国际组织》杂志上的文章《国内和国际力量与对外经济政策战略》②。在其中,他将国内政治结构(domestic political structure)和国际力量(international force)相结合,对不同发达国家的对外经济政策进行了比较分析,以此来解释为什么不同的发达工业国家在现实中追求不同的对外经济战略。这些观点在其随后主编出版的著作《权力和富裕之间:发达工业国家的对外经济政策》③中得以系统化。

(一) 两种研究方法:国际力量研究方法和国内官僚政治研究方法

彼得·卡赞斯坦对国际学术界盛行的探讨对外经济政策的方法进行了分

---

① Robert Gilpin, *U. S. Power and the Multinational Corporation: The Political Economy of Foreign Direct Investment*, p. 72.

② Peter J. Katzenstein, "Introduction: Domestic and International Forces and Strategies of Foreign Economic Policy," *International Organization*, Vol. 31, No. 4, 1977, pp. 587–606.

③ Peter J. Katzenstein, ed., *Between Power and Plenty: Foreign Economic Policies of Advanced Industrial States*, University of Wisconsin Press, 1978.

析。在他看来,从国际政治经济学的角度研究国家的对外经济政策通常有两种方法:一种是国际力量研究方法,这种方法尤为关注影响一国对外经济战略的国际体系有何不同的政治、经济和技术特征;一种则是国内官僚政治研究方法(bureaucratic politics approach,又译作"科层政治研究方法"),这种方法尤为关注官僚政治系统对国家的对外经济政策的影响。这两种方法各有所长,对国际力量的关注尤其有利于分析对外经济政策选择的范围,对官僚政治系统的分析则可以说明战略的偶然性,但这两种方法都存在着不足。

1. 国际力量研究方法

在关于对外经济政策的分析中,学术界习惯于将决定对外经济政策的国际力量和国内力量进行区分。虽然现实主义、自由主义和马克思主义对日益增长的国际劳动分工对一国对外经济政策的限制的理解不同,但在重视国际体系对一国对外经济政策的影响这一点上却是相同的。如现实主义者认为,尽管国际劳动分工在增加,国际商业和金融在发展,但自1945年以来美国霸权主导的国际体系在国际政治经济中影响着所有发达工业国的对外经济政策,而这种霸权是建立在美国相对占较大优势的军事和经济基础之上的,即使在1971年布雷顿森林体系开始解体时和1973年石油危机中,这种影响也很明显;马克思主义者对国际政治经济的解释认为,工业和金融资本的国际化都是对一国实施政治战略的反对和约束,无论通过遍及全球的跨国公司实现的工业资本国际化,还是通过多种银行机构实现的金融资本国际化,都根植于限制政治选择的资本主义世界体系的经济结构;而自由主义者的解释则集中于阐述技术变化对资本流动增多的影响,以此探讨一国经济对世界体系发展的敏感性如何限制其对外战略的选择。

彼得·卡赞斯坦认为,尽管现实主义、自由主义和马克思主义对国际政治经济的解释不同,但是有一点是共同的,它们都强调世界经济和国际体系力量对国家对外经济政策的影响,换句话说就是,它们都集中论述资本主义世界经济对单一国家所施加的各种不同约束和限制。但是,对世界经济和国际体系力量的过分强调,不能从根本上回答这样两个问题:为什么不同的发达工业国在现实中追求的对外战略不同?国际体系的发展与不同发达工业化国家的对外政策有什么因果关系?

2. 国内官僚政治研究方法

与重视国际力量对国家对外经济政策的影响不同的是,另一种研究方法把探讨的焦点放在决定对外经济策略的国内政府机制上,这种方法被称为国内官僚政治研究方法。这种方法一方面源于马克斯·韦伯(Max Weber)的理想模型中的现代"理性"官僚主义,另一方面源于美国管理理论中对"非理性"官僚主义的描述。由国内官僚政治研究方法所建立的模式,一直处于"理性"与"非理性"这两个极端之间。

国内官僚政治研究方法是许多研究美国对外政策的学者欣赏的一种研究方法。① 国内官僚政治研究方法之所以适用于美国对外政策的研究,在彼得·卡赞斯坦看来,是因为美国对外政策的决策过程比较特殊。美国官僚系统的范围和操作的规模都很大,个人在对外政策决策中的控制力比较小。美国对外政策的制定经常受到与个人品质和地位相联系的非正式网络和联盟的影响,也受到国会和行政部门自主权的制约,同时还受到各利益集团的影响。所有这些都加强了美国对外政策制定的偶然性。国内官僚政治研究方法最大的优点在于,这种研究模式有利于详细阐述施加在对外经济策略上的官僚系统内部大量复杂的偶然因素。

但国内官僚政治研究方法也有其局限性,这主要表现在两个方面:它不能解释为什么发达工业国追求不同的对外战略,也就是说,它忽视了不同发达工业国内部官僚系统的特殊影响,进而忽视了不同类型的对外经济政策;这种主要基于美国对外政策研究的方法说不清楚美国的特有缺陷在多大程度上被普遍化了,也说不清在多大程度上将普遍的现象特殊化了。

鉴于国际力量研究方法和国内官僚政治研究方法各自的优点和局限性,彼得·卡赞斯坦在比较不同发达国家对外经济政策的基础上,提出研究对外经济政策的两点主张:第一,从国家(官僚政治系统)和社会相互关系的角度研究对外经济政策,以此克服只基于美国经验的国内官僚政治研究方法的局限性;第二,在研究对外政策,特别是对外经济政策时,要将国际力量和国内政治结构(包括统治联盟和政策网络)结合起来,以此克服单独运用两种方法固有的局限性。

(二)国家、社会与对外经济政策

1. 国家与社会的关系

关于国家和社会的关系,在西方政治思想史上主要有三种观点:一种观点

---

① 这方面比较有代表性的成果,可以参阅〔美〕杰里尔·A. 罗赛蒂:《美国对外政策的政治学》,周启朋、傅耀祖等译,世界知识出版社1997年版。

来源于马基雅维里（Machiavelli）或者博丹（Bodin），他们主要关注管理国家的能力，而且将社会视为受制于统治机构的对象。这种观点换句话说就是，社会是国家之下的社会。一种观点来源于法国的启蒙运动，主要关注的是不同法制框架下的社会状况，这实际上就是19世纪自由主义关于国家的社会观点。这种观点换句话说就是，国家是社会中的国家。一种观点来源于托克维尔（Tocqueville）、黑格尔（Hegel）、马克思、涂尔干（Durkheim）和韦伯，他们认为，国家和社会既有部分程度的相互依赖性，又在一些领域的活动中相互独立。也就是说，国家主要是公共利益领域，而社会却包含着个人利益，这种包含个人利益的社会就是所谓的市民社会。

彼得·卡赞斯坦认为，认识到国家和社会的区别和联系对于分析对外经济政策是非常必要的。当从国家和社会的角度来解释对外经济政策时，一定要注意如下几点：

第一，如果将国家和社会相区别并对国家的对外经济政策做社会的分析时，就会有两种解释模式：一种是民主模式，这种模式是从群众利益（全社会成员的私人利益和公共利益）到通过选举形成政府政策（代表全国人民的公共利益和私人利益）；一种是利益集团模式，这种模式认为，在对外经济政策的领域中，政党和选举对政策的形成和补充远没有利益集团重要，利益集团通常通过社会相关部门和政治机构将私人利益不断地向公共利益和公众进行灌输。总之，无论是利益集团模式还是民主模式，都认为对外经济政策主要是反映了社会的压力。

第二，如果将国家和社会相联系并以国家为中心来分析对外经济政策，就会发现，在以国家为中心的政策模式中，决策常常发生在公共领域：国家用很多方式管理着它所控制的社会，在这种中央集权的对外经济政策制定过程中，群众的偏好、政党和选举通常被看作政府政策的结果，而不是原因，利益集团也不是对政策的制定施加决定性压力的自主性力量，而是附属于国家的力量。

第三，如果将国家和社会看作是一种共生关系并以此来分析对外经济政策时，不同的学派对二者的关系会做出不同的解释。保守主义者米尔顿·弗里德曼（Milton Friedman）认为，国家地位的不断上升使得发达工业国的私人部门失去活力。而约翰·加尔布雷思（John Galbraith）这样的自由主义学者却认为国家和社会间新的渗透是现代公司力量作用的结果。新马克思主义则认为，国家和社会的共生表明，国家对经济干预的增多不仅反映了当代资本主义社会内部的不稳定，同时也是对资本主义制度的一种补充。

第四章　国家主义理论：国家利益、权力结构与对外经济政策

彼得·卡赞斯坦主张，如果要得到富有成果性的见解，就必须对国家和社会的联系和区别在不同发达国家对外经济政策制定过程中的作用进行具体的分析，只有这样，才能真正理解发达国家在对外经济政策上的区别。他认为：

> 对一些发达工业化国家进行比较分析有助于将一个国家的问题放到更广阔的视野来研究。在最近的国际政治经济论著中，情况却并不总是如此；许多分析范畴有时是来自一个国家的特殊经验。例如，法国的传统将会让人认为国际经济的政治化是国家在管理国内社会中扮演的重要角色所致。尽管国家和社会在日本也是紧密地相联系着的，但日本政府所采用的非政治化战略似乎与以上结论相悖。类似地，在一些国际关系论著中，对政府间关系和官僚政治的关注只是部分地反映了美国联邦官僚政治。然而，美国政治和英国政治在性质上是不同的。[1]

2. 国内政治结构与对外经济政策

与过去运用国内官僚政治研究方法研究美国对外政策的学者不同的是，卡赞斯坦提出一个更为宽泛的范畴，即国内政治结构（domestic political structure）。国内政治结构既包括统治联盟（ruling coalition），也包括政策网络（policy networks）。统治联盟既包括国家官僚机构和政治党派（通常被称为"政治团体"），也包括有组织的社会力量（通常被称为"利益集团"）；政策网络将国家和社会的相关要素结合起来。统治联盟的职责是制定国家对外政策的目标；而政策网络决定政策的实行。在每个发达工业国的对外经济政策中，社会力量和统治联盟都努力在政策网络中寻求其制度代言人，这种制度在实施国家的对外经济政策时把公共部门和私人部门联系起来。所以，统治联盟和政策网络是决定和补充对外经济政策的国内组织的核心。这就是对外经济政策制定过程中的国内因素和力量。

卡赞斯坦认为，马克思主义者强调资本主义社会生产资料的私人占有，而自由学派则强调发达工业国以市场作为分配的机制，但这两者都不能很好地用于解释发达工业国家在国际政治经济中所遵循的不同战略，只有介于一般化和具体化之间，我们才能对所有发达工业国家管理联盟和政策网络普遍存在的唯一的、约定俗成的组成部门有所了解。正是在这种意义上，我们说，在运用利益

---

[1]　Peter J. Katzenstein, "Introduction: Domestic and International Forces and Strategies of Foreign Economic Policy," *International Organization*, Vol. 31, No. 4, 1977, pp. 602-603.

集团和政治团体这些国内因素或力量分析对外经济政策制定的过程时,国家主义者接受了马克思主义的观点,但又不完全同意马克思主义;国家主义者也接受了自由主义的观点,但又不完全同意自由主义的观点。

根据统治联盟和政策网络在不同发达国家的具体表现,卡赞斯坦把英国、美国、联邦德国、意大利、法国和日本的对外经济政策分为三类:一类是英美两国的对外经济政策,其追求的主要目标是自由的国际经济,它们大体上依靠于有限的几种政策手段来影响整个经济,而不是依靠影响个别部门和个别厂商的那些政策,商业和国家的联盟对国家官员相对不利,联系公共部门和私人部门的政策网络相对来说不完整;一类是日本的对外经济政策,其特征是国家官员在与商业社团的交往中占有相当显著的地位,其政策网络也是紧密融合在一起的;一类是中间道路,其中,联邦德国和意大利与英美模式比较接近,而法国则与日本有些相似之处,更确切地说,联邦德国与英美模式较相近,法国更接近日本模式,而意大利则处在德国和法国两种模式之间。由此,彼得·卡赞斯坦总结道:

> 所有发达工业国家外交部门所哀叹的"失控"不仅植根于国外,也植根于国内。在国内政治中,不采取行动或者行动不合适,往往会导致国际政治经济方面的严重后果。国家主义也赞同,满足全球性需要的全球性方法本身似乎显得是对付国际政治经济问题的无效率的或无绩效的方法。不过,国家主义仍强调,对管理和相互依存的分析应从国内做起。①

(三) 国内政治结构和国际力量的相互作用

比较发达国家对外经济政策制定过程中的统治联盟和政策网络这些国内力量的区别是必要的,这可以帮助我们确切地理解不同的发达工业国家对外经济政策的区别,但仅此是不够的,因为这种方法不足以解释发达工业国家的对外经济政策和国际体系之间的关系,所以必须考虑不同的发达国家对外经济政策与其所依赖的国际力量之间的关系。只有将国内力量和国际力量结合起来,才能确切地理解发达国家的对外经济政策。彼得·卡赞斯坦以发达国家为例,详细阐述了不同发达国家的对外经济政策是如何受国内政治和国际力量的制约的。

---

① Peter J. Katzenstein, "Introduction: Domestic and International Forces and Strategies of Foreign Economic Policy," *International Organization*, Vol. 31, No. 4, 1977, p. 606.

在彼得·卡赞斯坦看来,发达工业国家的对外经济政策主要是由国际力量与国内力量的相互作用决定的。这种相互作用在过去150年国际政治经济的霸权周期(上升和衰退)中表现得尤为明显。

19世纪40—80年代和20世纪40—60年代分别是英国霸权的上升时期和美国霸权的崛起时期。这两个时期的共同特征是:出现了有利于国际交往的开放式国际政治经济,国家的政治活动频繁丰富,与崛起的霸权国家之间相互合作,以此来保持开放的国际政治经济;同时,因为国际经济事务中的问题主要集中在分配和管理上,发生在既定的结构里,国际政治经济的有序促进了国家的政治结构的运作,所以国家的力量是隐性的。这些特征在这一时期英国和美国的对外经济政策中得到验证。

从19世纪20年代开始,英国的工业技术以及决定逐渐转为低关税国家的政策,使其成为19世纪国际政治经济中的领导国家。这种地位反映了英国国内各种力量的均衡重组正在逐渐倾向于商业、工业和金融业的巨头。1846年废除谷物法时,英国贵族地主们受到沉重打击是英国历史上一个重要的分界线。直到英国在20世纪70年代初期加入共同市场时,对进口食品不征关税的原则才再次受到了质疑。但谷物法的废除也对国际政治经济产生了重要的影响,因为它同时向欧洲大陆的谷物出口开放了英国市场,从而促进了国际贸易的发展。特别是通过1860年签署的《科布登-谢瓦利埃条约》,英国快速扩张的工业、商业和金融业在国际上获得了合法性,并以此开辟了整个欧洲大规模削减双边关税的时期。这样,英国内部政治力量的重组直接外溢到由英国优势确定的国际政治经济秩序中。

类似的情况出现在第二次世界大战后美国霸权的上升时期。在美国霸权的领导下,布雷顿森林体系通过在1959年实现自由兑换和随后在肯尼迪回合(1967年结束)中最终实现大幅削减关税而得到了加强,并在很大程度上促进了国际政治经济的开放,使国际贸易在20世纪得到了空前的增长。多国公司作为这种自由市场的机构组织成为在美国支持下自由运转的国际政治经济中最富戏剧性的角色。这种国际经济秩序是以大西洋两岸国内外政策利益的集中为基础的,一个开放的、非政治化的世界市场被认为是成功地再建一个"资产阶级欧洲"的必要前提,在美国的政府援助和私人资本的支持下,被战争破坏了的西欧和日本经济得到了快速的恢复,并从60年代起逐渐削弱美国的霸权地位。

国内力量和国际力量的相互作用也体现在国际政治经济中的霸权衰退时

期。19世纪80年代至20世纪20年代以及20世纪70年代以后分别是英国霸权和美国霸权的衰退时期。这两个时期的共同特征是:各国特别是霸权国家政治活动缺乏,国际政治经济呈现出某种封闭状态,国际社会中已有的机构受到挑战;世界经济中的政治问题的本质主要集中在再分配问题上以及对已有机构加以质疑的体制辩论之上;衰落的霸权国家最终将不愿也不能抵抗推行封闭政策的力量,国际政治经济的无序状态阻碍了衰落的霸权国实施有效的领导,这样,国家的力量就成为显性的了。卡赞斯坦以霸权衰退时期的英国、美国以及德国的对外政策为例对此进行了论述。

从19世纪70年代开始,英国在国际政治经济中的霸权地位开始衰退,它不愿也没有能力成功地反对在19世纪70年代后期出现的日益严重的保护主义。作为对1873—1896年间经济萧条的反应,在国际政治经济中出现了保护主义的浪潮。比如,在这一时期,德国作为英国的主要政治对手,其国内兴起了非常强的经济民族主义,其中最为著名的是,德国以高关税政策为基础,将钢铁业与黑麦业联合起来,并将其称为"帝国的再创"。这种政治力量的重组对德国的重要性就如同废除谷物法之于英国,而且它对推动国际政治经济偏离自由主义的道路是至关重要的。德国对英国的挑战最终导致了国际经济的政治化,因为经济和军事利益无论在国内还是在国外都是密不可分的。

霸权力量的缺乏和国际政治经济中的保护主义在20世纪30年代的大萧条中显得更为突出。食品、资本和劳动力的流动并不是由市场力量决定的,而是取决于政治对竞争性贬值和削价政策的参与,从而使两次大战间的世界经济政治化了。世界自由经济秩序的崩溃反映了一战给欧洲所有国家带来的深刻的社会巨变。旧中产阶级的衰弱和有组织的劳资双方日益激烈的矛盾,将更多的欧洲国家推向了右的道路。法西斯主义和集权主义使国家在国内外经济事务中的普遍性地位合法化了。

从20世纪60年代末开始,随着美国霸权在国际政治经济中的衰退,类似的情况又出现了。由于欧洲和日本经济的崛起,美国带头在全球范围内推行贸易保护主义,并出现了美国与欧洲、美国与日本之间不间断的贸易摩擦。与此相应,由于没有美国霸权的维护,国际政治经济再一次陷入混乱之中。

对于国内结构和国际力量在对外经济政策战略制定过程中的相互作用,彼得·卡赞斯坦总结道:

> 从19世纪中期开始,国内和国际因素就在国际政治经济的历史进程中相互纠缠着。国内结构的变化导致了英、德、美对外经济战略的基本变

化;而这些国家发现它们所处的国际背景反过来又影响着其国内结构,因而间接地影响了它们在国际政治经济中所采取的战略。在霸权衰落期间,国内结构在对外经济政策的过程中所起的作用却是在增强。只要国际政治经济中的权力分配不出问题,对外经济策略就主要由国际政治经济结构决定。但当这个结构不能再被视为理所当然的时候,正如今天这样,国内力量对制定对外经济策略的相对重要性就提高了。①

三、国家利益与外交政策

斯蒂芬·克拉斯纳于1978年出版的《捍卫国家利益:原材料投资与美国的外交政策》是国际政治经济学领域关于国家主义理论的又一部重要著作。在书中,通过对美国外交政策中的原料投资政策的分析,克拉斯纳推动并且深化了外交领域中的国家主义分析方法。

(一)国家利益与美国的原料政策

为了从经验上总结国家主义的分析方法,克拉斯纳对美国的原料政策进行了比较系统的分析。② 在他看来,美国的原料政策大致可以划分为几个阶段:1900年以前对原料的忽视;第一次世界大战和第二次世界大战期间对石油的重视;朝鲜战争期间对商品价格的重视;20世纪70年代初期对环境的重视,以及随后转向对原料短缺的重视。

在1900年以前,美国并不存在原料短缺问题。广阔的版图和丰富的自然资源使得美国人相信,美国的自然资源是无限的,所以美国在这一时期政策的重点是如何开发这些资源。在这一时期,美国颁布了许多法令鼓励土地转让,以便开发资源,其中最著名的是《宅地法》(Homestead Act),鼓励将公共土地转让给私人。尽管美国在19世纪后期也意识到森林资源的浪费,分别于1881年设立林业委员会(Forestry Division),1897年建立国家林业部(National Forests),但这些并未改变美国人对资源的态度。

真正促使美国政府重视原料问题的是两次世界大战。第一次世界大战导致美国政府对原料供应的担心,因为美国在战争开始之前并未准备参战。美国

---

① Peter J. Katzenstein, "Introduction: Domestic and International Forces and Strategies of Foreign Economic Policy," *International Organization*, Vol. 31, No. 4, 1977, p. 595.

② Ibid., pp. 47–54.

国内石油界人士既担心美国国内石油短缺,也担心世界石油资源为英国所垄断,这种国防的需要促使美国在 20 世纪 20 年代中期鼓励对拉丁美洲原油开采进行投资。第二次世界大战期间,原料供应再一次进入短缺状态,美国政府于 1939 年通过了《国家战略和重要物资储存法》(National Strategic and Critical Materials Stockpiling Act),允许政府为了国防的需要进行原料的投资,这导致了美国在 20 世纪 40 年代对中东石油投资采取保护政策。

冷战的开始,特别是朝鲜战争,再一次导致美国政府对原料的重视。1951 年,美国总统杜鲁门专门任命了一个由威廉·佩利(William Paley)领导的委员会对原料问题进行研究。佩利委员会于 1952 年提供了一份名为《自由之资源》(Resources for Freedom)的报告,认为为了建立一个自由的世界,也为了防止来自共产党国家的威胁,美国政府必须拥有丰富的原料资源基地。1953 年,艾森豪威尔在其内阁中任命了一个特殊委员会专门研究矿产资源政策。

随着冷战的缓和,国家安全问题开始在美国的外交政策中下降,原料问题也随之被环境问题所替代,美国于 1970 年通过《国家资源政策法案》(National Materials Policy Act),该法案主要强调对环境的保护,特别是对美国国内矿产资源的保护性开发。但 70 年代中期以后,随着阿拉伯国家对石油的禁运、通货膨胀率的上升,原料短缺的意识在美国国内以及对外政策中又一次增强,这促使参议员迈克·曼斯菲尔德(Mike Mansfield)提出议案,主张建立"国民供应和短缺委员会"(National Commission on Supplies and Shortages),每年为政府提供政策选择的依据。

美国原料政策的演变表明,美国的原料政策一直是围绕美国的国家利益制定的,美国原料外交政策的目标主要有三个:(1)使美国消费者的成本最小化;(2)保证美国经济供应的安全;(3)拓宽外交政策目标。[①]

国家利益是外交政策的目标,问题的关键在于如何定义国家利益,正是在这一点上,显示了国家主义的分析方法与自由主义和马克思主义分析方法的不同。

(二) 马克思主义与自由主义的范式

国家主义学者有一个共同的理论取向,即他们都研究一国对外经济政策中

---

① Stephen Krasner, *Defending the National Interest: Raw Materials Investments and U.S. Foreign Policy*, Princeton University Press, 1978, p. 53.

的问题(因变量),探讨清晰地理解这些问题所需的国内外政治经济力量(自变量),换句话说,就是探讨国家、社会与对外经济政策的相互关系。正是在这种分析中显示了国家主义与自由主义和马克思主义的不同理论范式。正如克拉斯纳所言,"只有通过比较它[国家主义]的假设与其他两种关于政治过程的突出的观点——马克思主义与自由主义所持的假设,才能更好地理解国家主义这种基本的方法。这些范式对政策制定以及官员行为的目标的论述是不同的"①。

1. 马克思主义的范式

在关于国家的对外经济政策的分析中,可以将马克思主义理论分为两种:一种是工具马克思主义理论,一种是结构马克思主义理论。② 工具马克思主义将政府的行为看作社会压力的直接产物,主张国家就是某些特殊的资本家或资产阶级的直接代言者。所以,工具马克思主义者主张研究大资本家和政府官员之间的关系,或研究资本家的企业和政府官员之间的关系。实际上,这种对国家和社会关系的主张就是我们通常说的,国家就是阶级统治的工具,国家的对外经济政策就是国内统治阶级利益的延伸,国家只是这些社会中占统治地位的阶级的直接代言人。结构马克思主义则认为,国家在资产阶级体系的整体结构中起着一种独立的作用,在这种结构中,国家也许有时采纳资产阶级反对的政策,但从整体上讲,国家的作用主要是维持整个体系的一致。在这种关于国家和社会关系的范式中,国家实际上是各种矛盾或冲突调和的产物,其行为主要包括调和资本主义体系内各种经济和政治矛盾。

在国家主义者看来,尽管工具马克思主义者和结构马克思主义者在一些具体观点上有所不同,但在国家和社会的关系上首先强调社会这一点上却是相同的,这种社会优先的分析范式决定了所有马克思主义者在理解国家利益上的共同之处,这些共同点包括如下三个方面③:

第一,所有马克思主义者都反对民族国家利益的概念,国家的目标只是反映了某些资产阶级或者资本主义体系的利益,而不是社会整体的福利。

---

① Stephen Krasner, *Defending the National Interest: Raw Materials Investments and U. S. Foreign Policy*, p. 20.
② Ibid., pp. 20-26.
③ Ibid., p. 26.

第二，国家的行为与其经济目标密切相关，其他的目标只是工具而已。特别是意识形态目标与经济目标密切关联，而且意识形态掩盖了剥削的现实。

第三，所有马克思主义者都相信，离开了社会背景就不可能理解国家。在资本主义体系中，国家有其特殊的任务，并最终与某个特定阶级的利益密切相关。

2. 自由主义的范式

在国家和社会的关系以及由此导致的关于对外经济政策的争论中，自由主义的范式无论是在学者中还是在美国的政治领导者中都占据着主导地位。

与马克思主义的范式相同，在国家和社会的关系上，自由主义主要关心的是社会，自由主义者最为基本的分析单位是社会中的集团和个人。与马克思主义范式认为权力从根本上掌握在资本家阶级手中不同，自由主义者所谓的政治就是不同集团的利益的相互竞争，权力是由那些在利益驱动下的个人行使的。

自由主义在国家和社会关系上的理论通常被称为利益集团理论或多元主义理论。这种理论认为，所谓政治，就是许多集团将其利益强加给国家，使得国家权力最后朝着最强的社会力量推动的方向发展。这种理论通常被用来解释外交政策，特别是对外经济政策。也就是说，国家的对外投资和商业安排通常会对社会的某些阶层或社会整体产生各个方面的影响。在这种情况下，公共政策总是受某个特殊阶层影响或反映某个特殊阶层的利益。利益集团理论反对民族国家利益的概念。在利益集团论者看来，政府的政策就是社会中那些有权力的集团利益的反映；政府机构只是处理社会的输入与输出，并不是一个自治的因素，如果说国家有什么积极作用的话，国家的作用就在于维持游戏的基本规则，以便保证所有的集团有同样平等的机会参与竞争。

总之，自由主义在国家和社会关系问题上的理论范式主要包括如下三点①：

第一，自由主义反对将国家看作一个独立自治的要素，主张国家无论在动机上还是在资源上都与社会中的其他机构别无二致。

第二，自由主义反对将国家利益看作超越社会中所有成员的个体利益的利益。

---

① Stephen Krasner, *Defending the National Interest: Raw Materials Investments and U. S. Foreign Policy*, p. 30.

第三,自由主义认为,政府的本质作用就在于创造一种环境,在这种环境中个人能够自由地实现他们的意愿,而不是努力地保护国家的权力资源以及社会的福利。

(三) 国家主义的范式

与马克思主义和自由主义范式强调社会不同,国家主义的范式强调以国家为中心的分析,这种分析主要基于两个理论前提:第一,国家和社会是有区别的,国家所追求的目标不可还原为社会中个人需求的总和,国家是一个自治的要素,国家所追求的目标就是国家利益;第二,理解国家的目标不能只根据经济的或战略的目标,而是要根据意识形态的目标。

国家利益是国家主义分析方法的出发点和逻辑前提,正如克拉斯纳所说,"国家主义的方法一定要从定义核心决策者所追求的目标开始,这些目标可以被称为国家利益"[1]。所以,国家主义者关心的首要问题就是如何分析国家利益。

关于国家利益的研究,一般有两种方法:一种是逻辑演绎法,一种是经验归纳法。国家主义者克拉斯纳对这两种研究方法进行了详细的分析。

通过逻辑演绎研究国家利益,其最为基本的假定就是,国家将追逐其特定的目标,特别是领土的完整和政治的统一。这种分析方法在某些情况下是非常有用的。就国际政治而言,16—18世纪的欧洲历史已经表明,当国际秩序处于无政府状态时,国家必须努力保证自身独立,以免某个国家占据主导地位,进而对其他国家进行统治,其结果自然是倡导权力平衡;就对外经济政策而言,17—18世纪之所以倡导重商主义,主要是出于经济安全的考虑,因为当一个国家由于自然资源禀赋和技术知识不能自给自足时,为了稳定经济和政治系统,国家必然会尽其最大努力控制对外资源。正是在这种意义上,我们说,通过逻辑演绎定义国家利益是有意义的。但如此定义国家利益也存在着许多缺点:第一,无法解释霸权国家和帝国的国家利益,因为霸权国家的领土是完整的,政治统一是安全的。在这种状况下,霸权国家的国家利益是什么?第二,无法解释那些与领土完整和政治安全无关的国内政治问题。而这些国内问题在许多国家

---

[1] Stephen Krasner, *Defending the National Interest: Raw Materials Investments and U. S. Foreign Policy*, p. 35.

都是存在的。如何把这些国内问题和国家利益联系起来?

通过经验归纳定义国家利益,就是根据国家的操作者的所说所为来定义国家利益,也就是说根据统治机构的具体兴趣来定义国家利益。这里会遇到两个问题:首先是来自马克思主义者的挑战——如果统治机构的兴趣只代表或反映了上层经济阶层的偏好,如何定义国家利益?其次,如果统治机构的兴趣和社会的长久的目标相冲突,如何定义国家利益?

在克拉斯纳看来,当从国家主义的角度研究对外政策时,既可以运用逻辑演绎法,也可以运用经验归纳法。当接受用经验归纳法来定义国家利益时,国家主义者(包括克拉斯纳本人)主张根据统治机构的兴趣来定义国家利益,但为了避免经验归纳法所面临的两个问题,国家主义者附加了两个条件:一个条件是,统治机构的兴趣不能从始至终有益于某个特殊的阶级或集团;另一个条件是,统治机构的兴趣应该是比较持久的,而不是短暂的。在这两个条件同时得到满足的情况下,统治机构的兴趣或政策决策者的所说所为就是国家利益的体现。正如克拉斯纳的总结:"总之,归纳的国家主义研究方法主张,国家利益包括一系列相互可以转换的国家偏好,这些偏好主要关心长久持续地增进社会的整体福利。"①

由此我们可以看出,国家主义的分析方法是将国家作为一个自治的因素,外交政策反映了国家本身的利益。在国家制定对外经济政策中,国家一方面受制于社会,代表社会共同的、持久的偏好;另一方面,国家又必须克服社会的压力,特别是那些特殊阶层和利益集团的压力。正是在这种意义上,国家主义的分析方法介于现实主义和结构主义之间。克拉斯纳指出:

> 国家利益就是建立一系列可以转换的偏好,这些偏好是比较持久的,并且和社会的总体目标相联系。但这些目标的存在并不意味着它们能够实现。国际关系中的现实主义方法一直认为国际体系中的其他因素也许会使国家领导者无所适从;而国家主义的分析方法在坚持同样的假设的同时,强调强加于国家的国内压力。在国际关系的结构主义分析方法中,国家是弹子游戏中的一个球,其内部构成不受外在压力的影响,而在国家主义的分析方法中,国家是一系列核心决策制度和规则,这些制度和规则既

---

① Stephen Krasner, *Defending the National Interest: Raw Materials Investments and U. S. Foreign Policy*, p. 45.

要面对国内的反对又要面对国外的挑战。决定一个国家克服国内压力的能力的核心特征是该国在与它自己的社会的联系中建立它的力量。①

以上我们只是以吉尔平对跨国公司的分析、卡赞斯坦对发达国家对外经济政策的比较分析和克拉斯纳对原料投资与美国的对外政策的关系的分析为例,比较一下国家主义者在一些具体问题上的观点和主张。当然,我们也能从这种具体的分析中总结出国家主义分析方法的一般范式,特别是国家主义的范式与自由主义的范式和马克思主义的范式的明显区别。有一点非常值得我们注意,无论自由主义(古典自由主义和当代的自由主义)还是马克思主义(古典马克思主义和当代马克思主义)都有比较系统的、有继承性的理论体系,而国家主义并没有一个系统的、具有继承性的理论体系。在当代国际政治经济学中,国家主义的理论观点和分析方法散见在学者们对不同问题的分析中,也反映在决策者们关于对外经济政策的不同主张中。

第三节 国家主义理论的贡献及面临的挑战

一、国家主义理论的贡献

国家主义理论的最大贡献就在于将民族国家放在国际体系的中心,进一步发展了权力分析方法。与自由主义强调国际体系以及国际机制不同,也与马克思主义强调国际体系以及不等价交换不同,国家主义的理论范式强调的是国家的主权、安全以及民族感情,在这种意义上,国家主义理论继承了古典重商主义政治经济学传统以及后来国际关系领域中的现实主义传统。但国家主义并不是简单地重复传统的现实主义观点,而是对以往的现实主义进行了修正,学术界将其称为"新现实主义"(Neo-realism),具体表现在如下三个方面:

第一,推动了国家利益的研究,丰富了现实主义的内容。这是国家主义理论最具特色之处,也是国家主义理论对国际关系研究的最大贡献。在20世纪70年代的国际关系学界,与马克思主义(依附论和世界体系论)基于体系(例如资本主义世界体系)和国内政治(例如阶级)不同,也与自由主义强调国内政治(如社会联系的多渠道)和非国家因素(如国际组织)有别,国家主义将国家利

---

① Stephen Krasner, *Defending the National Interest: Raw Materials Investments and U. S. Foreign Policy*, p. 56.

益和国家组织作为国际关系研究中的独立行为体,形成了以国家为中心的现实主义。这种以国家为中心(强调国家利益)的现实主义,不仅与肯尼思·沃尔兹(Kenneth Waltz)以体系为中心(强调体系决定国家的权力分配)的现实主义一起,构成了现实主义的两大流派①,而且将国家这种组织形式作为一个独立的行为体进行研究,丰富了国家利益的内容。彼得·卡赞斯坦、罗伯特·基欧汉和斯蒂芬·克拉斯纳指出:

> 20世纪70年代,以自由主义和马克思主义为基础的研究纲领主要采用的是国内政治理论。国家主义对国家这种组织形式予以极大的重视,尤其是那些负责维护整个政治实体稳定和繁荣的国家组织。国家可以被视为一个独立的行为体,它不仅仅是不同利益集团为得到对自己有利的政策而相互竞争的场所。②

第二,强调国际体系中权力结构的不对称性和权力来源的多样性。以往的现实主义主张,国际体系处于一种无政府状态,国家的责任就在于使其权力最大化以确保其国家利益,而权力又总是相对的,所以一个国家权力的扩大必然意味着其他国家权力的削弱。因此,在国际体系中,国家之间的关系是一种"零和"关系。国家主义者接受了现实主义关于国际体系处于无政府状态而且是有等级的和国家是国际体系的核心要素的观点,但国家主义者并不同意现实主义对国家之间关系的看法。国家主义者认为,国家权力的分布可以对一系列外在的环境产生影响,如国家权力可以框定世界贸易的结构、外层空间的利用,也就是说,国家在某一领域的目标并不受其他因素的影响。在国际体系中,由于国家的实力以及利益目标不同,国家所获得的权力并不总是对称的。

第三,将机制(regime)引入国家之间关系的分析。自由主义者一直主张研究国际机制,并认为只有从国际机制出发才能真正理解相互依存的世界经济。而国家主义者则主张从国家权力出发研究世界经济,但国家主义者同时看到了机制对国家的影响,因为机制本身并不总是随着国家的衰退而消失,有时国家已经衰退了,而由其制定的机制仍然在起作用。克拉斯纳认为,机制有四种反馈作用:机制可以影响评估利益的要素;机制可以改变利益本身;机制可以变为

---

① 参见〔美〕罗伯特·吉尔平:《全球政治经济学:解读国际经济秩序》,杨宇光、杨炯译,上海人民出版社2003年版,第13—22页。

② 〔美〕彼得·卡赞斯坦、罗伯特·基欧汉、斯蒂芬·克拉斯纳编:《世界政治理论的探索与争鸣》,秦亚青等译,上海人民出版社2006年版,第27页。

权力的一个来源;机制可以改变国家权力的能力。① 这样,国家主义综合了自由主义对机制的重视和传统的现实主义对国家的强调,在理论上前进了一步,为后来的现实主义国际机制理论的深入发展奠定了基础。②

二、国家主义理论面临的挑战

国家主义理论也面临着许多挑战,其中最为突出的挑战有三个:一是来自国内政治的挑战;二是地区主义的挑战;三是来自全球化的挑战。

(一) 国内政治与国家利益

在以体系为中心的现实主义受到冷战结束的挑战时,以国家为中心的现实主义却受到国内政治研究的挑战。当国家主义将国家视为单一的行为体时,它既无法解释为什么同一个国家在一些领域是强大的,而在另外一些领域是软弱的,也无法解释为什么不同的国家在同样的国际体系中会有不同的国家利益。彼得·卡赞斯坦、罗伯特·基欧汉和斯蒂芬·克拉斯纳指出:

> 国家主义理论在关于国家组织机构之间的关系方面没有特别成熟的论述。国家在一些问题领域是强大的,在另外一些领域则是软弱的。国家主义理论很难对不同问题领域之间的协调平衡做出具体的说明,也很难讨论国家和社会之间的具体关系。这一理论不仅将国家与利益集团剥离开来,也将国家与其所处的政治实体剥离开来了。③

国家主义理论在 20 世纪 70—80 年代所面临的这种挑战,不但激发了国家—社会关联性的研究(包括国内官僚政治和社会联盟对国家利益形成或者对外经济政策制定的影响),而且激发了国内政治与国际经济关联性的研究(包括世界经济对国家的政治制度和国内社会联盟的影响)。如果我们认为,90 年代以来第二代国际政治经济学学者从国家—社会关联性和国内—国际关联性来探讨国家利益,并取得了丰硕的成果,那么,70—80 年代的国家主义理论可谓功不可没,第二代学者所倡导的开放经济政治学主要继承了国家主义注重国内利

---

① Stephen D. Krasner, ed., *International Regimes*, Cornell University Press, 1983, p. 361.
② Andreas Hasenclever, Peter Mayer and Volker Ritterberger, *Theory of International Regimes*, Cambridge University Press, 1997, pp. 83-135.
③ 〔美〕彼得·卡赞斯坦、罗伯特·基欧汉、斯蒂芬·克拉斯纳编:《世界政治理论的探索与争鸣》,第27页。

益的研究路径。① 难怪彼得·卡赞斯坦、罗伯特·基欧汉和斯蒂芬·克拉斯纳在谈到国家主义的局限性时说:

> 关于国家与社会关系的研究使用理性选择理论对政府组织进行了分析,尤其讨论了承诺的重要意义。这些研究表明,被视为国家主义理论缺点的因素恰恰是这一理论的长处。与集权国家相比,民主国家往往能够从自己的社会中得到更大的支持,原因恰恰是市民社会的成员信任政府,被人们视为弱势的政府往往会恪守承诺。……那种认为国家只有独立于它所在的社会才是强大国家的观点完全是谬误的。国家只有受到自己社会的制约才可以从这个社会中获得自己的力量源泉。②

(二) 地区主义与主权让渡

国家主义理论所面临的另外一个挑战就是地区一体化过程中的"主权让渡"问题。在国家主义理论出现的 20 世纪 70 年代,尽管地区一体化已经在部分地区出现,并且在欧洲取得了进展,但地区主义仍然面临着许多问题,所以吉尔平当时的判断是全球经济只能在霸权国家的管理之下:

> 重商主义模式的一个根本的弱点就是缺乏取代美国为中心的世界经济的可信选择。西欧——美国最主要的经济挑战者——在内部仍然处于分裂状态,它在工业、能源或经济和货币统一方面未能形成共同的政策。现在,它只是拥有共同农业政策的关税同盟。还有日本,它继续在安全方面依靠美国。只要西欧和日本无法找到一条道路摆脱它们对美国军事和经济上的依附,重商主义者的区域模式就是不可行的。③

进入 20 世纪 90 年代之后,地区主义或区域化成为一个重要的时代特征。地区主义不仅改变了世界地缘政治经济结构,也影响了相关国家的政治经济发展战略。根据地区合作的方式(正式制度还是非正式制度)和一体化的程度(多个领域还是单一领域),我们可以将冷战后的地区主义大致分为四类:第一类是

---

① David A. Lake, "Open Economy Politics: A Critical Review," *Review of International Organizations*, Vol. 4, No. 3, 2009, p. 228.
② 〔美〕彼得·卡赞斯坦、罗伯特·基欧汉、斯蒂芬·克拉斯纳编:《世界政治理论的探索与争鸣》,第27—28页。
③ Robert Gilpin, *U. S. Power and the Multinational Corporation: The Political Economy of Foreign Direct Investment*, p. 254.

通过正式的制度建设深入推动地区一体化,最具代表性的是欧洲一体化;第二类是通过正式制度建设推动相关国家在单一领域的合作,最具代表性的是北美自由贸易区以及各种各样的地区性自由贸易协定和特惠贸易协定;第三类是通过非正式的制度建设推动地区在多个领域进行合作,最具有代表性的是东盟一体化;第四类是通过非正式的制度建设推动地区在某个领域进行合作,最具代表性的是亚太区域化。①

在这些多样化的地区合作进程中,无论是基于正式制度的合作还是基于非正式制度的合作,也不管是在单一领域的合作还是在多个领域的合作,都面临着成员国的主权让渡以及让渡的程度问题。2016年6月英国公投决定退出欧盟②,以及东南亚国家联盟无法真正实现"东盟为中心"③,都是成员国在地区合作进程中面临的主权让渡问题导致的,这是国家主义无法回避的理论问题。

(三)全球化与国家利益的合法性

全球化成为近年来学术界以及人们日常生活中最为流行的话语。关于全球化的定义,目前学术界主要有如下四种观点:第一种观点认为,全球化是指国际化(internationalization),它意味着国家之间通过签订协定,促进贸易、资本流动以及投资等跨界经济活动,并通过制定国内政策鼓励私人企业走向国外。第二种观点认为,全球化是自由化(liberalization),它意味着市场的自由化和非规则化、财产的私有化、国家福利功能的衰退、技术的扩散、生产和对外投资的跨国界分布以及资本市场的融合。第三种观点认为,全球化是西方化(westernization),它意味着历史在意识形态领域的终结以及盎格鲁—撒克逊式的市场活动组织在经济领域的胜利。第四种观点认为,全球化是一种技术革命(technological revolution),它意味着全球社会由于技术革命正在从工业资本主义走向后工业时代。④

---

① 王正毅:《边缘地带发展论:世界体系与东南亚的发展(第二版)》,上海人民出版社2018年版,第220—221页。
② Erica Owen and Stefanie Walter, "Open Economy Politics and Brexit: Insights, Puzzles, and Ways Forward," *Review of International Political Economy*, Vol. 24, No. 2, 2017, pp. 179-202.
③ 王正毅:《东盟50年:走出边缘地带发展的困境了吗?——对"东盟方式"和"东盟为中心"的反思》,《世界政治研究》2018年第1期。
④ John Baylis, Steve Smith and Patricia Owens, *The Globalization of World Politics: An Introduction to International Relations*, 6th ed., Oxford University Press, 2014, p. 252; Robert O'Brien and Marc Williams, *Global Political Economy: Evolution and Dynamics*, 5th ed., Palgrave, 2016, p. 26.

尽管学者们没有形成一个统一的关于全球化的定义,但几乎所有学者都认为,全球化具有三个基本特征:第一,全球化意味着生产和交换的多国化;第二,全球化意味着全球金融市场的日益融合;第三,全球化意味着国家自治能力和政策决策能力的下降。

国家主义者虽然已经认识到生产的多国化和全球金融市场的日益融合,但如何面对国家自治能力的下降是国家主义理论面临的重大理论挑战。吉尔平在后来出版的著作《全球资本主义的挑战:21世纪的世界经济》中力图解答这一难题,他坚持认为,"即使经济因素将在决定全球经济的特点中发挥重要作用,但是最重要的因素现在是并且将来仍是政治。包括美国、西欧、日本、中国和俄罗斯在内的主要国家间的安全和政治关系,在很大程度上正在并将继续决定未来全球经济的特征"[1]。但是关于这些大国之间可行的政治合作框架,即全球化背景下国家利益的合法性问题[2],吉尔平没有给出一个令人满意的理论解释,这是现在也是将来国家主义理论不得不面对的难题。

---

[1] 〔美〕罗伯特·吉尔平:《全球资本主义的挑战:21世纪的世界经济》,第47—48页。
[2] 关于对中国国家利益合法性的认识,可参阅王正毅:《国家利益是合法性相互制约的利益》,《中国社会科学季刊》(香港)1997年8月刊(总第20期)。

第五章
依附理论：核心与边缘

与自由主义者关心国际体系的相互依存以及国际机制的建立、现实主义者关心国际体系的维持和管理以及国际体系中民族国家的利益不同，另外一些学者更关心发展中国家在国际体系中的发展问题以及资本主义世界体系的命运，由此先后出现了依附理论和世界体系理论。依附理论和世界体系理论继承了古典马克思主义政治经济学的学术批判传统，对发展中国家在国际体系中的发展以及世界体系本身进行了系统的分析，因而被认为是马克思主义在国际政治经济学中的具体体现，是古典马克思主义在当代的翻版。

第一节 依附理论的兴起

第二次世界大战的结束无论对国际体系的变迁还是发展中国家的发展都是一个大的转折点，这主要表现在：第一，资本主义世界体系的中心第一次远离欧洲大陆移到美国，美国成为继17世纪的荷兰、19世纪的英国之后的第三个霸权国家。第二，16世纪以来的欧洲殖民体系彻底解体，以前欧洲的殖民地成为有独立主权的国家，发展问题成为首要问题。

第二次世界大战结束以后，广大发展中国家纷纷从西欧殖民体系中脱离出来，开始了艰难的独立之路。这种独立不仅表现在政治上要求建立有独立主权的国家，而且表现在经济上希望真正独立于以前的西方宗主国。也就是说，发展中国家独立以后面临的首要问题是，如何在宣布成为有独立主权的国家以后真正保证政治上和经济上的独立。在长期的西欧殖民体系统治下，发展中国家无论是在政治上还是在经济上对殖民国家有一种依赖,尽管这些发展中国家对这种依赖关系从一开始就不是自愿的,但这种依赖关系的确存在,而且经过四个多世纪,这种关系变得越来越强,殖民体系的瓦解并不能马上改变发展中国家对发达国家的长期依赖。正是在这种背景下,发展中国家的发展和现代化问题成为西方学术界和政府决策部门关注的焦点,出现了各种各样的现代化理论。

一、现代化理论的崛起①

围绕着发展中国家的发展和现代化问题,在 20 世纪五六十年代的西方学术界,政治学家、经济学家和社会学家从各自不同的角度进行了研究,政治学中出现了政治发展学说,经济学中出现了发展经济学,社会学中出现了专门研究发展问题的发展社会学。

(一) 帕森斯及其追随者的社会现代化理论

战后美国的社会科学家大概都不会忘记塔尔科特·帕森斯(Talcott Parsons),他是一位将欧洲的社会学引入美国的杰出的社会学家,他的理论对 20 世纪 50 年代的美国社会学家产生了很大的影响。他最为著名的理论就是根据行为建立起来的社会系统理论。他把现代化分为三个阶段:第一阶段以欧洲的西北角(英国、法国和荷兰)为主导,其代表是英国的产业革命和法国的民主革命;第二阶段是以欧洲的东北角(德国)的工业化为主导;第三阶段是以第二次世界大战结束后的美国为主导,与欧洲的现代化相比,美国的现代化将产业革命和民主革命更好地结合起来。②

帕森斯之后,美国的社会学家开始将本来作为历史概念的现代化(主要用来概括欧洲的现代化经验)当作一个普遍性的概念(用来概括所有国家的现代化进程)。这种学术倾向几乎成了这一时期关于现代化研究的主流。比如,威尔伯特·穆尔(Wilbert Moore)对现代化初始条件的研究,玛丽昂·利维(Marion J. Levy)对现代化社会结构的研究,等等。丹尼尔·勒纳(Daniel Lerner)对此做过明确的表述,他认为他的工作就是表明,"西方的现代化模式所包含的要素

---

① 本节的主要内容来源于王正毅:《世界体系论与中国》,商务印书馆 2000 年版,第 21—31 页。
② Talcott Parsons, *The Social System*, Free Press, 1964.

及其结果是全球性的","从本质上来看,同样基本的模式将再现在世界各大洲的所有进行现代化的国家"①。

(二) 阿尔蒙德和阿普特尔的政治现代化理论

这一时期的政治学家以同样的热情关注现代化理论的建设。正如政治学家萨缪尔·亨廷顿(Samuel P. Huntington)后来所总结的:

> 20世纪50年代比较政治学的新发展包括把关注的地理范围从西欧及有关区域扩大到非西方的发展中国家。政治学家们不再忽视变革。确实,他们似乎在倾注全部精力去研究亚洲、非洲和拉丁美洲正在现代化的社会中所发生的许多变化。政治科学家们接受了现代化的理论,他们从现代化的背景来注视比较政治学。②

这一时期的主要著作包括加布里埃尔·阿尔蒙德(Gabriel A. Almond)和詹姆斯·科尔曼(James S. Coleman)的《发展中地区的政治分析》、西蒙·李普塞特(Seymour M. Lipset)的《政治人》与戴维·阿普特尔(David E. Apter)的《现代化的政治分析》等。其中,尤以阿尔蒙德的研究最为突出,正如布莱克所指出的:

> 政治学家与社会科学家同样关注现代性和传统性之间的两大极划分方法和现代化的伟大进程,从60年代开始他们更积极地对说法不一的政治现代化或政治发展过程发生兴趣并展开研究。传统性和现代性的概念是他们的出发点。这种方法基本上是注重比较和静态的方法,最后转向对动态的和以发展为方向的内容给予更多的关心。这一转变可以明显地在50年代和60年代初期美国社会科学学会的比较政治学委员会所进行的研究工作中看出来,尤其可以从这个委员会的主席和知识界领袖加布里埃尔·阿尔蒙德的著作中看出来。③

有三种研究方法在政治发展研究中非常盛行:第一种方法是体制—功能法,这种方法的特征和贡献就是发展了一套用以分析和比较政治体制类型的概

---

① Daniel Lerner, *The Passing of Traditional Society: Mordernizing the Middle East*, Free Press, 1958, p. 67.
② 〔美〕西里尔·E. 布莱克编:《比较现代化》,杨豫、陈祖洲译,上海译文出版社1996年版,第41页。
③ 同上书,第58页。

念和范畴,其中心概念是体制和功能;第二种方法是社会过程法,这种方法不是从政治体制和社会体制出发,而是从与现代化某个部分有关的社会过程出发,如工业化、城市化、商业化、文化扩散、职业流动性等;第三种方法是比较历史法,这种方法既不是从某种理论模式出发,也不集中精力去讨论两个或两个以上的变量因素之间的关系,而是对两个或两个以上的社会演变进行比较。① 尽管这些研究方法有所不同,但这一时期研究政治现代化的政治学家在如下两点上是相同的:

(1)将"现代性"和"传统性"的概念用于政治分析。如阿尔蒙德把"发达的"与"不发达的"或"发展中的"政治体系加以区别。发达的政治体制是现代社会的特征,而不发达的政治体制则是传统社会的特征。

(2)把政治体系的一般概念用于非西方国家的政治研究,依此构造一个单一的、普遍的分析框架来比较西方的和非西方的政治体系。如阿普特尔主张,现代化是发展的一种特殊情况,它需要三个条件:不断创新的社会体系,被分化的、易变的社会结构,以及一种能够提供在科学技术发达的世界生存的技术和知识的社会。②

(三) 罗斯托的经济成长阶段论

在帕森斯从社会学的角度、阿尔蒙德从政治学的角度构建现代化理论时,沃尔特·罗斯托(Walt W. Rostow)则从经济学的角度提出了著名的经济成长阶段论。

关于提出经济成长阶段论的目的,罗斯托指出:"成长阶段论的目的是要解决很多种的问题。传统的农业社会在何种力量推动下开始现代化的过程? 正常的成长在什么时候和如何成为每个社会的内在特征呢? 何种力量推动持久的成长过程向前发展和决定它的轮廓? 在每一阶段,我们可以看出成长过程有哪些共同的社会和政治特征? 在每一阶段,每一个社会的特殊性是在哪些方面表现出来?"③"我们可以按照社会的经济规模,把所有社会列入五类之一,这五类是:传统社会、为发动创造前提条件阶段、发动阶段、向成熟推进阶段和高额群众消费时代。"④

---

① 〔美〕西里尔·E. 布莱克编:《比较现代化》,第69—79页。
② David E. Apter, *The Politics of Modernization*, University of Chicago Press, 1965, p. 67.
③ 〔美〕罗斯托:《经济成长的阶段》,国际关系研究所编译室译,商务印书馆1962年版,第8页。
④ 同上书,第10页。

第一，传统社会。"传统社会是这样一个社会，它们的结构是在生产功能有限的情况下发展起来的，它是以牛顿以前的科学和技术以及牛顿以前的对物质世界的态度为基础的。"①其特征是依靠仅能维持生存的农业和部分手工业，社会等级森严，不把商业成功看作社会地位的标志。处在这一阶段的国家包括中国的各个朝代、中东和地中海文明，以及中古欧洲世界。

第二，为发动创造前提条件阶段。这一阶段的动力来自社会的外部而不是内部。"现代史的较为普遍的情况却是，创造前提条件阶段不是从内部引起的，而是较为先进的社会的外来侵略所引起的。这种侵略——或是实际上的或是比喻性的——使传统社会受到震动并且开始或加速它们的崩溃；但是，外来侵略也推动了一些思想和感情，这些思想和感情引起了在旧文化的基础上建立现代社会以代替传统社会的过程。"②这一阶段的特征是鼓励有价值的当地初级产品的生产和出口，投资兴建铁路和公路等基础设施。这一阶段最早开始于英国。

第三，发动阶段，其特征是在短时期（20—30年）内实现经济和生产方式的剧烈转变，鼓励制成品的生产导致经济增长速度超过人口增长速度。

第四，成熟阶段，其特征是增长在经济生活中更为普遍，人口城市化和受教育程度逐渐提高，社会不平等已开始下降。

第五，高额群众消费阶段，其特征是大规模群众性消费，服务行业飞速发展，以及人口高度城市化。

尽管这些发展和现代化理论侧重的角度不同，有的是从社会学的，有的是从政治学或经济学的，但仔细分析一下这些发展理论，不难发现它们在方法论上的一些共同特征。

第一个共同之处就是分析单位。分析单位是共同的，即都以民族国家为分析单位，分析国家的政治制度、经济战略和社会系统，并由此认为，发展和现代化就是单个国家和单个社会的发展。正如学者们所总结的：

> 虽然现代化的研究集中在许多不同的层次，从个人、当地社区到国家和国际等单位，但是，占有某个疆域的民族国家才在理论上具有至关重要的意义，尽管这一点并没有明确地说出来。正是在国家这个层次上，现代

---

① 〔美〕罗斯托：《经济成长的阶段》，国际关系研究所编译室译，第10页。
② 同上书，第12—13页。

化过程的各个方面才被看作是集合在一起的。然而,它可能被概念化,无论是工业化、经济增长、合理化、结构差异化、政治发展、社会动员,以及(或)世俗化,还有其他一些过程,都是如此。现代化过程中的每个组成部分都被看作是在国家这一层次上起作用的变化根源,虽然对这些组成部分的研究显然也可以在其他的各种层次上进行。①

第二个共同之处就是追求一个普遍的、一般的模式。这些理论均以一个假定为前提,即不论各个国家在历史上、文化习俗、资源的禀赋上有何差异,都可以走一条普遍的发展道路,遵循一个普遍的发展模式,这个模式就是西方国家曾经采用的模式。所以,这些发展理论的共同结论便是,只要新独立的发展中国家或非西方国家遵循西方发达国家所走过的道路,就能成为现代化的国家。换句话说,发展中国家要想发展就必须走发达国家曾经走过的道路,只有效仿西方发达国家,才能最终达到发达国家的水平,从而成为政治、经济和社会都发达的国家。这样,作为历史概念的现代化就被西方学者当作普遍概念使用。

二、现代化理论面临的困境

然而,这些现代化理论在20世纪60年代中期以后受到现实的强烈挑战:

第一,世界范围内的民族主义运动的兴起,反对霸权、反对帝国主义和新殖民主义成为这一时期的主题。即使是在发达国家内部,也出现反叛,如法国的"五月风暴"、美国的"知识分子运动"等。以美国、英国为首的霸权体系在政治上、经济上和知识结构上受到现实的强烈挑战表明,发展中国家并不以西方发达国家的发展路径为模型。

第二,政治联盟以及一体化开始在局部地区出现,并大有发展之势。欧洲经济共同体、东南亚国家联盟、石油输出国组织等国家之间的联盟以及共同发展的趋势,对20世纪60年代出现的各种发展理论以单一国家为研究单位提出了强有力的挑战。

第三,冷战格局的强化。以美国为首的西方资本主义阵营和以苏联为首的东方社会主义阵营的对抗在20世纪60年代达到了顶峰,几乎所有国家的发展和安全都离不开这两大集团,这种对抗主宰着战后世界政治经济格局。任何国家的发展都是在这种大的世界背景下的发展。这种特征也使一些国

---

① 〔美〕西里尔·E. 布莱克编:《比较现代化》,第97页。

家,尤其是那些小国以及刚刚独立的国家,为了自身的发展不得不加入某一地区联盟或集团。

第四,南北差距的加大。尽管各发展中国家的发展存在差异,但发展中国家作为一个整体与发达国家之间的差距在不断加大。这表明,发展不只是发展中国家的事业,也是发达国家的事业,"发展"这一问题使得发达国家和发展中国家变成一个整体。如果发展中国家不发展,发达国家的增长将受到严重的制约,因此,南北关系问题成为这一时期最为重要的问题。

这些来自现实的挑战使得 20 世纪 50 年代提出的各种现代化理论和发展理论面临着严峻的考验。学者们又开始重新思考发展问题,重新在理论上建构发展和现代化理论,重新思考发达国家和发展中国家、世界秩序和发展中国家发展的关系,这样,在 50—60 年代出现了著名的依附理论。

三、依附理论的产生

依附理论首先兴起于拉丁美洲,拉丁美洲长期以来是西欧殖民主义国家的殖民地,从殖民地时期起,拉丁美洲就一直依靠出口原料和农产品来寻求发展,但这种外向型发展由于 20 世纪 30 年代的资本主义危机而受到严重的破坏。这促使一些经济学家和政治家,特别是拉丁美洲的经济学家和政治家,重新考虑发展中国家的发展,而现代化理论在 50 年代面临的挑战为此提供了现实条件和理论氛围。其中做出重大贡献的当推阿根廷的经济学家普雷维什。

劳尔·普雷维什(1901—1986)出生于阿根廷的土库曼,曾出任阿根廷财政部副部长(1930—1932),以后长期在联合国任职(1948—1962 年任联合国拉丁美洲经济委员会常务秘书,1962—1964 年任拉丁美洲经济与社会计划研究所所长,1964—1969 年任联合国贸易与发展会议秘书长)。从 20 世纪 30 年代开始,他就对当时盛行的新古典经济学理论产生怀疑,"在 20 年代,当我开始自己的青年经济学家和教授生涯的时候,我曾坚信新古典主义理论。然而,资本主义第一次大危机——世界 30 年代大萧条——促使我对这些信仰产生了严重怀疑"[①]。"为什么我必须突然抛弃已经习以为常的信仰?为什么国家要在发展

---

① 〔阿根廷〕劳尔·普雷维什:《我的发展思想的五阶段》,载〔美〕杰拉尔德·迈耶、达德利·西尔斯编:《发展经济学的先驱》,谭崇台、梁晓滨、马颖译,经济科学出版社 1988 年版,第 177 页。

中发挥积极作用？为什么在中心制定的政策到外围就不能实行？"①20世纪四五十年代，西方社会科学家纷纷为发展中国家的发展开列现代化理论处方，而普雷维什于1943年提出了与自由主义经济学家不同的"中心—外围"理论，即依附理论。

这一理论引起许多学者的兴趣，如美国经济学家安德烈·贡德·弗兰克（Andre Gunder Frank）、埃及经济学家萨米尔·阿明（Samir Amin）、巴西社会科学家特奥托尼奥·多斯桑托斯等都加入了这一理论的讨论；这一理论关于自主资本主义发展的主张也得到了当时民主左翼政治家和社会民主主义政治家的积极响应，如秘鲁的阿亚·德拉托雷、委内瑞拉的罗慕洛、阿根廷的阿图罗·弗朗迪西都从实践上推动了这一理论的发展。

依附理论的主要代表人物及其主要作品有：

劳尔·普雷维什：《制定积极的拉丁美洲发展政策》(Towards a Dynamic Development Policy for Latin America, 1963)；

特奥托尼奥·多斯桑托斯：《依附的结构》("The Structure of Dependence," American Economic Review, Vol. 60, No. 2, May 1970, pp. 231-236)；

安德烈·贡德·弗兰克：《资本主义和拉丁美洲的低度发展》(Capitalism and Underdevelopment in Latin America, 1971)；

费尔南多·卡多佐（Fernando H. Cardoso）：《拉丁美洲依附性资本主义的发展》("Dependent Capitalist Development in Latin America," New Left Review, Vol. 74, July-August 1972, pp. 83-95)；

萨米尔·阿明：《不平等的发展：论外围资本主义的社会形态》(Unequal Development: An Essay on the Social Transformations of Peripheral Capitalism, 1976)。

第二节　依附理论的基本观点

尽管依附理论并没有一个统一的理论，但依附论者在一些基本观点上却是一致的。这里，我们就这些基本观点做一介绍和分析。

---

① 〔阿根廷〕劳尔·普雷维什：《我的发展思想的五阶段》，载〔美〕杰拉尔德·迈耶、达德利·西尔斯编：《发展经济学的先驱》，谭崇台、梁晓滨、马颖译，第178页。

一、依附的定义和形式

尽管依附论者从不同的角度对依附提出了各种各样的看法(参见表5-1),但几乎所有的学者都认为,依附反映了当代发达的资本主义国家和发展中国家之间的相互关系,特别是经济上的相互关系,这种相互关系是一种双重关系:一方面,是发达国家对政治、经济、金融、技术的垄断,进而向发展中国家的经济和社会扩张和渗透,导致发展中国家在经济和社会方面对资本主义发达国家的依附;另一方面,是发展中国家的发展道路的选择,即依附于发达国家以及跨国公司发展本国的经济,也可能因此而变得落后、贫穷。依附的这种特征在巴西社会科学家多斯桑托斯关于依附的定义中得到明确的体现:

> 所谓依附,我们指的是这样的情况,某些国家经济的发展取决于其所从属的另外一些经济的发展与扩张。当某些国家(占主导地位)的经济能扩张并且能自立,而另外一些国家(处于依附状态)的经济只能是占主导地位国家的经济扩张的反映时,两个或两个以上经济体之间的相互依存关系,以及这些经济体与世界贸易之间的相互依存关系,通常会采取依附形式,这对[依附地位国家]现时发展的影响可能是积极的,也可能是消极的。[1]

表5-1 对依附的不同看法

非马克思主义 反帝国主义	马克思主义 反帝国主义
发展主义的、结构主义的,以及民族主义的	垄断资本主义(巴伦与斯威齐)
自主发展(普雷维什、富尔塔多和松凯尔)	次帝国主义(马里尼)
国内殖民主义(冈萨雷斯·卡萨诺瓦)	资本主义的不发达的发展(弗兰克、罗德内)
发展极(安德拉德)	新依附(多斯桑托斯)
依附性资本主义发展 (卡多佐)	

资料来源:〔美〕罗纳德·H.奇尔科特:《比较政治学理论——新范式的探索(修订版)》,高铦、潘世强译,社会科学文献出版社1998年版,第323页。

---

[1] Theotonio Dos Santos, "The Structure of Dependence," in George T. Crane and Abla Amawi, eds., *The Theoretical Evolution of International Political Economy: A Reader*, Oxford University Press, 1991, p. 146.

不但对依附有着各种各样的定义,而且依附的形式也是多种多样的,根据多斯桑托斯的总结,在不同的历史时期,主要出现了如下几种依附形式①:

(1)殖民性依附(colonial dependence)。这种依附主要出现在 16 世纪至 19 世纪;它的特征是,商业和金融资本与殖民主义国家一起主导着欧洲殖民者和殖民地之间的经济关系,殖民者通过对殖民地的土地、煤矿和人力资源的垄断,垄断了贸易,使得殖民地在经济上依附于殖民宗主国。

(2)金融—工业依附(financial-industrial dependence)。这种依附主要出现于 19 世纪末期;它的特征是,在霸权中心区,大资本占据主导地位,这种资本通过对原材料和农产品生产的投资向国外扩展,以此来满足霸权中心的消费。这样在依附性国家中就出现了一种生产结构,这种生产结构集中于产品的出口,联合国拉丁美洲经济委员会将其称为"依附于外国的发展"(foreign-oriented development)。

殖民性依附和金融—工业依附两种依附形式的共同特征是:第一,依附性国家的国民收入主要来源于出口;第二,在依附性国家里,有效劳动力承受着剥削,这使得他们的消费非常有限;第三,有效劳动力的消费主要是生存经济;第四,在依附性国家,土地和矿产资源主要掌握在外国人的手里,剩余价值以利润的形式汇往国外。

(3)新依附(new dependence)。与前两种依附形式不同,在战后出现了一种新的依附形式,即以跨国公司投资为基础,这就是所谓的新依附。新依附的特征是:第一,工业发展主要依靠出口产业,因为出口能赚取外汇来购买资本货物。这种依附的首要结果就是需要保持传统的出口产业,这在经济上由于保持落后的生产关系限制了国内市场的发展,在政治上就会出现那些维持权力的颓废的统治者。第二,工业发展为国际收支的波动所左右,这往往导致依附国的国际收支出现赤字。这主要是因为在高度垄断化的国际市场上进行贸易,也因为外资利润的汇出,同时还因为需要依靠国外的融资。第三,工业发展受帝国主义中心国家的技术垄断左右。②

所以,在这种新依附中,如果依附国内部结构以及与主导国的外部关系不变的话,依附国与主导国之间的不平等关系就不会改变。随着依附国的国内和

---

① Theotonio Dos Santos, "The Structure of Dependence," in George T. Crane and Abla Amawi, eds., *The Theoretical Evolution of International Political Economy: A Reader*, p. 146.

② Ibid., pp. 146–149.

国际结构受跨国公司、国际商品和资本市场影响的加强,依附性的结构就会加深,依附国就仍然处于不发达的状态。

二、中心—外围的结构

依附理论一个最为基本的也是首要的理论假设就是认为存在一个中心—外围结构。这种结构不仅存在于国际体系之中,而且存在于一个国家内部。这种结构不仅影响到发达国家和发展中国家之间的相互关系,而且对发展中国家的贫困、收入分配、失业、国际贸易和外援等问题都有着广泛的影响。

依附理论关于中心—外围结构的理论假设包括:单一的资本主义世界市场;不等价交换;二元社会结构。

依附论者关于国际体系的首要假定是,国际体系中只存在一个市场,即资本主义世界市场,所有国家(无论发达国家还是发展中国家)都生活在这个世界市场中。在依附论者看来,追逐利润是资本主义的本质,对利润的追求引起了竞争,这就刺激各个公司进行积累,扩大生产规模,并到处搜寻廉价原材料和出售更多商品的机会。所以,扩大市场成为资本主义的一个固有倾向。从16世纪地理大发现到18世纪和19世纪产业革命的时代通常被称为资本主义的史前史和商业资本的时代,资本主义生产方式在不断的扩张过程中形成了专业化的国际分工,这种分工既是地理资源上的,也是资本和劳动力上的,国际贸易主要发生在作为中心区的西欧与作为边缘区的美洲和非洲之间。到19世纪和20世纪,虽然贸易的性质发生了改变,即贸易主要发生在中心区之间,但就世界贸易和国际资本流动而言,一个资本主义世界体系已经形成。在这个资本主义世界经济中,只存在一个市场,即资本主义市场,在这个市场中,不等价交换是其最为显著的特征。

依附论者的第二个假定是,发达的中心区和不发达的边缘区之间存在着一种不等价交换关系,或者说存在着一种剥削与被剥削的关系。这种不等价交换关系既存在于中心区和边缘区的贸易之中,也存在于跨国公司对南方的投资之中。在依附论者看来,这种不等价交换关系是发达国家发达的根源,也是发展中国家不发达的根源,因此,探求这种不平等的性质、原因和动态,并研究它的表现,便成为依附论者的核心任务。

在古典自由主义经济学家亚当·斯密和大卫·李嘉图(David Ricardo)那里,国际贸易符合交换双方专业化的利益。古典经济理论力图表明,劳动是一切价值的来源。在国内交换领域中,价值法则意味着包含等量劳动的两种商品交换价值的相等;在对外交换领域中,交换商品包含不平等的劳动量,反映不平衡的生产率水平。所以,李嘉图理论的结论自然是,在一定时刻,根据当时生产率水平的分布进行交换,即使是不平等的交换,也是符合两国利益的。依附论者认为,这完全是一种主观主义经济学,"我们被束缚在一切主观主义的传统经济学的基本同义反复之中:交换给双方带来了'利益',因为进行了交换。但是这种'理论'是完全无用的。它阻碍我们了解历史,因为它不谈生产力的初始水平和发展的力量"[1]。比较利益的经济理论既不能回答为什么不发达国家局限于实行这种或那种专业化,也不能解释为什么发达国家之间的贸易增长速度快于发达国家和不发达国家之间的贸易。阿明指出:

  关于比较利益的经济主义理论,即使是科学的李嘉图派,也只有有限的有效性;它描述一定时刻的交换情况,但并不根据在某一时刻所存在的比较生产率(换句话说,这些生产率的改善)而考虑在发展中对某种专业化给予优先。它不能说明世界贸易在资本主义制度的背景下发展方式所特有的两个重要事实:(1)各先进国家的结构类似,因此比较生产率也类似,它们之间的贸易发展似乎快于先进国家与不发达国家之间的贸易发展,虽然在后者情况下比较生产率的分布有更大的差别;(2)外围国家的专业化采取不断变化的形式,包括它目前的形式,外围国家在这种专业化形式下提供主要由生产率高的现代化资本主义企业所生产的原料。[2]

  依附论者认为,发达国家和不发达国家之间的不平等主要是由外围国家占统治地位的资本在组织劳动力供应方面所奉行的政策所造成的。资本主义有一个固有的倾向,就是不断扩大市场。扩大市场可以到处搜求廉价的原材料,出售更多的商品,在扩大市场的过程中形成了两类交换:中心与外围的交换和中心地区内部的交换。在自由竞争的资本主义时代,中心国家所遵循的经济政策是对殖民地的征服,打开其受保护的工业,摧毁其手工业,从而出现了中心和外围之间的不平等;而在垄断资本主义时代,由于商品输出伴之以资本输出,中心国家的经济政策是,开发剩余价值率高于中心国家的新地区,减少劳动力成本和不变成本。中心国家的资本并不是因为在中心国家缺乏出路而被迫转移的,而是发现外围地区有较高的报酬才转移到外围来,中心国家可以

---

[1] 〔埃及〕萨米尔·阿明:《不平等的发展:论外围资本主义的社会形态》,高铦译,商务印书馆1990年版,第113页。
[2] 同上书,第122页。

通过输出资本在外围国家组织越来越多的剩余劳动力,从而出现了中心与外围之间在生产率相等情况下的工资差异。所以说,中心国家内垄断资本的兴起也导致了中心与外围之间的不平等。由此,依附论者萨米尔·阿明得出结论:"分析发达国家和不发达国家之间的交换,使我们观察到:只要生产率相同的劳动在外围国家得到较低的报酬,那么,交换就是不平等的。"①

在外围地区,伴随着资本的输入,就会出现两种现象:一种现象是外围地区对中心地区的依附。由于外围地区的出口部门在形成市场方面起决定性的作用,因此,外围地区的社会就失去了传统的功能,一切以出口部门为主导。尽管出口部门也能带来国内市场的发展,但这种发展将是有限的和畸形的,和中心国家相比,这种市场需求的不是大众消费品,而是奢侈品,消费奢侈品的主要是大庄园主、富农、买办贸易资产阶级和国家官僚这些寄生性社会集团。另一种现象是群众的贫穷化。导致这种普遍贫穷化的机制包括:农业小生产者和手工业小生产者的无产阶级化、农村的半无产阶级化、城市化,以及城镇地区公开失业与就业不足的大规模增加等。这表明,外围地区被中心地区输出的资本所统治是造成外围地区无产阶级化的主要原因。

依附论者的第三个假定是,发达和不发达这种二元社会结构不仅存在于国际体系之中,而且存在于不发达国家内部。一般认为,这种发达与不发达的二元社会结构的主要内容包括四个方面:(1)条件优越者和条件恶劣者并存。这主要是指国际经济中富强的工业化国家和贫困的农民社会并存;在国内,受过良好教育的上层人物和目不识丁的劳苦大众并存,城市现代生产方式和农村传统生产方式并存。(2)二元结构的并存不是一种暂时的现象,而是一种长期的现象。(3)优劣的差距不但没有任何缩小的趋势,反而有一种内在的扩大的趋势。发达国家和发展中国家的劳动生产率的差距在年复一年地扩大,贫富的鸿沟以及现代与传统的生产方式的鸿沟不仅在发展中国家之间,而且在各个发展中国家国内都呈现了增长甚至扩大的迹象。(4)优劣两种成分之间的关系是,现存优势并没有或很少对改善劣势成分起什么作用,甚至可能把劣势成分向更加劣势的方向推。②

有一点值得注意,依附论者并不认为这两个社会是两个并列的不同社会,

---

① 〔埃及〕萨米尔·阿明:《不平等的发展:论外围资本主义的社会形态》,第123页。
② 〔美〕M. P. 托达罗:《第三世界的经济发展》上册,于同申等译,中国人民大学出版社1988年版,第117页。

而是认为这两个社会是同一个资本主义世界体系的两个部分。"事实上,并不是有两个并列的社会,因为不发达的经济只是一个机器即资本主义世界经济的一部分。它在这个世界范围的体系中占据一种特殊的位置,并完成其有限的职能。"①

三、外围社会的一般形态及其发展

在依附论者阿明看来,随着外围地区从前资本主义形态发展为外围资本主义形态,所有的外围资本主义都有四大共同社会形态。②

第一,在国营部门中,农业资本主义占主导地位。

不发达社会中最突出、最明显的特点就是农业资本主义占主导地位。不发达世界中统治阶级的传统形象不是封建主,而是大地主,是为出口市场搞生产的种植园主,这些大地主往往因适应出口农业的要求而与政治统治集团合为一体,他们日益强大,变成了资产阶级型的地主。农业资产阶级占统治地位给外围社会带来了农业危机,这突出地表现在,越来越多的农业劳动力被排挤出生产循环系统,无地农民比例增加,因为在前资本主义体系中,不论有多少过剩劳动力,所有的人都有权得到土地,随着资本主义形态的发展,这种权利丧失了。与此同时,不平等交换的机制使得农村人口日益贫困。

第二,产生一个追随占统治地位的外国资本的当地资产阶级。

出口农业的商业资本主义在外围地区占主导地位之后,买办贸易就会出现两种形式:一种是由发源于土地寡头的新城市资产阶级来进行,即由当地兴起的资产阶级来进行,拉丁美洲和许多东方国家的情况就是如此;一种是直接由殖民资本来进行,比如在撒哈拉以南的非洲地区就是如此,在这种情况下,形成当地商业资产阶级的余地就极为有限。在外围地区,即使形成当地商业资产阶级,这个资产阶级也是追随占统治地位的外国资本的。比如第一次世界大战以后,在拉丁美洲和东方,大庄园主和买办寡头通过进口替代进行零星的工业化,并且总是同统治着这种新的轻工业的外国资本合作。特别是这些当地的商业资产阶级与国家机器相联系,从而与官僚集团的上层融合起来,公开地或间接地形成了买办新资产阶级。这样,他们不但能把殖民地贸易的职能接过来,而

---

① Samir Amin, *Accumulation on a World Scale: A Critique of the Theory of Underdevelopment*, Vol. 1, Monthly Review Press, 1974, pp. 19-20.

② 〔埃及〕萨米尔·阿明:《不平等的发展:论外围资本主义的社会形态》,第285—312页。

且还设法同采矿、工业和银行等现代部门中的外国资本取得联系。

第三,具有当代外围地区所特有的特殊官僚主义发展的趋势。

外围地区在殖民地时期由于中心国家的资本的统治地位产生了当地的统治阶级,但这些阶级是在世界体系的结构内行使其权力的,所以他们的行为是有利于中心国家,也有利于他们自己。随着外围地区的政治独立和民族国家的形成,官僚机构出现了特殊的发展趋势。这突出地表现在:在外围形态明显的地区,由于外围经济只是作为中心经济的附庸而存在,缺少类似宗主国的资产阶级,本地资产阶级的发展比较薄弱,所以官僚机构就显得更有分量;在外围形态并不明显的地方,官僚机构甚至是舞台上唯一的角色。独立增加了新的官僚机构在民族社会中的特殊分量,使其成为主要的社会驱动力。传统的行政官僚机构在国家独立以后成为经济活动的主角,在接收外资部门后变成国家资产阶级,有时官僚机构可以通过国家的力量寻求有利于私营或国营的民族资本的发展。尽管如此,国家资产阶级仍然遵循两种发展模式:第一种模式是,外围资本主义主要基于农业资本主义的发展,其中富农成为主要的形式。在这种结构中,中心国家的工业和金融资本占统治地位,官僚机构或当地的国家资产阶级主要起传送带的作用。这种情况相当于第三世界国家中进口替代工业仍然直接受外资控制,而本国企业资产阶级无法形成。第二种模式是,国家资产阶级是在官僚机构在生产过程中起作用的时候出现的,它通过控制经济而接管了国内生产的部分剩余。在这种情况下,只要经济是依附性的,只要中心国家的控制能使其占有剩余的主要部分,那么这个官僚机构就始终是依附性的。

第四,无产阶级化的现象具有不完全的特点。

在依附论者看来,在马克思的时代,可以说世界无产阶级的核心在中心国家,这一方面是由于中心国家没有发生社会主义革命,另一方面是由于资本主义还没有进入垄断阶段。但在今天,阶级斗争的世界条件发生了变化,因为资本主义主要矛盾表现为利润率下降,在世界范围内解决这个矛盾的唯一办法就是提高剩余价值率,而外围地区的本质使之有可能把外围地区的剩余价值率提高到比在中心地区高得多,结果必然是外围地区的无产阶级比中心地区的无产阶级受剥削的程度更高。所以说,世界无产阶级的核心是在外围地区而不是在中心地区。有一点值得注意,这就是外围地区的无产阶级具有不完全的特点,也就是说,外围地区的无产阶级并不完全由大企业中的工资收入者组成,还包括被迫进入世界贸易体系的农民,他们也是外围地区不完全无产阶级化的一种形式,他们也像城市工人阶级一样为不平等交换付出代价。

针对外围社会的一般形态，依附论者一致认为有必要提出一种过渡战略，使外围地区摆脱对中心地区的依附。依附论者阿明认为：

> 对外围国家来说，它们的抉择事实上是这样的：或者是依附性发展，或者是自主中心发展，这在形式上必定是创新的，有别于当前的发达国家……外围国家使自己摆脱中心国家政治统治的每一个严肃的行动都导向种种冲突而令人考虑社会主义前景的必要性，这并非偶然。①

依附论者普雷维什则明确提出外围国家自主发展工业化战略。因为发达国家和发展中国家之间存在着很大的不平等，所以普雷维什强烈反对以往的外向型发展战略（出口导向战略），提出了一系列外围国家发展资本主义的战略。其中，工业化是普雷维什关心的主要目标。"我对拉美国家情况的判断，是在批评外向发展模式的基础之上做出的。我认为这些模式不能使这些国家充分发展。我提出的发展政策的目的在于建立能克服先前模式局限性的新发展模式，其主要目标是工业化。"②为此，普雷维什对外围国家的发展提出了一系列政策建议，主要集中在如下三个方面：

一是工业化。由于中心国家的技术在向外围渗透时主要集中在那些和初级产品出口相关的活动上，而不进入劳动力集中、生产效率低下的生产活动部门，因此发展中国家采取出口导向政策有很大的局限性。如果国内生产成本比进口工业品生产成本高，而且造成的收入损失低于出口收入因价格下跌造成的损失，扩大初级产品的出口就还是有利的，但一旦超过这一点，就应该选择进口替代战略，这有利于纠正发展受外国约束的趋势。"由有节制、有选择的保护政策刺激起来的进口替代，是取得某些合意效果、经济上明智稳妥的好办法。"③

二是和中心的关系。中心国家应该放弃旧的国际分工观念，应该对其贸易政策做重大变革，因为中心国家在坚持贸易许可制度的基础上实行互惠一般会损害外围国家的经济增长。外围国家可以在一定程度上采取保护措施。

三是计划的必要性。为了减少外在的脆弱性，政府应合乎理性并有远见地加强在基础设施方面的投资，并协调好工业、农业和其他部门的关系。

---

① 〔埃及〕萨米尔·阿明：《不平等的发展：论外围资本主义的社会形态》，第329页。
② 〔阿根廷〕劳尔·普雷维什：《我的发展思想的五阶段》，载〔美〕杰拉尔德·迈耶、达德利·西尔斯编：《发展经济学的先驱》，第179页。
③ 同上书，第181页。

第三节 依附理论的贡献和争论

依附理论主要兴起于第二次世界大战后的拉丁美洲,通过联合国拉丁美洲经济委员会的工作而制度化。后来,学者们逐渐把依附这一概念应用于对亚洲、非洲等第三世界国家的政治、经济和社会结构的分析。

一、依附理论的贡献

依附理论在学术上的最大贡献就是继承和发展了马克思主义政治经济学传统,并将其创造性地应用于国际经济秩序分析,否定了西方主流学术界关于"存在一个普遍的现代化模式"的论断,为20世纪70年代以后兴起的世界体系论提供了思想渊源。

在20世纪50—60年代西方学术界盛行的现代化理论中,一个暗含的逻辑前提是,发展和现代化有一个可以遵循的普遍模式,西方发达国家遵循这些模式,所以得到了发展。当代不发达国家之所以不发达,主要是这些国家自身的原因。所以,当代不发达国家要想得到发展,就必须改变本国的政治体制、经济结构和教育系统,效仿发达国家已经走过的现代化道路。这种观点其实是所有自由主义者的共同观点。这种自由主义的观点在20世纪50—60年代的西方学术界非常盛行,而马克思主义在同时期受到冷落有多方面的原因,其中有两个原因是不可忽视的:第一,这一时期的马克思主义理论与苏联的共产主义实践联系在一起,而苏联式的共产主义在主导社会科学研究领域的美国学者眼里,是一种集权主义,并且是美国倡导的自由主义的一个主要国际竞争对手;第二,在战后的二十年时间里,社会科学被整个西方工业社会的经济奇迹所笼罩,所以马克思关于工人阶级生活条件不断恶化的预判以及列宁关于资本家之间自我毁灭性的竞争的论断都不为社会科学中占主导地位的新自由主义学者所信服。在这种背景下,大部分西方学者拒绝接受或研究马克思和马克思主义是很自然的。[①]

20世纪60年代中期以后,随着发展和现代化在发展中国家受挫,一些学者开始重新思考发展中国家的发展和现代化,其中最为突出的是依附理论和世界

---

① Andrew C. Janos, *Politics and Paradigms: Changing Theories of Change in Social Science*, Stanford University Press, 1986, pp. 69-70.

体系理论。他们提出的共同问题是:为什么发展中国家效仿西方发达国家的现代化道路仍然不能得到发展(以拉丁美洲和非洲为例)?不发达国家不发达的原因到底是什么?依附论和世界体系论的共同思路是把不发达国家的不发达和发达国家的发达放在一个世界体系中一起加以考虑。经济学家弗兰克在研究拉丁美洲经济发展的基础上总结道:

> 经济发达和不发达是同一枚硬币的两面……二者都是资本主义世界体系的必然结果以及矛盾在当代的表现……它们是单一的,但辩证地讲是矛盾的经济结构和过程的产物,[在这个过程中,]中心地区剥削附属地区的经济剩余并以此使其经济得以发展。①

依附论者从世界政治经济结构的特点、资本主义生产方式的本质以及资本主义世界体系运行的规则出发,对发达国家和不发达国家差距的日益扩大以及不发达国家经济落后的根源进行了分析。他们指出,不发达国家不发达的根本原因就在于资本主义世界体系形成以后出现的中心和边缘的结构,以及中心和边缘的不平等交换,或者说中心对边缘的剥削。这对分析20世纪70年代以来南北差距日益扩大的现实无疑有着重大的理论启示作用。

二、依附理论的争论

依附理论也引起了各种各样的争论,这些争论既有来自马克思主义政治经济学传统内部的,也有来自马克思主义政治经济学传统之外的。

来自马克思主义政治经济学传统的学者对依附论的批评主要集中在如下几个方面②:

第一,有些新马克思主义学者认为,依附论过分强调民族主义。在他们看来,依附论者关于依附的定义暗含着一个理论逻辑,即依附就是民族控制的丧失,就是民族自我决定和独立的丧失,依附论的这种分析其实是一种着重点的错位,因为在当代世界,真正的敌人不是外国控制和主宰,而是生产方式的私人控制和主宰。

第二,有些新马克思主义者批评依附论者缺乏辩证的态度。他们的理由

---

① Andre Gunder Frank, *Capitalism and Underdevelopment in Latin America*, Monthly Review Press, 1967, p. 9.

② Thomas J. Biersteker, "Evolving Perspectives on International Political Economy: Twentieth-Century Contexts and Discontinuities," *International Political Science Review*, Vol. 14, No. 1, 1993, pp. 22–23.

是,依附论者对取代依附性发展的道路充满信心,所以依附论就停留在这一方向上,依附关系好像是不可改变的,是静态的。这种静态地观察发展道路的方式本身就不完全是马克思主义的。

第三,有些新马克思主义者批评依附论对非依附性发展的前景持一种乌托邦的想象。因为对自力更生的国家政策的追求只是一种逻辑上的设想,很少有统治阶级会自愿放弃他们存在的物质基础,所以,在许多早期的依附以及自力更生的理论中,存在着对国家的作用认识不充分的问题。

来自马克思主义政治经济学传统之外的学者对依附论的批评主要包括如下几个方面[①]:

第一,一些非马克思主义者批评依附论存在着概念模糊的问题。依附论的著作整篇在论述依附的原因、类型、结构和结果,却很少对概念进行准确的定义。比如,依附论的核心概念"依附""发展"的定义很不精确,而且有时前后不一致。

第二,依附论存在着方法论上的不充分性。依附论通常是以二分法进行概念化的,比如或者依附,或者不依附,除了说明依附的形式外,他们不能准确地说明如何衡量依附的程度;同时,依附论不能解释依附的前资本主义的形式,以及在社会主义条件下的依附关系。

第三,依附论很少注意资本主义发展成功的模式。比如,东亚和东南亚新兴工业化国家的成功表明,融入资本主义世界经济能够推动快速的发展。

尽管对依附理论存在着这样和那样的批评,但依附理论对资本主义世界经济的分析的独特性以及对国际学术界马克思主义政治经济学的复兴所做的贡献一直是学术界所公认的。

---

① Thomas J. Biersteker, "Evolving Perspectives on International Political Economy: Twentieth-Century Contexts and Discontinuities," *International Political Science Review*, Vol. 14, No. 1, 1993, pp. 23-24.

第六章
世界体系理论：世界经济、历史体系与文明

国际政治经济学中继承古典马克思主义政治经济学学术传统的另一种理论就是世界体系理论。世界体系理论与依附理论的共同之处在于，二者有着共同的国际社会现实背景，而且在学术观点上也比较接近，因此，部分依附理论的倡导者以及追随者后来也加入了世界体系理论的行列。世界体系理论与依附理论的不同之处在于：在产生的时间顺序上，依附理论先于世界体系理论，并成为世界体系理论的学术思想渊源①；在关注的焦点上，依附理论主要关注的是拉丁美洲的发展，而世界体系理论关注的主要是资本主义世界体系本身的发展以及其中所有国家和地区的发展②；在理论的完整性上，世界体系理论比依附理论的理论化程度更高，有一套更为完整的理论体系和分析方法③。

第一节　世界体系理论的兴起④

世界体系理论（world system theory）作为一种理论和分析方法，首先兴起于20世纪70年代的美国学术界，主要标志是美国社会科学家伊曼纽尔·沃勒斯

---

① 王正毅：《世界体系论与中国》，商务印书馆2000年版，第42—44页。
② 关于这一点，可参阅"世界体系论研究的课题"，载王正毅：《世界体系论与中国》，第82—90页。
③ 世界体系理论是一种理论，但更重要的是一种分析问题的方法。关于这一点，可参阅世界体系论的倡导者和完善者沃勒斯坦为王正毅所著《世界体系论与中国》所做的序言。
④ 本节内容主要取材于王正毅：《世界体系论与中国》，第14—66页。

坦于1974年出版的享誉国际学术界的《现代世界体系(第一卷):16世纪资本主义农业和欧洲世界经济的起源》。

一、世界体系理论的社会现实起源

与依附理论相同,世界体系理论也起源于对20世纪五六十年代兴起的现代化理论的批判。第二次世界大战结束后,随着西欧殖民体系的瓦解和亚非拉新兴独立国家的出现,从50年代中期起,在西方学术界出现了一波研究这些新兴国家发展和现代化的热潮,"发展"和"现代化"成为这一时期欧美学术界关注的主题,如经济学界出现了罗斯托的经济成长阶段论,即无论在西方,还是在东方,现代化的道路必须经过五个阶段,即传统社会、为发动创造前提条件阶段、发动阶段、成熟阶段和高额群众消费阶段。在政治学界,出现了阿尔蒙德等的政治现代化模式,即政治现代化只能模仿英国的参议院民主制和美国的总统民主制。社会学界的帕森斯主张现代化就是西方化。尽管这些发展和现代化理论侧重的角度不同,但它们在如下两点上是共同的:(1)分析的单位是共同的,即都以国家为分析单位,分析国家的政治制度、经济战略和社会系统,由此认为,发展就是单个国家和单个社会的发展。(2)追求一个普遍的、一般的模式。这些理论均以一个假定为前提,即不论各个国家在历史、文化习俗、资源禀赋上有何差异,都可以走一条普遍的发展道路,遵循一个普遍的发展模式,这个模式就是西方国家曾经采用的模式。也就是说,发展中国家只有模仿西方发达国家的政治、经济、社会结构和文化模式,才能真正走向现代化。

但这些发展理论在20世纪60年代末70年代初受到现实的强烈挑战,世界范围内民族主义运动的兴起、地区一体化的出现以及南北差距的加大都表明,无论发展中国家还是发达国家的发展都离不开资本主义世界经济这个整体,只要发展中国家不发展,发达国家的增长将受到严重的制约。这些现实挑战促使学者们开始从理论上重新审视20世纪50—60年代西方学术界盛行的现代化理论。

二、世界体系理论的学术思想起源

走出现代化理论的误区,重新思考发展中国家的发展,最早并不是沃勒斯坦所为。对世界体系论思想的形成起重大影响并直接成为其学术思想渊源的主要是如下三位社会科学家:约瑟夫·熊彼特(Joseph A. Schumpeter)[①]、卡尔·波兰尼(Karl Polanyi)[②]、普雷维什。

(一) 资本主义是一个创造性毁灭的过程

在西方主流社会科学家赞美西方的道路并把其作为一个普遍的模式应用于发展中国家的现代化研究时,熊彼特却在对资本主义社会进行研究后,于1942年发表了著名的《资本主义、社会主义和民主》一书,对资本主义社会进行了批判,认为资本主义是一个创造性毁灭过程。他从三个方面对此进行了详细的分析。

第一,企业创新是资本主义的本质特征,但资本主义经济发展自身破坏了创新功能。

熊彼特认为,资本经济之所以周而复始地繁荣和衰退,根本原因就是企业家的不断创新,包括利用新发明,或生产新商品,或开辟新原料的来源,或开辟产品的新销路,或重组产业,等等,比如早期的铁路建设、第一次世界大战前的电力生产、蒸汽机和钢铁、汽车以及殖民地冒险都是创新的结果。但现在的环境不适合这种创新:一是现在革新本身被当作一种例行公事,技术成为一伙训练有素的专家的业务,因而早期的商业冒险的浪漫气息正被急剧地磨灭;二是周围的环境已经变得习惯于经济变革,把它当作一种自然之事,人格和意志力就变得不那么重要了。熊彼特说:"既然资本主义企业由于它自身的成就趋于使进步自动化,我们可以由此得出结论:它趋向于使自己成为多余的东西——它会被自己的成就压得粉碎。"[③]

第二,保护性阶层是资本主义制度机构的保障,而资本主义在破坏封建社会体制的同时破坏了自己的保障。

在熊彼特看来,资本主义摧毁了封建制度的社会体制,包括采邑、庄园和手工行会。表面看来,资产阶级丢掉了枷锁,建立了符合自己利益的社会秩序。但实际上,资产阶级在丢掉枷锁的同时也失去了自己的保护阶层。熊彼特认

[①] 约瑟夫·熊彼特(1883—1950),美籍奥地利经济学家。他的一系列著作为世界社会科学家所称道,如《经济发展理论》《经济周期:资本主义过程之理论的、历史的和统计的分析》《资本主义、社会主义和民主》《经济分析史》。

[②] 卡尔·波兰尼(1886—1964),匈牙利经济学家。他的主要著作是《大转型:我们时代的政治与经济起源》。

[③] Joseph A. Schumpeter, *Capitalism, Socialism and Democracy*, Harper & Brothers, 1950, p. 134.

第六章　世界体系理论：世界经济、历史体系与文明

为,资产阶级的兴起和民族国家的产生,在 16—18 世纪产生了一个两栖性质的社会结构,即一方面是资产阶级,另一方面是充斥国家机关的政策制定者,这些政策制定者作为统治阶级仍然按照前资本主义的模式行事。他们虽然考虑到资产阶级的利益,但总是小心地与资产阶级保持一定的距离。对这些与资产阶级共生的阶层所赖以生存的社会制度,资产阶级却在资本主义进程中将其作为镣铐而摧毁了它们。所以,熊彼特说:"在破坏前资本主义的社会制度时,资本主义就这样不仅破坏了妨碍它前进的障碍,也拆掉了阻止它崩溃的临时支架。"[①]

第三,资本主义鼓励理性的、批评的态度,而这反过来成为反对资本主义社会体系的力量。

在熊彼特看来,尽管理性思维发展的进程先于资本主义,但资本主义给这种理性的发展注入了新的动力。"资本主义创造了一种思想批判的氛围,它在毁灭了那么多种制度的道德威信之后,最后回过头来反对自己的道德威信。资产阶级惊讶地发现,理性主义的态度并不满足于打击国王和教皇的符玺,还进而打击私有财产和资产阶级的整个价值图式。"[②]这种批判力量主要来自知识分子集团。

(二) 市场威胁着人、自然和社会

在自由主义社会科学家为资本主义的工业革命和"自我调节的市场"(self-regulating market)高歌时,波兰尼于 1944 年出版了《大转型:我们时代的政治与经济起源》,提出了市场威胁着人、自然和社会的著名论断。波兰尼从以下几个方面对此进行了考察。

第一,自我调节的市场是被创造出来的一种机制。

与自由主义经济学家认为市场是自然而然产生的观点不同,波兰尼从经济史的角度对此进行了分析。在他看来,经济自由主义所说的自我调节的市场不是自然而然产生的。在古代社会,一直存在着三种贸易一种是对外贸易(external trade),也就是长距离贸易(long distance trade);一种是国内贸易(internal trade);一种是地方贸易(local trade)。无论是对外贸易(不同气候区之间),还是地方贸易(城市和农村之间),都是地理上的原因而致,这些贸易并不意味着竞争,而

[①] Joseph A. Schumpeter, *Capitalism, Socialism and Democracy*, p. 139.
[②] Ibid., p. 143.

是相互补充的,因此这两种贸易并不一定产生市场。

自我调节的市场作为一种机制渗透到整个社会出现于 19 世纪,是由于政府的干预而被创造出来的,"西欧的国内贸易实际上由国家干预而被创造出来的"①,它是伴随着国内贸易的产生而产生的。与对外贸易和地方贸易有所不同的是,对外贸易和地方贸易并不一定意味着竞争,但国内贸易从本质上来说是竞争性的贸易,即交换过程中会出现来自不同资源的同类产品的竞争,这样,竞争就会被看作贸易的一个一般性的原则而接受下来。由于竞争最终导致垄断,而垄断又会威胁人们的日常生活,因此国家进行干预并推出重商主义的国内贸易政策。

第二,自我调节的市场对人、自然和社会是一种极大的破坏。

由于国家的干预,自我调节的市场机制在 19 世纪被作为一个神话创造出来。一切都被设想为商品,包括人和自然。自我调节意味着所有的产品都是为了在市场买卖,而所有的收入都来源于这种买卖。这种买卖不仅包括物品,而且包括人、土地和钱。由此形成的价格分别是工资(对劳动力而言)、地租(对土地而言)和利息(对钱而言)。这样,经济自由主义者就将劳动力、土地和钱这些工业的必要要素完全市场化,由此构造了一个经济系统,并将这个经济系统社会化,于是,社会就成为市场化的社会。

但波兰尼认为,劳动力、土地和金钱本身并不是商品,劳动力不过是人类活动的另外一个名称,土地只是自然的另外一个名称,而金钱不过是人们购买力的一种象征,"它们之中没有一个是为了买卖而生产出来的,把劳动力、土地和金钱描述为商品完全是虚构的"②。正因为如此,"自我调节的市场"运动受到"社会自我保护"(self-protection of society)运动的反对。后者通过各种手段来阻止"自我调节的市场"运动对人和自然的本性的抹杀。这样,在 19 世纪的社会中,就出现了双重运动:一种是经济自由主义运动,它在贸易阶级的支持下,将自由贸易作为方法,目的是建立一个自我调节的市场;一种是社会保护主义运动,它在工人阶级和农民阶级的支持下,运用保护性立法、限制性组织以及其他干预工具,目的就是保护人、自然和生产组织。正是这种双重运动破坏了近一个世纪的和平,促使 19 世纪的资本主义文明瓦解。

---

① Karl Polanyi, *The Great Transformation: The Political and Economic Origins of Our Time*, Rinehart and Company, Inc., 1957, p. 63.
② Ibid., p. 72.

第三,重建文明首先是保证社会的自由。

从以上的分析中,波兰尼得出一个结论:19世纪文明的崩溃不是由于内部或外部野蛮人的入侵,不是由于世界大战,也不是由于无产阶级的反抗,而是由于自我调节的市场对人、自然和社会的扭曲。外在的战争只不过是加强了对它的破坏。

在未来的社会(无论采取什么形式,民主的还是贵族的,立宪的还是专制的,抑或目前无法预见的任何形式)中,要重建文明,有一点是共同的:不要相信自我调节的市场,将劳动力、土地和金钱从市场中解放出来(比如,不再将工资合同主要当作私人合同;将土地用于学校、教堂和自然保护区;在将金钱看作商业金钱的同时,也要将其看作代币等),还劳动力和自然的自然本性,使社会成为一个自由的社会。

(三) 国际体系的中心—外围性

在熊彼特批判资本主义、波兰尼批判自我调节的市场时,阿根廷的经济学家普雷维什对资本主义的国际体系提出了与以往自由主义经济学家非常不同的看法,这就是著名的依附理论。关于依附理论,我们在上一章已经做了比较系统的论述和分析。

这里需要指出的是,尽管在依附理论的发展过程中,普雷维什本人的思想经历了不同的阶段(他自己概括为五个阶段),但他关于国际体系存在着一种"中心—外围"结构的观点一直没有变:

> 事实上存在着一种"经济星座",其中心是工业国。由于受惠于这种地位和早期的技术进步,工业国组成了为它们利益服务的整个体系。生产出口原料的国家则以其资源的功能和中心发生联系,从而形成了以不同方式和不同程度结合在这个体系中的、一个广大的、参差不齐的外围。①

这种认为国际体系具有"中心—外围"结构的观点成为特伦斯·霍普金斯(Terence K. Hopkins)和沃勒斯坦等人构造世界体系论的直接学术思想来源。不同的是,世界体系论者在"中心—外围"这种结构中又加入"半边缘",成为"核心—半边缘—边缘"这样的结构。

---

① 〔阿根廷〕劳尔·普雷维什:《我的发展思想的五阶段》,载〔美〕杰拉尔德·迈耶、达德利·西尔斯编:《发展经济学的先驱》,谭崇台、梁晓滨、马颖译,经济科学出版社1988年版,第179页。

以上从学术上对资本主义经济的成功(熊彼特)、自我调节的市场(波兰尼)和资本主义国际体系(普雷维什)的反思,对于当时西方社会科学界普遍盛行的现代化理论无疑是一个重大的冲击,也为沃勒斯坦构建世界体系论营造了学术氛围。

三、世界体系理论的分析方法起源

世界体系理论的创始人霍普金斯和沃勒斯坦都开诚布公地说,他们在构造世界体系理论时吸收了法国年鉴学派的长时段和大范围研究方法、康德拉季耶夫的经济周期分析方法和马克思的资本积累理论。

(一) 法国年鉴学派:长时段和大范围

年鉴学派是法国战后非常重要的历史学派,主要得名于法国历史学家吕西安·费夫尔(Lucien Febvre)和马克·布洛赫(Marc Bloch)于1929年在斯特拉斯堡创办的《经济与社会史年鉴》杂志。年鉴学派的发展大致经历了三个阶段:第一阶段(1929—1945)是年鉴学派的创建阶段,代表人物是费夫尔和布洛赫;第二阶段(1945—1968)是年鉴学派的制度化阶段,代表人物是费尔南·布罗代尔和夏尔·莫拉泽(Charles Moraze);第三阶段(1968—)是年鉴学派创立新史学阶段,代表人物是安德烈·比尔吉埃(Andre Burguiere)、马克·费罗(Marc Ferro)和雅克·勒高夫(Jacques Le Goff)等人。

年鉴学派主张对全人类活动及其相互关系进行研究。布罗代尔是年鉴学派第二代的领袖,在他的成名作《地中海与菲利普二世时代的地中海世界》以及随后出版的三卷本《15至18世纪的物质文明、经济和资本主义》中,布罗代尔对以往的历史和社会科学进行了猛烈的抨击,提出了一种新的书写历史的方法,即长时段研究方法。他认为,过去的历史著作只注重历史事件(event)的短时段研究,这使得社会科学研究误入歧途。新的研究方法主要有两方面:一是在研究历史时,除了短时段研究外,应加强对历史的长时段(long-term)研究;二是不但要研究政治"事件",更要注重对日常生活(everyday life)的结构研究。①

在布罗代尔看来,人类社会存在着三种不同的时间度量(time periods):短

---

① Peter Burke, ed., *Economy and Society in Early Modern Europe: Essays from Annales*, Harper and Row, 1972, pp. 15-17.

时段、中时段和长时段。这三个时段在人类社会历史进程中的作用是非常不同的。

所谓短时段，涉及传统历史学家们集中研究的历史事件，这些事件是指按照年代记述的日常生活中的事件，如一场大火、一场铁路交通事故、小麦的价格、一起犯罪事件、一场电影和一场洪水。这些事件涉及我们生活的各个方面，经济的、社会的、文字的、制度的、宗教的、地理的和政治的。但在布罗代尔看来，"短时段是最为变幻莫测而且极具欺骗性的一种时间形式"①。

所谓中时段，是介于短时段和长时段之间，时间可以是20年，也可以是康德拉季耶夫的50年。布罗代尔用"局势"（conjuncture）这个词来表示。这种局势包括价格波动、人口增长、工资运动、利率波动、生产预测和货币的分析等。

所谓长时段，涉及在一个相当长的时间内起作用的那些因素，如地理格局、气候变迁、生产率限度、社会组织、思维模式和文化形态等。长时段一般以几百年甚至几千年为计算单位，它处于历史的最深层。以长时段来观察历史，历史似乎处于静止状态。但正是在这种似乎不动的历史中存在着一种相对稳定的"结构"（structure），这种结构能够帮助我们看到人类社会的真谛。

除了强调长时段在人类社会历史进程中的地位以外，年鉴学派与以前历史学家研究和书写历史的另外一个不同就是，年鉴学派强调对大范围的历史进行研究。这种大范围的含义主要有二：一是地理空间跨度大；二是覆盖层面范围广。比如布罗代尔的成名作《地中海与菲利普二世时代的地中海世界》和三卷本《15至18世纪的物质文明、经济和资本主义》都体现了这一点。我们单以三卷本《15至18世纪的物质文明、经济和资本主义》②为例。这三卷本探讨的问题的时间跨度是15世纪至18世纪，其中第一卷集中探讨这一时期的物质生活，第二卷讨论这一时期的资本主义活动，第三卷集中于经济生活。在第一卷关于物质生活的探讨中，布罗代尔不但述及这一时期世界各地的面包、饮食（盐、奶品、鸡蛋、海鲜和各种各样的饮料）、住宅、服装和时尚，而且讨论了这一

---

① Fernand Braudel, "History and the Social Sciences," in Peter Burke, ed., *Economy and Society in Early Modern Europe: Essays from Annales*, p. 15.

② 参见〔法〕费尔南·布罗代尔：《15至18世纪的物质文明、经济和资本主义（第一卷）：日常生活的结构：可能和不可能》，顾良、施康强译，生活·读书·新知三联书店1992年版；〔法〕费尔南·布罗代尔：《15至18世纪的物质文明、经济和资本主义（第二卷）：形形色色的交换》，顾良译，生活·读书·新知三联书店1993年版；〔法〕费尔南·布罗代尔：《15至18世纪的物质文明、经济和资本主义（第三卷）：世界的时间》，施康强、顾良译，生活·读书·新知三联书店1993年版。

时期世界范围内的能源、冶金、技术、货币和城市。第二卷对这一时期的欧洲以及欧洲以外的市场、国家和资本主义进行了系统的考察。第三卷则从更为宏观的角度对这一时期的经济世界和资本主义进行了系统的论述。就地理范围而言,这三卷本并未局限于欧洲,还讨论了这一时期与欧洲密切相关的亚洲、非洲和拉丁美洲。就覆盖层面而言,这三卷本著作涉及基本的物质生活、国家、民族、资本主义等各个方面。

对于世界体系理论与法国年鉴学派的关系,世界体系理论的倡导者沃勒斯坦和霍普金斯曾直言不讳地说:"这种研究[指世界体系的研究]直接来源于以前关于过去、现在和未来的长时段、大范围的社会变化的研究。"①尤其值得一提的是,他们于1976年在纽约州立大学创办了"费尔南·布罗代尔研究中心",以布罗代尔之名命名,以显示其世界体系理论与法国年鉴学派的关系。

(二) 康德拉季耶夫:经济周期和百年趋势

世界体系理论的第二个方法论出发点是康德拉季耶夫周期以及较之更长的经济周期。霍普金斯和沃勒斯坦对此进行了概括:"我们认为,资本主义世界经济增长有一个'周期性的'特征,这种周期性的模式是世界经济的根本。资本主义世界经济是这样一种经济,对积累的无休止的追求产生这样的矛盾,即它的增长不可能是不间断的,并且永远是资本主义。"②

在世界经济的发展过程中,增长和停滞的时代各占多长时间?从20世纪20年代起,这一问题一直是经济学家们探讨的问题。俄国经济学家康德拉季耶夫在1926年的一篇论文里,首次论述了被学者们广泛运用的"康德拉季耶夫周期"的思想。其中,他详细考察了1780—1920年间世界经济中生产和价格的变动,提出世界经济每隔50年会出现一次上升期和一次下降期的理论。

那么,在经济周期的上升期和下降期会出现哪些现象呢?根据康德拉季耶夫的观察,主要会出现如下一些现象:

> 每次上升期前或上升过程中,社会经济结构会出现重大的变化,这突出地表现为技术的重要革新、新的国家加入世界经济行列、黄金生产的扩大以及货币循环出现各种变化。

---

① Terence K. Hopkins and Immanuel Wallerstein, eds., *World-System Analysis: Theory and Methodology*, Sage, 1982, p. 9.

② Ibid., p. 106.

每次上升期都会发生无数次大的社会变动,特别是战争和革命。

在每次经济下降期,农业部门会发生长期的危机。

在经济上升时期,繁荣持续时间长,萧条时间短;而在经济下降时期,经济繁荣持续时间短,萧条时间长。[①]

康德拉季耶夫对经济周期的探讨在 20 世纪 20 年代并未引起学者们的关注,但随之而来的资本主义经济危机(1929—1933)使得学者们对他所研究的周期刮目相看。特别是 1945—1967 年资本主义世界经济的飞速增长以及随后而来的经济萧条,促使许多经济学家研究经济周期问题。其中,熊彼特立足于技术创新的周期理论(1939)、欧内斯特·曼德尔(Ernest Mandel)立足于资本积累的周期理论(1975)以及罗斯托立足于农产品和原材料的周期理论(1978)对经济周期理论的贡献尤甚。

经济学家们对资本主义世界经济周期的探讨也影响到沃勒斯坦本人对资本主义历史体系的基本观察:

任何历史体系的通常功能既是周期性的(cyclical),也是长期的(secular),既是系统性的(因而存在着自身系统内的压力),也是历史性的(因而总是朝着一个远离平衡的方向前进)。就世界生产体系而言,最主要的周期性规律就是所谓的康德拉季耶夫周期(平均时间是 50—60 年),这个周期体现了创造垄断(形成这个周期的 A 段)以及因新的供给导致市场过剩而衰落(形成这个周期的 B 段)的过程。[②]

世界体系理论主要在如下两个方面接受了康德拉季耶夫周期:

第一,世界体系论者,特别是沃勒斯坦,将康德拉季耶夫周期应用于考察自 16 世纪开始形成的资本主义世界经济体系的发展,并将康德拉季耶夫经济周期引入百年历史趋势研究,提出了上升阶段、下降阶段和标志着达到顶点的危机时刻。关于这一点,连布罗代尔本人也非常赞同:

在上升、危机、下降这三种情况下,我们必须按照沃勒斯坦的三个圈进行分类,这样就能得出九种不同情形;由于我们又区分四种社会集团——经济、政治、文化、社会阶梯,我们就会遇到三十六种情形。最后,预见到正

---

① Nikolai Kondratieff, *The Long Wave Cycle*, trans. Guy Daniels, E. P. Dutton, Inc., pp. 64-80.

② Immanuel Wallerstein, "The Interstate Structure of the Modern World-System," Fernand Braudel Center, State University of New York at Binghamton, 1995, p. 21.

规的类型划分不会完全行得通,如果我们拥有适当的资料,那就还会区分许多特殊情况。①

第二,世界体系论者将康德拉季耶夫经济周期与国家体系中核心国家和边缘国家以及霸权国家的出现结合起来。霍普金斯和沃勒斯坦等人专门就康德拉季耶夫经济周期、核心国家和霸权国家之间的竞争做了细致的探讨。

(三) 卡尔·马克思:资本积累

世界体系理论的第三个方法论出发点便是马克思的资本积累理论,正如霍普金斯和沃勒斯坦所说:"马克思关于资本主义的资本积累理论对我们来说是一个非常有用的出发点,其原因有二:一是它在现代世界体系发展中是一个中心主题;另一个就是他的视角——他的理论实际上是关于这一主题的唯一理论,不是关于国内(或国际)发展,而是关于资本主义的一般发展,正如我们所解释的,关于世界范围内的资本主义发展的理论。"②

正是在以上这些社会现实背景、思想氛围和已有的分析方法的基础上,世界体系理论产生了。

世界体系理论的主要代表人物及其主要作品有:

伊曼纽尔·沃勒斯坦:《现代世界体系》(四卷)(*The Modern World-System*,1974,1980,1988,2011),《历史资本主义》(*Historical Capitalism*,1983),《世界经济的政治学》(*The Politics of the World-Economy*,1984),《地缘政治和地缘文化》(*Geopolitics and Geoculture*,1991),《从社会科学中走出来:19世纪范式的局限性》(*Unthinking Social Sciences: The Limits of Nineteenth-Century Paradigms*,1991),《自由主义之后》(*After Liberalism*,1996),《开放社会科学》(*Open Social Science*,1997);

特伦斯·霍普金斯、伊曼纽尔·沃勒斯坦编:《世界体系分析:理论与方法》(*World-System Analysis: Theory and Methodology*,1982);

乔瓦尼·阿里吉(Giovanni Arrighi):《漫长的20世纪:金钱、权力和我们时代的起源》(*The Long Twentieth Century*,1994),《亚当·斯密在北京:21世纪的

---

① 〔法〕费尔南·布罗代尔:《15至18世纪的物质文明、经济和资本主义(第三卷):世界的时间》,第79页。
② Terence K. Hopkins and Immanuel Wallerstein, eds., *World-Systems Analysis: Theory and Methodology*, p. 14.

谱系》(Adam Smith in Beijing: Lineages of the Twenty-First Century, 2007);

萨米尔·阿明:《世界范围内的积累》(The Accumulation on World Scale, 1970);

安德烈·贡德·弗兰克:《资本主义和拉丁美洲的低度发展》(Capitalism and Underdevelopment in Latin America, 1967),《世界积累1492—1789》(World Accumulation, 1492-1789, 1978),《世界经济的危机》(Crisis: In the World Economy, 1980),《第三世界的危机》(Crisis in the Third World, 1981),《世界体系:五百年还是五千年?》(The World System: Five Hundred Years or Five Thousand? with Barry K. Gills, 1996),《白银资本:重视经济全球化中的东方》(Reorient: The Global Economy in the Asian Age, 1998);

克里斯托弗·蔡斯-邓恩(Christopher Chase-Dunn):《全球的形成:世界经济的结构》(Global Formation: Strctures of the World-Economy, 1989),《国际政治经济学的历史演进》(Historical Evolution of the International Political Economy, 1995),《兴起与衰落:世界体系的比较》(Rise and Demise: Comparing World-Systems, with Thomas D. Hall, 1997),《全球社会变革》(Global Social Change: Comparative and World Historical Perspectives, with Salvatore Babones, 2006)。

第二节 世界体系理论的基本观点

与现代化理论以单个国家和社会为研究单位不同,世界体系理论主张以世界体系为研究单位。何为世界体系?沃勒斯坦认为,世界体系是一个实体,这个实体具有单一的劳动分工和多元文化。世界体系理论探讨的问题很多,沃勒斯坦将其归纳为十个:(1)周期和趋势;(2)商品链;(3)霸权和竞争;(4)地区性和半边缘性;(5)融入和边缘化;(6)反体系运动;(7)家庭;(8)种族主义和性别歧视;(9)科学和知识;(10)地缘文化和文明。[①] 总括起来,主要集中在三个层面上:一是世界经济,二是国家体系,三是世界文明。

一、单一的世界经济

资本主义世界体系的首要特征是它以单一的世界经济作为其存在的基础,

[①] Immanuel Wallerstein, *Report on an Intellectual Project: The Fernand Braudel Center 1976-1991*, Fernand Braudel Center, State University of New York at Binghamton, 1991.

这是世界体系的经济层面,主要涉及三个问题:世界体系的形成,世界体系的运作,世界体系的周期和趋向。正如沃勒斯坦所概括的那样:"关于现代世界体系,有三个相互不同的问题可能被提及。第一个是起源的解释,即 16 世纪的欧洲世界体系如何得以生存,而以前的体系为什么不能存续。第二个问题是这个体系一旦巩固以后是如何运行的。第三个问题是这个资本主义体系的基本趋向,以及如何解释它作为一个社会体系的最终衰退。"①

(一)世界体系的起源和形成

世界体系是在现代形成的,所以沃勒斯坦称之为现代世界体系(modern world-system)。这里的关键问题是现代世界体系何时形成,首先在哪里形成,即关于世界体系的起源的时间和空间问题。

沃勒斯坦认为,这一体系最初形成于 16 世纪的欧洲,其主要标志是一个资本主义世界经济在西欧形成。沃勒斯坦在其成名作《现代世界体系(第一卷):16 世纪资本主义农业和欧洲世界经济的起源》一书中对此做了详细的分析。

在沃勒斯坦看来,16 世纪以前的欧洲是封建经济。尽管欧洲的封建经济在 1150—1300 年间就在地理范围及人口规模上不断扩张,但由于封建系统只能支持有限的远距离贸易,所以在这一时期欧洲的大部分地区没有直接进入这种经济网络。在随后的时间(1300—1450)里,欧洲经济陷入萎缩和危机之中,出现了战争、疾病和经济停滞,从而导致了统治者收入的下降。

大约从 1450 年开始,西欧的统治者为了提高收入,开始考虑改变剩余的分配方式,即采取市场的形式来恢复收入,由此形成欧洲世界经济。在欧洲世界经济形成过程中,有三件事是非常重要的:一是西欧世界在地理上的扩张;二是对世界经济的不同产品和不同地区的劳动的控制方式的发展(在核心区的西欧采取的是雇佣劳动,在半边缘区的意大利北部采取的是分成制,在边缘区的东欧采取的是强制从事销售性农作物的劳动);三是相对强的国家机器的产生,这些国家随之成为资本主义世界经济的核心国家。这样,在地理扩张、经济空间专业化以及专断"国家"的作用下,资本主义世界体系雏形在 16 世纪的西欧首先形成了。

16 世纪形成的资本主义世界经济与以前的封建经济不同,二者的显著区别

---

① Immanuel Wallerstein, *The Capitalist World Economy*, Cambridge University Press, 1989, pp. 160-161.

在于剩余转让的方式不同。沃勒斯坦曾对封建经济和资本主义世界经济做过如下比较:

世界帝国:农业剩余以朝贡形式直接分配。
欧洲封建主义:农业剩余以封建地租形式分配。
资本主义世界经济:有效的和扩大的生产(先是在农业部门,然后是工业部门)带来的剩余通过世界市场机制和国家机器来分配。①

16 世纪形成的资本主义世界经济并不包括整个世界,直到 19 世纪,资本主义世界经济才完成向整个世界的扩展过程。对于将欧洲世界经济称为世界体系,沃勒斯坦的解释是:

称之为"世界"体系,并不是因为其包括整个世界,而是因为它比任何法律形式定义的单位要大;称之为"世界经济",是因为这个系统各个部分的联系是经济的,尽管这种联系在某种程度上被文化联系而且最终被政治安排和联盟结构所加强。②

(二) 世界体系的运作和机制

沃勒斯坦认为,资本主义世界体系一旦建立便围绕着两个二分法运行:一是阶级,即无产阶级和资产阶级;二是经济专业化的空间等级,即核心区和边缘区。③ 其中,不等价交换和资本积累是这个体系运行的动力。资本积累过程中的不等价交换不仅存在于无产阶级和资产阶级之间,而且也存在于核心区和边缘区之间。

1. 三个地带和不等价交换

"劳动分工"一直是西方社会科学家探讨的课题,由此形成了著名的"绝对利益学说"和"比较利益学说",并发展成为古典自由主义。自由主义主张,劳动分工有利于社会进步、资源分配和各国财富的增长。世界体系论者也将劳动分工用于对世界范围内的生产关系及其结构的分析。在世界体系论者看来,世界范围内的劳动分工将世界划分为三个地带,即核心区、半边缘区和边缘区,这是

---

① Immanuel Wallerstein, *The Modern World-System* I: *Capitalist Agriculture and the Origins of the European World-Economy in the Sixteenth Century*, Academic Press, 1974, pp. 37-38.
② Ibid., p. 15.
③ Immanuel Wallerstein, *The Capitalist World-Economy*, Cambridge University Press, 1989, p. 162.

资本主义世界体系与以前的社会体系的根本不同之处。在16世纪以后形成的资本主义世界体系中,核心区与边缘区的最大区别在于:核心区是指技术含量高、资本密集和高工资产品所在的地区;边缘区则是指技术含量低、劳动密集和低工资产品所在的地区。与自由主义贸易学说的贸易对交换双方均有利的主张有所不同,沃勒斯坦等人认为,资本主义世界体系之所以能运转至今,根本原因在于核心区和边缘区之间存在着不等价交换,即边缘区工人创造的剩余价值通过交换流入核心区高工资产品的生产商手中。这种不等价交换可以通过许多机制进行,如殖民垄断贸易(东印度公司)、当代跨国公司内部转换,以及一种或多种商品交换形成世界性的市场或国家间双边或多边贸易协定,等等。通过这些手段,不断形成新的核心区和边缘区。对于核心区和边缘区的关系也应从历史的角度分析,即核心和边缘并非固定的,它们的形成和发展是彼此相连的,这种关系在世界体系的形成和发展过程中被不断重新做出安排,如以前的核心区经过一定时期的发展可能成为边缘区,而以前的边缘区经过竞争而成为核心区,这主要视其资本积累的速度和程度。在核心区和边缘区之间有一个半边缘区。半边缘区主要是指那些处于核心区和边缘区之间的地区:相对邻近的核心区而言,它呈现一种边缘化过程,但相对邻近的边缘区而言,它又呈现一种核心化过程。[1]

2. 融入和边缘化

融入(incorporation)和边缘化(peripheralization)是世界体系论者论述资本主义世界体系的运作机制时经常使用的另外两个重要范畴。这两个范畴实际上表达了世界体系运行过程中,体系内的国家和地区与体系外的国家和地区之间的相互关系。在世界体系论者看来,已经进入世界体系的国家和地区有核心区、边缘区和半边缘区之分,核心区和边缘区依靠不等价交换来维持。但是,由于资本主义世界经济在一开始只占全球的一部分(即西欧),因此,还有很多国家在19世纪以前没有进入始于16世纪的西欧的资本主义世界体系,这样,资本主义世界体系的运行就有一个融入和边缘化的过程。融入和边缘化是一个过程的两个方面:融入是指世界体系之外的国家和地区不断进入世界体系的过

---

[1] Terence K. Hopkins and Immanuel Wallerstein, eds., *World-Systems Analysis: Theory and Methodology*, p. 47.

程,而边缘化则指世界体系不断包容新的国家和地区的过程。① 融入只是边缘化的第一步,随着边缘化过程的深入,被边缘化的国家和地区不断加入整个世界经济的"商品链"(commodity chain)。

在这里存在一个历史界限问题,即在历史上哪一点或哪一时期才能说世界其他地区和国家进入了世界体系。沃勒斯坦等人认为这涉及平等和不平等的贸易以及奢侈品问题②,如果进行贸易的是奢侈品,就不能认为是资本主义的组成部分。比如印度在 1750 年或 1765 年以前,尽管也同欧洲进行贸易,但是这种贸易不是资本主义的组成部分,但 19 世纪印度和英国的贸易却是资本主义的组成部分。也就是说,边缘化过程使得印度从一个外在于世界体系的区域转变为资本主义世界体系的边缘地区。沃勒斯坦等人发现,1650—1700 年的加勒比、1750—1820 年的奥斯曼帝国、1870—1920 年的南部非洲都出现过这种现象。

(三) 世界体系的周期和趋向

周期(cycles)和趋向(trends)也是世界体系论者关心的重点(他们又称之为 cyclical rhythms 和 secular trends),这是他们接受"长时段"方法的最好体现。如果说劳动分工以及由此带来的核心区、边缘区、半边缘区是世界体系的空间表现,那么周期和趋向则是世界体系在时间方面的体现。

1. 两种周期

世界体系论者接受了康德拉季耶夫周期,并将其用于资本主义世界体系的分析。沃勒斯坦等人同意扩张和停滞相互交替,也就是康德拉季耶夫的 A 段(上升期)和 B 段(下降期)。他们认为,在经济周期中,一般是停滞(B 段)先于扩张(A 段),为扩张提供了三个要素:第一是停滞为资本之集中提供了机会;第二是停滞过程中出现的阶级斗争以及由此引起的收入之重新分配会扩大需求;第三是停滞导致边缘区产生了大批低工资工人。③ 在此基础上,沃勒斯坦等人根据利润高低、高工资商品和低工资商品的供求变化将康德拉季耶夫周期分为

---

① Terence K. Hopkins and Immanuel Wallerstein, eds., *World-Systems Analysis: Theory and Methodology*, p. 99.

② Ibid.

③ Ibid., p. 112.

四个阶段,即 A1—B1—A2—B2。① 在 A1 阶段,高工资商品和低工资商品的生产急剧增长;在 B1 阶段,低工资商品的需求开始小于其供给,同时高工资商品的供给等于其需求,这时低工资商品先于高工资商品出现停滞;在 A2 阶段,高工资商品的需求小于其供给,但是低工资商品的需求大于其供给;在 B2 阶段,高工资商品生产的下降幅度远超低工资商品生产的下降幅度,于是经济又恢复到 A1 阶段。以此来分析现实世界,其经济周期如下:A1:1897—1913/20,B1:1920—1945,A2:1945—1967,B2:1967—?。②

与此同时,世界体系论者非常赞同应用比康德拉季耶夫周期更长的周期来分析资本主义世界经济(体系),这个周期一般是 150—300 年,他们将其称为"特长周期"(logistics)。在世界体系论者看来,"特长周期"与康德拉季耶夫周期最大的区别就在于,"特长周期"除了 A 段和 B 段以外,还有一个"T"(过渡)阶段,即"特长周期"用"A—T—B"表示更为准确。

在沃勒斯坦看来,资本主义世界体系到今天经历过三个特长周期:第一个特长周期(从 1450 年到 16 世纪早期)主要表现为工业革命(16 世纪和 17 世纪)之前的商业资本主义;第二个特长周期(1750 年到 1897/1917 年)是工业化的初始表现;第三个特长周期(1897/1917 年到现在)就是我们正在经历的时期,它代表了工业资本主义的新阶段。③

2. 五种趋向

尽管资本主义世界体系不断出现繁荣—平衡稳定—上升—衰退这样的周期,但在世界体系论者看来,资本主义世界体系自产生以来,一直在向广度和深度拓展,并由此构成了资本主义世界体系的长期趋向。对于这些基本趋向,世界体系论者列出了如下五个方面④:

第一,商品化(commodification)。资本主义世界体系使得越来越多的商品,既可以买卖,也可以变成财产。其中最为突出的两种形式是土地和劳动力的商

---

① Terence K. Hopkins and Immanuel Wallerstein, eds., *World-Systems Analysis: Theory and Methodology*, p. 113.
② Ibid., p. 114.
③ Immanuel Wallerstein, "Long Waves as Capitalist Process," *Review*, Vol. 7, No. 4, 1984, p. 571.
④ 可以参阅 Terence K. Hopkins and Immanuel Wallerstein, eds., *World-Systems Analysis: Theory and Methodology*, pp. 104 - 106;Immanuel Wallerstein, *Historical Capitalism*, Verso, 1983, pp. 13 - 47;Thomas R. Shannon, *An Introduction to the World-System Perspective*, Westview Press, 1996, pp. 127 - 131。

品化。劳动力商品化使得越来越多的世界人口作为半无产阶级和无产阶级进入资本主义世界体系,这个过程就是无产阶级化过程,它是资本主义世界体系不等价交换的必要条件;土地商品化使得资本主义世界体系中的剥削成为可能。

第二,机械化(mechanization)。即以机器形式出现的资本的比例不断上升的趋向。因此,资本家为了获得更大的利润必须降低劳动成本,从而促使资本家重视技术的作用。

第三,合同化(contractualization)。即越来越多的社会关系和经济关系是由正式的、精确的法律协定来决定,而不像以前主要是由习惯和地位来决定。这就要求以前那些基于革命、战争、殖民地以及帝国主义而形成的立法制度做出相应的改变。合同化一般采取保护产权的形式,当然,这也包括那些由合同而不是习俗认定的集体产权。

第四,相互依存。即随着商品化程度的深入,劳动分工专业化也在不断加强,交换成为必不可少的,结果自然是越来越多的工人、组织、团体和地区融入专业化生产,世界经济中一个地区的生产越来越多地依靠、融入世界经济中其他地区的生产过程。这样,贸易就不是以奢侈品为主,而是以必需品或日常生活品为主,所以,贸易本身不是衡量相互依存的依据,必需品贸易才是衡量相互依存的依据。

第五,两极化。这主要是指,随着世界经济地区发展的不平衡,核心区和边缘区在社会福利和社会结构方面的差距越来越大。就社会福利而言,先进的技术使得世界资本越来越多地向核心区集中,不平等交换则使得边缘区的剩余资本流向核心区。在核心区,劳动力完全被商品化,工人的工资就变得很高;而在边缘区,劳动力受到过度的剥削,因此他们的生活水平逐渐下降。就社会结构而言,核心区的劳动组织方式比较自由,政治上采取自由民主的方式,这就使得工人对高工资的要求容易成功;而在边缘区,采取的是强制劳动方式,政治上采取的是更为专制的方式,这就导致国家对社会资源垄断程度的加深。

二、多重国家体系

世界体系论认为,与以往的历史体系(如帝国)相比较,资本主义世界体系在政治上的一个特征就是多重国家并存,国家和国家体系是资本主义世界经济的独特产物。在这方面,世界体系论者主要关心三个问题:(1)国家和国家体系;(2)国家与世界体系;(3)反体系运动。

（一）国家和国家体系

在世界体系论者看来，国家是伴随着资本主义世界经济的产生而产生的。尽管在资本主义世界经济产生以前也存在着各种政治实体，如封建帝国，但只有资本主义世界经济才导致国家的产生。国家自产生以来就一直不是一个完全独立的政治实体，因为所有的国家从一开始就存在于国家体系中。

> 我们认为，国家是被创造出来的制度，[这种制度]反映了在世界经济中发挥作用的阶级的力量的需求。然而，国家并不是凭空创造的，而是在国家体系的框架内创造的。事实上，国家体系是定义国家的框架。资本主义世界经济的国家存在于国家体系框架内这一事实是现代国家的特殊性，使之区别于其他的官僚政体。①

处于国家体系之中的国家主要有如下几个特征：

第一，国家主权的有限性。所谓国家主权并不意味着完全自治，而是意味着合法性的相互制约。国家的形式、力量和边界就是在国家体系中不断变化的，正如沃勒斯坦所说的那样，"国家并不是生来就有的。它们是被创造的制度，而且通过国家体系中的相互作用在形式上、力量上和边界上不断变化。就像世界经济随着时间不断扩展一样，它（世界经济）的政治表现——国家体系——也是一直在扩展的"②。在国家体系中，一个国家可以变得更为强大，但不可能完全自治，原因主要有两个：一个就是在国家体系中，其他国家不允许任何国家完全自治，否则就可能在必要的时候进行政治上和军事上的干预；另一个也是最为主要的原因就是，生产要素的流动不允许完全自治，现存的资本主义世界经济意味着，边缘国家从资本主义世界经济中独立出去必然以牺牲其经济利益为代价。③所以，完全自治只发生在封闭经济中。

第二，国家力量的等级性。在国家体系中，国家的力量并不是完全相等的，而是有等级性的，"请记住，国家处于权力的等级之中。对国家自治的限制主要来源于这种等级的存在"④。在这种有等级的国家体系中，规则不是根据同意或

---

① Immanuel Wallerstein, *The Politics of the World-Economy: The States, the Movements and the Civilizations*, Cambridge University Press, 1984, p. 33.
② Ibid., p. 4.
③ Ibid., p. 84.
④ Immanuel Wallerstein, *Historical Capitalism*, p. 57.

一致同意的原则来制定的,而是由强国将一些限制性规则首先强加于弱国,然后再强加于彼此。国家力量的等级性使资本主义世界体系得以延续,而不像其他政治结构那样很容易变得单一,从而转变成一个帝国。

第三,国家力量的均衡性。在世界体系论者看来,国家体系所遵循的原则是势力均衡(balance of power)原则。但与那些将势力均衡归之于军事因素和政治因素的学者不同,世界体系论者对国家体系中的势力均衡原则做了新的解释。在他们看来,势力均衡主要根植于资本积累,资本积累是资本主义世界经济的原动力和最终目标。每一个国家都希望从事能获得最大利润的生产活动,加强本国的经济基础,进而使自己变得比较强大。在这种动机的驱使下,每一个国家都力图运用自己的国家机器促进资本积累,这样就导致国家之间的竞争甚至冲突。然而,在资本主义世界体系中,每一个国家都处于国家体系之中,这样就促使那些强国和中等强国组建联盟,以阻止某一个国家控制其他所有的国家,从而形成国家体系中的势力均衡。"势力均衡——既制约强者也制约弱者——并不是一种能够简单操作的政治现象。它根植于历史资本主义中资本积累的各个方面。"①

以上便是国家体系的特征。正是这些特征使得资本主义世界体系有别于以往的世界帝国和帝国之前的小体系。

(二) 国家与世界体系

1. 核心国家与边缘国家

劳动分工是资本主义世界经济的基础,国家体系是资本主义世界经济的政治体现。根据资本积累、技术和劳动分工,资本主义世界体系存在三重结构:核心区、边缘区,以及介于二者之间的半边缘区。与此相对应,作为资本主义世界体系的政治特征的国家体系则存在着二重结构:核心国家和边缘国家,或强国和弱国。

在国家体系的变化中,存在着两重过程:一是核心区的中心化过程,即在世界经济中,国家在几个地区不断垄断商品,利用国家机器在世界经济市场上实现利润最大化,这些国家也因此成为"核心国家",核心国家相互斗争,最终出现了霸权国家;另一个则是在边缘区发生的边缘化过程,即国家在世界经济市场

---

① Immanuel Wallerstein, *Historical Capitalism*, p. 60.

上只拥有不太先进的技术和过多的劳动力,这些国家也因此成为"边缘国家"。与这种经济两极化过程相对应的是政治两极化,即在核心区出现了强国,而在边缘区出现了弱国。帝国主义之所以成为可能,就是因为核心国家和边缘国家之间存在"不等价交换"的经济过程。

> 历史资本主义创造了巨大的物质财富,但也导致了报酬的极大分化。许多人从中受益,但更多人的真正收入和生活质量实质上是在下降的。当然,分化也是空间的,因而在一些地区似乎并不存在。这也是为受益斗争的结果。受益的地理分布总是变化的,因而掩盖了分化的现实,但是就历史资本主义所覆盖的时空总体而言,无休止的资本积累一直意味着真正的差距不停加大。①

2. 边缘国家与世界经济

关于核心区国家之间如何使用国家这个政治机器为其在世界市场上获得最大利润提供垄断政治条件,而且相互竞争,进而获得霸权地位,在本书第三章"霸权稳定理论"中已做过详细论述,在这里主要讨论边缘国家与世界经济的关系。

按照世界体系论者的观点,资本主义世界经济首先产生于16世纪的欧洲,随后开始向全球扩展,一直到19世纪资本主义世界体系成为真正的全球性体系。在资本主义世界经济的扩展过程中,域外区域首先有一个在经济上不断融入资本主义世界体系的过程。这里的问题是,这些域外区域在经济上融入资本主义世界体系的同时,在政治上是如何融入资本主义世界体系的?

在未融入资本主义世界体系的域外区域中,有着非常不同的政治结构:从自治性非常强的世界帝国(这些帝国有很强的中央集权并且有很长的历史)到无国家的游牧民族和采集民族,还有介于两者之间的各种各样的政治结构。在资本主义世界体系的扩展过程中,不同的政治结构会采取不同的态度来对待融入,在具体的融入过程中就会面临不同的问题。

从资本主义世界经济的主导力量的角度来看,最新融入的区域的理想政治结构无非有两种:一种是国家结构不是很强,无法干预商品、资本和劳动力在其所管辖的地区与资本主义世界经济的其他地区之间的流动,也就是说,这样的国家没有能力控制商品、资本和劳动力的流动;一种是国家的力量不但很强,而

---

① Immanuel Wallerstein, *Historical Capitalism*, p. 72.

且能够很好地控制商品、资本和劳动力的流动,并且努力为这种流动创造条件。这样,对于边缘区以及域外区域来说,政治融入过程其实是一个政治重建过程,所面临的选择或者是削弱以前的国家结构,或者是加强现存的国家结构。

根据融入过程中政治结构的特点,沃勒斯坦将边缘区的国家结构分为如下三类①:

第一类是具有比较庞大而且强的政治结构的地区。在资本主义世界体系产生以后,还存在着许多世界帝国,如俄罗斯帝国、奥斯曼帝国、波斯帝国和中华帝国。这些帝国在政治上的一个显著特征就是有相对强的政治结构。在这些帝国融入资本主义世界体系的过程中,外在的力量往往会削弱这些政治结构并且缩小其边界。这些国家结构最后变成列宁和其他学者所称的"半殖民"状态。

第二类是加勒比地区、北美洲和澳大利亚等。这些地区在融入过程中,本土政体遭到破坏,通常在欧洲殖民者到来之后建立了新的殖民国家,并伴有大量的欧洲人来此定居。

第三类是其他广大的地区,如印度次大陆和东南亚以及非洲的大部分地区。这些地区有些国家有很强的政治结构,但有些国家政治结构相对弱。这些地区由于被侵略而成为殖民地,但受殖民者的政治统治既不完全是直接的,也不完全是间接的,而是直接和间接相混合。

到 1900 年左右,世界大部分地区在资本主义世界经济扩展的过程中成为殖民地,在政治上受到欧洲殖民者的直接支配。那些处于边缘区而没有被殖民化的国家虽然仍以主权国家的面貌出现,但这种主权也由于"租借"(比如在中国)而被削弱,成为典型的弱国。

在域外区域的政治结构融入资本主义世界体系之后,这些新融入的国家或地区在经济上就成为资本主义世界体系的边缘区,这些国家或地区的政治结构本身也就成为国家体系的一部分。国家体系随之促使边缘区的生产过程边缘化,并通过不平等交换使得剩余价值流向核心区。边缘区那些新出现的或重建的政治结构或者公开掌握在帝国主义者的手中,或者服从于帝国主义者,所以,在这些国家或地区融入国家体系之后,在其内部出现的抵制运动通常总是首先

---

① Immanuel Wallerstein, *The Politics of World-Economy: The States, the Movements and the Civilizations*, p. 81.

反对欧洲的帝国主义者,同时也反对这些帝国主义政治势力的代言人。这样,在整个20世纪就出现了各种各样的民族主义运动(特别是民族解放运动)以及其他的革命运动。

(三) 反体系运动

在世界体系论者看来,资本主义世界体系从其产生以来就一直存在着反体系运动。而19世纪,有两种反体系运动一直引人注目:一种是社会主义劳工运动;一种是民族主义运动。这两种反体系运动的共同之处就在于:第一,这两种运动使用一种共同的语言,这就是法国大革命遗留下来的口号——自由、平等和博爱;第二,这两种运动都以一种启蒙意识形态来武装自己,即强调进步的必然性和人类的解放;第三,两种运动都力图破旧立新。

但这两种反体系运动在19世纪也存在着显著的不同,主要体现在:社会主义劳工运动主要集中在城市、没有土地的工资劳动者(无产阶级)和生产资料的所有者(资产阶级)的矛盾上,所以社会主义劳工运动认为"工作报酬的分配"是不平等的、压迫性的和不公正的。这样,这种运动自然首先出现在世界经济中那些有重要生产能力的地区,即西欧地区。而民族主义运动则主要集中在多数被压迫的人民和在既定政治制度下占统治地位的人们之间的矛盾上。占统治地位的人们比被压迫的人民有更多的政治权力、经济机会以及文化表达的合法性,所以,民族主义运动认为"权力的分配"是不公平的、压迫性的和不公正的。因此,民族主义运动自然首先出现在世界经济的半边缘区,特别是在奥匈帝国和奥斯曼帝国。

进入20世纪以后,尽管这两种运动仍然在强调它们之间的不同,并且为此而争论不休,但就它们所采取的战略而言,这两种运动也有相似或共同之处①,主要表现在:第一,无论是社会主义劳工运动还是民族主义运动,它们的政治目标就是攫取国家权力,就民族主义运动而言,攫取国家权力也包括建立新的国家边界;第二,建立革命的意识形态,这种意识形态反对现存的建立在资本—劳动、核心—边缘这种不平等结构基础上的历史资本主义。

尽管反体系运动在20世纪得到了加强,并且改变了资本主义世界体系的

---

① Immanuel Wallerstein, *Historical Capitalism*, p. 68; Immanuel Wallerstein, *The Politics of World-Economy: The States, the Movements and the Civilizations*, p. 136.

第六章 世界体系理论：世界经济、历史体系与文明

政治,但我们并不能因此认为反体系运动取得了绝对胜利,资本主义世界体系就要走到它的尽头。

三、作为一种文明的世界体系

在沃勒斯坦看来,"文明"这个词有两个非常不同的含义:一种是与"野蛮"相对应,即文明意味着少一点"动物性",在这种意义上,文明是单一的;另一种含义则是指特殊的世界观、习惯、结构和文化,这些现象构成一种历史的整体,并与其他同样的现象共存,在这种意义上,文明是多元的,文明作为一种特殊性而非普遍性存在。①

当我们把文明作为一种特殊性存在来看待时,该如何看待各个文明之间的关系呢? 世界体系作为一种文明意味着什么呢? 世界文明的前景又是怎样的呢?

沃勒斯坦认为,当我们将文明看作不同的习惯、结构和文化而讨论各个文明之间的关系时,我们应该将其放在一个历史体系中来分析不同文明之间的关系,这就涉及一个结构问题。

事实上,尽管在1500年以前世界上存在着各种各样的文明,但自从牛顿力学产生以来,追求科学不但是自然科学家的目标,而且在19世纪以后成为研究人类社会的学者的目标。追求科学是文明的象征。这一思潮伴随着英国的工业革命和资本主义世界经济向全球的扩展而成为一种具有"普遍性"的文明,这是资本主义世界体系在文明上的表现。对于这样一种被认为具有"普遍性"的文明,处于边缘区的那些具有独特文明的国家的反应是什么呢? 在这里我们应该从世界体系的结构上来加以分析。

对于那些处于边缘区的国家而言,由于它们在政治上和经济上都位于边缘,所以,对于核心区所创造的这种文明是很难做出有效反应的,它们往往陷入一种两难境地:拒绝接受将是一个损失,接受也是一个损失。② 也就是说,如果拒绝接受,边缘区就很难享受科学这种文明给世界带来的益处;如果接受,就意味着放弃自己原有的文明。所以,边缘区的国家在整个19世纪和20世纪在文明上所走的是一条"Z"形的道路。这主要是由边缘区的国家在世界体系中所处

---

① Immanuel Wallerstein, *Geopolitics and Geoculture: Essays on the Changing World-System*, Cambridge University Press, 1991, p. 215.
② Ibid., p. 217.

的边缘地位造成的。

那么,未来文明的走向如何呢?沃勒斯坦认为,有三种可能性[1]:

第一种可能性是,单一的世界体系被打破,形成多种历史体系,每一个体系拥有不同的劳动分工。也就是说,我们又回到1500年以前的世界。这种可能性并不是很大。

第二种可能性是,现在这种全球范围历史体系转化成一个不同类型的全球范围历史体系。沃勒斯坦认为,这似乎是非常可能的,也就是说,我们可以建构一种和我们以前的体系一样的充满等级、不平等和压迫的体系,也可以建构一个相对和平民主、充满法国大革命口号的体系。我们在建构这样的体系时,必须认真思考一下我们目前所处的世界体系的结构,只有这样,我们才会明白从何处开始建构一个新的体系。

第三种可能性涉及对这些问题的回答:如果我们希望建立一个新的体系,什么是最可能的?什么是最需要的?我们如何使得这些最需要的变成最可能实现的?沃勒斯坦认为,目前我们还没有搞清楚这些问题,对于这些问题还没有很好的答案。"因为这绝不是单个人所能实现的,只有社会实践才能实现。这种社会实践更多地在于反体系运动,而不在于国家机器、经济领域或文化—意识形态领域。"[2]

第三节 世界体系理论的影响及其争论

一、世界体系理论的影响

世界体系理论自20世纪70年代在美国产生以来,经过多年的发展,已经成为一种世界性思潮,在政治学、社会学、历史学、世界经济和政治地理学诸领域产生了广泛的影响。[3] 在这里我们重点讨论一下世界体系理论对国际关系研究的影响。

---

[1] Immanuel Wallerstein, *Geopolitics and Geoculture: Essays on the Changing World-System*, pp. 225–230.

[2] Ibid., p. 229.

[3] 关于世界体系论对社会科学诸学科影响的详细讨论,可参阅王正毅:《世界体系论与中国》,第227—275页。

世界体系理论对国际关系学界的影响主要集中在三个方面:(1)对国际关系的政治和经济相结合的研究;(2)对世界政治的长周期研究;(3)对国际体系(资本主义体系)的研究。

(一) 政治和经济相结合的研究

与20世纪五六十年代相比,70年代以来国际关系研究的一个最为显明的特征就是政治和经济相结合,由此产生了国际政治经济学。

随着国际政治经济学作为一门学科产生,世界体系理论被作为一个重要流派写进这一学科的教科书。罗伯特·吉尔平在他那本驰名欧美学术界的《国际关系政治经济学》中曾将世界体系理论与阿瑟·刘易斯(W. Arthur Lewis)的二元经济论、金德尔伯格的霸权稳定论一起称为当代国际政治经济学最有影响力的三大理论:

> 近年来,阐述国际政治经济学的兴起、发展和功能的当代三大理论已经产生影响。第一种理论主要源出于经济自由主义,不妨称之为"二元"经济论;它认为,市场的逐步演进,是人们为实现提高效率和最大限度地增加财富的普遍愿望而作出的反应。第二种理论受到马克思主义的强烈影响,冠以"现代世界体系论"的名称也许十分恰当;它认为,世界市场实际上是发达的资本主义国家在经济上剥削不发达国家的一种机制而已。第三种理论同政治现实主义有着密切的但并非完全的联系,已经以"霸权稳定论"闻名,这种理论从先后几个自由强国如何主宰世界的角度,阐明现代国际经济的崛起和运转。尽管这三大理论对某些具体细节问题的见解南辕北辙,我们觉得它们在其他方面是互为补充的,一齐为解释清楚国际政治经济的动力和功能而提出了重要精辟的论证。[①]

对于世界体系理论将政治和经济相结合的研究,世界体系理论的追随者蔡斯-邓恩的观察是,在以往马克思主义关于资本主义世界的论述中存在着两种倾向:一种是经济主义,即简单地假定经济决定政治,比如斯大林式的第三国际就是如此;一种是历史主义,这种思维否认社会规律的可能性,而将全部精力集中在政治关系上。这样,经济和政治就是相互独立的,是两种逻辑。而沃勒斯

---

① 〔美〕罗伯特·吉尔平:《国际关系政治经济学》,杨宇光等译,上海人民出版社2006年版,第63—64页。

坦的世界体系理论克服了以往马克思主义者简单的经济主义(economism)和历史主义(historicism)的局限性,他把经济和政治看作相互联系的,政治和经济的联系首先是通过一种共同的逻辑,这个共同的逻辑就是资本积累。正是在这种意义上,蔡斯-邓恩认为只有世界体系理论才真正将政治和经济结合起来。所以,有的学者观察到:"对于蔡斯-邓恩来说,沃勒斯坦将资本主义作为一个世界体系的观点,是国际政治经济学理论中最有前途的分析框架,主要是因为世界体系理论既克服了经济主义的局限性,也克服了历史主义的局限性。"[1]还有学者甚至评价说:

> 也许利用新马克思主义的剩余转让概念最有雄心的作品是伊曼纽尔·沃勒斯坦的关于资本主义世界经济的著作《现代世界体系》。通过总结大量的马克思主义和新马克思主义的观点,将国际收入的不平等放入历史的视野之中,伊曼纽尔·沃勒斯坦的研究是一个充满艰辛探索的典范,其中关于政治和经济的关系充满了真知灼见……现代世界体系的产生,不仅在高档次和低档次商品的生产者之间进行了一种新的全球性的劳动分工,而且还伴随着两类社会和政治组织不断增长的两极化。[2]

(二) 世界政治的长周期研究

世界体系理论对国际关系研究的第二个显著贡献,就是对世界体系的长周期进行研究。与霸权稳定论只关注霸权国家的周期不同,世界体系论不但主张对作为世界体系重要组成部分的国家体系中的霸权周期进行研究,而且主张对整个资本主义世界体系的周期进行研究,并且认为后者更为基本。

世界体系理论关于资本主义世界体系的周期和国家体系中的霸权周期的核心观点是,资本主义世界体系(世界经济)的发展每50年(康德拉季耶夫周期)或更长时间(比如特长周期)就会出现一个周期(上升—下降),与经济周期相对应,国家体系中的国家力量也会不断重新组合,在追求霸权中形成周期性运行,但从根本上讲,经济周期是最基本的,即使是霸权国家的霸权也主要取决

---

[1] George T. Crane and Abla Amawi, eds., *The Theoretical Evolution of International Political Economy: A Reader*, Oxford University Press, 1991, p. 142.

[2] Andrew C. Janos, *Politics and Paradigms: Changing Theories of Change in Social Science*, Stanford University Press, 1986, p. 76.

于它在农业—工业、商业和金融领域的优势地位。

在世界体系理论的影响下,对世界政治进行长周期研究成为20世纪70年代中期以来国际政治学界非常关注的一个课题。正如这方面最突出的代表人物乔治·莫德尔斯基所说:

> 长周期为世界政治研究提供了一个新的视角,它倡导对世界战争的周期性发生以及英国和美国这样的领导国家以一种有序的方式更替的途径进行细致的研究。它提请人们注意这样一个事实,即大的战争和主导性大国也同类似地理大发现或工业革命这样的伟大革新运动相关联,正是这些革新运动使得现代世界成为现在这样。长周期有助于培养一种长时段观察国际事务的眼光。①

尽管长周期理论与世界体系理论在分析现代世界体系的周期的细节方面存在许多差异,但对于世界政治中的长周期理论的兴起深受世界体系理论的影响,莫德尔斯基自己从未回避:

> 长周期研究是世界体系研究的一种形式这种观点已在《世界体系分析方法争论》(Contending Approaches to World-System Analysis, 1983)一书中得以表示。威廉·汤普森(William Thompson)提出世界体系分析有三个共同所指:一是存在一个世界体系;二是世界体系的结构及其重要的过程能够解释这个体系内的行为;三是研究世界体系的方法要求跨学科。……无论是世界经济分析还是长周期分析都能满足这些标准。因为长周期是全球政治体系的具体化的体系,也因为全球政治体系是世界体系的一个组成部分,所以长周期研究自然是世界体系分析的组成部分。②

(三) 国际体系(资本主义体系)的历史研究

世界体系理论对国际关系研究的第三个大的影响就是对国际体系(资本主义体系)的研究。有学者对此做过精辟的概括:

> 十五年前,伊曼纽尔·沃勒斯坦的《现代世界体系》就像一枚概念炸弹,其余波慢慢波及美国对外关系研究。结果便是重新激起了学者们对国

---

① George Modelski, *Long Cycles in World Politics*, Macmillan, 1987, p. 1.
② George Modelski, ed., *Exploring Long Cycles*, Lynne Rienner Publishers, 1987, p. 12.

际体系研究的兴趣,但是,这个体系与传统的以国家因素、地缘政治动力以及势力均衡为特征的国家体系是非常不同的。①

从世界体系理论的观点中我们可以发现,把资本主义世界体系作为一个历史体系进行研究是世界体系理论的核心,世界体系理论的倡导者沃勒斯坦还专门以此为题出版了一本著作《历史资本主义》。尽管有学者对此提出批评,认为"沃勒斯坦和世界体系研究方法很不容易融入主流。相反,他一直遭到主流理论家们的猛烈攻击,特别是他们攻击[沃勒斯坦]没有认识到国家一直在接近政治权力,这使得国家能够独立于由资本主义世界经济建立起来的结构而行事"②。但也有学者认为,"沃勒斯坦是为数不多的一位从非常不同的框架来研究国际关系[的学者],这个框架产生了一个被制度化的资本主义概念,正是这个因素导致对资本主义的胜利做出独特的评价"③。特别是在冷战结束以后,有的学者将沃勒斯坦在世界体系理论中对资本主义体系的分析与弗朗西斯·福山(Francis Fukuyama)在《历史的终结》④中对资本主义的分析相比较,认为"这两种理论尽管角度非常不同,但都对国际关系研究中的主流思想提出了挑战"⑤。

在冷战期间以及冷战后的今天,就如何分析资本主义体系,国际关系理论界一直为两大流派所主宰,这就是现实主义(Realism)或新现实主义(Neo-realism)和自由主义(Liberalism)或多元主义(Pluralism),有学者称之为国际关系学的主流思想。现实主义和自由主义这两大主流学派之间存在着各种各样的分歧:比如,现实主义在讨论国际体系时强调国家的独立性和自主性,而自由主义则突出国际体系中的相互依存、一体化(integration)、跨国主义(transnationalism);现实主义着重探讨国际体系中的东方和西方的关系,而自由主义更多关注的是西方世界内资本主义的国际发展;现实主义假设国际体系是处于无政府状态,因而强调权力争夺的重要性,而自由主义关心的是国际体系中制度的建设,因

---

① Michael J. Hogan and Thomas G. Paterson, *Explaining the History of American Foreign Relations*, Cambridge University Press, 1991, p. 89.

② Richard Little, "International Relations and the Triumph of Capitalism," in Ken Booth and Steve Smith, eds., *International Relations Theory Today*, Polity Press, 1995, p. 85.

③ Ibid., p. 76.

④ Francis Fukuyama, *The End of History and the Last Man*, Penguin Books, 1992.

⑤ Richard Little, "International Relations and the Triumph of Capitalism," in Ken Booth and Steve Smith, eds., *International Relations Theory Today*, p. 63.

第六章　世界体系理论：世界经济、历史体系与文明

而强调合作的重要性；等等。但现实主义和自由主义也存在着一些共同的特征：二者都是从解决现存国际体系面临的问题入手，因而有学者称之为解决问题的理论（problem-solving theories）；二者都是在现存的国际体系框架内论证国际体系的合法性和发展，因而缺乏历史理论。[1]

与国际关系这两种所谓的主流学派观点不同的是，沃勒斯坦从一种非常不同的角度来分析国际体系，特别是资本主义世界体系的发展，向自由主义和现实主义提出了挑战。[2] 对于苏联解体、冷战结束，沃勒斯坦做出了与福山不同的回答。在福山看来，苏联的解体和冷战的结束标志着倡导自由民主的资本主义的最终胜利，资本主义为人类活动提供了最为理想的条件，因而资本主义的最终胜利也就标志着历史的终结。

与福山为自由主义和资本主义高唱胜利赞歌不同，沃勒斯坦从历史和同一事件（即苏联的解体）出发，向自由主义提出了挑战。对沃勒斯坦而言，苏联的解体并不意味着资本主义的胜利，而正是对资本主义生存的一系列挑战的一个部分。

二、世界体系理论的争论

尽管世界体系理论作为一种理论和方法对社会科学研究产生了广泛的影响，但也存在着各种各样的争论，这些争论主要表现在四个方面：1500年以前世界体系是否存在？世界体系究竟有什么特征？世界体系的未来是社会主义，还是其他？世界体系理论是不是一种新的理论？[3]

（一）1500年以前世界体系是否存在？

这一争论主要涉及世界体系起源的时间和地点问题。早期的世界体系论者几乎一致认为，现代世界体系起源于1500年左右的西欧。但这一结论后来受到两种观点的挑战。一种观点来自美国西北大学的珍妮特·阿布-卢

---

[1] Richard Little, "International Relations and the Triumph of Capitalism," in Ken Booth and Steve Smith, eds., *International Relations Theory Today*, pp. 66—67.
[2] 他曾将在冷战结束以后的三年（1990—1993）时间里对冷战后的资本主义世界体系的意识形态的思考汇集成册，即于1995年出版的《自由主义之后》（Immanuel Wallerstein, *After Liberalism*, New Press, 1995）一书，作为对自由主义的挑战。
[3] 关于对世界体系论争论的详细论述，可参阅王正毅：《世界体系论与中国》，第276—299页。

格霍德(Janet L. Abu-Lughod)教授,她在其名著《欧洲霸权之前:1250—1350 年的世界体系》①中集中探讨了 16 世纪以前,特别是 1250—1350 年的世界体系。在她看来,在 11 世纪之后就存在一个世界体系,这个体系将亚洲和中东的农业帝国与欧洲独立的城市连成一个体系,并在 13 世纪达到了高峰。14—15 世纪,这个体系由于战争、瘟疫等才开始衰退,出现了沃勒斯坦所说的"封建危机"。她认为,13 世纪的世界体系,无论就劳动力转移的方法和组织的方法,还是合同的实现、价格的形成、交换率的确定等,都是一个很先进的体系。另一种观点来自施奈德(J. Schneider)、蔡斯-邓恩以及弗兰克等人。他们批评沃勒斯坦过分局限于对 1500 年以后的以欧洲为中心的世界体系的分析,而不承认 1500 以前世界体系的存在,他们主张"在理论上迈开第一步,以此来证明可将世界体系回溯到远早于 1500 年,而这个日期(我现在相信是错误的)被一些人看作我们的现代世界体系诞生的日期"②。

(二)世界体系究竟有什么特征?

关于世界体系的特征,世界体系论者,特别是沃勒斯坦本人,有两个为人熟知的观点:(1)资本主义世界体系是单一的世界经济,各部分的联系主要是经济联系,但其中包括一个相互竞争的国家体系,这是资本主义世界体系与以前的作为一个经济世界的世界帝国的重要区别。资本主义世界经济和国家体系之间的关系是,资本主义世界经济是最为基本的。(2)决定世界体系的是大宗产品贸易而不是奢侈品贸易,这是资本主义世界体系区别于以往封建帝国的一个重要特征。这两个观点也受到了挑战。

---

① Janet L. Abu-Lughod, *Before European Hegemony: The World System A. D. 1250-1350*, Oxford University Press, 1989. 这部著作主要分三个部分:第一部分(The European Subsystem)主要探讨这一时期欧洲的体系;第二部分(The Mideast Heartland)主要探讨中东腹地出现的体系;第三部分(Asia)则主要探讨亚洲地区的世界体系,特别是印度次大陆和中国的体系。这部著作获得美国社会学会 1990 年度杰出著作奖。美国社会学会授奖委员会对这部著作的评价是:"这部著作写得很漂亮,它的范围可以与伊曼纽尔·沃勒斯坦和费尔南·布罗代尔所涉及的范围相媲美,通过强调从杭州到布拉格共同拥有的文化和商业制度,阿布-卢格霍德富有实质性的分析促使我们重新思考[以往对]现代世界体系所做的欧洲中心论的解释。"

② Andre Gunder Frank, "A Theoretical Introduction to 5000 Years of World System History," *Review*, Vol. 13, No. 2, Spring 1990, p. 159. 另外,弗兰克的《白银资本:重视经济全球化中的东方》(中央编译出版社 2000 年版)正是这一思想的系统化。

第一个观点主要受到查尔斯·蒂利(Charles Tilly)①、莫德尔斯基②、阿里斯蒂德·佐尔伯格(Aristide Zolberg)、西达·斯考切波(Theda Skocpol)③的批评,他们主要批评沃勒斯坦的资本主义世界体系完全立足于资本主义世界经济关系而忽视了政治因素的独立作用。在这些批评者看来,世界体系中的国家之间的关联并不总是为了经济上的利益,为了军事安全和领土扩展而进行的战争就体现了政治因素的独立作用。如佐尔伯格认为:

> 与沃勒斯坦的理论努力相反……"体系各部分基本的联系"并不总是经济的,从一开始,另一相同的结构与他显示给我们的结构联系便相互作用——(对于)这种结构,他看不到,或将看不到……我所提及的这种结构关联包括一系列的政治—战略因素。④

世界体系论关于世界体系特征的第二个观点受到施奈德的批评。在施奈德看来,不应将奢侈品贸易和大宗产品贸易截然分开,在早期的中国以及其他帝国的扩展中,正是"朝贡"体系使得扩展成为可能。因为正是通过奢侈品的分配,朝贡体系才得以维持,在这种意义上,朝贡贸易也是一种世界经济,这种朝贡贸易使得在前资本主义世界中各种各样的世界体系的存在成为可能,因此应对奢侈品贸易进行全面的研究:

> 为了发现那些既适用于前资本主义社会变化又适用于资本主义社会变化的规律,很有必要将奢侈品贸易不仅看作生产的分工,或分工的产物,而且看作一系列与获取能量相关的远距离贸易。⑤

(三) 世界体系的未来是社会主义,还是其他?

沃勒斯坦等人的世界体系理论的另一个观点就是资本主义世界体系将会采取一种新的形式,即世界社会主义政府。这一结论显然是受马克思的影响,

---

① Charles Tilly, "War Making and State Making as Organized Crime," in P. Evans, D. Rueschemeyer and T. Skocpol, eds., *Bringing the State Back in*, Cambridge University Press, 1985, pp. 169-191.
② George Modelski, "Long Cycles of World Leadership," in W. Thompson, ed., *Contending Approaches to World-System Analysis*, Sage, 1983, pp. 115-140.
③ Theda Skocpol, *States and Social Revolutions*, Cambridge University Press, 1979, p. 22.
④ William Thompson, ed., *Contending Approaches to World-System Analysis*, p. 258.
⑤ Jane Schneider, "Was There a Precapitalist World-System?," in Christoper Chase-Dunn and Thomas D. Hall, eds., *Core/Periphery Relations in Precapitalist Worlds*, Westview Press, 1991, p. 61.

虽然沃勒斯坦在一些方面不同意马克思的观点，比如他不同意马克思及马克思主义者将商业资本与产业资本分开。他认为，成功的资本家往往能够同时从事三种不同的资本经营——商业资本、产业资本、金融资本。但至少在三方面他们很受马克思的影响，因此被西方学术界称为"新左派"。一是认为经济联系是世界体系的基础，他称之为资本主义世界经济。二是重视经济活动对政治结构的影响以及无产阶级和资产阶级矛盾在资本主义社会中的作用。三是相信所有的国家都将凋萎，由此沃勒斯坦特别提出了社会主义政府的思想。

这种观点也招致许多学者的批评。后来他做了两点补充：一是他对当前政治结构及未来政治结构不能完全肯定，所以现在他宁愿使用"秩序"（order）一词来代替"政府"（government）一词。二是对于资本主义世界体系的替代品，他自己给出两种可能性：一种是保留现有系统的等级制、剥削和两极化，甚至比现存的社会系统还要坏；另一种则是相对民主公平的系统，是不是社会主义，沃勒斯坦并未提及。①

（四）世界体系理论是不是一种新的理论？

尽管世界体系理论作为一种理论获得西方社会科学界的广泛称赞，但也有学者对这种理论提出了质疑。这种质疑主要来自两个方面：一是世界体系理论是不是一种新的理论？一是能否创造一种如世界体系理论所追求的历史理论？

对于世界体系理论是不是一种新的理论，阿尔伯特·伯格森（Albert Bergesen）提出了有益的看法。在他看来，所有世界体系学说均集中在如下几个问题并为此而争论不休：资本主义的经济逻辑只产生于16世纪（沃勒斯坦），还是也可以在古代文明中发现［巴里·吉尔斯（Barry K. Gills）和弗兰克］？整个世界历史有一个共同的社会经济逻辑，还是有许多世界体系类型？这些类型是否取决于不同的生产方式？在伯格森看来，弗兰克、沃勒斯坦都未能很好地回答这些问题，原因在于"生产方式分析概念停留在社会阶级之间的关系上，这种关系不能用来概念化世界范围内的生产过程，资本主义可以用工资收入者和资本拥有者之间的关系来定义，但在世界范围内富裕国家和贫穷国家并无工资关系"②。世界体系理论者，无论他们认为这个体系起源于16世纪或过去5000

---

① 〔美〕伊曼纽尔·沃勒斯坦等：《资本主义还有未来吗？》，徐曦白译，社会科学文献出版社2014年版，第34—35页。

② Christopher Chase-Dunn and Thomas D. Hall, eds., *Core/Periphery Relations in Precapitalist Worlds*, p. 86.

年,均未设计出一种全球理论,而只是扩展了(以往)社会的模型,使得这些模型好像是全球范围的。

伯格森认为,我们完全有理由相信世界范围内的生产方式存在。假如全球性的世界体系理论真的存在,那么生产过程必须从社会束缚中解放出来。他曾举例说,在南美洲捡棉花的手被认为是奴隶制生产方式,而在英国织布的手成为资本主义生产方式,这是没有道理的。他进而批评说,问题的关键是"世界体系理论专心于世界交换、世界网络、世界劳动分工",但是并未说明"世界生产",而现实中却是"生产关系先于交换关系"。① 所以,在克服这一局限之前,世界体系理论永远是更为基本的社会科学之注脚。既然我们相信存在世界体系,那么我们就应该从全球生产方式来探讨,而不应该像现在的世界体系理论那样只是简单地将社会模型扩展到全球。

世界体系理论其实是一种历史理论,与其他历史理论不同的是,世界体系理论只应用于资本主义世界经济那一部分,而且只应用于1500年以后的时期。尽管这种理论得到许多历史学家的认可,但对于世界体系理论是不是一种合适的历史理论,仍然有一些学者存疑。比如政治学家佐尔伯格同意世界体系论从全球的范围研究历史过程,但他不认为有"世界体系"这样一种实体,并且能够找到这个实体变化的一般规律。世界体系理论作为一种理论太抽象,不能很好地说明具体的历史事件:

> 如此广阔的时间包括如此广泛的变量,[这些变量]存在于为了宏观分析理论的目的而必须加以考虑的因素、条件以及结果之中……理论上的努力必然导致形式主义,[以及]关于极为抽象的性质如"规律"和"周期"的命题的论述。②

---

① Christopher Chase-Dunn and Thomas D. Hall, eds., *Core/Periphery Relations in Precapitalist Worlds*, p. 88.
② Aristide Zolberg, "World and 'System': A Misalliance," in W. R. Thompson and Beverly Hill, eds., *Contending Approaches to World-System Analysis*, p. 275.

第七章
全球化与国际政治经济学：超越范式之争？

国际政治经济学的兴起和发展，既与国际关系的现实变革相关联，也与国际关系理论论战相联系，同时更与IPE三代学者的理论创新密不可分。20世纪70—80年代，围绕美国霸权衰退和世界政治经济变革，国际关系学界出现了两次大的理论论战。第一代IPE学者或关注在国际经济中国家之间的合作（相互依存理论），或关注开放的国际经济体系的稳定以及权力分配（霸权稳定理论），或关注国际体系中的不平等（依附理论和世界体系理论），或关注国际组织的作用（国际机制理论）。进入20世纪90年代，随着苏联解体和冷战结束，尽管出现了理性主义与建构主义的论战，但经济全球化和世界经济的稳定促使第二代IPE学者将研究的重点转向国内政治。他们试图借用新古典经济学的理论，通过统计学的方法，将比较政治经济和国际政治经济纳入一个统一的分析框架中，构建"开放经济政治学"，从而使国际政治经济学科学化。然而，2008年全球金融危机不仅对20世纪90年代以来不断拓展和深化的全球化产生了重大冲击，而且对主导国际政治经济学的开放经济政治学提出了理论挑战。正是在对2008年全球金融危机和世界政治经济变革的反思中，新一代IPE学者出现了分化趋势，这些趋势既涉及理论范式和研究方法的选择，也关乎研究议题的设定，同时还触及学术共同体的建设。

第一节 国际关系理论论战与国际政治经济学

国际政治经济学的产生及理论演进，不仅与国际关系的现实变革密切相关,而且也与国际关系的理论论战相关联。在国际关系理论百年的发展历程中,经历过五次论战:第一次论战发生在20世纪20—30年代(古典现实主义与传统的理想主义的论战);第二次论战发生在70年代(自由主义与现实主义的论战);第三次论战发生在80年代(新自由主义/自由制度主义与新现实主义的论战);第四次论战发生在90年代(理性主义与建构主义的论战);第五次论战则出现在21世纪初期,特别是2008年全球金融危机以后(批判学派与主流学派的论战和英国学派与美国学派的争论)。[①] 国际政治经济学的兴起和发展主要与国际关系理论的后四次论战密切相关。

一、自由主义挑战古典现实主义

国际关系理论发展的第一次论战发生在20世纪30年代,论战的双方是崛起的古典现实主义与传统的理想主义,论战的最终结果是古典现实主义开始主导国际关系的研究,其里程碑式的著作便是摩根索于1948年出版的《国家间政治》。古典现实主义有四个基本假设[②]:第一,国家是世界政治中的主导行为体。国际关系研究应该集中在国家这一研究单位上,非国家因素(例如跨国公司和国际组织)是次要因素。第二,国家是单一的行为体,而且只有一个声音。第三,国家是理性的,根据自我利益采取行动,国家可以凭借现存的能力达到特定的目标。第四,国际体系处于霍布斯式的无政府状态。国家之间的冲突会导致战争并可能出现强权政治。所以,在国际事务中,国家安全居于第一位,换句话说,经济和社会事务属于低级政治,而军事安全或战略问题属于高级政治。

国家、权力和国际体系的无政府状态是现实主义的核心概念。冷战为现实主义的理论提供了强有力的证据。在这种状况下,安全问题成为学术界和政策制定者关注的首要问题。

然而,从20世纪60年代末开始,古典现实主义理论受到国际政治现实中一系列事件的挑战,这些事件包括:1958年开始的欧洲一体化进程;1968年开

[①] 〔美〕彼得·卡赞斯坦、罗伯特·基欧汉、斯蒂芬·克拉斯纳编:《世界政治理论的探索与争鸣》,秦亚青等译,上海人民出版社2006年版,第5页;Ken Booth and Toni Erskine, eds., *International Relations Theory Today*, John Wiley & Sons, 2016, pp. 87-132; Knud Erik Jorgensen, *International Relations Theory: A New Introduction*, Palgrave Macmillan, 2017, pp. 223-231.

[②] 〔美〕彼得·卡赞斯坦、罗伯特·基欧汉、斯蒂芬·克拉斯纳编:《世界政治理论的探索与争鸣》,第18页;Paul R. Viotti and Mark V. Kauppi, *International Relations Theory: Realism, Pluralism, Globalism, and Beyond*, 3rd ed., Allyn and Bacon, 1999, p. 55。

始的美国与日本的贸易摩擦;1971年布雷顿森林体系开始瓦解;1973年石油输出国组织的胜利。这些事件使得霸权国美国主导的世界经济和相应的国际体系受到了挑战。国际学术界和政策制定者在关注安全的同时,也开始关注经济要素和机制的作用。

在这种背景下,首先是经济学家库珀、金德尔伯格和维农从经济学的角度对相互依存、霸权以及跨国经济关系进行了探讨。受他们的影响,吉尔平、斯特兰奇、基欧汉等政治学家也开始关注经济要素与机制,并对古典现实主义的四个基本假设提出了挑战,国际政治经济学早期的研究纲领正是在这种挑战中形成的。

首先,对"国家是世界政治中的主导行为体"假设提出挑战的是关于跨国公司的研究,并由此于20世纪70年代形成了"跨国关系及关联政治学派",其早期经典著作是基欧汉和奈的《权力与相互依存》。跨国关系及关联政治学派的主要观点可以概括为:国家并不是世界政治的唯一行为体,也不是主导行为体,非政府行为体(如跨国公司和国际组织)在国家之间的交往中也是非常重要的。

其次,对"国家是单一的行为体"假设提出挑战的是关于国内政治的研究,并由此在20世纪70年代形成了"官僚政治学派"(bureaucratic politics),这方面的代表性文献是卡赞斯坦的《国际关系与国内结构:发达工业化国家的对外经济政策》[①]。官僚政治学派力图打破国家这个"黑匣子",把握国家的真正性质和政策制定的复杂过程,特别是利益集团在国家对外经济政策形成过程中的作用。官僚政治学派将多元利益集团理论扩展到政府本身,认为对外政策是政府不同机构之间妥协的产物,由于权力和利益在不同的领域密集程度不同,所以任何国家都无法制定连贯一致的对外政策。[②] 这一研究为90年代以后寻求国内政治与国际政治经济的关联性奠定了基础。

再次,对"国家是理性的行为体"假设提出挑战的是关于非理性因素的研究,并由此在20世纪90年代发展出认知心理学派,其标志性成果是杰维斯于1976年出版的著作《国际政治中的知觉与错误知觉》[③]。认知心理学派的基本

[①] Peter J. Katzenstein, "International Relations and Domestic Structure: Foreign Economic Policies of Advanced Industrial States," *International Organization*, Vol. 30, No. 1, 1976, pp. 1–45.

[②] 〔美〕彼得·卡赞斯坦、罗伯特·基欧汉、斯蒂芬·克拉斯纳编:《世界政治理论的探索与争鸣》,第19页。

[③] 〔美〕罗伯特·杰维斯:《国际政治中的知觉与错误知觉》,秦亚青译,世界知识出版社2003年版。

观点是,在国际政治领域中,国家的决策并不总是理性的,由于心理和认识上的错觉,非理性因素在国家的决策过程中发挥作用是经常的,也是难免的。

最后,对"国际体系处于无政府状态"假设提出挑战的是关于国际机制的研究,并从20世纪70年代开始逐渐形成"国际机制学派"。关于国际机制的早期经典文献是鲁杰的《对技术的国际回应:概念和趋势》[1],此后基欧汉和奈对其进行了详细的论述。国际机制学派并不否认现实世界政治中存在一种能够强制执行规则的制度化等级权威机构,但国际机制学派认为,现实世界政治中确实存在基于规则的机制或制度,并不是完全处于无政府状态。[2] 对国际机制和国际制度的研究成为国际政治经济学发展过程中重要的研究纲领。

这样,通过对古典现实主义四个基本假设发起挑战,20世纪70—80年代的国际政治经济学的两个最为基本的研究纲领初步明晰:(1)在国际体系层面主要研究国际机制和国际制度;(2)在国家对外经济政策层面主要研究国内政治和国际政治经济的关联性。

无论是现实主义者,还是自由主义者,抑或是马克思主义者,在20世纪70—80年代都加入这两个研究纲领所涉及的一系列问题领域的论战之中,并由此形成前文所列述的五大理论流派(相互依存理论、霸权稳定理论、国家主义理论、依附理论和世界体系理论)。因为基于现实主义而提出的霸权稳定论以及国家主义在现实中最具操作性,也由于马克思主义学术意识形态在当时西方学术界不占主流,同时自由主义提出的国际机制与其他要素无法用因果关系准确地描述出来,所以,现实主义不但在这一时期的国际关系研究中占据主导地位,而且在早期的国际政治经济学研究中也占据着主导地位。

二、新自由主义/自由制度主义与新现实主义的论战

20世纪60年代末70年代初自由主义对古典现实主义的挑战虽然最终并没有撼动现实主义在国际关系领域的主导地位,但却促使推崇现实主义的学者们开始对以摩根索为代表的古典现实主义进行修正,由此在70年代中期以后出现了新现实主义,其里程碑式的成果是沃尔兹1979年出版的《国际政治理论》。新现实主义的核心便是著名的"体系层次理论"。

---

[1] John Gerard Ruggie, "International Responses to Technology: Concepts and Trends," *International Organization*, Vol. 29, No. 3, 1975, pp. 557-583.
[2] 〔美〕彼得·卡赞斯坦、罗伯特·基欧汉、斯蒂芬·克拉斯纳编:《世界政治理论的探索与争鸣》,第20页。

在新现实主义产生的同时,自由主义围绕着国际机制和国际制度的讨论也得到了飞速的发展,并由此形成新自由主义以及自由制度主义,其标志性的成果是基欧汉 1982 年发表在《国际组织》杂志上的文章《对国际机制的需求》和 1984 年出版的对国际制度进行系统论述的《霸权之后:世界政治经济中的合作与纷争》。新自由主义的产生以及与新现实主义的论战不但为国际政治经济学的迅速发展提供了学理空间,而且使得国际政治经济学在具体研究纲领上逐渐具有可操作性和可证伪性。

新自由主义与新现实主义的论战主要是围绕六个议题进行的:无政府状态;国际合作;相对收益与绝对收益;国家的优先目标;意愿与能力;制度与机制。(见表 7-1)

表 7-1　新自由主义与新现实主义的论战

研究议题	新自由主义	新现实主义
无政府状态	世界政治处于无政府状态,但国家之间有相互依存的可能性	世界政治处于无政府状态,国家之间只有相互竞争,不存在相互依存
国际合作	国际合作取决于国际机制和国内政治,而不是国家的实力	国际合作取决于国家的实力,霸权主导下的国际合作最为可能
相对收益与绝对收益	主要关注国际合作中现实的和潜在的绝对收益,并努力使其最大化	不仅关注国际合作中的相对收益,而且更关注对方的相对收益的增加是否对自己的政策执行有利
国家的优先目标	国家的经济福利是国家的优先目标,所以倾向于政治经济学研究	国家安全是国家的优先目标,所以倾向于研究相对权力、安全和生存
意愿与能力	强调国家的意愿和偏好在国际合作中的作用,认为能力只能影响国家的意愿和偏好	强调国家的能力而不是政治家的意图,认为能力是国家安全的最终基础
机制与制度	机制与制度对于国家之间的合作不仅是重要的,而且是有效的,可以缓和无政府状态对于国家之间合作的制约	机制和制度对于国家之间的合作并不重要,因为机制与制度无法改变世界政治的无政府状态

资料来源:根据 David A. Baldwin, ed., *Neorealism and Neoliberalism: The Contemporary Debate*, Columbia University Press, 1993, pp. 3-24 编写。

20 世纪 80 年代新自由主义和新现实主义的这次争论,学术界一般将其称为国际关系研究中的第三次论战。与 70 年代的第二次论战大为不同的是,新现实主义和新自由主义虽然在具体的研究纲领上仍然存在着分歧,但经过第三次论战,新现实主义和新自由主义在研究议题和内容上彼此吸收对方在知识积累上的贡献,不断修正自身的前提假设,出现了理论和价值的趋同之势。这为国际政治经济学在国际关系研究框架内发展的合法性奠定了学理基础,"政治经济分析"与"安全研究"逐渐成为国际关系研究的两个不可分割的重要组成部分。

进入20世纪90年代,国际政治经济学在新自由制度主义的旗帜下,无论是在学理研究上,还是在现实的可操作性上,都得到了突飞猛进的发展。值得一提的是,围绕着"利益"和"制度"进行学理研究的国际政治经济学,与90年代以来不断深化的全球化的现实结合在一起,使得国际政治经济学成为国际关系研究中的一门"显学"。

三、理性主义与建构主义的论战

尽管自由主义/新自由主义/自由制度主义与古典现实主义/新现实主义在具体研究纲领上存在着争论,但在将政治和经济这些物质因素作为理性分析的最基本的要素这一点上却是相同的,所以学者们将偏好市场并对其进行制度分析的自由主义与偏好国家结构和利益并对其进行权力分析的现实主义统称为理性主义(rationalism)。理性主义通过成本—收益分析法来解释权力和制度是如何形成的以及如何运作的,但却无法解释权力和制度为何如此形成以及如此运作。其根本原因在于理性主义在解释权力和制度如何形成以及如何运作的过程中,只重视物质因素(成本—收益分析法),而忽视了这种物质因素的观念化(conceptualization)和社会化(socialization)的过程。而20世纪90年代兴起的社会建构主义(social constructivism)正是通过借鉴社会学和文化理论,对这些物质因素的观念化和社会化过程进行研究,由此形成了国际关系理论演进中著名的建构主义与理性主义的论战,这次论战通常被称为国际关系研究中的第四次论战。

建构主义有不同的分类(如规范性建构主义、批判性建构主义和后现代建构主义),但按照建构主义的积极倡导者温特的观点,主流社会建构主义主要基于三个基本理论假设:第一,国家是国际体系的主要行为体,但国家间的合作是一个社会化过程;第二,国际体系的主要结构是通过主体之间的互动而非物质性的因素形成的,因而文化具有优先性;第三,国家认同和国家利益在很大程度上是通过这些结构形成的,而非由外在于这个体系的人类本性或者国内政治决定的,因此规范具有重要的建构作用。

比较国际关系研究中的理性主义和建构主义对国际政治经济学发展的影响,我们可以发现如下两个主要特征:

(1)理性主义成为国际政治经济学的主导性分析框架。关于理性主义,尽管仍然存在着新现实主义和新自由主义的争论,但正是这种争论推动了国际政治经济学理论的发展。就新现实主义而言,虽然由于没有预测到国家相对实力的变化——尤其是冷战的结束——而备受质疑,也由于对冷战结束后的国际冲突现象没有提出实质性的解释而备受批评,但在国际政治经济学领域,新现实主义的分析框架对于这一领域的许多研究议题仍然具有很强的解释力。基于新现实主义分析框架而在国际政治经济学领域产生的具体的研究纲领主要有:强权是否可以使得某些行为体的境况恶化?不对称讨价还价会发生什么后果?无政府条件下做出承诺会产生什么问题?

与新现实主义相比,新自由主义,特别是后来的新自由制度主义,由于能够解释冷战的结束不会削弱像北约和欧盟这样的国际组织,因此在冷战结束后得到飞速发展,逐渐成为国际政治经济学的主导分析框架,并由此产生了一系列具体的研究纲领来讨论权力、利益与制度之间的关系。这些具体的研究纲领包括:国内政治如何影响国际制度的设计?在国际制度的设计和运行中,国家之间是如何讨价还价的?在对外战略中,国家的偏好是如何形成的?

(2)寻求理性主义和建构主义的融合。尽管在国际关系的安全领域,自觉采用建构主义理论的经验研究越来越多[1],但是在20世纪90年代的国际政治经济学领域,相对于理性主义而言,建构主义的研究还很少[2]。进入21世纪之后,寻求理性主义和建构主义的融合成为国际政治经济学理论发展的一个重要趋势。这主要表现在三个方面:

第一,认识到理性主义和建构主义的互补性。尽管理性主义和建构主义在最初的论战中都强调双方的差异性,如理性主义强调偏好、信息、战略和共同知识,而建构主义则强调认同、规范、知识和利益,但双方都承认自身的局限性,理性主义承认无法解释共同知识的来源,而建构主义承认没有提出解释战略的理

---

[1] 比较有代表性的著作是〔加〕阿米塔·阿查亚的《建构安全共同体:东盟与地区秩序》(王正毅、冯怀信译,上海人民出版社2004年版)。其中,阿查亚运用建构主义对东南亚的安全和国际关系进行了富有创造性的研究。

[2] 〔美〕彼得·卡赞斯坦、罗伯特·基欧汉、斯蒂芬·克拉斯纳编:《世界政治理论的探索与争鸣》,第36页。

论。随着论战的深入,双方都意识到各自在认识世界政治上的局限性以及双方之间的互补性。坚持理性主义的学者认识到,要解释共同知识的来源,就必须了解行为体的社会规范,而这正是建构主义的范式;坚持建构主义的学者也认识到,要解释利益的社会化过程,就必须了解行为体的偏好,而这正是理性主义的范畴。理性主义和建构主义的这种互补性为国际政治经济学的理论趋向和价值趋向的融合奠定了方向性基础。

第二,寻求共同的分析工具。博弈论作为一种分析工具,可以阐明理性主义与建构主义之间的分歧,如理性主义假设行为体的偏好和共同知识是既定的,因此可以进行战略性讨价还价,而建构主义假设行为体的身份是给定的,因此可以在环境中进行讨价还价。同时,博弈论也为理性主义和建构主义的进一步融合提供了分析工具,如理性主义认为为增进物质利益而建立的制度可以产生规范结构,而建构主义认为规范可以确定博弈者的选择范围并决定他们的偏好。博弈论作为理性主义和建构主义共同认可的分析工具,为国际政治经济学研究的可操作性提供了一种切实可行的路径。

第三,核心概念的确定和认同。将利益与制度作为国际政治经济学不可还原的两个核心范畴,并在此基础上构建了一个既有学理性又有可操作性的国际政治经济学分析框架。这是 20 世纪 90 年代中期以来第二代国际政治经济学学者在理论研究上的重要贡献。通过将利益和制度放在国内与国际的关联性中,寻求理性主义与建构主义的融合,并最终形成国际政治经济学研究中著名的"2×2 模式"(利益与制度、国内与国际)。[1] 这种趋向的经验性研究开始大量出现在国际学术界,比如,对联合国教育、科学和文化组织的研究,对欧洲国家政府与欧洲法院的研究[2],对东亚地区的经济安全研究[3],等等。

四、国际政治经济学:美国学派、英国学派、批判理论,还是其他?

国际关系学界的上述理论论战,对国际政治经济学的产生和深入发展做出

---

[1] Lisa Martin, "International Political Economy: From Paradigmatic Debates to Productive Disagreements," in Michael Brecher and Frank P. Harvey, eds., *Millennial Reflections on International Studies*, University of Michigan Press, 2002, p. 654.

[2] 可以参阅〔美〕莉萨·马丁、贝思·西蒙斯编:《国际制度》,黄仁伟、蔡鹏鸿等译,上海人民出版社 2006 年版。

[3] Helen E. S. Nesadurai, ed., *Globalisation and Economic Security in East Asia: Governance and Institutions*, Routledge, 2006.

了巨大贡献。如果没有这些理论论战,很难想象会出现第一代学者构建的霸权稳定理论、相互依存理论、依附理论和世界体系理论这些创新性理论,也不可能出现第二代学者对利益和制度的深入探讨以及开放经济政治学的构建。由于这些理论论战的文章主要发表在《国际组织》杂志上,因此这些学者也被称为国际政治经济学的"国际组织学派"(IO school)或"美国学派"(American school)。

随着国际政治经济学在国际学术界的传播,其他国家学者的贡献也开始受到广泛关注,其中最为引人注目的是"英国学派"(British school)和"批判理论"(critical theory)。

(一)英国学派

20世纪70年代,在英国率先开展国际政治经济学研究的学者当推苏珊·斯特兰奇。作为国际政治经济学研究的先驱者之一,她的学术贡献影响至今。尽管她并非有意识地提出后来学术界所说的"英国学派",但后来的英国学术界确实在有意识地构建国际关系的"英国学派",以此与美国学术界的国际组织学派或美国学派相对应。

从20世纪90年代开始,在美国学术界第二代学者以《国际组织》杂志为主要阵地,在"科学化"的口号下构建开放经济政治学时,英国学术界先后于1994年和1996年创立《国际政治经济学评论》(Review of International Political Economy)和《新政治经济学》(New Political Economy)杂志,开始有意识地构建与之不同的国际政治经济学,并逐渐形成"英国学派"。英国学派与美国学派在国际政治经济学研究中主要有如下三个不同特征[①]:

第一,学科定位的不同。寻求国际关系中政治和经济的关联性,是英国学派和美国学派构建国际政治经济学的共同目标,但在要将国际政治经济学建设成什么样的学科上,英国学派和美国学派存在着很大差异。美国学派在20世纪70年代借鉴古典政治经济学时,就一直将国际政治经济学作为国际关系的一个附属学科置于政治学学科之下来建设,之后在第二代学者努力之下,更是

---

① Robert A. Denemark and Robert O'Brien, "Contesting the Cannon: International Political Economy at UK and US Universities," *Review of International Political Economy*, Vol. 4, No. 1, 1997, pp. 214—238; Benjamin J. Cohen, "The Transatlantic Divide: Why are American and British IPE so Different?," *Review of International Political Economy*, Vol. 14, No. 2, 2007, pp. 197—219;〔美〕本杰明·J. 科恩:《国际政治经济学:学科思想史》,杨毅、钟飞腾译,上海人民出版社2010年版,第48—73页。

借鉴新古典经济学的概念将其建设成类似经济学那样的"科学的"学科。而英国学派从一开始却是要构筑国际经济与国际关系的桥梁,并且要将国际政治经济学建成一门类似古典政治经济学那样的学科,以便吸收政治学、经济学、历史学、心理学、人类学等学科的知识,他们一直反对将国际政治经济学变成经济学、国际关系或者政治学专有的领域,主张政治学和国际关系应当隶属于国际政治经济学,许多英国学派的学者甚至将其称为"全球政治经济学"(global political economy)。

第二,分析框架的差异。"谁得到什么以及如何得到?"(Who gets what and how?),这是国际政治经济学的美国学派和英国学派共同关心的问题,但在回答这个问题的具体路径上存在着明显的差异。美国学派在回答这个问题时主要关注的是,行为体在让效用最大化的过程中将如何耗费要素禀赋,因此美国学派主张国际政治经济学应该研究如何通过理性选择达到效用最大化。而英国学派在回答这个问题时关注的是,经济的初始环境在不同的经济和社会关系中是如何形成的,所以英国学派主张国际政治经济学应该研究框定各类经济生活的社会组织的价值观念。英国学派的这种分析框架其实早在其奠基人苏珊·斯特兰奇那里已经显现出来:

> 不同制度反映出财富、秩序、公正和自由四大观念不同的比例组合,从根本上说,决定这种组合性质的是权力问题。……在政治经济学研究中,仅仅问权威在哪里——谁掌握了权力是不够的。重要的是问为什么他们拥有权力——权力的来源是什么。……如果不对如何使用权力塑造政治经济和如何把成本、收益、风险与机会分配给该制度中各社会集团、企业和组织等根本性问题做出明确或含蓄的回答,就不可能得到结果,即实现国际政治经济学研究和分析所追求的最终目标。[①]

第三,方法论的差异。这是美国学派与英国学派在国际政治经济学研究中最主要的差异。美国学派的基本假设是,无论是个人还是国家都是理性的,在既定的权力结构中,他们/它们作为行为体,都是遵循理性原则而进行行为选择的,即利益最大化原则,所以最终的政策结果无非是通过相互的博弈达到利益的局部均衡(国内的和国际的)。总之,理性主义是美国学派的方法论基础。而

---

① 〔英〕苏珊·斯特兰奇:《国家与市场(第二版)》,杨宇光等译,上海人民出版社 2006 年版,第 19—20 页。

英国学派则假设,任何行为体都受到其所处的经济环境和社会结构的制约,其行为选择并不总是对外在环境的理性回应,行为选择反映了行为体的社会愿望,而这种愿望则是社会对经济规范认同的结果,所以英国学派关注的是分配结构如何影响行为体的经济利益与经济认同。简而言之,"历史社会科学"和价值批判是英国学派的方法论基础。

英国学派和美国学派的这些差异,导致双方从20世纪90年代起就相互漠视,互不交流。英国学派抱怨美国学派借口"科学化"实则是将国际政治经济学"经济学化",而美国学派抱怨英国学派太过宽泛而无法将国际政治经济学"科学化",这种状态在2008年全球金融危机之后才有所改变。

(二) 批判理论

真正对美国学派构成挑战的是批判理论,在国际政治经济学中又称批判国际政治经济学(Critical International Political Economy)[①],它通常是指与自由主义和现实主义并驾齐驱的批判学派,包括德国法兰克福学派、意大利葛兰西学派和广义上的马克思主义。尽管英国学派一直持批判精神,而且相对于美国学派对马克思主义更具包容性,但无论是在国际关系研究中,还是在国际政治经济学的发展进程中,英国学派并不能完全等同于批判理论,也无法取代批判理论。

在20世纪70年代国际政治经济学发展的早期阶段,以寻求政治和经济关联性为主要特征的马克思主义作出了不可磨灭的贡献,并因此产生了著名的依附理论和世界体系论。之后,虽然马克思主义在美国国际关系学界被轻视,但在美国学术界之外,马克思主义并没有销声匿迹,而是以批判理论(源自德国法兰克福学派的观念或来自意大利马克思主义者葛兰西的思想)出现在国际关系和国际政治经济学研究中,其中最为引人注目的当推加拿大的罗伯特·考克斯。

作为国际政治经济学批判理论的代表人物,考克斯最有学术影响力的是他对"世界秩序"的分析,这集中体现在他1981年发表的论文《社会力量、国家与

---

① 关于国际政治经济学批判学派的最新成果,可以参阅 Stuart Shields, Ian Bruff and Huw Macartney, eds., *Critical International Political Economy: Dialogue, Debate and Dissensus*, Palgrave, 2011; Alan Cafruny, Leila Simona Talani and Gonzalo Pozo Martin, eds., *The Palgrave Handbook of Critical International Political Economy*, Palgrave, 2016。

世界秩序:超越国际关系理论》①和1987年出版的著作《生产、权力与世界秩序》②。考克斯关于世界秩序的分析主要包括三个方面:

第一,霸权观念与世界秩序。意大利的马克思主义者葛兰西曾将统治力量分为两种,一种是强迫型的力量(如物质力量,特别是军事力量),另一种是认同型的力量(如观念、知识和制度)。考克斯主要继承了葛兰西关于知识权力的思想,并将其应用于对世界秩序的分析。在他看来,霸权国家不仅依靠经济力量来主导世界秩序,而且通过创造有利于霸权国家利益的观念来主导世界秩序,由此,考克斯得出著名的结论,"理论总是为了某些人并服务于某些目的"。

第二,社会力量与世界秩序的动力。受波兰尼提出的市场扩张和社会对抗"双重运动"的影响,考克斯反对以国家为中心构建国际关系,而是强调社会力量在世界秩序变革中的重要性。在考克斯看来,国家不可能处于孤立状态,所以要在更广阔的范围内考虑国际关系中结构和行为体的相互关系。由于国家和社会关系的复杂性,生产方式的国际化会导致不同的社会力量相互讨价还价,并进而塑造国家的本性和世界经济的秩序,所以,在探讨世界秩序时,社会力量是不可忽视的。

第三,历史结构和世界秩序的变革。受沃勒斯坦"资本主义是一种历史体系"观点的影响,考克斯将历史结构用于对世界秩序的分析。在他看来,资本主义世界秩序由于存在着内在的矛盾,因此并不是稳定的,难以避免的经济危机作为一种催化剂催生出反霸权的力量,这些力量最终会导致现存的世界秩序发生根本性的变革。

考克斯对世界秩序的这些分析在国际政治经济学中产生了广泛的影响③,使批判理论的传统在国际政治经济学研究中得以延续,并与国际政治经济学的主流学派(现实主义和自由主义)相抗衡,丰富了国际关系特别是国际政治经济学的研究视角和研究内容。

---

① Robert W. Cox, "Social Forces, States and World Orders: Beyond International Relations Theory," *Millennium: Journal of International Studies*, Vol. 10, No. 2, 1981, pp. 126-155.

② Robert W. Cox, *Production, Power, and World Order: Social Forces in the Making of History*, Columbia University Press, 1987.

③ Anthony Leysens, *The Critical Theory of Robert W. Cox: Fugitive or Guru?*, Palgrave, 2008, pp. 89-144.

相对于国际政治经济学的主流学派,批判理论主要有如下三个基本特征:

第一,关注变革的议题。与美国学派倡导的中层理论假设政治结构和经济社会结构是既定的而且是不变的,因而主张进行问题导向型研究不同,批判学派尤其关注变革,这些变革既包括权力和制度的变革,也包括结构和行为体的变革。批判理论认为,无论是社会经济结构还是政治结构,总是处于不断变化中。所以,只有研究这些变革以及危机,才能真正认识国际关系的发展和实质。

第二,强调理论的目的性。与美国学派倡导的中层理论假设政治结构和经济社会结构是中性的,因而主张寻求因果关系并从经验上进行证实或证伪不同,批判理论认为,理论总是某些人的理论,因而是有目的的,脱离价值判断的经验性研究是有局限的。所以,理论不是简单地理解世界的合作和冲突,而是要揭示那些自称是客观的分析实则反映了哪些具有特权和权力的人的利益。在这一点上,批判理论与英国学派是相通的。

第三,突出历史和结构的分析方法。与美国学派倡导的中层理论过分强调个人主义的理性行为体模型分析不同,批判理论尤其强调历史的分析和社会结构的分析。无论是法兰克福式的批判分析,还是葛兰西式的批判分析,抑或是福柯式的批判分析,强调历史分析和结构分析是批判理论的共同特征。在批判理论看来,国家和市场、制度与权力在历史发展进程中不是相互分离的,而是相互建构的,这种建构既是历史的,也是社会的。因此,离开历史结构和社会力量,是很难理解资本主义体系、全球化、霸权、性别和国家这些现象的。

(三) 超越范式之争:折中主义与实用主义

随着2008年全球金融危机的爆发,世界政治经济的变革以及美国霸权的衰退再次成为国际社会关注的焦点。20世纪90年代以来主导国际政治经济学的开放经济政治学因忽略体系层面的变革而受到批评和质疑,关注体系变革和危机等大问题的批判学派再次回到国际政治经济学研究的视野中。虽然我们不能就此认为国际政治经济学研究回归到20世纪70—80年代的范式之争,但2008年全球金融危机的现实表明,完全忽略范式之争而专注于问题解决的路径是行不通的。正是在这种背景下,折中主义、中间路线甚至实用主义应运而生①,开启了国际政治经济学发展多元化的新进程。对于自由主义、现实主义、建构主义和马克思主义在构建未来国际政治经济学中的重要性,就连倡导开放经济政治学的代表人物弗里登和莱克在其新版的国际政治经济学教科书中也不得不承认:

> 国际政治经济学对这四种视角进行划分在许多方面是有用的,在对经济效用、阶级冲突、地缘战略以及规范的重要性进行评估时尤其如此。然而,这些视角之间的界限通常是模糊的。有些马克思主义者同意现实主义对国家之间冲突的强调,而另外一些马克思主义者同意自由主义对经济利益的重视,还有一些马克思主义者同意建构主义对规范作用的认识。同样,有许多自由主义者喜欢用新古典经济学的工具,就像现实主义者去分析国家之间的战略互动那样,或像马克思主义者去探讨阶级冲突那样。而几乎所有的自由主义者、马克思主义者、现实主义者对建构主义者所强调的规范的作用有着愈来愈深的理解。在我们看来,这些[不同视角的]实质性重叠表明,国际政治经济学学者与其固执地坚守某一种特定的范式,不如认真地思考一下利益、互动和制度是如何激励我们在国际政治经济中观察到的那些行为体、影响它们的选择,以及决定最后的结果。②

折中主义或实用主义不仅表现在理论范式的融合中,也体现在研究路径的选择上。无论是美国学派还是英国学派,不论是正统学派还是批判学派,在方法论上都认为国际政治经济学研究存在如下四种路径:理性选择、制度主义、建构主义和马克思主义。关于这些路径,我们将在本章第二节和第三节进行详细讨论。

国际政治经济学发展的历史进程表明,在国际政治经济学研究中,不仅存在着英国学派与美国学派的差异,而且存在着批判学派和美国学派的不同,即

---

① Peter J. Kazenstein, "Mid-Atlantic: Sitting on the Knife's Sharp Edge," *Review of International Political Economy*, Vol. 16, No. 1, 2009, pp. 122-135; John Ravenhill, "In Search of the Missing Middle," *Review of International Political Economy*, Vol. 15, No. 1, 2008, pp. 18-29; Eric Helleiner, "Division and Dialogue in Anglo-American IPE: A Reluctant Canadian View," *New Political Economy*, Vol. 14, No. 3, 2009, pp. 377-383; Juliet Johnson, Daniel Mügge, Leonard Seabrooke, Cornelia Woll, Ilene Grabel and Kevin P. Gallagher, "The Future of International Political Economy: Introduction to the 20th Anniversary Issue of RIPE," *Review of International Political Economy*, Vol. 20, No. 5, 2013, pp. 1009-1023.

② Jeffry A. Frieden, David A. Lake and J. Lawrence Broz, eds., *International Political Economy: Perspectives on Global Power and Wealth*, 6th ed., W. W. Norton & Company, 2017, pp. 12-13.

使是在所谓的美国学派内部,也一直存在着自由主义与现实主义、理性主义与建构主义的争论,这就要求我们在构建未来的国际政治经济学时,允许理论范式的多元化和研究方法的多样性,唯有通过对话和交流,国际政治经济学才能真正成为一门全球学者共同参与的学科。

第二节 国内政治与全球政治经济:政策偏好与制度选择

20世纪70年代以来,国际政治经济学就一直围绕着两个既相互关联又各自独立的领域展开研究:一个是国内政治和国际政治经济之间的相互作用,另一个是国际体系。① 冷战的结束以及全球化的深入,对这两个研究领域的一般理论趋向和具体的研究纲领均产生了广泛的影响。

在国际政治经济学半个多世纪的发展历程中,关于国内政治和国际政治经济相互作用的研究,主要体现在对国家对外经济政策的分析上,并因此形成四种具体的研究路径:以体系为中心的研究路径、以国家为中心的研究路径、以社会为中心的研究路径和以行业间生产要素流动为中心的研究路径。② 前两种研究路径主要是基于"国家是单一的行为体"的假设来研究国家的对外经济政策,是20世纪70—80年代第一代国际政治经济学学者普遍采用的,并被90年代以来的第二代国际政治经济学学者不断深化;而后两种研究路径则将国家这个"黑匣子"打开,立足于国家和社会的关系来研究对外经济政策,是90年代中期以来第二代国际政治经济学者普遍推崇的。

一、以体系为中心的研究路径

在第一代国际政治经济学学者中,无论是继承自由主义和现实主义学术传统,还是继承马克思主义传统,以体系为中心(system-centric approach)来研究国

---

① 〔美〕彼得·卡赞斯坦、罗伯特·基欧汉、斯蒂芬·克拉斯纳编:《世界政治理论的探索与争鸣》,第5页。

② 关于前三种路径富有总结性的经典文献当推 G. John Ikenberry, David A. Lake and Michael Mastanduno, "Introduction: Approaches to Explaining American Foreign Economic Policy," *International Organization*, Vol. 42, No. 1, Winter 1988. 而关于最后一种研究路径的富有影响的成果则是 Ronald Rogowski, *Commerce and Coalitions: How Trade Affects Domestic Political Alignments*, Princeton University Press, 1989; Michael J. Hiscox, *International Trade and Political Conflict: Commerce, Coalitions and Mobility*, Princeton University Press, 2001。

家的对外经济政策是非常普遍的。尽管他们在具体的主张上不同,但在强调国际体系或世界体系的重要性上是完全一致的。

以体系为中心的研究路径主要有如下三个最为基本的假设:

(1)世界经济体系是有结构的。世界经济体系是在历史中形成的,不管如何演变,其结构是既定的,这种结构最为明显的特征是分为核心区和边缘区。至于哪些国家处于核心区,哪些国家处于边缘区,则是经常变化的。

(2)国家是单一行为体,在世界经济体系中,国家是有富裕和贫穷之分的。但问及为何国家会有富裕和贫穷之分时,继承不同学术传统的学者会做出不同的回答:自由主义者认为,这是由比较优势决定的;现实主义者认为,这是由这些国家采取的不同的国家战略导致的;马克思主义认为,这是因为富国和穷国之间的不等价交换。

(3)体系决定国家的对外经济政策选择。一个国家采取什么样的对外经济政策,是由该国在世界经济体系结构中的地位决定的。一般而言,拥有比较优势的国家通常处于世界经济体系的核心区,因此倡导自由贸易;而没有比较优势的国家通常处于世界经济体系的边缘区,因此推行贸易保护。

二、以国家为中心的研究路径

以国家为中心(state-centric approach)来研究对外经济政策,在国际政治经济学中一直占据着主导地位。这种以国家为中心的研究路径起源于欧洲社会科学学者,特别是马克斯·韦伯。在美国政治学界,将国家作为一个重要变量并置于国际关系研究中,主要始于20世纪80年代学者们用以解释发达国家和发展中国家的对外经济政策的差异性,其代表人物有克拉斯纳、卡赞斯坦以及吉尔平等国家主义理论的倡导者。这种研究路径的关键是如何定义国家,在这个问题上,学者们存在着很大分歧。定义可以归为三类:第一类是将国家视为一种组织结构或制度安排;第二类是将国家看作一个行为体;第三类是将国家看作一种由官员和制度组成的政治结构。因为国家定义的差异,学者们在分析国家的对外经济政策时侧重点也不同。

第一类定义将国家视为一种组织结构或制度安排,其研究的重点是制度或组织惯性。国家作为一种组织结构或制度安排,是历史形成的,因而是不可逆的。这种组织结构或制度安排一旦形成,就有某种制度惯性或组织惯性,且不会因为某一个体或某种观念而发生大的转折。这种惯性会对一个国家对外政策的形成产生影响。因此,研究一个国家的对外经济政策的形成,必须首先研究国家作为一种组织或制度的特点。

第二类定义将国家看作一个行为体,其研究的重点是政治家或行政官员的偏好。这种研究路径有一个最为基本的假设:在一个国家的对外经济政策的决策过程中,也许存在着许多参与者,但相对于其他参与者,唯有政治家和行政官员能够将国家利益而不是某种特殊利益作为优先考虑的目标。因此,如果将对外经济政策作为国家利益的组成部分,就应当首先研究政治家或行政官员在对外经济政策的决策过程中的偏好。

第三类定义将国家看作一种由官员和制度组成的国内政治结构,其研究的重点是国家的制度特性如何影响对外经济政策的决策过程以及官员执行政策的能力。这种研究路径的基本假设是:国家并不总是相同的,即使同为民主国家,各国的国内政治结构也是不同的,这一方面是由于国家赖以产生的社会不同,另一方面是由于国家和社会的关系不同。这使得国家在对外经济政策的决策过程中,无论是作为一种制度还是作为一个行为体,所扮演的角色很不相同,有的国家扮演着"强"角色,有的国家扮演着"弱"角色,而"强"国家与"弱"国家所制定的对外经济政策是完全不同的。

三、以社会为中心的研究路径

与以国家为中心的研究路径侧重考察官僚政治结构对一个国家对外经济政策的影响不同的是,20世纪80年代以后出现的以社会为中心的研究路径(society-centric approach)主要偏重考察不同的利益群体如何通过相互竞争或联盟来影响一个国家的对外经济政策。这种研究路径最早始于谢茨施耐德(E. E. Schattschneider)1935年出版的《政治、压力和关税》20世纪80年代以来不断被提及的是彼得·古雷维奇(Peter Gourevitch)1986年出版的《艰难时世下的政治》[1]和罗纳德·罗戈夫斯基(Ronald Rogowski)1989年出版的《商业和联盟》[2],前者深化了阶级联盟研究路径,后者拓展了行业联盟研究路径。

以社会为中心的研究路径主要有如下两个基本假设:

---

[1] Peter Gourevitch, *Politics in Hard Times: Comparative Responses to International Economic Crises*, Cornell University Press, 1986.

[2] Ronald Rogowski, *Commerce and Coalitions: How Trade Affects Domestic Political Alignments*, 1989.

（1）国家利益不是抽象的，国家利益实际上反映了国内不同政治集团和社会力量的利益，因此，社会在国家的对外经济政策制定中起着决定性的作用。在国家的对外经济政策制定过程中，政府官员和制度本身都不起决定性作用，特别是在民主国家，我们既不能设想政府官员的利益偏好是一致的，也不能假设制度本身是脱离社会力量的。因为，选举本身就表明政府或制度的偏好受制于社会力量。

（2）对外经济政策是社会中不同的政治集团和社会利益群体博弈的结果。社会不是铁板一块，社会是由不同的政治集团（比如政党）和不同的社会利益群体（例如行业协会、劳工组织、消费者协会等）组成的。在一个国家的对外经济政策制定的过程中，这些利益不同的政治集团和社会群体总是通过竞争或联盟努力让自己的利益反映在对外经济政策中。

四、以行业间生产要素流动为中心的研究路径

无论是以国家为中心的研究路径，还是以社会为中心的研究路径，在某种意义上都是考察一种相对静态的对外经济政策，因为它们都假设国内的利益集团（阶级联盟和行业联盟）是既定的，因而也是稳定的。但这两种研究路径都无法解释，为什么在制定经济政策的过程中，有时会出现阶级联盟，而有时又会出现行业联盟。

20世纪90年代中期以来，随着产业间贸易和产业内贸易的盛行，第二代国际政治经济学学者开始关注这一问题，他们以行业间生产要素（土地、劳动力和资本）流动为中心，研究生产要素在同一国家不同行业之间以及不同国家的行业之间的流动对政治联盟的影响程度，由此出现了以行业间生产要素流动为中心的研究路径（inter-industry production factor mobility），从而将国际政治经济学在对外贸易政策方面的研究向前推进了一大步。这种研究路径的主要代表人物是迈克尔·希斯考克斯（Michael J. Hiscox），其代表作是2001年出版的《国际贸易与政治冲突——贸易、联盟与要素流动程度》[①]。

---

① Michael J. Hiscox, *International Trade and Political Conflict: Commerce, Coalitions and Mobility*, 2001.

以行业间生产要素流动为中心的研究路径主要基于如下三个基本假设：

(1) 政治联盟在贸易政策的制定过程中处于核心地位。贸易会导致社会分化，从而引发国内政治冲突。在贸易政治的研究中，一般将贸易引发的社会分化分为两类：一类是基于行业的社会分化。这类研究明确地假设以行业为基础的政治联盟，关注行业集团（又称特殊利益集团）与劳工组织在贸易政策制定过程中的冲突，其代表人物是前面提及的古雷维奇。关于这种基于行业的社会分化对对外贸易政策的影响，被引用的经典证据是，1930 年美国国会在行业集团游说下通过的《斯穆特-霍利关税法案》。一类是基于阶级的社会分化。这类研究明确地假设以阶级为基础的联盟，主要关注土地、劳动力和资本的所有者在贸易政策制定中的冲突，其代表人物是罗戈夫斯基。关于这种基于阶级的分化对对外贸易政策的影响，为学者们广泛援引的经验证据是，19 世纪英国工人与资本家联合起来，与执政的保守党和土地所有者进行斗争，以支持更加自由的贸易，反对谷物法。

(2) 政治联盟并不是稳定的，政治联盟在同一国家的不同历史时期以及同一历史时期的不同国家存在着很大差异。在现实的对外贸易政策制定过程中，政治联盟并不完全是以行业为基础的联盟或以阶级为基础的联盟。政治学者们曾通过研究选举来探讨相关国家的政治联盟状况。在关于选举（比例代表制度或直接选举）是促使政治家迎合广泛的利益（阶级利益）还是迎合特定利益（行业利益）的问题上，学者们得出的结论是，尽管可以假定在对外贸易政策制定的过程中，存在以行业为基础的联盟，但更为基本的却是阶级联盟。在任何国家和社会中，行业联盟和阶级联盟并不完全是固定的，随着利益分配的变化，二者有时是可以转换的。

(3) 贸易政策中政治联盟的类型主要取决于行业间生产要素流动的程度。根据行业间生产要素流动的程度来确定贸易政策中政治联盟的类型（是行业联盟还是阶级联盟）是第二代国际政治经济学学者迈克尔·希斯考克斯的学术贡献。在他看来，经济学理论中无论是假设生产要素完全流动的施托尔珀-萨缪尔森模型，还是假设生产要素完全不流动的李嘉图-维纳模型，都太极端。在现实中，生产要素在不同的行业流动的程度是不同的。通过对生产要素在历史上六个国家不同行业的流动程度的比较，希斯考克斯发现，"在贸易政治中形成什么类型的政治联盟，很大程度上取决于一个基本的经济特征：生产要素在行业间流动的程度。行业间生产要素流动程度高的时候，更容易出现以阶级为基础的联盟;而行业间生产要素流动程度低的时候,则更容易出现以行业为基础的联盟"①。

以上基于对国家对外经济政策的分析而发展出的四种研究路径,是经过两代国际政治经济学学者近40年的学术努力逐渐形成的,反映了国际政治经济学在国内政治和国际政治经济之间的相互作用研究方面的不断深入。在运用这四种研究路径时,有两点尤其值得我们注意:

第一,国家对外经济政策决策过程的复杂性。国家是决策过程的主要行为体,经济政策的外部性决定了任何国家的对外经济政策必然会受到其所处的国际体系的影响,同时还受到国家自身组织结构的影响,以体系为中心的路径和以国家为中心的路径正好解释了这一点,但以体系为中心的路径无法解释为什么处于同样体系的国家会有不同的对外经济政策,以国家为中心的路径无法解释国家对外经济政策是如何形成的。在对外经济政策的制定过程中,尽管国家是主要行为体,但不是唯一的行为体,任何国家对外经济政策的制定都会受到阶级联盟和行业联盟的影响,以社会为中心的路径和以行业间生产要素流动为中心的路径分别认识到了这一点,但以社会为中心的路径无法解释为什么阶级联盟在同一国家的不同历史时期是不同的,以行业间生产要素流动为中心的路径无法解释跨国之间的行业联盟或跨国之间的阶级联盟是如何转化的。所以,四种研究路径的划分,只是为理论研究方便之用,任何一种研究路径都有其自身的优点和局限性。

第二,国家对外经济政策中问题领域的优先性。以上研究国家对外经济政策的四种路径的合理性和局限性告诫我们,在分析任何国家的对外经济政策时,不但要看到国家对外经济政策决策过程的复杂性,还要关注对外经济政策中的具体问题领域。在不同的问题领域,政治—经济关联性、国家—社会关联性和国内—国际关联性的程度以及表现并不是完全相同的。比如在贸易领域,由于世界贸易体系是比较完善的,国内的行业和阶级受贸易的影响也是比较明确的,因此,运用任何一种研究路径都是比较容易理解的,至于具体运用哪一种,主要取决于具体的国家。在金融货币领域,由于国际金融货币体系是不稳定的,国内阶级和社会联盟也不是非常明显,因此,任何一种规范的研究路径都需要谨慎运用。在直接投资领域,国际多边投资协定远没有贸易和货币领域的

---

① Michael J. Hiscox, *International Trade and Political Conflict: Commerce, Coalitions and Mobility*, p. 161.

国际协定完善,跨国公司不但影响东道国的行业联盟和阶级联盟,而且也影响母国的行业联盟和阶级联盟,因此,即使是运用以行业间生产要素流动为中心的路径,也要顾及不同国家宏观经济政策中优先考虑的产业。事实上,在现实的国家对外经济政策的制定过程中,很难将世界经济体系、国家、社会和生产要素完全割裂,但在具体问题领域的分析中,由于不同的国家有不同的政策偏好,学者们或政策制定者们可以将其中之一作为主要变量来分析具体的国家对外经济政策。

第三节 国际体系:机制/制度设计与战略选择

国际政治经济学关于国际体系的思考,主要体现在对国际机制/国际制度的研究上。20世纪90年代以来第二代国际政治经济学学者关于国际制度/国际机制的研究具有三个基本趋向:第一,在理性选择的基础上进一步加强国际体系中国家之间相互合作的研究,以此区别于现实主义/新现实主义对国际体系中国家之间冲突的过分关注;第二,通过国内政治和国际政治经济的关联性来研究国际制度/国际机制,寻求国际制度或国际机制的国内政治根源,由此发展出新自由制度主义,以此区别于新自由主义;第三,通过运用经济学的分析工具将国际体系中的国际制度/国际机制的设计以及相关国家的战略选择变得具有可操作性,以此有别于第一代国际政治经济学学者对国际机制/国际制度的研究主要停留在概念的争论上。

一、国际体系面临的困境:共同利益困境和共同失利困境

在全球化背景下,国际体系的明显特征是:一方面,随着资本、技术、劳动力这些生产要素在全球的流动,国家之间在贸易、金融与货币、投资以及环境等领域的相互依存度越来越高,这就要求国家之间必须加强合作;另一方面,每个国家的国内政治和社会结构的不同以及经济发展水平的差异,不但导致各个国家的利益和偏好有所不同,而且也影响到各个国家参与全球化的成本和收益。所以,如何避免或者减少国家之间的冲突,加强合作,成为学术界和政策制定者们关注的主要议题。

在国际体系中,国家间合作主要面临两种挑战:共同利益困境和共同失利困境。

(一) 共同利益困境

国际体系中的共同利益困境(dilemmas of common interest)是由相关国家的"免费搭车"行为造成的。在国际体系中,国家间合作面临的第一个挑战是公共物品的成本承担问题。所谓公共物品(public goods),是指非竞争性和非排他性的物品。非竞争性是指使用者对该物品的消费并不减少它对别的使用者的供应;非排他性是使用者不能被排斥在对该物品的消费之外。这些特征使得对公共物品的消费进行收费是不可能的,因而私人(或单个国家)提供者就没有提供这些物品的积极性。在国际体系中,公共物品既包括富有效率的国际市场、运转良好的国际秩序和科学研究,也包括具体领域的协议和协定。

公共物品的非竞争性和非排他性使得公共物品很容易受到免费搭车的挑战。有的国家出于自身利益的考虑,不愿意为公共物品的建设付出任何代价,而是愿意等待其他国家采取行动来建立和维持公共物品。当知道其他国家将会如何去做时,几乎所有的国家都不愿做那种对其他国家有利而自己需付出成本的事情。最后的结果必然是,在一个没有全球政府巨大财力支持的国际体系中,国际合作、世界和平、基础研究、货币稳定、国际市场进入和世界发展这些必需的公共物品供给不足,学术界将这种困境称为共同利益困境。其中,典型的案例就是人们所熟悉的"公地悲剧"(tragedy of the commons),即每一个牧人按自己的私利行事,多放养属于自己的牛羊,导致公共放牧过度,牧场成了沙漠。免费搭车使得国际体系陷入一种两难境地:要么某个国家心甘情愿地为国际体系提供公共物品,并允许其他国家免费搭车;要么为了抵制其他国家免费搭车而拒绝为国际体系提供公共物品。

(二) 共同失利困境

国际体系中的共同失利困境(dilemmas of common aversion)是由相关国家的利益分配争执造成的。在国际体系中,国家间合作面临的第二个挑战是利益分配问题。尽管几乎所有的国家都认识到合作的重要性,但理性的国家基于成本和收益的考虑,在合作可能带来的收益和损失的分配上并不是一致的。这种不一致通常会造成共同失利的困境。

共同失利困境是指,在国际体系中,假如每一个国家都理性地追求本国的国家利益,最终将造成一种使所有国家处境更坏的情势。然而,没有一个行为者愿意单独消除这些坏事,这种坏事通常被称作国际体系中的公共坏事(public bads)。

公共物品(好事)在国际体系中由于面临免费搭车的挑战而供应不足,国际体系中的公共坏事却由于各国在利益分配上的争执而屡见不鲜。在当代国际体系中,这样的公共坏事举不胜举,如竞争性的保护主义、以邻为壑的通货膨胀或通货紧缩、通货膨胀的扩散、投资战、军备竞赛、全球性的大气和海水污染、捕鱼过度以及对没有明确财产权归属的可耗竭资源的过分利用等。

无论是共同利益困境,还是共同失利困境,都源于民族国家对各自利益的追求。为了让所有行为体得到共同希望的结果(共同利益),避免出现共同不希望的结果(共同失利),各国需要建立和加强国际机制/制度,进行合作与协调,从而避免公共物品的减少和公共坏事的增加。

二、理性选择、机制/制度与国际合作

对于如何摆脱国际体系所面临的困境,几乎所有的国际关系学者都认为,应当加强合作,在理性选择的基础上进行机制和制度的建设,正是这种共识使得国际政治经济学在20世纪90年代以后飞速发展,形成了理性主义主导的局面。

(一) 理性选择

理性选择分析最早起源于20世纪50—60年代经济学领域分析方法的变革,其经典性的著作主要有经济学家安东尼·唐斯(Anthony Downs)的《民主的经济理论》、政治学家威廉·赖克(William Riker)的《政治联盟理论》,以及经济学家曼瑟尔·奥尔森(Mancur Olson)的《集体行动的逻辑》等。由于奥尔森在《集体行动的逻辑》中对北大西洋公约组织的联盟行为所做的经济分析涉及的核心问题是公共物品,所以这种方法也被称为公共选择方法(public choice)。这种方法假定行为体都是理性的,所以通常被称为理性选择方法。

理性选择分析或公共选择分析主要基于如下三个基本假设[①]:

---

① George T. Crane and Abla Amawi, eds., *The Theoretical Evolution of International Political Economy: A Reader*, Oxford University Press, 1991, pp. 220-221.

第一,个人是分析的基本单位和逻辑起点。这种分析假定个人对刺激所做出的反应是理性的,即每个人在既定约束条件下都在追求效用最大化,因而个体的行为是可以预测的。

第二,个人的行为可以通过分析其所面临的约束条件的变化来解释。也就是说,个人的偏好被假定是持续的,而且个人被假定能够依其偏好比较选择各种可相互替代的方案,实现最优选择。

第三,理性选择或公共选择强调分析的严密性和逻辑性,即任何理论假设和命题都可以在实际研究中得以检验,也就是说结论必须产生一个能经受经济或政治检验的命题。

20世纪80年代以来,理性选择作为一种分析方法被引入国际政治经济学研究并被广泛应用。新自由主义基于理性选择对国际体系中的国际制度、国际机制、国际组织、公共物品、联盟和搭便车现象、关税和贸易限制进行了分析;而新现实主义则基于理性选择对国际体系中的安全合作和安全困境进行了深入研究。

(二) 机制/制度:定义与特征

如果说国家是理性的这一假设为国际体系中国家之间的合作提供了基础,那么机制和制度建设则为解决国际体系中的合作困境提供了一条路径。

对于国际体系中的机制(regimes)和制度(institutions),最早在理论上给予清晰表述的有唐纳德·帕查拉(Donald J. Puchala)、雷蒙德·霍普金斯[1]和克拉斯纳[2]。不同的是,前两者是从自由主义的角度对国际机制进行了表述,而后者则更倾向于从现实主义的角度来谈国际机制。国际学术界普遍认可的是克拉斯纳在其主编出版的《国际机制》中给出的总结性定义:

> 国际机制,是指在国际关系的某一个既定的[问题]领域内,行为体期望达成的一系列明确的或不明确的原则(principles)、规范(norms)、规则(rules)以及决策程序(decision-making procedures)。其中,原则是指对事

---

[1] 可以参阅 Donald J. Puchala and Raymond F. Hopkins, "International Regimes: Lessons from Inductive Analysis," *International Organization*, Vol. 36, No. 2, Spring 1982, pp. 245-275。

[2] Stephen D. Krasner, "Transforming International Regimes: What the Third World Wants and Why," *International Studies Quarterly*, Vol. 25, No. 1, March 1981, pp. 119-148.

实、因果关系以及诚实的信仰;规范是指以权利和义务方式确立的行为标准;规则是指对行动的专门规定和禁止;决策程序则是指流行的决定和执行集体选择的习惯。①

一种国际机制通常由四个定义性要素组成②:(1)原则,即关于世界如何运行的内在一致的理论陈述。如关税及贸易总协定基于自由主义的原则而断言,自由贸易将使全球福利最大化。(2)规范,即关于行为的一般标准,具体地说就是关于国家的权利和义务的。比如在关税及贸易总协定中,规范是指降低关税以及非关税壁垒直至消除。(3)规则。原则和规范是定义一种机制的特征的两个核心要素,而规则的一般性相对低一些,规则通常是用来调和章程和规则之间的矛盾或冲突的。比如在关税及贸易总协定中,发展中国家通常提出一些规则,以此将发展中国家与发达国家区别开来。(4)决策程序,即是为行为开列的特殊方案。当一种机制得以加强和扩展时,这些具体的特殊的方案通常可以改变。比如在关税及贸易总协定的历史中,尽管原则和规范一直未变,但规则和程序却在不断地修正。

(三) 机制/制度与国际合作

在假设国家是理性的条件之下,机制/制度为何能阻止国家我行我素的政策行为,促进国家之间的合作呢？一般而言,国际机制/国际制度在国际合作中主要有如下三种功能：

第一,机制/制度具有强制功能。机制/制度的首要功能是通过使参与者的行为合法化而限制参与者的行为。国际体系中的公共物品具有非排他性,这就很容易让参与国具有免费搭车的动机。机制/制度作为合作的行为体共同产生的第三方,可以通过强制性的协定或者协议阻止行为体双方的相互背叛或者免费搭车行为。也就是说,机制/制度可以通过积极的措施鼓励成员国遵守业已建立的规章、规则、规定和程序,如国际货币基金组织曾为处于金融危机中的韩国和泰国提供贷款,鼓励韩国政府和泰国政府接受国际货币基金组织的政策建议;机制/制度也可以通过惩罚性的措施对那些违反业已建立的规章、规则、规

---

① Stephen D. Krasner, ed., *International Regimes*, Cornell University Press, 1983, p. 2.
② John Baylis and Steve Smith, eds., *The Globalization of World Politics: An Introduction to International Relations*, Oxford University Press, 2001, p. 373.

定和程序的成员国进行惩处,如世界贸易组织的争端解决机制主要是基于国际协定来解决各种争端,防止或阻止各种形式的贸易保护主义。机制/制度的强制功能要求参与者权利与义务并重。

第二,机制/制度具有监督功能。如何进行利益分配是国际体系中几乎所有国家都关心的问题。一般而言,国际体系中的利益分配主要有四种方式,即共同获利、共同失利、零和利益(一方获利意味着另一方失利)以及和谐利益(一方能够完全主导利益分配)。在这四种利益分配方式中,后两种分配方式主要依靠国家的实力,前两种方式无法凭借国家实力,需要借助国家间的合作。机制/制度作为第三方,由于具有监督功能,可以帮助成员国解决利益分配中的冲突。机制/制度可以通过设定适当的议事日程来了解成员国各自偏好的结果,使得双方都能顾及对方的利益偏好,如在关税及贸易总协定的东京回合谈判中,尽管发达国家和发展中国家在非关税壁垒上的主张不同,但通过协商,最终在非关税壁垒的减让上达成一致。机制/制度也可以针对具体的问题领域来建议成本如何分摊,防止双方因成本分摊的争论而共同失利。所以,机制/制度虽然并不能解决国际体系中所有的利益分配问题,但机制/制度的监督功能确实可以帮助解决国际体系中国家因在利益分配上的争执而可能共同失利的困境。

第三,机制/制度具有预期和补偿功能。世界政治的无政府状态使得国家间的合作存在着许多不确定性。按照基欧汉的研究[①],这种不确定性主要有三个来源:一是信息不对称,某些行为体可能比其他行为体对一种形势所占有的信息更多;二是道德风险,某些行为体可能因为短期利益去追求冒险而不是规避风险的行为;三是不负责任的行为,某些行为体总是做出无法兑现的承诺。国际体系中这些不确定性使得许多国家对合作信心不足,因而在政策上举棋不定,摇摆不定。机制的建立或者制度安排虽然不能完全消除这些不确定性,但可以减少这些不确定性。机制/制度所制定的规则使得预期的领域缩小了,不确定性就相应降低了;机制/制度促进了信息的广泛交流,所以分配的不对称性得到了缓解;机制/制度关于各种特定议题的具体规定加大了不负责任的行为的成本;机制/制度的持续存在使得合作的长期利润可用来补偿即时成本,从而缓解道德风险。总之,机制/制度可以通过资源共享消除国际合作中由不确

[①] 〔美〕罗伯特·基欧汉:《霸权之后:世界政治经济中的合作与纷争》,苏长和、信强、何曜译,上海人民出版社2006年版,第94—97页。

定性导致的对合作信心不足的问题,如世界银行通过对发展中国家基础设施的援助帮助它们消除贫困;机制/制度也可以通过长期地扩大共享资源鼓励国家之间的合作,如东亚地区相关国家(东盟、中国、日本和韩国)在2009年2月协定的"清迈协议多边化"中,将地区外汇储备基金规模从800亿美元提高到1200亿美元,以鼓励东亚国家在地区货币和金融领域的合作。

三、制度设计、战略互动与博弈论

20世纪70—80年代第一代国际政治经济学学者对理性选择和国际合作(集中在国际机制和国际制度)主要停留在借鉴(从经济学那里)和描述上,进入90年代中期以后,第二代国际政治经济学学者则一直在努力将理性选择分析变成一种可操作的分析工具。这种分析工具的运用不但回击了新现实主义对新自由主义在现实中不可操作的指责,而且将新自由主义在理论上推进了一大步,从而使得自由制度主义在国际关系理论中鹤立鸡群。

与第一代国际政治经济学学者相比,第二代国际政治经济学学者在国际体系研究方面最为引人注目的进展,就是将博弈论这种分析工具引入机制/制度的设计和谈判,使得机制/制度具有可操作性和可检验性。

(一) 决策选择:单独决策和相互依存决策

理性行为体通常会根据其所处的环境和条件进行决策选择,而行为体的决策选择一般可以分为两种:一种是单独决策(individual decision-making);另一种则是根据其他行为体的可能性回应进行决策,这种决策通常被称为相互依存的决策(interdependent decision-making)。

单独决策主要是行为体根据自己所掌握的信息进行决策,这种决策主要有如下三种:第一种是在确定条件之下的决策,即在做决策之前行为体对具体情况十分清楚,如决策者事先知道A国侵犯B国,B国一定会反击,那么在做决策时就可以预先考虑到这一后果。第二种是在一定风险条件下决策,即在决策之前只知道一个情况出现的概率,并不能确定其发生的必然性,即如果A国侵犯B国,B国有90%的可能性反击,10%的可能性不反击,那么做决策之前决策者只知道一个概率很高的可能性事件,但不知道确定的结果如何。第三种是在不确定条件下决策,即A国不知道侵犯B国之后B国会如何反应,这是在没有任何信息的情况下进行决策。解决这个问题有两种方式:一是创造特定情节;另一种方式是遵循德尔菲法(Delphi technique)①,可以降低在不确定条件下的风险性。

相互依存的决策是指,具有不同偏好的行为体在不同的相互依存环境和条件下做出行为选择的过程。博弈论作为一种分析工具,主要用于相互依存的选择过程和对结果的预期。

(二)博弈论的基本概念

一般而言,博弈论有一个基本假设、三个基本要素和两种状态。

一个基本假设:共同知识(common knowledge)或共有知识(mutual knowledge)是博弈论的一个最为基本的假设,用来理解博弈的均衡如何依赖于信息结构。共同知识作为一个概念,首先由美国哲学家大卫·刘易斯(David K. Lewis)于1969年提出,1976年以色列数学家罗伯特·奥曼(Robert J. Aumann)第一次将这一概念运用于博弈论。根据奥曼的定义,"如果我们称一个事件为两个人A和B之间的'共同知识',那就意味着,不仅A和B都知道该事件,而且A知道B知道这一事件,B知道A知道这一事件,A知道B知道A知道这一事件,以此类推。例如,当某一事件发生时,A和B都在现场,且彼此看到对方在场,那么这一事件就是共同知识。……如果A和B相互告知各自的经验知识并彼此信任,那么这些经验知识就是共同知识。如果只是假设人们知道彼此的经验知识,那么上述结论就不正确"②。用相对通俗的语言来说,所谓共同知识是指,"所有参与人知道,所有参与人知道所有参与人知道,所有参与人知道所有参与人知道所有参与人知道……"的知识③。

三个基本要素:行为体、效用和战略是构成博弈论的三个基本要素。行为体(actors/players)是指一个博弈中的决策主体,其目的是根据自己的偏好,通过选择性的行为(战略)让自己的效用最大化。行为体可以是自然人,也可以是团体,如企业、国家以及国际组织。效用(utility)是指行为体对自己所得利益的估

---

① 德尔菲法是依据系统的程序,采用专家匿名发表意见的方式,即专家之间不得互相讨论,不发生横向联系,只能与调查人员发生关系,通过多轮次调查了解专家对问卷所提问题的看法,经过反复征询、归纳、修改,最后汇总成专家基本一致的看法,作为预测的结果。这种方法具有广泛的代表性,较为可靠。

② Robert J. Aumann, "Agreeing to Disagree," *The Annals of Statistics*, Vol. 4, No. 6, 1976, pp. 1236-1239.

③ 张维迎:《博弈论与信息经济学》,上海人民出版社1996年版,第49页。

计。战略(strategy)是指行为体在给定信息集的情况下的行动规则,它规定行为体在什么时候选择什么行动。

两种状态:纳什均衡和帕累托最优是博弈达成的两种状态。纳什均衡(Nash equilibrium)假设有 n 个行为体参与博弈,在给定其他人策略的条件下,每个行为体都会选择自己的最优策略(个人最优策略可能依赖也可能不依赖他人的策略),从而使自身效用最大化。所有行为体的策略会构成一个策略组合(strategy profile)。纳什均衡指的是这样一种策略组合,这种策略组合由所有参与者的最优策略组成。即在给定别人策略的情况下,没有人有足够理由打破这种均衡。简言之,纳什均衡就是在给定所有其他行为体选择的情况下,没有人能通过选择另外一种策略来获得更大的利益。

帕累托最优(Pareto optimality),亦称帕累托效率(Pareto efficiency),是指资源分配的一种状态,即在不使任何人境况变坏的情况下,不可能出现再使某些人的处境变好的状态。帕累托改进(Pareto improvement)是指,一种变化在没有使任何人境况变坏的情况下使得至少一个人的效用变得更好。一方面,帕累托最优是指没有进行帕累托改进余地的状态;另一方面,帕累托改进是达到帕累托最优的路径和方法。简言之,有两个行为体 A 和 B,如果改变策略,能在不损害 B 的利益的情况下改善 A 的利益,则称为帕累托改进;如果在某一个状态下,不存在帕累托改进,则称当前状态为帕累托最优。

(三)博弈模型与制度设计

博弈论的产生和不断完善,不但推动了经济学的研究,而且改变了整个社会科学研究的思维。在国际关系领域,博弈论不但使得国际合作在理论上成为可能,而且使得国际合作在现实中变得与冲突研究一样具有可操作性。在这里,我们仅就国际政治经济学界广泛使用且最为典型的四种博弈模型进行简要的梳理和介绍。[①]

[①] 这里主要参考 Pierre Allan and Christian Schmidt, eds., *Game Theory and International Relations: Preference, Information and Empirical Evidence*, Edward Elgar, 1994; Andreas Hasenclever, Peter Mayer and Volker Rittberger, *Theories of International Regimes*, Cambridge University Press, 2009; John Ravenhill, ed., *Global Political Economy*, 2nd ed., Oxford University Press, 2008, pp. 73—80; David A. Baldwin, ed., *Neorealism and Neoliberalism: The Contemporary Debate*, pp. 29—115;〔美〕莉萨·马丁、贝思·西蒙斯编:《国际制度》,第 35—64 页。

1. 协作博弈

协作博弈(collaboration game)的经典模型是囚徒困境博弈(Prisoner's Dilemma),该模型是国际关系学界研究得最为透彻、应用最为广泛的一种博弈模型。在囚徒困境的经典博弈模型(参见图7-1)中,A和B分别代表两个行为体(罪犯),S1(不招供罪行)和S2(招供罪行)代表他们的行为战略选择。他们的利益在于所受惩罚的轻重程度,其中4表示利益最大(所受惩罚最轻),1表示利益最小(所受惩罚最严重)。囚徒困境的经典模型描述的是这样一种情况:两个罪犯(A和B)共同参与了一项犯罪活动,在没有串供可能性的情况下,各自选择什么样的战略来面对法官的审问,从而达到惩罚最轻的效用。法官告诉他们每个人的规则是,如果他们招供,将减轻处罚。

协作博弈战略选择的结果是:如果双方的战略选择不一致(例如A选择S1,B选择S2;或者A选择S2,B选择S1),那么结果是一方自身利益最大化,而对方的利益受到损失(1,4或者4,1),这样必然导致受损的一方改变战略。如果双方的战略选择一致(例如A和B都选择S1或都选择S2),那么结果是双方的利益效用相同(3,3或者2,2)。如果A和B双方都选择S1,其效用(3,3)对双方都是最优,但是这种结果很不稳定,因为任何一方都可以通过改变自己的战略达到利益最大化,这样就回到损害对方的局面中(4,1或者1,4);如果A和B双方都选择S2,其结果(2,2)最为稳定,因为任何一方都不可能通过改变自己的战略使得自己获益更大(纳什均衡),但是这种战略选择的结果对双方而言只能是次优。

		B	
		S1	S2
A	S1	3,3(P)	1,4
	S2	4,1	2,2(N)

注:S1表示不招供,S2表示招供,P表示帕累托最优,N表示纳什均衡。

图7-1 协作博弈

协作博弈有两个基本特征:第一,协作博弈的均衡结果对于双方而言都是次优,双方都想摆脱次优的困境,所以不合作就成为博弈双方主导的战略;第二,在囚徒困境中,因为任何一方都有通过欺骗对方使得自己的利益最大化的可能,所以双方存在着背叛和搭便车的可能性。

协作博弈对于我们研究国际关系有两点重要启示:第一,国家之间的合作是解决囚徒困境的重要途径,而在合作中,任何国家都需要获得有关其他国家行为的广泛信息。如果没有信息透明的机制或制度做保证,每个国家出于自身利益最大化的考虑,必然采取不合作的战略,最终的结果只能是次优。第二,解决国家之间的协作博弈难题必须有强有力的正式的机制或制度做保障,通过建立较强的机制或制度,使得背叛行为付出高昂的代价。如果没有强有力的机制或制度制的监督以及强制力,就很难避免自利国家的背叛行为或者免费搭车行为。

在国际关系研究中,协作博弈被广泛地应用于分析国际体系中的集体行动问题或公共物品问题。在国际政治经济学中,协作博弈通常被运用于两种问题的分析:一种是互惠贸易自由化;一种是资源的集体管理。

在国际体系中,互惠贸易经常陷入囚徒困境:几乎所有国家都想从开放贸易中受益,但同时不想开放本国国内市场。这就使得这些国家只要有机会,就背叛对自由贸易的承诺,出现搭便车行为。解决这种困境的重要途径就是加强互惠贸易机制的建设,通过赋予机制强制力或者执行力,对那些搭便车或者背叛承诺的国家进行惩罚,从而使得这些国家不但认识到拒绝签署协议就不能得到提供给签约国的利益,而且认识到保持合作比欺骗更有利。

协作博弈也存在于对环境这样的公共物品的管理之中:如果所有国家都不考虑环境的代价只顾经济发展,虽然短期来看带来了好处,但是全球环境这个公共物品最终会受到无法逆转的摧毁,所有国家的福利都会因此受损。走出这种困境的唯一途径就是国家之间进行合作,制定强有力的约束机制,使得相关国家不但认识到节能减排对于经济持续发展的重要性,而且知道背叛节能减排等环境领域的国际协定将受到惩罚。《京都议定书》长期无法顺利推行的原因就在于,在全球范围内缺乏一个强有力的保护环境的约束机制,这使得某些国家虽然做出减少二氧化碳排放的承诺但并不严格执行。

2. 协调博弈

协调博弈(coordination game)的经典模型称为性别大战(Battle of the Sexes)。在该博弈模型(参见图7-2)中,行为体 A 代表丈夫,行为体 B 代表妻子,S1 代表看戏,S2 代表看球。夫妻约定在下班后一起度过晚上的时光,但由于某种原因他们相互之间失去联络,因此两人都面临着是去戏院看戏还是去足球场看球的选择。夫妻二人的面临难题是:妻子更喜欢看戏,而丈夫更喜欢看球,而且他们只有一起看球或者看戏双方才会很满意;如果夫妻双方分开行动的话,双方都不是很满意。

协调博弈中战略选择的结果是:如果双方都选择自己的偏好,即丈夫选择去球场看球,而妻子选择去戏院看戏,那么,由于他们不能在一起,因此双方都不满意(1,1或者1,1);如果双方同时选择去看戏,或去看球,尽管都会有一方略微做出让步,却能使得双方利益最大化(4,3或者3,4)。

		B	
		S1	S2
A	S1	4,3(P,N)	1,1
	S2	1,1	3,4(P,N)

注:S1代表合作,S2代表背叛,P表示帕累托最优,N表示纳什均衡。

图7-2 协调博弈

协调博弈有两个基本特征:第一,尽管博弈双方的偏好有所不同(如丈夫偏好看球,而妻子偏好看戏),但必须有一个共同的意愿和选择趋向(例如夫妻双方都希望一起看球或看戏)。第二,博弈双方必然有一方做出轻微的让步,这对双方都是有利的,但也存在着由于双方在利大利小分配上的争执,最后共同失利的可能性,即双方都最不愿意得到的结果。

协调博弈对于国际关系研究的启示是:处于协调博弈中的国家,尽管每个国家都有自己偏好的结果,但由于没有主导战略,所以双方面临的主要困境在于在两种均衡结果中何者将获胜。如果能够通过协定或协议使得双方在分配问题上达成一致,就可以获得双方利益最大化的结果。

在国际政治经济学中,协调博弈通常被应用于全球或地区市场的监管分析。全球或地区市场的监管需要相关国家的合作。由于存在多种多样的监管方式,而且不同的国家都有自己偏好的监管方式,所以需要这些国家合作。因为在协调博弈中没有国家会通过背叛来获取利益,所以,国家之间的合作并不需要强有力的机制和制度,只要通过谈判建立一个合理的标准和协定,就比"协作博弈"更容易达成合作。到目前为止,协调博弈在国际政治经济学界被广泛应用于三个具体研究议题的分析:一是发达国家之间进行的宏观经济政策协调;二是第二次世界大战后美国和英国关于未来国际经济秩序的博弈;三是欧盟内部关于货币统一的博弈。[①]

---

① John Ravenhill, ed., *Global Political Economy*, 2nd ed., p. 77.

3. 保证型博弈

保证型博弈(assurance game)的经典模式通常被称为猎鹿博弈(Stag Hunt)。该模型(参见图7-3)中的行为体 A 和行为体 B 分别代表两个猎人，S1 表示只选择等待时机捕获一只经济价值比较大的鹿，S2 表示先开枪捕获经济价值比较小的兔子而放弃捕获鹿。猎鹿博弈的经典模型描述的是这样一种情况：两个猎人 A 和 B 傍晚一起出去打猎，他们分别在一个猎场的两边等待鹿的出现。如果两个猎人的目标是共同捕获一只经济价值比较大的鹿(S1)的话，他们就必须耐心等待鹿的出现，从而放弃捕获其他动物(如兔子)的机会。假如一只经济价值比较小的兔子出现，只要他们中的任何一个人先开枪(S2)，尽管他们会捕获一只兔子，但由于惊动了鹿，也会因此失去捕获鹿的机会。

保证型博弈中行为体的战略选择结果是：如果行为体的任何一方怀疑对方等鹿的动机(S1)，就可能将对方推向选择先捕获兔子(S2)，那结果就是自己的收获最小(1,3 或者 3,1)；如果行为体双方都背叛对方，那结果对双方虽然是均衡的(2,2)，但对双方都不是最优的；如果行为体双方能够遵守彼此之间的协定，那结果不但是均衡的，而且对双方都是最优的(4,4)。

		B	
		S1	S2
A	S1	4,4 (P,N)	1,3
	S2	3,1	2,2 (N)

注：S1 代表捕鹿，S2 代表捕兔，P 表示帕累托最优，N 表示纳什均衡。

图7-3 保证型博弈

保证型博弈有两个基本特征：第一，两个行为体有一个共同偏好的最优结果(4,4)，由于双方都没有主导战略，因此只要双方合作就可能使得双方利益最大化(帕累托最优)；第二，虽然相互背叛在博弈中也有一个均衡结果(2,2)，但这个结果对双方而言都是次优结果而不是最优结果，这就不存在搭便车的可能性，所以行为体双方没有背叛的动机。

保证型博弈给国际关系学者的启示是：在保证型博弈中，国家作为一个行为体，如果拥有公开透明的内部制度和协调一致的政策，就能通过国家间合作使得自己的利益最大化，任何国家的单边行动都不利于其利益的最大化。相反，如果一个国家对他国的动机产生怀疑而采取背叛战略，就无法使自己的利益最大化。因此，信息的透明度和国家行为的理性化是保证此类博弈中国家达到利益最优的关键。如果参与博弈的国家的信息是透明的,而且各国的行为是理性的,那么制度建设就是没有必要的。①

在国际政治经济学中,保证型博弈主要用于全球金融市场或地区金融市场中相关国家如何进行合作的分析。随着资本在相关国家之间流动性的不断增强,全球金融市场或者地区金融市场为相关国家提供了越来越多的融资机会。如果相关国家认识到自己是全球金融市场或地区金融市场的一部分,并且采取适当的政策维持金融市场的稳定性,那么这些国家就能从稳定的金融市场中受益。相反,如果某些国家错误的政策使得全球金融市场或者地区金融市场变得不稳定,那么其他国家由于担心这种不稳定性所带来的消极影响,会采取其他政策来消除这种负面影响或者限制资本的流动,这虽然降低了自身在金融市场的风险,但同时也降低了本国投资收益的机会。②

4. 劝说型博弈

上面三种博弈模型分析的是在行为体的偏好对称条件下的博弈选择,然而,在现实世界中,还存在着行为体偏好不对称的博弈,劝说型博弈(suasion game)就是其中的一种。

劝说型博弈主要是由德国的学者迈克尔·齐恩(Michael Zürn)和美国学者莉萨·马丁提出的。佐恩分析冷战时期联邦德国和民主德国的合作时发现这样一种情形:当集体行动结果可能(通常)为次优时,行为体为实现自己的利益最优而拒绝合作,除非利己的行为体被"劝说":合作有利于他们长期的利益,或者关乎他们从属的共同体的安危,或者与其他问题相关联。在这种情形下,不满意的一方通常会尽量将其他事务牵连进来,以改变自己的不利情形。③ 几乎在同时,美国学者马丁在研究作为霸权国的美国与其他国家在对技术出口的控制的合作机制时也发现了同样的情形。④

劝说型博弈(参见图7-4)中行为体双方的战略选择结果是:当强势的行为体 A 将合作(S1)作为主导战略,如果处于劣势但勇敢的行为体 B 选择合作战

---

① [美]莉萨·马丁、贝思·西蒙斯编:《国际制度》,第 49—51 页。
② John Ravenhill, ed., *Global Political Economy*, 2nd ed., p. 76.
③ Michael Zürn, "Intra-German Trade: an Early East-West Regime," in Volker Rittberger, ed., *International Regimes in East-West Politics*, Print Publishers Ltd., 1990, pp. 151-188.
④ Lisa Martin, "Interests, Power and Multilateralism," *International Organization*, Vol. 46, No. 4, 1992, pp. 765-792.

略,那么行为体 A 获得了其最偏好的结果(4,3),但由于行为体 B 所获得的结果是次优而不是最优,所以行为体 B 通常对这种结果不满意;当行为体 B 选择背叛(S2)或者采取免费搭车行为,行为体 A 作为惩罚也选择背叛时,结果要么是行为体 A 放弃主导战略(1,1),要么是行为体 B 得到的结果也是其不愿意的(2,2);当行为体 A 坚持其主导战略,同时又能通过策略上的问题联系途径给予行为体 B 以额外补偿时,就可以得到双方都满意的结果(3,4)。

		B	
		S1	S2
A	S1	4,3 (P)	3,4 (P,N)
	S2	2,2	1,1

注:S1 代表合作,S2 代表背叛,P 表示帕累托最优,N 表示纳什均衡。

图 7-4 劝说型博弈

劝说型博弈的基本特征有三个:第一,两个行为体的利益偏好是不对称的;第二,强者一方将合作作为主导战略,并愿意单方面提供公共物品;第三,博弈双方不但存在利益分配问题(正如在协调博弈中一样),而且存在背叛问题(正如在囚徒困境中一样)。

劝说型博弈对我们研究国际关系的启示是:在现实的国际体系中,并不是所有的国家在实力和利益偏好上都是对称的,当国家之间在实力和利益偏好不对称且处于优势状态的国家(例如霸权国家)愿意采取主导战略单方面提供公共物品时,强国必须面对其他国家的搭便车的挑战。如果强国采取单边行动而允许弱国搭便车,那么为强国所主导的公共物品就会陷入前面所讨论的囚徒困境,这是强国所不愿意的。如果强国更愿意与其他国家合作,强国就必须劝说或者强迫其他国家来合作,这必然涉及强国与合作国的利益分配问题,强国面临新的困境。为了摆脱这种困境,强国通常通过问题联系途径(issue-linkages)采取两种战略劝说弱国合作:一种是威胁(减少给弱国的偿付额度);一种是承诺(提高合作所支付的额外额度)。① 在这两种战略中,尽管强国都要付出成本(如果威胁没有效果,强国必须承担高昂的成本;如果承诺有效,强国也只能得到次优的结果),在国际层面上却拥有持久的主导权,这种持久的主导权可以

---

① 〔美〕莉萨·马丁、贝思·西蒙斯编:《国际制度》,第 46—47 页。

补偿即时付出的成本。所以,处于劝说型博弈中的国家,只要相互之间建立了可信度,合作既能避免免费搭车现象,也能进行利益的合理分配。

在国际政治经济学研究中,劝说型博弈通常被引用的案例是上文提到的美国对技术出口的控制以及在冷战期间联邦德国与民主德国的合作。最近也有学者将劝说型博弈应用于朝鲜半岛的安全机制的分析。①

以上四种博弈模型是博弈论被引进国际关系和国际政治经济学领域后最为常用的模型。博弈模型的引入,主要是帮助我们理解如何加强国家之间的合作和如何避免国家之间的冲突。在国际体系中,加强国家之间的合作、避免冲突的途径也许有许多种,但历史经验表明,机制/制度的途径是其中最具可能性和可操作性的一种途径。但我们也必须明白,机制/制度并不能解决所有的国际冲突。由于博弈论被作为分析工具引入国际关系研究主要是为了解决国际体系中国家之间的利益分配问题,所以,根据这些博弈模型的基本特征以及解决利益冲突的可能性和可操作性,我们可以初步评估出用机制/制度解决国家利益分配问题的难易程度(参见表7-2):保证型博弈由于是"没有分配冲突的合作博弈",所以非常容易解决;协调型博弈虽然是"存在分配冲突的合作博弈",但也容易解决;囚徒困境博弈由于存在着"进退两难境况",所以很难解决;而劝说型博弈不但涉及利益分配,而且涉及免费搭车,所以最难解决。

表7-2 利益、战略选择与制度解决利益分配问题的难易度

利益分配类型	没有分配冲突	存在分配冲突	进退两难境况	利益分配与免费搭车
战略选择类型	保证型博弈	协调型博弈	合作型博弈	劝说型博弈
制度解决利益分配问题的难易度	非常容易解决	容易解决	很难解决	最难解决
例证	金融一体化 贸易专门化	调整的管理 多边谈判	贸易自由化 偿还债务再安排	技术出口的管理
制度的作用	合作的强化者	解决分配冲突的协调者	提供强制执行合同的渠道	提供问题联系的渠道

---

① 在国内学术界很有代表意义的论文是李滨:《朝核问题与朝鲜半岛建立安全规制的前景:基于说服型博弈的分析》,《世界经济与政治》2009年第7期。

（续表）

制度解决的方式	(1)资源的共享 (2)知识和能力的提供者	(1)谈判论坛 (2)议程设定 (3)联系议题	(1)监管/监督 (2)制裁机制 (3)政策转移	(1)威胁 (2)承诺
制度解决的案例	资源的共享：国际货币基金组织的份额制 知识和能力的提供者：世界贸易组织的技术合作；世界银行；国际货币基金组织；联合国贸易与发展会议	谈判论坛：世界贸易组织的理事会；世界银行和国际货币基金组织的执行委员会；联合国贸易与发展会议 议程设定：国际货币基金组织和世界银行的全体成员	监管/监督：国际货币基金组织协定的第4条和第8条；世界贸易组织的贸易政策评估机制 制裁：国际货币基金组织的有条件性；世界贸易组织的争端解决中对制裁的授权 政策转移：欧盟的共同贸易政策以及经济和货币委员会	威胁或者承诺：出口控制协调委员会

资料来源：根据 Andreas Hasenclever, Peter Mayer and Volker Rittberger, *Theories of International Regimes*, pp. 44—82 和〔美〕莉萨·马丁、贝思·西蒙斯编：《国际制度》第39—51页中的相关内容并在 John Ravenhill, ed., *Global Political Economy*, 2nd ed., p. 88 中的表格基础上修改和扩充而成的。

（四）博弈论的局限性

尽管这些博弈模型对于理解已有的国际机制/制度以及设计新的国际机制/制度是非常有用的，正是由于这些分析工具的引入，国际机制/制度研究才超越了 20 世纪 70—80 年代的概念争论，在现实中具有可操作性和检验性，并在 90 年代以后逐步形成了以国际机制理论为核心的新自由制度主义，但我们不能因此过分夸大博弈论在国际关系研究中的作用。博弈论作为一种理性分析工具，也有其自身的局限性，这些局限性与博弈论的基本假设密切关联。下面具体加以阐述：

（1）理性的有限性。博弈论最为基本的假设是，人不仅是理性的，而且是完全理性的，因此，理性的个体总是能没有错误地计算出如何以最佳的手段达到某种特殊的目的。随着研究的深入，研究者们逐渐发现，人虽然是理性的，但人的理性是有限的理性,任何人都不可能是全知的决策者,任何人都不可能考虑到所有可能的选择,任何人也不可能考虑到其他人的选择的所有可能的结果。所以,在有限理性假设中的人,与其说追求效用最大化,不如说是效用的满足。①

(2)偏好的社会局限性。博弈论还假设,人总是根据自己的偏好进行独立理性选择。但在现实世界中,由于理性的有限性,作为个体的人的行为选择并不总是以理性的方式来进行。特别是在政治活动中,人们通常是通过某种情感来表达他们对某种特殊价值的忠诚,或对某种社会规范的反感。理性选择最大的局限性,就是假设人是抽象的工具理性动物,而忽略了作为个体的人,其偏好选择要受到阶级、意识形态和权力等社会属性的影响。② 特别是当我们将理性选择用于国家行为的分析时,我们很难忽视国家的意识形态和国家的实力对国家行为选择的影响,这也是当国际关系学者将理性分析工具应用于国家行为选择时反复强调"国家是理性的"的主要原因。

(3)集体行动过程的复杂性。博弈论应用于国际关系研究时必须面对决策过程的复杂性。任何国家在决定是否与其他国家进行合作时,决策过程都是非常复杂的。一般而言,任何国家的决策过程要受到三个政治要素的制约:该国在国际体系中的整体地位;该国的特殊实力;该国国内联盟的强弱程度。③ 换句话说,国家形成集体偏好既要受到相互之间业已形成的结构的影响,也要受到不同问题领域的优先性的影响,还要受到相互之间互动过程的影响。尽管博弈论作为一种数学模型,对现实世界的复杂性给予了尽可能多的关注,但如果我们认为博弈论已经囊括了国际关系结构和过程的所有变量,就很容易犯简单化的错误,出现政策决策上的偏差。

(4)信息的透明度与可信度。博弈论一个最基本的假设就是所有参与者拥有共同知识,而这主要取决于参与者所拥有的信息。博弈论在理论上已经发展出不同信息状态下的各种模型,如完全信息静态博弈、完全信息动态博弈、不完全信息静态博弈、不完全信息动态博弈。尽管国际关系学者已经将这些不同的

---

① Andrew Hindmoor, *Rational Choice*, Palgrave Macmillan, 2006, p. 16.
② Ibid., pp. 14–15.
③ Pierre Allan and Christian Schmidt, eds., *Game Theory and International Relations: Preference, Information and Empirical Evidence*, p. 3.

博弈模型应用于国际关系研究,并且取得了令人鼓舞的成果①,但这些研究都基于一个假设:无论是在国内政治中,还是在国际谈判中,行为体所拥有的信息都是真实的。而在现实政治市场中,我们不但要拥有真实的信息,还要剔除虚假的信息。对于真实的信息,我们可以应用博弈论的模型进行分析,但如果我们将虚假的信息误认为是真实的信息,那结果的可信度就大打折扣。这就是国际关系学者在应用博弈论分析国际关系时反复强调信息透明度和可信度的一个重要原因。

---

① 这方面被国际学术界广为称颂的著作当推 Helen V. Milner, *Interests, Institutions, and Information: Domestic Politics and International Relations*, Princeton University Press, 1997(中译本为〔美〕海伦·米尔纳:《利益、制度与信息:国内政治与国际关系》,曲博译,上海人民出版社 2010 年版)。

国际政治经济学的实证分析

　　自从16世纪资本主义世界经济产生以来,国家和世界市场的关系不仅是学术界关注的主题,并由此出现了不同的理论范式,也是不同时代社会现实论争的焦点,并由此导致不同国家对世界市场采取不同的政策。在现实国际体系中,国家之间的论争主要是围绕着框定世界市场的国际贸易、国际金融和货币、跨国直接投资、发展与转型以及地区一体化等问题进行的。20世纪70年代出现的国际政治经济学,无论是理论的演进,还是政策建议,也都是围绕着这些问题领域展开的。因此,虽然我们不能认为国际贸易、国际金融和货币、跨国直接投资、发展与转型以及地区一体化是国际政治经济学的全部议事日程,但可以肯定地说,这些问题是国际政治经济学的主要议事日程。

第八章
国际贸易的政治学

第一节 贸易政治学的核心议题：政治联盟、对外贸易政策与全球贸易机制

对国际贸易进行政治学分析，是国际政治经济学从其产生起就关注的一个议题，也是国际政治经济学在过去半个世纪里成果最为丰富同时又最有争议的一个研究领域。尽管对国际贸易进行政治学分析的文献汗牛充栋，但国际政治经济学在贸易领域的核心研究议题主要有两个：一是单个国家的对外贸易政策；二是全球/区域贸易体系。

一、贸易与政治联盟

简单地说，贸易就是用一种商品/服务来换取另外一种商品/服务，只要两个人或多个人交换商品/服务，他们就在从事贸易。当人们所从事的商品/服务交换发生在一个国家时，这种贸易被称为国内贸易；而当一个国家的人与另外一个国家的人交换商品/服务时，这种贸易被称为国际贸易。

关于贸易的重要性，学者们基本达成了共识：就生产要素而言，贸易可以促进生产要素的流动，从而达到资源的有效配置；就个人而言，贸易扩大了消费者选择的范围；就企业和公司而言，贸易扩大了市场规模，增加了投资收益；就国家而言，贸易既增加了政府的财政收入，又提高了社会福利；就全球而言，贸易不但增加了全球财富，而且使贸易参与国的实力得以增强。由于贸易对于增加财富有着无可比拟的重要性，所以贸易活动从一开始就成为产生政治联盟和冲

突的重要原因。

政治联盟指的是行为体为实现单独行动无法实现的共同目标而以某种方式(正式的和非正式的)协调其行动所组成的集团。它不仅包括一群拥有共同政策偏好的人或国家,而且隐含了为影响政策制定而进行的某种形式的政治活动(比如选举、游说、抗议或者威胁)。

如果以国家为分析单位,政治联盟可以从两个层面加以讨论,即国内层面和国际层面。就国内层面而言,既包括阶级联盟(工人的工会、资本家或农场主),也包括行业联盟(例如汽车工业协会、纺织工业协会)。就国际层面而言,既可以是双边联盟,例如美日联盟;也可以是多边联盟,例如地区贸易协定(如NAFTA、APEC、AFTA、CPTPP、RCEP)和全球贸易协定(如GATT和WTO)。

传统经济学对贸易政策的研究主要关注其经济结果,很少关注贸易政策制定的政治过程及其政治结果,所以贸易政策的理论研究与贸易政策的现实相差很远。这促使政治学家和经济学家开始关注对外贸易政策的制定过程以及政治结果。正如经济学家阿维纳什·迪克西特(Avinash K. Dixit)所观察到的:

> 大多数国家实际所采取的贸易政策与经济学家提出的规范建议之间的差异非常大,以至于我们只有从政治学角度对此进行研究才能有助于理解贸易政策的制定。研究与政策相关的领域[如公共政策、产业组织、宏观经济(财政、货币)政策以及国际经济冲突与合作]的经济学家们同样也需要关注政治学。而另一方面,政治学家们也对经济政策以及选举、立法和规章制度的正规模型越来越感兴趣。①

二、国内政治过程与对外贸易政策

对贸易政策进行国内政治过程研究最早起源于政治学,其奠基性的著作是美国政治学家谢茨施耐德(E. E. Schattschneider)于1935年针对美国1930年颁布的《斯穆特-霍利关税法案》而出版的《政治、压力和关税》②。这本经典性著作引发了政治学家和经济学家对一国对外贸易政策制定的国内政治过程的思考,其中的核心问题是:利益集团(或压力集团)如何影响一国政府对外贸易政

---

① [美]阿维纳什·K. 迪克西特:《经济政策的制定:交易成本政治学的视角》,刘元春译,中国人民大学出版社2003年版,前言第6页。

② E. E. Schattschneider, *Politics, Pressures and the Tariff: A Study of Free Private Enterprise in Pressure Politics, as Shown in the 1929–1930 Revision of the Tariff*, Prentice-Hall, 1935.

策的制定过程?

所谓利益集团或压力集团,通常是指意在影响政府政策或行为的有组织的政治联盟。利益集团与政党的区别在于:前者是从外部施加影响,而后者是通过选举赢得或行使政府权力。利益集团与社会运动的区别在于利益集团更有组织性。①

根据利益集团的功能,利益集团可分为部门性利益集团和公共利益集团。部门性利益集团(sectional group)主要是指那些代表社会中一部分人利益的政治联盟,在美国被称为"私人利益集团",比如工人、雇主、消费者、种族或宗教团体。公共利益集团又被称为促进性利益集团(promotional group),主要是指那些为了促进集体的而不是特定群体利益的政治联合。还有一些利益集团介于二者之间,既关心部门成员的利益,又关心全社会的利益,例如工会。

根据利益集团和政府的关系,利益集团可以分为内部人集团和外部人集团。内部人集团是指那些通过例行咨询和代表政府实体而拥有通往政府特许的制度性渠道的政治联盟;而外部人集团则是指没有通往政府的正式渠道而只能借助媒体和社会公众运动对政府政策的制定施加间接影响的政治联盟。

利益集团的多样性导致了贸易政策制定的国内政治过程的复杂性。在民主制国家里,政府制定经济政策必须在公众利益和特殊群体利益之间寻求平衡。如果不考虑公众利益,政党就无法赢得选举,也就不可能拥有并行使政府制定经济政策的权力;如果不考虑特殊利益群体,政党就无法获得竞选资金,拥有并行使政府制定经济政策的权力便成为一句空话。所以,利益集团如何影响政府对外贸易政策的制定过程,也就自然成为国际政治经济学在贸易领域关注的一个核心课题。

三、贸易政策的外部性与国际机制

在理论上,特别是在经济学的规范理论模型中,一个国家的对外贸易政策完全可以由本国政府根据本国的比较优势制定。但在现实世界中,为什么一个国家不能完全按照本国政府的偏好来制定贸易政策?这就涉及贸易政策的"外部性"概念。

外部性也被称作"外溢性",主要是指发生在市场之外的交易,这意味着它不受价格的控制,外部性的存在经常导致市场失灵和经济低效。外部性一般可

---

① 〔英〕安德鲁·海伍德:《政治学核心概念》,吴勇译,天津人民出版社2008年版,第275—276页。

分为正向外部性和负向外部性。正向外部性是指,某人或某行为体的行为使得另一个人或另一个行为体的利益增加,但受益者并没有为其获得的利益做出支付;负向外部性是指,某人或某行为体的行为给另一个人或另一行为体带来不利后果,但受损者却没有获得任何补偿。

对外贸易政策也会遇到同样的情况:一个国家的对外贸易政策通常对其他国家产生影响,如果产生正向外部性效应,就会出现免费搭车现象;如果产生负向外部性效应,就会出现20世纪30年代世界范围内的以邻为壑现象。为了避免或减少各国贸易政策外部性效应的发生,国家之间通过谈判与合作,建立国际贸易机制或制度。

在国际贸易领域建立的国际机制或制度主要包括:(1)全球多边贸易机制,其中最具有代表性的是1947年签订的关税及贸易总协定以及1995年成立的世界贸易组织;(2)地区多边贸易合作机制,例如北美自由贸易区(NAFTA)、亚太经济合作组织(APEC)、东盟自由贸易区(AFTA)、《全面与进步跨太平洋伙伴关系协定》(CPTPP)和《区域全面经济伙伴关系协定》(RCEP);(3)双边自由/特惠贸易协定。

第二节 关于国际贸易的三种传统范式及其困境

对国际贸易进行政治经济学研究主要有四种理论:自由主义的国际贸易理论、现实主义的国际贸易理论、结构主义的国际贸易理论以及新政治经济学理论。前三种理论是第一代国际政治经济学学者以国家为分析单位,在寻求政治和经济关联性的过程中所推崇的;最后一种理论则是第二代国际政治经济学学者在分析"利益与制度"和"国内与国际"两种关联性的过程中所倡导的。

一、自由主义的国际贸易理论

自由主义的国际贸易理论在经济学中一直占据着主导地位,其古典范式最早可以溯源到亚当·斯密的绝对优势学说和后来大卫·李嘉图创建的比较优势学说。

亚当·斯密开创的古典自由主义贸易理论,集中体现在1776年出版的《国民财富的性质和原因的研究》(又称《国富论》)中。在这部经典论著中,亚当·斯密强调,一个国家财富的增进和社会普遍富裕,取决于其劳动生产力的增进和提高,而劳动生产力的增进和提高主要是劳动分工(个人分工和社会分工)的结果。如果各国都生产自己具有绝对优势的产品然后再相互交换,那么各国就都可以获得好处。

李嘉图则在 1817 年出版的《政治经济学及赋税原理》中对亚当·斯密的绝对优势学说进行了修正,提出了对后来的国际贸易理论产生广泛影响的比较优势学说,把斯密开创的自由主义政治经济学推向了一个新的高度。他认为,决定国际贸易的一般基础是比较优势,而非绝对优势,即使一国与另一国相比在两种产品生产上都处于绝对不利的地位,国际分工和贸易仍然可以发生。李嘉图将其概括为:

> 在商业完全自由的制度下,各国都必然把它的资本和劳动用在最有利于本国的用途上。这种个体利益的追求很好地和整体的普遍幸福结合在一起。由于鼓励勤勉、奖励智巧并最有效地利用自然所赋予的各种特殊力量,劳动得到最有效和最经济的分配;同时,由于增加生产总额,人们都得到好处,并以利害关系和相互交往的共同纽带把文明世界各民族结合成一个统一的社会。正是这一原理,决定葡萄酒应在法国和葡萄牙酿制,谷物应在美国和波兰种植,金属制品及其他商品则应在英国制造。①

自由主义的国际贸易理论在现代最为经济学家所津津乐道的当推要素比例理论,这是由两位瑞典经济学家伊莱·赫克歇尔(Eli Heckscher)和贝蒂尔·俄林(Bertil Ohlin)在 20 世纪 30 年代提出的,后人将其称为赫克歇尔-俄林模型(又称 H-O 模型)。

在赫克歇尔和俄林看来,一个国家的比较优势取决于其生产要素的相对充裕程度和要素使用的密集程度。不同生产要素在不同国家的资源中所占的比例和它在不同产品的生产投入中所占比例,是国家贸易的决定性因素。各国的土地、劳动力、资本等要素禀赋不同,要素比率和产品价格也有差异。在产品可以在国家间自由交易而生产要素不能在国家间流动的条件下,一国出口的应是使用本国相对丰裕的生产要素生产的产品,进口的应是使用本国相对稀缺的生产要素生产的产品。

按照赫克歇尔-俄林模型,发达国家和发展中国家之所以进行贸易,是因为前者资本充裕,而后者劳动力充裕。要素的不同组合会影响一个国家选择生产供国内消费和出口的资本密集型产品还是生产劳动密集型产品。

---

① 〔英〕彼罗·斯拉法主编:《李嘉图著作和通信集(第一卷):政治经济学及赋税原理》,郭大力、王亚南译,商务印书馆 1981 年版,第 113 页。

不管是古典自由主义的贸易理论,还是现代自由主义的贸易理论,在国家和市场的关系上一直奉行一个最为基本的原则,即市场是完全的市场。在这个完全市场中,政府无须过分干预经济活动,政府唯一的职能是创造一个有利于自由贸易的环境,并使之合法化。市场完全可以根据比较优势促进贸易扩展,进而刺激经济增长。

二、现实主义的国际贸易理论

对贸易自由主义提出挑战的是重商主义或经济民族主义,在国际关系领域称为现实主义。现实主义的国际贸易理论起源于古典重商主义时期,最早可以回溯到亚历山大·汉密尔顿(Alexander Hamilton)和弗里德里希·李斯特(Friedrich List),前者于1791年向美国众议院提交了著名的《关于制造业的报告》,阐述了制造业对于国家安全和独立的重要性,后者则在1841出版了经典性著作《政治经济学的国民体系》,将其系统化为"国家经济学"。

李斯特的国家经济学是在批判亚当·斯密倡导的自由贸易学说的基础上发展出来的,其内容主要包括三方面:

第一,国家和国家利益是一切经济活动的基础。与亚当·斯密倡导研究人类社会利益的世界主义经济学不同,李斯特认为国家以及国家利益才是一切经济活动的基础。在他看来,亚当·斯密及其追随者主张的世界主义经济学存在三个错误[①]:一是无边的世界主义,既不承认国家原则,也不考虑如何维护国家利益。李斯特并不反对世界主义经济学对全人类利益的追求,但他认为,世界主义经济学的问题出在"持久和平局势"这一假设上。如果真的存在一个包括一切国家在内的世界联盟作为持久和平的保证的话,那么国际自由贸易原则是完全正确的,但问题的关键是,我们所处的现实世界并未达到持久和平阶段。二是死板的唯物主义,只顾及事物的单纯交换价值,没有考虑到国家的精神和政治利益。李斯特批评亚当·斯密把单纯的体力劳动当作生产力,而忽略了民族精神的重要性。李斯特提出了一种新的生产力概念,主张生产力既包括创造物质价值的人类劳动,也包括维持法律与秩序,培养和促进教育、宗教、科学、艺术的人的精神劳动。他甚至认为,一个国家的进步和财富在很大程度上取决于这个国家的精神财富。三是支离破碎的狭隘的本位主义和个人主义。与斯密

---

① 〔德〕弗里德里希·李斯特:《政治经济学的国民体系》,陈万煦译,商务印书馆1997年版,第152页。

强调个人的创造性不同,李斯特认为,"个人主要依靠国家并在国家范围内获得文化、生产力、安全和繁荣,同样地,人类的文明只有依靠各个国家的文明和发展才能设想,才有可能"①。

第二,工业是国家经济的支柱。重商主义的倡导者汉密尔顿曾将制造业作为国家安全与独立的基础,其广为传颂的至理名言是,"不仅是财富,而且一个国家的独立与安全,在物质上似乎都与制造业的繁荣密切相关。为了实现这些伟大目标,每个国家必须努力设法在本国拥有一切必需的供应品,包括食物、房屋、衣着和防御"②。

受汉密尔顿的影响,在《政治经济学的国民体系》一书中,李斯特详细论述了工业对于一个国家精神力量(个人的身心力量、社会状况、政治状况和制度)的塑造、国家自然力量(自然资源)的提升与国家物质资本(工业物质资本、农业物质资本和商业物质资本)创造的重要性,同时还论证了工业与农业的关系、工业与商业的关系、工业与海运事业以及殖民地开拓的关系、工业与流通工具的关系、工业与生产和消费的关系,以及工业与整个国家事业稳定及发展的关系。但与亚当·斯密认为一个国家的工业是自然而然发展起来的观点不同,李斯特认为,任何国家的工业发展和繁荣需要依靠国家的工业政策,"通过促进本国工业的政策,就可以把大量国外的精神资本与物质资本吸引到本国来。……不论拿哪一个国家来说,为了它自身的特有利益,它的政治势力对于这种所谓自然趋势,总是要加以干预,使之趋向人为方向的"③。

第三,关税是建立与保护国内工业的主要手段。与亚当·斯密强调自由贸易不同,在李斯特看来,由于各国在工业发展过程中所处的地位很不相同,所以,那些感到有进一步发展工业必要的国家,有理由通过关税来保护和促进国内工业力量。至于采取何种关税保护方式,李斯特的结论是,没有一种保护方式是绝对有利或绝对有害的,采取哪种方式,主要取决于该国特有的环境和工业发展状况,用他自己的总结就是:

> 历史教导我们的是,凡是先天的禀赋不薄,在财富、力量上要达到高度发展时所需的一切资源色色具备的国家,就可以,而且必须——但并不因

---

① 〔德〕弗里德里希·李斯特:《政治经济学的国民体系》,第152页。
② Alexander Hamilton, "Report on Manufactures," in George T. Crane and Abla Amawi, eds., *The Theoretical Evolution of International Political Economy: A Reader*, Oxford University Press, 1991, p. 44.
③ 〔德〕弗里德里希·李斯特:《政治经济学的国民体系》,第195页。

此失去了我们这里所说的目标——按照它们自己的发展程度来改进它们的制度。改进的第一个阶段是对比较先进的国家实行自由贸易,依此为手段,使自己脱离未开化状态,在农业上求得发展;第二个阶段是用商业限制政策,促进工业、渔业、海运事业和国外贸易的发展;最后一个阶段是,当财富和力量已经达到了最高度以后,再行逐步恢复到自由贸易原则,在国内外市场进行无所限制的竞争,使从事于农工商业的人们在精神上不至于松懈,并且可以鼓励他们不断努力于保持既得的优势地位。①

李斯特不仅在理论上发展和完善了古典重商主义,而且与其他学者一起开创了经济分析的德国历史学派,他的观点成为19世纪后期德国经济发展的重要理论基础。之后,经济民族主义与自由主义成为国际贸易领域中两种相互竞争的思想。

与自由主义国际贸易理论相比,尽管许多学者抱怨现实主义并没有一个完整的贸易理论体系,但从18世纪的重商主义到19世纪的德国历史学派和20世纪30年代的经济民族主义,再到20世纪70年代以后盛行的各种新保护主义,主张贸易保护的现实主义一直是自由主义贸易理论强有力的竞争者。正如斯特兰奇所观察到的:

> 当自由主义理论统治着学术界的时候,现实主义理论在政治领域居支配地位。在近百年的历史上,许多国家是按照现实主义理论而不是按照自由主义理论办事的。现实主义理论的基本主张是,国家的生存和自治是政策的主要目标,但率先完成工业化的国家和后来工业化的国家的利益并不一致。自由贸易适合于前者,后者从未能够在公平竞争中迎头赶上。为了使工业化取得成功,它们需要国家干预和贸易保护。在美利坚合众国刚刚独立时,亚历山大·汉密尔顿有力地论述过这种现实主义的立场,在俾斯麦于1870年统一德国之前几十年,弗里德里希·李斯特也曾雄辩地简述过这种现实主义的事例。②

三、结构主义的国际贸易理论

结构主义的国际贸易理论,也称依附贸易理论,主要起源于古典马克思主

---

① 〔德〕弗里德里希·李斯特:《政治经济学的国民体系》,第105页。
② 〔英〕苏珊·斯特兰奇:《国家与市场(第二版)》,杨宪光等译,上海人民出版社2006年版,第187页。

义的学术传统。关于古典马克思主义的理论范式在20世纪70年代的翻版——依附理论和世界体系理论的一般观点,我们在本书的理论范式部分已经做了详尽的论述,这里我们只就结构主义关于国际贸易的观点做总结性论述。

结构主义的国际贸易理论主要有如下几个基本观点:

第一,世界经济的结构是不平衡的。这种不平衡不仅表现在贸易国的地理分布上,而且表现在贸易商品结构上。就贸易国的地理分布而言,国际贸易主要集中在核心区的发达国家之间,在20世纪50—70年代,世界贸易的70%以上是在美国、西欧国家和日本之间进行的。就贸易商品结构而言,处于核心区的发达国家,通常是工业化发达的国家,因此往往是工业制成品的出口国,而处于边缘区的欠发达国家或发展中国家,长期以来是农产品、矿产资源原材料的出口国,发展中国家如果不从根本上改变对初级产品和原材料出口的依赖,就很难真正实现政治上的独立。

第二,世界贸易市场是不完全的。这种不完全主要体现在发展中国家的贸易条件上。贸易条件(terms of trade)也称进出口比价指数,通常是指一个国家每出口一个单位商品可以获得多少单位的进口商品。结构主义者认为,由于工业制成品市场掌握在寡头公司手里,价格波动不会太大,而初级产品的市场却充满了竞争,价格容易波动。因此,在经济危机出现时,制成品的价格不会像初级产品价格那样迅速下跌,而在经济繁荣时,制成品的价格上涨又快。最后的结果自然是,专门从事初级产品生产的发展中国家的贸易条件不断恶化,它们从出口的初级产品中获得的收益更少,同时还必须为进口制成品付出更多。打破这种恶性循环的途径就是发展中国家改变产品结构,从初级产品的生产转向工业生产。①

第三,建立国际经济新秩序是必要的。发展中国家在世界贸易中的不利地位,不但体现在贸易条件的恶化上,而且体现在贸易规则的制定上。第二次世界大战结束后,国际贸易制度最基本的规则就是贸易日益自由化,这突出地体现在关税及贸易总协定的谈判中。然而,贸易自由化从一开始就出现了一些例外,如对英联邦的例外、自由贸易区协议的许可,以及关税及贸易总协定中的第19条保护条款。这些有利于发达国家的贸易规则制度,使得发展中国家在国际贸易中并没有竞争力。所以,结构主义者主张,发展中国家可以依靠关税以及

---

① 〔美〕杰弗里·弗里登:《20世纪全球资本主义的兴衰》,杨宇光等译,上海人民出版社2009年版,第286页。

非关税政策促进经济发展,或借助国际社会稳定商品价格、增加援助、放宽信贷条件、提供贸易优惠、建立国际经济新秩序,以彻底改变目前的国际贸易结构。

正是在结构主义贸易理论的影响下,拉丁美洲国家率先在20世纪40年代推出进口替代型工业化战略,之后,亚洲和非洲的大部分发展中国家纷纷效仿拉丁美洲式的进口替代型工业化战略。对此,杰弗里·弗里登描述道:

> 在1939年和1973年之间,发展中国家选择了内向的民族主义的进口替代型工业化。拉丁美洲和其他少数独立国家在20世纪30年代开始走上这条道路。有三批获得解放的殖民地紧随其后:亚洲在20世纪40年代;中东和北非在20世纪40年代和50年代;撒哈拉以南非洲在20世纪50年代末和60年代。它们全都拒绝外国工业产品,推动当地生产供国内消费的商品,并且以牺牲农村和农民利益为代价,促进城市和工业的发展。①

四、传统范式的困境

然而,20世纪70年代以来,在国际贸易的现实中出现了大量上述三种传统贸易理论范式难以解释的现象,其中最引人注目的有如下三个现实:

(1)产业内贸易盛行。赫克歇尔-俄林模型依据要素禀赋充裕差异很好地解释了南北贸易,即资本充裕的发达国家和劳动力充裕的发展中国家之间的贸易,却无法解释20世纪70—80年代以后国际贸易出现的一种新现象,即发生在收入水平相近的国家之间的贸易比收入水平不同、要素禀赋各异的国家之间的贸易更多。换句话说,国际贸易主要是在具有类似产业结构的发达国家之间进行的,而且主要是在产业内进行的。

(2)战略性贸易兴起。20世纪70—80年代之后,发达国家越来越多地选择战略性贸易政策,换句话说,倡导自由贸易的发达国家越来越偏好运用保护、补贴以及其他政策来确保本国公司在卖方寡头市场中获得更大的市场份额和租金。

(3)保护主义蔓延。20世纪50—60年代,进口替代型工业化战略使得许多发展中国家的经济得到了飞速发展,然而,进入20世纪70—80年代,这些发展中国家纷纷从早期的进口替代工业化战略转向出口导向型工业化战略。为

---

① 〔美〕杰弗里·弗里登:《20世纪全球资本主义的兴衰》,第294页。

了推动出口导向型工业化,发展中国家特别是东亚地区国家加强政府对产业发展的规划和干预,实行产业政策。

对于这些现象,传统的国际贸易理论自恃各自的标准和价值取向各执一词,而各国又根据各自在世界市场中的状况对所奉行的理论进行不同的解释使其政策合理化,这就使得国际贸易无论是在理论上还是在政策方面矛盾百出。对此,斯特兰奇曾批评道:

> 在国际政治经济学中,关于贸易的各种理论比其他问题的理论更加众说纷纭,而且,在贸易问题上大多数理论更是与事实有差距。这些理论各执一词,就因为它们遵循了各自的标准学说,它们对实际情况的解释反映了不同学说对假设情况的阐述,每种理论都受各自支持者对效率、平等、自由和安全等不同价值观念孰轻孰重的看法的影响。这也可以说明为什么世界经济中贸易关系的实际变化同按照各种理论设想的贸易关系变化之间有显著的差距。①

尽管斯特兰奇作为第一代国际政治经济学学者的代表人物意识到了三大贸易理论与现实贸易政策的差距,但她本人并没有找到走出这种困境的路径。而真正走出这种困境的则是第二代国际政治经济学学者所主张的新政治经济学研究路径,我们可以称其为"混合主义的理论"。

第三节 新政治经济学:政府偏好与对外贸易政策

导致传统的国际贸易规范理论与各国贸易政策现实之间存在差异的原因有很多,其中只重视贸易政策的经济结果(提高社会福利)而忽视贸易政策的政治后果(社会福利的分配)是最主要的原因。所以,从20世纪80年代开始,经济学家在构建规范贸易理论与模型时也开始考虑贸易政策制定的政治过程,并因此形成新政治经济学。第二代国际政治经济学学者则广泛吸收新政治经济学的微观分析方法与模型,使得国际政治经济学在贸易领域的研究进入了一个新的时代。这一新的研究趋向主要基于如下四个基本假设:

(1)国家不是单一的行为体,特别是在民主制国家里,国家是社会中的国家。不同的国家,其国内政治结构(利益集团)和社会力量是不同的,即使是同

---

① 〔英〕苏珊·斯特兰奇:《国家与市场(第二版)》,第193页。

一国家,在不同的历史时期,其政治结构和社会力量的表现也是不同的。

(2)政府是有偏好的,这种偏好是国内不同利益集团和社会力量相互竞争和博弈的结果。政府的偏好既受到政党的影响,也受到阶级联盟和行业集团的影响。

(3)对外贸易政策不仅可以提高一个国家的社会福利,同时也对国内社会福利的分配产生影响,从而在国家内部形成受益者和受损者。因此,任何国家的对外贸易政策在考虑效率的同时必须考虑公平。

(4)贸易政策存在着外部性。这种外部性的存在使得一国在国内价格出现扭曲的情况下无法依靠国内政策来解决,只能依靠国际协调机制来解决,因此贸易领域的国际合作机制的存在是必要的。

通过吸收新政治经济学的规范理论和研究路径,国际政治经济学在贸易领域研究的新进展主要集中在政府对外贸易政策偏好的形成上。具体而言,政府偏好主要体现在两个方面:一个是对国内某种政治联盟(阶级联盟或行业联盟)的偏好;另一个是对某些产业政策(幼稚工业或战略性工业)的偏好。

一、国内政治联盟

既然参与贸易的国家都能从贸易中受益,为什么在每个国家内部对于贸易政策还存在着自由贸易与贸易保护的争论,甚至出现政治冲突呢?为了深入理解对外贸易政策,我们不仅需要了解贸易对整个国家社会福利的影响,还需要了解贸易对国内收入分配的影响,因为正是国内收入分配影响了政府对外贸易政策偏好的形成。

贸易对国内收入分配的影响主要表现在两个方面:一是要素收入,主要是指生产要素及其所有者的收入,即劳动力(工人)与资本(资本家);二是行业收入,主要是指行业及其从业者的收入,即进口竞争行业(进口商)与出口导向行业(出口商)。贸易对国内收入分配的这些影响通常会引发社会分化,并在对外贸易政策制定过程中形成两种政治联盟:一种是基于要素收入而形成的阶级联盟;另一种则是基于行业收入而形成的行业利益集团。

(一)要素收入与阶级联盟

要素禀赋(factor endowments)通常是指一个国家所拥有的各种生产要素的数量。在一个国家中,供给相对多的要素被称为充裕要素,而供给相对少的要素被称为稀缺要素。

要素禀赋不仅被经济学家用来解释国家之间为什么进行贸易,而且也被用来分析国际贸易对国内收入分配的影响。1941年,经济学家沃尔夫冈·施托尔珀(Wolfgang Stolper)和保罗·萨缪尔森(Paul Samuelson)在赫克歇尔-俄林模型的基础上,详细论证了国际贸易对国内收入分配的影响,这就是著名的施托尔珀-萨缪尔森定理。

施托尔珀-萨缪尔森定理认为,在任何一个社会,那些稀缺要素的所有者和密集使用稀缺要素的厂商会因贸易保护而获益(或者说因贸易自由化而受损),相反,社会中那些充裕要素的所有者和密集使用充裕要素的厂商会因贸易保护而受损(也就是说因贸易自由化而受益)。因此,在一个劳动力资源充裕而资本贫瘠的社会,贸易保护将使资本家受益而使劳工受损,贸易的自由化则有益于劳工而损害资本家的利益。

在赫克歇尔-俄林模型与施托尔珀-萨缪尔森定理的基础上,第二代国际政治经济学学者的代表人物罗纳德·罗格夫斯基1989年出版了经典著作《商业与联盟:贸易如何影响国内政治联盟》[1],提出了一个关于贸易变革如何影响国内阶级联盟的分析框架,成为阶级联盟分析路径的代表人物。

罗格夫斯基提出的分析框架主要包括如下三个假设:

首先,土地和劳动力之比可以决定一个国家的要素禀赋程度。罗格夫斯基将赫克歇尔-俄林劳动力、土地和资本三要素模型进行简化。他认为,土地和劳动力两个要素的比例基本能够反映出一个国家要素禀赋的程度。所以,可以根据土地和劳动力两个要素的禀赋程度(充裕还是稀缺)以及国家的发展程度(发达经济体还是落后经济体),在理论上将现存的国家分为四类:第一类是资本和土地充裕而劳动力稀缺的发达经济体;第二类是资本和劳动力充裕而土地稀缺的发达经济体;第三类是资本和劳动力稀缺而土地充裕的落后经济体;第四类是资本和土地稀缺而劳动力充裕的落后经济体。

其次,贸易会导致国内出现阶级分化和城乡分化。罗格夫斯基在施托尔珀-萨缪尔森定理的基础上,详细分析了贸易扩张和贸易收缩对发达经济体和落后经济体国内政治联盟的影响。他发现,无论是在贸易扩张时期,还是在贸易收缩时期,贸易都会导致第一类国家和第四类国家出现阶级分化,而第二类国家和第三类国家出现城乡分化。

---

[1] 〔美〕罗纳德·罗格夫斯基:《商业与联盟:贸易如何影响国内政治联盟》,杨毅译,上海人民出版社2012年版。

最后,贸易的扩张和收缩会影响国内政治过程。贸易变革的受益者将尽力加速这种变革,而同一变革的受损者则会尽力阻止这种变革。在贸易扩张时期,通常是充裕要素的所有者和密集使用者支持正在推行的贸易自由,而稀缺要素的所有者和密集使用者则努力争取贸易保护;在贸易收缩时,通常是充裕要素的所有者和密集使用者支持正在实施的贸易保护,而稀缺要素的所有者和密集使用者则争取贸易自由。

为了验证这些假设,罗格夫斯基对1840—1914年贸易扩展、20世纪30年代贸易收缩、1948—1980年贸易再扩张以及早期贸易的变革(古希腊、罗马帝国和16世纪的欧洲)进行了详细的经验研究,最后得出结论:当国际贸易扩张或收缩时,国家内部的各团体和派别的代表会更清楚地理解他们的天然利益和盟友何在。

(二) 行业收入与行业联盟

与赫克歇尔-俄林模型假设经济要素可以(在部门或行业之间)自由流动不同,另外一些研究国际贸易对国内收入影响的经济学家发现,并不是所有经济要素都可以在生产部门或行业之间自由流动,所以,应该将在生产部门之间可以转移的一般用途要素与有特定用途的特定要素区别开来,由此产生了特定要素模型。

特定要素模型是由保罗·萨缪尔森和罗纳德·琼斯(Ronald W. Jones)在李嘉图模型的基础上于1971年创建并发展的。[①] 与李嘉图模型相同,特定要素模型也假设一个国家可以生产两种产品,劳动供给可以在两个部门之间进行配置。但与李嘉图模型不同的是,特定要素模型假设,除了劳动要素以外,还存在着其他要素。劳动可以在两个生产部门之间流动,是一种流动要素,而其他要素则是特定的,只能被用于生产某些特定产品。换句话说就是,土地只能用来生产粮食,资本只能用来生产制造品,只有劳动可以用于各部门的生产。

按照特定要素模型,由于生产要素不能轻易地从一个生产部门转移到另一个生产部门,所以,无论是发达国家还是发展中国家,出口导向部门的特定要素所有者通常是国际贸易的受益者,而进口竞争部门的特定要素所有者则是国际

---

① Paul Samuelson, "Ohlin Was Right," *The Swedish Journal of Economics*, 1971, pp. 365-384; Ronald W. Jones, "A Three-Factor Model in Theory, Trade and History," in Jagdish Bhagwati et al., eds., *Trade Balance of Payments and Growth*, North-Holland, 1971, pp. 3-21.

贸易的受损者。

在特定要素模型的基础上,第二代国际政治经济学学者的代表人物彼得·古雷维奇于1986年发表了经典著作《艰难时世下的政治》[1],提出了一个"经济政策的政治社会学"(political sociology of economic policy)分析框架,成为行业联盟研究路径的代表人物。

古雷维奇倡导的经济政策的政治社会学分析框架主要涉及三个核心问题:一是社会行为体的界定;二是社会行为体的偏好来源;三是社会行为体之间的政治联盟。

第一,社会行为体是以在社会中承担经济功能的行业为基础的。

社会行为体(societal actors)是古雷维奇提出的经济政策的政治社会学分析框架涉及的一个重要概念。他所说的社会行为体是指那些在经济中发挥着投资、管理、劳动、购买和专业性业务功能的个人和组织,而这些个人和组织由于履行以上每一种对经济至关重要的功能,因此成为在国内社会和国际体系中具有经济地位的行为体。根据行为体所发挥的经济功能,可以将任何一个社会分解为三类行为体,即商业集团、农业集团和劳工集团。商业集团涵盖制造、贸易、销售和金融;农业集团主要包括国际化农产品市场、城市工业市场,以及拥有和经营土地的个人和组织;劳工集团则是指在劳动力市场上出卖劳动力的所有人。

古雷维奇所定义的社会行为体,主要是以在社会中承担经济功能的行业为基础的。根据他的进一步解释,社会行为体作为一个概念,既不同于通常被使用的利益集团和社会力量(因为利益集团过分强调组织机构而低估了功能的作用,社会力量则过分强调了功能而忽略了组织的重要性),也不同于阶级概念(因为这个概念虽然强调了功能的重要性,但忽略了同一阶级内部以及阶级之间存在着太多冲突这一事实)。

> 我倾向于使用"社会行为体"这个称谓,而不是更常见的"利益集团"和"阶级"这些概念。利益集团通常是指那些代表某些功能的联盟(工会、商业协会),但是功能与机构(或结构)是不同的。比如,资本是一种独立于投资者组成的任何联盟的力量,它不会因担心贬值而采取投资者联盟或投机者联盟去逃离一种货币。组织机构毫无疑问是重要的,但与功能还是不

---

[1] Peter Gourevitch, *Politics in Hard Times: Comparative Responses to International Economic Crises*, Cornell University Press, 1986.

同的。"阶级"虽然直接表达了一种功能,最为简单的表达就是在资本所有者和管理者与劳动力出卖者之间进行了区别。这种区别是真实的,但过于宽泛,因为在很多阶级被认为是对分析有用的情况下,同一阶级的成员之间有着太多的冲突,阶级之间也存在着太多冲突。①

第二,社会行为体的偏好转化为国家政策是一个复杂的政治过程。

尽管社会行为体因其在国内和国际经济中的地位而享有某种权力,但这并不意味着这些社会行为体的偏好可以直接转化为国家政策。社会行为体的偏好转化为国家政策是一个非常复杂的政治过程,涉及许多方面,古雷维奇将其简化为五个层面:

第一个是生产层面。这个层面主要通过分析社会行为体在经济中发挥的功能来确定社会行为体的利益偏好。具体而言,就是分析社会行为体在国际经济中的地位、社会行为体的政策偏好、这些行为体与其他社会力量合作或冲突的潜在基础,以及最终形成的政治联盟。

第二个是中间组织层面。这个层面是连接国家和社会的桥梁,帮助我们理解政党和利益集团如何将社会行为体的偏好转化为国家政策。政党向选民展示各种选择并将这些选择转化为政策。利益集团则评价选择、表达意见并动员集体行动。这样社会行为体因功能性职位而被赋予的权力就通过政党和利益集团转化为有效的组织行动。

第三个是国家结构层面。这个层面强调规则和官僚机构在协调社会行为体不同利益中的作用。规则决定着社会偏好的加总结果,而机构则涉及规则的设置、修改或取消。所以,规则和官僚机构影响着社会偏好的加总结果以及对政党和利益集团游说的实际效果。如果社会和社会行为体的联盟保持不变,不同的规则和机构就会产生不同的效果。

第四个是经济意识形态层面。这个层面帮助我们理解国家传统和价值的模糊性。虽然有的国家有自由放任的传统,而有的国家有政府积极干预经济的传统,但这些价值在现实的经济决策中并不是刻板的。比如在经济危机时,不同的传统会支持同样的结果,而相似的传统却有着不同的政策主张。

第五个是国际体系层面。这个层面帮助我们理解国际体系通过什么样的

---

① Peter Gourevitch, *Politics in Hard Times: Comparative Responses to International Economic Crises*, p. 59.

机制影响国内系统。国际体系中的战争、国际安全和国际性经济危机通常是通过国内社会行为体影响国家经济决策的。比如,当国家卷入军备竞赛时,通常会因发展军备而影响国家的财政预算,小麦国际价格的下降会刺激国内生产者寻求关税保护或其他政策补贴。

总之,社会行为体的偏好转化为国家政策的过程是一个非常复杂的政治过程,不但要受到中间组织、国家结构和经济意识形态的约束,同时还要受到国家安全和国际性经济危机的影响。

第三,社会行为体之间的关键性联盟决定着国家政策组合的最终选项。

国家在制定政策时存在着多种选项,古雷维奇将历史上出现的经济政策归纳为五种类型:第一种是古典自由主义的政策,其核心是通过分散化决策来适应个人利益的最大化,让市场进行自我调节,政府的任务就是不干预市场运行,最多就是为市场的正常运行提供必需的服务。第二种政策是社会化与计划体制,其核心是通过国有化赋予国家权力,通过计划告诉人们国家想做什么,以避免自由主义对资源的浪费和对人的价值的扭曲。第三种是保护主义政策,其核心是贸易保护在有些条件下是合理的,它既可以在某种意义上提升国家的力量和保证国家的安全,也可以在一定程度上避免社会各阶层在政治上出现零和博弈。第四种是需求刺激,也被称为凯恩斯主义,其核心是通过政府财政赤字来促进就业、公共产品和社会福利的提高,以消除阶级之间的隔阂。第五种是新重商主义,其核心是政府通过生产定额、限定价格、标准化生产、价格补贴或者经销管理来支持特殊行业或支持特定公司。

古雷维奇通过对英国、法国、德国、瑞典和美国五个国家在面对三次世界经济危机(1873—1896年的经济衰退、20世纪30年代经济大萧条、1971年开始的经济混乱)时所制定的经济政策进行比较后发现,没有哪个国家一直坚持某个单一政策,多数国家通常都是在以上五个政策选项中进行不同的政策组合,而最后决定国家政策组合的是其国内社会行为体及其相互之间的关系。其中最具决定性的是社会行为体之间的关键性联盟(critical coalition),如在1873—1896年的危机时期,英国在反谷物法联盟下,工业、农业、金融和劳工联合起来支持自由主义政策;德国推行的是铁-麦联盟,工业和农业联合起来保护自身利益;而美国则是反民粹主义联盟,企业与劳工联合起来共同反对商品农业和商人。

(三) 以社会为中心分析路径的局限性

无论是阶级联盟的分析路径,还是行业联盟的分析路径,都强调了对外经济和贸易政策制定的国内社会基础,为我们深入了解政府偏好提供了切实可行的研究路径,但这种以社会为中心的研究路径也存在着诸多局限,以下两点尤其值得我们注意:

第一,政治家和官僚的独立性。无论是阶级联盟还是行业联盟,其偏好都不会自动转化为政府的偏好进而成为国家的对外贸易政策。在这些社会行为体的偏好转化为政府偏好的过程中,政治家和官僚的作用是至关重要的。但政治家和官僚的偏好并不总是与社会行为体的偏好一致,有时甚至是相左的,这就要求我们在以社会为中心分析对外贸易政策的过程中,必须对政治家和官僚偏好的独立性进行研究。

第二,非经济行为体的作用。无论是阶级联盟还是行业联盟,都是以经济收入为标准界定社会行为体的,所以在某种意义上可以将其统称为经济行为体。在国家对外贸易政策的制定过程中,这些经济行为体的偏好固然重要,但环保组织、人权组织等非经济行为体的作用也越来越大。这就要求我们在以社会为中心分析对外贸易政策的过程中,必须对社会中的非经济行为体予以重视。

二、国家与产业政策

与强调社会利益(阶级利益和行业利益)在对外贸易政策决策过程中的重要性不同的是,还有一种分析路径强调国家利益或社会整体福利在对外贸易政策中的重要性,这就是对外贸易政策研究中的以国家为中心的研究路径。

以国家为中心研究政府对外贸易政策偏好主要基于两个假设:(1)在某些情况下,贸易保护主义可以提高全民福利。(2)政府可以基于国家利益制定对外贸易政策,而不受国内社会中各种利益集团的干扰和制约。其中,与投资和贸易相关联的产业政策被认为是最能体现社会整体福利和国家利益的议题。

产业政策长期以来一直是指政府利用各种保护政策(如税收、补贴、关税和非关税壁垒、政府采购)推动国家希望发展的特殊产业。20世纪80年代以来,随着产业政策在发达国家和发展中国家的盛行,产业政策无论在方法上还是在范围上都发生了显著变化。按照联合国贸发会议的定义①,产业政策现在通常是指那些意在影响经济结构的政府政策。根据这一定义,产业政策有着十分广泛的外延,涵盖了一系列意在通过提高国内生产能力和国际竞争力来实现国家战略目标的政策体系,主要包括两类:一类是支持特定产业的专属性政策,如高科技产业政策、医药产业政策;另一类是那些力图改善多个行业运营条件和能力的跨部门统筹性政策,如基础设施、金融体系以及社会政策。

与对外贸易政策相关联的产业政策主要有两种:一种是扶持新兴产业的幼稚工业保护政策;另一种是保护高技术产业的战略性贸易政策。

(一) 幼稚工业保护

幼稚工业保护(infant-industry protection),作为贸易保护主义的一种主张,通常是指一国工业处于发展初期时,由于不具备国外同类发展较早的公司所拥有的规模和经验,因此需要政府通过政策手段(生产补贴、关税或进口配额)对其进行保护,直到这些处于发展初期的工业获得类似的规模经济能力。

对幼稚工业进行保护,尽管在不同的历史时期有着不同的表现,但无论是作为一种理论观点还是作为一种政策主张,其影响力主要表现在两个时期:一是 19 世纪 40 年代李斯特提出的国家经济学及其对德国产业政策的影响;二是 20 世纪 70 年代开始盛行的新保护主义及其对发展中国家工业化战略的影响,我们可以将其称为"幼稚工业保护新论"。关于李斯特的国家经济学,我们在前面已经进行了比较详细的论述,这里主要简述一下幼稚工业保护新论的基本观点。

与之前的保护幼稚工业论稍有不同的是,幼稚工业保护新论认为,对幼稚工业进行保护不应该是无条件的,而应该是有条件的,至少包括三条②:一是出现了不可逆转的技术性外部经济效果,而这种效果无法为被保护的工业所独占;二是保护不是长久的,而是有时间限制的;三是保护使某一产业长期的收益足以补偿保护的成本。换句话说,只有在国内市场失灵或扭曲的情况下,政府才有理由对幼稚工业进行保护。而国内市场失灵,按照经济学家克鲁格曼等人的

---

① UNCTAD, *World Investment Report 2018: Investment and New Industrial Policies*, United Nations, 2018, p. 126.
② 参见 Douglas A. Irwin, "Infant-Industry Protection," in Steven N. Durlauf and Lawrence E. Blume, eds., *The New Palgrave Dictionary of Economics*, 3rd ed., Palgrave, 2018, pp. 6430–6433.

总结,通常指两种情况①:一种是不完全资本市场,另一种是无偿占用问题。

不完全资本市场(imperfect capital market)是指,如果一个发展中国家没有一整套金融机构(例如有效率的股票市场和银行)使传统部门(例如农业)的储蓄用于新成长部门(例如制造业)的投资,那么新工业部门的增长将会受到这些工业部门当前盈利能力的限制,即使这些新工业的长期收益较高,但最初较低的利润也会成为投资的障碍。所以,保护这些幼稚工业虽然不如建立完善的资本市场那样是政策的最优选择,但也是提高这些幼稚工业利润的次优政策选择。

无偿占用问题(appropriability problem)是指,那些首先进入新兴产业的先驱公司虽然承担了为适应具体环境而进行的技术改造或开辟新市场的成本,但又无法从这些成本所创造的社会收益(知识或新市场)中获得任何收益,所以用关税或其他贸易政策来鼓励那些进入新兴产业的先驱公司就成为避免无偿占用的次优政策。

20世纪60—70年代以来,尽管在理论上关于是否保护幼稚工业一直存在着广泛争议,但在现实政策中,保护幼稚工业仍然为许多国家所青睐,不但成为许多发展中国家(如拉丁美洲国家)推行进口替代工业化战略的依据,而且也成为新兴工业化经济体(如以日本为代表的东亚经济体)发展规模经济的手段。正是在保护幼稚工业的口号下,各种新保护主义和经济民族主义兴起,自由贸易和贸易保护的分歧和冲突再次成为国际贸易理论和贸易政策争论的焦点。

(二) 战略性贸易政策

所谓战略性贸易政策(strategic-trade policy),通常是指通过鼓励特定产品的出口或限制其进口来达到改善经济绩效目标的政策。战略性贸易政策有两个最为基本的特征:一是战略性,这里的战略性不是指军事目标或产业的重要性,而是指在国际市场上相互竞争的寡头厂商之间就影响利润的产出、价格和投资进行博弈;另一个就是国际性,这里的国际性是指产品的生产是在两个或两个以上国家进行,其中一国所采取的贸易政策会影响另一国厂商的战略选择,从而达到以牺牲其他国家的福利来达成本国目标的效果。

战略性贸易理论(strategic-trade theory)作为一种新的国际贸易理论,最早

---

① 〔美〕保罗·克鲁格曼、茅瑞斯·奥伯斯法尔德:《国际经济学(第五版)》,海闻等译,中国人民大学出版社2002年版,第242—243页。

是由加拿大经济学家詹姆斯·布兰德（James A. Brander）和芭芭拉·斯潘塞（Barbara J. Spencer）提出的[①]。与传统的国际贸易理论的完全市场假设不同，战略性贸易理论主要针对的是20世纪80年代以后出现的与发达国家对外贸易政策相关的两种市场失灵现象：一是在寡头垄断的行业里因不完全竞争而存在着垄断利润；二是高科技产业因技术外溢而无法获得全部收益。[②]

第一，不完全竞争。传统的国际贸易理论认为，贸易是由比较优势决定的，自由市场是发挥比较优势的最佳途径，众多企业处于完全竞争中，所以政府的最佳政策就是保证一种完全不干预的状态。而战略性贸易理论认为，大部分传统贸易理论是建立在市场是完全竞争的这个假设基础上的，即每一个生产者都不会试图影响价格，也不会影响竞争对手的行为。但在现实的某些产业中，仅有为数不多的几家企业参与竞争，这样就会出现一种由少数厂商垄断的市场状态，通常称为寡头垄断（oligopoly）。在这个寡头垄断的市场中，寡头厂商们不但通过相互博弈影响价格的形成，而且还相互竞争争夺超额利润。

当国际市场出现这种不完全竞争状态时，为了提高本国产业的国际竞争地位或者提高国内公司在国际市场上的竞争力，就有必要采取相应的贸易保护政策，包括生产补贴、出口补贴和进口限制等。这样，该行业的产出、价格和投资不是由市场决定的，而是由参与这个市场的少数几个寡头厂商相互博弈决定的。如美国和欧盟围绕飞机市场的竞争就是学者们经常提及的案例。

第二，技术外溢。尽管所有的企业都投资研发活动，但高科技产业最大的特点是以知识创新为核心内容。所以，高科技企业会投入大量资源进行技术创新，以保证其生产过程和产品创新的能力。然而，这些企业虽然可以获得对知识创新投资的部分收益，但通常并不能获得全部收益，因为其他企业可以通过模仿先驱者的思想或技术部分地获得这些收益，这样就出现了由知识外溢导致的市场失灵现象。

当一国明白高科技产业对经济的其他部门会产生大量的技术外溢时，政府就可以采用保护或者出口补贴的方式支持这些部门的发展，从而提高整个国民

[①] Barbara J. Spencer and James A. Brander, "International R&D Rivalry and Industrial Strategy," *Review of Economic Studies*, Vol. 50, No. 4, 1993, pp. 707-722; James A. Brander and Barbara J. Spencer, "Export Subsidies and International Market Share Rivalry," *Journal of International Economics*, Vol. 16, No. 1-2, 1985, pp. 83-100; Barbara J. Spencer and James A. Brander, "Strategic Trade Policy," in Steven N. Durlauf and Lawrence E. Blume, eds., *The New Palgrave Dictionary of Economics*, pp. 13 173-13 179.

[②] 〔美〕保罗·克鲁格曼、茅瑞斯·奥伯斯法尔德：《国际经济学（第五版）》，第265页。

的收入。而外国政府对这些部门的任何支持和保护,都有可能使得本国政府丧失这些有益的技术外溢,因此必须予以反击。

20世纪80年代以来战略性贸易政策的兴起,不仅与贸易在美国经济中的地位以及美国在世界经济中的地位的变化有关,而且与国际贸易自身特征的变化有关。尽管战略性贸易理论在学术界存在着激烈的争议,但当今发达国家在高科技行业(如汽车、飞机制造、信息技术、生物制药等)竞相制定竞争性产业政策以寻求或确保其竞争优势,这对国际贸易自由化造成了巨大挑战。

(三) 关于以国家为中心的分析路径的争论

尽管幼稚工业保护和战略性贸易政策在理论上受到经济学家和国际政治经济学者的广泛关注,在现实中也为许多国家采取贸易保护提供了依据和借口,但幼稚工业保护和战略性贸易政策以国家为中心的分析路径面临着许多争论与挑战。这些争论与挑战主要涉及如下三个对政府的认知:

第一,政府是善良的吗?换句话说,政策制定者能完全脱离个人利益和利益集团而优先考虑提高全民福利吗?虽然扶持幼稚工业曾经是许多发展中国家在工业化进程中选择的重要战略,支持高科技产业也是许多发达国家青睐的政策手段,但许多国家出现的寻租或者腐败确实难以回避。

第二,政府是全能的吗?换句话说,政府有能力根据国家利益制定产业政策而不必受社会利益集团的影响吗?比如,对幼稚工业进行保护,政府根据什么标准来确定哪些产业是新兴产业?对于幼稚产业的保护时间多长比较合适?对于高科技产业,政府有可靠的方法来识别战略产业吗?如何避免扶持了本不应该扶持的产业?

第三,政府是全知的吗?换句话说,政府是否具有足够的信息来有效地干预经济,进而使得社会福利最大化?政府对产业发展进行干预,必须掌握足够的信息。因为扶持某一产业必然意味着将资源从其他部门配置到准备支持的部门,所以对信息的把握就变得至关重要。对于幼稚工业,政府如何甄别未来才会有比较优势的产业?对于高科技产业,政府如何确保其成功?

第四节 全球贸易制度安排:从 GATT 到 WTO

从政府偏好来研究对外贸易政策,主要反映了国内层面的贸易政策制定过程及其结果。而任何国家贸易政策的制定不但受到其他国家贸易政策的影响,同时也影响其他国家的贸易政策,这就是贸易政策的国际层面。从国际层面来考察贸易政策主要涉及两个核心问题:一个是国际贸易制度的建立,另一个是国际谈判与讨价还价。关于这两个问题,学术界和政策制定者们主要关注的是关税及贸易总协定和世界贸易组织。关税及贸易总协定和世界贸易组织一直是国际经济学和国际政治经济学关注的课题。不同之处在于:国际经济学学者研究 GATT 和 WTO 的重点是,通过规范的经济学模型来证明贸易自由化如何使贸易国受益以及受益的程度如何①;国际政治经济学学者研究 GATT 和 WTO 的重点是将 GATT 和 WTO 作为一个政治机制,研究这种国际制度是如何形成的,以及这种国际制度对贸易国的贸易政策的制定和实施有何影响②。

与认识到贸易是各国财富增长的动力相比,认识到可以在贸易领域建立一种国际机制,以避免相关贸易国的以邻为壑贸易政策或者免费搭车的贸易政策,却是很晚的事情。

一、自由贸易与贸易保护之争(1860—1945)

国际贸易是一个比较古老的范畴,"几百年来,贸易税收一直是帝国和政治集团最重要的财源之一。许多帝国选择以贸易为契机而发展起来,并且为了控制亚洲、非洲和中东的贸易路线,曾经彼此大动干戈"③。1648 年民族国家体系出现之后,各国仍将贸易作为财富增长的火车头,并因此在欧洲历史上出现了著名的重商主义。在 1846 年之前,欧洲人关注的是贸易对国家财富增长的重要性,在这一点上,各国是一致的。至于如何进行贸易,并不是各国关注的重点,所以相关国家(西班牙、葡萄牙、英国、法国和荷兰)采取的贸易手段是非常不同的。而真正认识到贸易的外部性特征和贸易制度的建设,则是 1860 年自由贸易兴起之后才开始的。

(一)自由贸易的兴起

关于自由贸易兴起的标准和准确年代,经济史学家们并无定论,这对于国

---

① 〔美〕科依勒·贝格威尔、罗伯特·思泰格尔:《世界贸易体系经济学》,雷达、詹宏毅等译,中国人民大学出版社 2005 年版。
② 〔英〕伯纳德·霍克曼等:《世界贸易体制的政治经济学——从关贸总协定到世界贸易组织》,刘平等译,法律出版社 1999 年版。
③ 〔美〕罗伯特·吉尔平:《国际关系政治经济学》,杨宇光译,上海人民出版社 2006 年版,第 195 页。

际政治经济学的研究也没有多大意义。但研究国际贸易史的学者们在两点上几乎达成一致:第一,自由贸易发生在19世纪,并且首先在欧洲形成;第二,英国为推动并维护自由贸易做出了重大贡献。

自由贸易兴起的原因有很多,但以下三点在自由贸易兴起过程中所起的作用是无法忽视的:

第一,自由贸易的理念。尽管进行广泛的自由贸易兴起于19世纪中叶,但在此之前的一个世纪,理念上的准备已经很充足了,这就是亚当·斯密于1776年出版的《国富论》。在这部被称为自由贸易的奠基性著作中,斯密不但对先前盛行的重商主义从理念上进行彻底清算,更为重要的是,斯密从"劳动分工"这个最为基本的概念出发,建立了一个完整的自由主义思想体系。在这个思想体系中,一个重要的理念就是,政府不应干预贸易与商业。

第二,英国先行的政策。尽管英国在19世纪中叶之前也在推行贸易,但却是贸易保护和自由贸易并举。从17世纪中叶开始,政府的贸易保护被局限于特殊的领域,如航海条例的规定、对渔业的补贴、对澳大利亚纽卡斯尔与伦敦之间煤炭贸易的补贴,其中最著名的莫过于1651年颁布的航海条例。而在其他领域,政府的权力逐渐退出,交由个体商人来接替。[①] 英国真正通向自由贸易道路始于19世纪中叶,其中,在1841—1846年罗伯特·皮尔担任英国首相期间,600多种关税被取消,1000多种关税被降低[②],特别是航海条例和木材关税的取消以及谷物法的废除使得英国在通向自由贸易的道路上迈出了一大步。尤其是1846年谷物法的废除,使得推崇贸易保护的农场主不得不接受自由贸易的理念,英国国内政治中需要政府提供贸易保护的最后一个重要领域也开始实行自由贸易了。斯密的政府不干预贸易与商业的理念得以转化为现实的政策。

第三,法国和其他国家的响应。如果没有其他国家的响应,英国的自由贸易政策也是不可能实现的,这就是我们在前面提到的贸易政策的外部性特征。1860年,英国和法国签订了《科布登-谢瓦利埃条约》,英国废除对法国白酒的歧视(这也有利于西班牙和葡萄牙),作为交换,法国为英国的制造品提供广阔的市场。在之后的二十多年间,法国、德国、意大利以及其他国家相继或直接或通过双边协议降低关税。在这种意义上,我们可以认为,从1860年开始,西欧

---

① 〔美〕查尔斯·P. 金德尔伯格:《世界经济霸权:1500—1990》,高祖贵译,商务印书馆2003年版,第205页。

② 同上书,第215页。

创造了一个自由贸易世界。这个自由贸易世界伴随着工业革命的到来和金本位制的实施迅速向西欧之外的地区和国家扩展,并且一直持续到 1914 年,形成了资本主义世界经济中的第一个黄金时期。

(二) 贸易保护:20 世纪 30 年代的以邻为壑贸易政策

1873—1896 年,欧洲乃至世界经济出现了大萧条。这次经济萧条的特点是产品价格逐渐下降。比如,1873—1896 年,英国商品的价格下降了 22%,美国商品的价格下降了 32%;而在世界贸易中,原材料的价格下降了 59%,小麦的价格下降了 58%,煤炭的价格下降了 57%。[①] 世界贸易中产品价格的下降,使得贸易国对自由贸易和金本位制不满,贸易保护开始在欧洲各国蔓延。奥匈帝国于 1876 年提高了关税,德国于 1879 年转向贸易保护政策,法国开始限制德国产品作为对德国的回应,美国继续其保护主义政策。实行自由贸易政策的国家只剩下英国、低地国家和瑞士,到了 19 世纪末,英国成了唯一实施自由贸易的国家。[②] 之后,世界贸易价格在 1896—1913 年间逐渐上升,在这近 20 年间,英国的价格上升了 16%,美国的价格上升了 41%[③],随着英国的金本位制度在更广的范围被参与贸易的国家所接受,自由贸易在世界范围内勉强得以延续。

但随之而来的两次世界大战和 1929—1933 年世界范围的经济危机对自由贸易的冲击却是致命的。战争以及相伴的经济危机对世界贸易的影响可想而知,灾难性的结果之一便是贸易保护的盛行和贸易战的发生。

将 19 世纪末 20 世纪初世界范围内的以邻为壑贸易政策推向极端并最终导致 20 世纪 30 年代贸易战的便是美国国会于 1930 年颁布的《斯穆特-霍利关税法案》,这标志着 1860—1914 年建立的基于自由贸易和国际金本位制的世界经济秩序彻底瓦解,世界经济萧条进一步恶化。

(三) 恢复自由贸易:1934 年美国的《互惠贸易协定法案》

在国际贸易史上,1934 年美国颁布《互惠贸易协定法案》是一个重要历史

[①] Jeffry A. Frieden, *Global Capitalism: Its Fall and Rise in the Twentieth Century*, W. W. Norton & Company, 2006, p. 8.

[②] C. P. Kindleberger, "Group Behavior and International Trade," *The Journal of Political Economy*, Vol. 59, No. 1, 1951, pp. 30-46.

[③] Jeffry A. Frieden, *Global Capitalism: Its Fall and Rise in the Twentieth Century*, p. 16.

事件。该法案的颁布对贸易领域有两个重大贡献:一是国内政治对贸易政策的影响;二是贸易领域的双边贸易协定概念的产生,这也是最大的贡献。前者是贸易政策的国内政治决策过程,关于这一点,前文已经进行过比较详细的论述;后者是贸易政策对国际社会的影响,在这里将重点论述1934年美国的《互惠贸易协定法案》对世界贸易的影响。

1929—1933年世界经济危机期间,美国国会于1930年通过了著名的《斯穆特-霍利关税法案》。该法案出台之后,立即遭到其他国家的报复。这一法案不但扩大了世界经济萧条的范围,而且使得美国经济进一步恶化:美国的进口额从1929年的44亿美元下降到1933年的14.5亿美元,而出口则从1929年的51.6亿美元降到1933年的16.5亿美元。① 后来在一片漫骂和争论声中,美国国会又于1934年颁布了一部大相径庭的贸易法案《互惠贸易协定法案》。该法案的核心内容是:国会授权总统负责与外国进行降低关税的谈判,总统可以不经国会批准将任何一项关税最多降低50%。

1934年美国的《互惠贸易协定法案》对之后的世界贸易机制的建设起到了不可忽视的作用。第一,从国际政治的角度来看,《互惠贸易协定法案》告诫人们,削减关税不是单边的,而应该是双边的。根据统计,到1945年,美国与27个国家共达成了32个双边贸易协定,对64%的应税进口商品进行关税减让,使税率平均降低了44%。② 第二,国际贸易合作谈判应该建立在最惠国待遇或非歧视原则的基础上。这项原则允许一个国家与多个国家进行双边贸易谈判,这为后来关税及贸易总协定进行的多边谈判奠定了基础。

无论是美国,还是世界其他国家,都从1934年的《互惠贸易协定法案》受益。出于对恢复经济的渴望和对战争的恐惧,在美国的带领下,一些国家于第二次世界大战结束前开始尝试多边自由贸易机制的建设。关税及贸易总协定就是这种努力的结果。

二、捍卫自由贸易的临时性协定:GATT(1947—1994)

(一) 国际贸易组织与关税及贸易总协定

在1944年召开的布雷顿森林会议上,美国和相关国家曾经倡导在贸易领

---

① 〔美〕I.M.戴斯勒:《美国贸易政治(第四版)》,王恩冕、于少蔚译,中国市场出版社2006年版,第11页。

② 同上书,第12页。

域建立一个国际贸易组织,但最终流产了。这里有一个值得深思的问题:为什么酝酿成立的国际贸易组织在战后流产了,而代之产生的是一个作为临时性协定的关税及贸易总协定?

这个问题起源于一个众所周知的事实:关税及贸易总协定的建立并非参与各国之本意。在第二次世界大战结束之前,美国及其西方盟国基于贸易限制不利于世界经济发展的理念,提议在贸易领域建立一种国际制度,促进世界范围内的贸易自由化。1944 年 7 月,在布雷顿森林召开的 44 国参加的国际货币与金融会议上,相关国家建议成立国际货币基金组织、国际复兴开发银行(即世界银行)和国际贸易组织(International Trade Organization),作为支撑世界经济的三大支柱来调节世界经贸关系,推动世界经济的复苏和发展。国际社会希望通过拟议中的国际贸易组织实现对全世界贸易关系的协调。美国政府于 1945 年向联合国经济及社会理事会提交了《国际贸易组织宪章(草案)》。尽管联合国经济及社会理事会通过了该草案,但当美国政府向美国国会提交审议时,美国国会以其中某些条文与美国国内法规定有冲突为由未予通过,这样,国际社会建立一个世界性贸易组织的愿望化为泡影。

鉴于拟议中的国际贸易组织未能成立,在现实中又很需要一个贸易机制,联合国经济及社会理事会决定于 1946 召开一次国际贸易与就业会议,并成立了一个筹备委员会着手起草国际贸易组织章程。1947 年 4 月至 10 月,在日内瓦召开的第二次筹委会会议上,23 个国家和地区提议将正在起草的国际贸易组织宪章草案中涉及关税与贸易的条款抽取出来,形成一个临时性协定。这样,原属临时性协定的关税及贸易总协定从 1948 年 1 月 1 日生效起到 1995 年世界贸易组织(WTO)成立,运作时间达 47 年之久。

(二) GATT 的原则

GATT 作为国际贸易领域的一个临时性协定,在长达 47 年的运行过程中几经修改和补充,更不必说还有繁多的副协定和议定书的产生,然而 GATT 的基本原则却一直没有多大变化。

第一,在减免关税和其他贸易优惠上的普遍最惠国待遇原则。最惠国待遇原则(most-favoured-nation principle)源于 20 世纪 30 年代的贸易协定,并于 1947 年被作为关税及贸易总协定的第 1 条,要求所有缔约方都受益于该协定。最惠国待遇原则主要是为了避免成员之间的歧视,如果一个国家在某一产品上给了另外一个国家以最惠国关税,这种关税将适用于所有国家的同类产品。这一原则从根本上抵制了贸易政策中的免费搭车现象,从而为创造一个统一规则的多边贸易体系奠定了基础。

第二,反对进口数量限制或其他非关税限制。关税及贸易总协定主张各国政府应通过减少贸易壁垒来扩大贸易,而不应在关税之外设立其他非关税壁垒。

第三,所有成员之间实行无条件互惠。互惠(reciprocity)是关税减让谈判中一个非常重要的概念和原则,它确保成员之间通过关税减让相互受益。

以上三项原则是 GATT 多边贸易体制最为核心和重要的原则,也是 GATT 作为一个多边贸易体制得以存在并在战后国际贸易中发挥作用的基石。

(三) GATT 的成效和困境

从 1947 年关税及贸易总协定作为推动贸易自由化的临时性协定开始,在 GATT 框架内前后进行了八个回合的多边贸易谈判(参见表 8-1):日内瓦回合(1947)、安纳西回合(1949)、托奎回合(1950—1951)、日内瓦回合(1956)、狄龙回合(1960—1962)、肯尼迪回合(1964—1967)、东京回合(1973—1979)、乌拉圭回合(1986—1994)。关于这些谈判的文件以及各种评论的著作浩如烟海,我们在这里主要讨论这些谈判如何促进国际贸易机制的建设。

1. 肯尼迪回合(1964—1967):关税减让谈判的创新与反倾销

从严格意义上来讲,关税及贸易总协定并不是一个国际机制,而只是贸易领域中的一个临时多边协定,尽管这种协定在历史上也存在过,例如英国曾经颁布的航海条例,但都是双边协定。作为一个临时多边协定,GATT 的最初目标主要是通过国际谈判进行关税减让。事实上,关税及贸易总协定在 20 世纪 70 年代以前的贡献也主要集中在关税减让上,GATT 的前六轮谈判所要削减的壁垒都只限于关税方面。

表 8-1　1947—1994 年的 GATT 谈判

名称	谈判时间及缔约方数量	谈判内容	谈判结果
日内瓦回合	1947 年,23 个	关税	关税及贸易总协定成立 减让 20% 关税
安纳西回合	1949 年,13 个	关税	接受 11 个新成员 减让 2% 关税

(续表)

名称	谈判时间及缔约方数量	谈判内容	谈判结果
托奎回合	1950—1951年,38个	关税	接受7个新成员 减让3%关税
日内瓦回合	1956年,26个	关税	减让2.5%关税
狄龙回合	1960—1962年,26个	关税	欧共体对外关税的谈判 减让4%关税
肯尼迪回合	1964—1967年,62个	关税和反倾销	减让35%关税 反倾销谈判
东京回合	1973—1979年,102个	关税和非关税壁垒	减让33%关税 非关税壁垒的六原则 修改GATT中关于发展中国家的条款
乌拉圭回合	1986—1994年,123个	农业和纺织业;服务业;与贸易有关的投资和知识产权;GATT条款的修改	平均关税减让39%;签订12个协定(包括农业、服务业、补贴、保护关税);新的贸易问题,包括服务业和知识产权、争端解决机制、创建世界贸易组织

资料来源:WTO,"The GATT Years: From Havana to Marrakesh," https://www.wto.org; WTO,"The Multilateral Trading System: 50 Years of Achievement," https://www.wto.org; Douglas A. Irwin, *Free Trade Under Fire*, 4th ed., Princeton University Press, 2015, p. 246; Stephen D. Cohen, et al., *Fundermentals of US Foreign Trade Policy: Economics, Politics, Laws, and Issues*, Routledge, 2019, p. 185.

然而,从1947年到1963年的关税减让谈判并不是很顺利。1947年首轮谈判中关税减让20%,而1960年狄龙回合谈判中关税减让只有4%。关于在前五轮的关税减让谈判中收效甚微的原因探讨有许多,其中有两个原因至关重要:第一,欧洲国家的担心。尽管西欧国家经济在美国马歇尔计划的支持下逐渐恢复,但出于对20世纪30年代以邻为壑政策的恐惧,西欧国家的首要目标是欧洲邻国经济政策的协调。从1957年开始,欧洲六国(德国、法国、意大利、比利时、荷兰和卢森堡)在贸易领域主要着手两项政策:一是在成员国之间进行关税减免,建立关税同盟;二是为了保证农产品价格的稳定,通过统一关税来消除欧洲农产品价格与世界价格的差额。欧洲的利益高于世界其他国家特别是美国的利益,导致欧洲国家对更大范围内的关税谈判犹豫不决。第二,产品对产品的谈判。在前五个回合的关税减让谈判中,采用的是产品对产品的谈判,这使得谈判目标不是各国贸易政策的整体协调,而是各国贸易政策在某一产品上的协调。

1964年开始的肯尼迪回合谈判,对贸易领域国际谈判的贡献主要集中在四个方面:第一,新的关税谈判方法。美国在肯尼迪回合谈判中提出了一种新的方法,也就是一揽子方法。根据最后的协定,主要的工业化国家除了一些特殊行业的关税保持不变以外,其他关税一律削减50%,最后的结果是,成员平均关税减让达到了35%。第二,成员贸易政策的整体协调。肯尼迪回合谈判的焦点不是在具体行业或产品关税削减的幅度上,而是在成员贸易政策的偏好上。正是在这种意义上,肯尼迪回合谈判被认为是关税及贸易总协定谈判历史上第一个富有实质性意义的谈判,贸易领域中通过多边谈判来协调成员经济政策的机制开始确立。第三,反倾销谈判。肯尼迪回合谈判的另外一个贡献就是将反倾销作为国际谈判的一个重要议题。经济学中的倾销是指厂商对其出口的产品制定一个低于国内市场价格的行为;而政治经济学意义上的倾销是指国家在其贸易政策中为了提高其产品在国际市场的竞争力,对该产品进行价格补贴,使其以低于国外同类产品的价格销往国际市场。肯尼迪回合开始了反倾销谈判,框定了反倾销的行为规则,反倾销在后来的东京回合和乌拉圭回合谈判中一直是一个重要议题。反倾销谈判的意义在于将成员对外贸易政策标准化。第四,地区政治集团的兴起。在肯尼迪回合谈判中最后一个值得我们深思的现象是,肯尼迪回合第一次允许欧洲经济共同体作为单个行为体参加谈判,这为后来地区层面上的多边贸易协定奠定了基础。

2. 东京回合(1973—1979):非关税壁垒与战略贸易政策

东京回合谈判从1973年开始一直持续到1979年,共有102个缔约方参加。东京回合谈判对推动贸易自由化的贡献主要有以下三个方面:

第一,继续进行关税减让谈判。尽管关税减让不是东京回合谈判的重点,但关税减让谈判仍然是东京回合的目标之一。最后的结果是,九个主要工业国家的市场上产品的关税平均降低35%,制造产品的平均关税降至4.7%。这次关税减让的幅度可以与肯尼迪回合的结果相比。

第二，非关税壁垒(non-tariff barriers，NTBs)减让的谈判。如果说 GATT 前六轮谈判主要集中在关税减让上，并且取得了巨大成就，那么 1973 年开始的东京回合谈判则主要集中在非关税壁垒减让的谈判上。20 世纪 70 年代是一个保护主义抬头的年代：1973 年起资本主义世界出现了经济滞胀；日本和新兴工业化国家坚持一贯的贸易保护政策；最为重要的是美国贸易逆差的增加、出口贸易的减速以及国内失业率的上升促使美国国内贸易保护主义抬头。在这种背景下，由于关税及贸易总协定经过七个回合的关税减让谈判，其协定内的关税壁垒已经撤销，因此大多数国家出于保护本国利益的目的转而采取非关税壁垒。东京回合主要是针对这些非关税壁垒进行谈判，并且取得了重大进展。同时，东京回合谈判还试图将贸易规则扩展到其他方面，例如政府采购、安全和健康标准等，但并没有成功。

第三，尝试在关税及贸易总协定内确定框架协议。这主要是由发展中国家巴西提出动议的，其目的在于对关税及贸易总协定的义务加以明确。也就是说，明确关税及贸易总协定的义务，通过通知、协商和争端解决等手段帮助发展中国家发展幼稚工业、消除收支赤字等。尽管这一动议并未取得进展，但却促使关税及贸易总协定成员开始意识到发展中国家贸易的重要性，并思考如何通过法律机制来解决贸易争端。

3. 乌拉圭回合(1986—1994)：新的贸易问题及其困境

乌拉圭回合谈判始于 1986 年 9 月，终于 1993 年 12 月，相关的协定于 1994 年 4 月签署，前后历时八年，共有 123 个缔约方参加了谈判。在关税及贸易总协定 47 年的历史上，乌拉圭回合是持续时间最长、争议最激烈但成果最丰富的一轮谈判，也是关税及贸易总协定历史上最富有意义的一轮谈判。乌拉圭回合谈判的特征主要体现在以下三个方面：

第一，谈判的议题。与前七轮贸易谈判相比，乌拉圭回合谈判的议题主要集中在三个方面：市场准入问题、新的贸易问题和 GATT 的规则问题。

(1)市场准入问题：共同农业政策和《多种纤维协定》。市场准入问题(market access)主要涉及农产品贸易和纺织品贸易的保护政策。农产品市场准入问题主要是针对欧共体、日本和其他农产品出口国在农业领域的保护政策。欧洲经济共同体从 1960 年实行共同农业政策，通过关税保护，支持共同体内农业的发展和农产品价格的稳定。欧洲在农业领域的保护政策取得了成果，从

1958 年到 1970 年,共同体农产品的交易增长了 6 倍,而与第三国的交易只增长了 1.5 倍。① 经过 20 世纪 70 年代对农产品价格的持续支持,到 80 年代,欧洲的农产品开始出现剩余,仅 1985 年,欧洲各国牛肉储备达 78 万吨,黄油 120 万吨,小麦 1200 万吨,为了避免无限制的储备增长,也迫于欧共体内部农民的政治压力,欧共体转而采取出口补贴政策。② 欧共体对农产品出口的补贴与关税及贸易总协定追求的贸易自由化的目标背道而驰。同样的情况也存在于日本对农产品采取的进口限制政策上。正是在这种背景下,市场准入成为乌拉圭回合谈判的一个重要议题。

如果说农产品市场准入主要是美国针对欧共体的共同农业政策而提出的,那么纺织品的市场准入则主要是针对发达国家与发展中国家曾经签订的《多种纤维协定》(Multi-Fiber Arrangement,MFA)而提出的。纺织业通常是工业化早期优先发展的产业。因为纺织业是劳动密集型的产业,不但能够吸收大量劳动力,而且所需资金也较少,所以纺织业也就成为战后发展中国家工业化进程中优先发展的产业。尽管第二次世界大战后世界贸易在 GATT 的推动下朝着贸易自由化飞速发展,但纺织业一直是一个例外。在发展中国家,纺织业成为出口的主要产业(参见表 8-2)。根据统计,发展中国家纺织业和服装业在世界市场的出口额从 1976 年的 32.2% 上升到 1987 年的 50%。为了保护本国企业的利益,发达国家在 1961 年与发展中国家签订《棉花贸易的短期协定》(The Short-Term Arrangement Regarding International Trade in Cotton),对发展中国家出口棉花进行定额限制,1962 年签订长期协定,1974 年签订《多种纤维协定》,范围扩展到整个纺织业。这些协定规定,纺织品贸易的谈判只限于双边贸易额度谈判,这样纺织品贸易就被排除在 GATT 多边贸易谈判议题之外。但到了 20 世纪 80 年代,随着发展中国家纺织品出口贸易的增加,发达国家认为有必要就纺织品在 GATT 内进行多边谈判,因此,取消《多种纤维协定》对纺织品贸易的保护、推动纺织品贸易自由化自然成为乌拉圭回合谈判的议题。

---

① 〔法〕皮埃尔·热尔贝:《欧洲统一的历史与现实》,丁一凡等译,中国社会科学出版社 1989 年版,第 225 页。
② 〔美〕保罗·克鲁格曼、茅瑞斯·奥伯斯法尔德:《国际经济学(第五版)》,第 189 页。

表 8-2　发展中国家占世界出口的份额　　　　　　　　　　　　　（%）

出口	1976	1980	1987
纺织业和服装业	32.2	40.6	50.0
纺织业	26.0	30.0	36.4
服装业	43.1	57.7	65.6
制造业	9.4	13.2	18.1

资料来源：转引自 Junichi Goto, "The Multifiber Arrangement and Its Effects on Developing Countries," *The World Bank Research Observer*, Vol. 4, No. 2, July 1989, pp. 203-227。

（2）新的贸易问题：服务业、投资与知识产权。除了传统的农业和纺织业，乌拉圭回合谈判出现了一个新的议题，这就是服务业以及与贸易有关的投资和知识产权。

20世纪80年代开始，世界贸易的性质和结构发生了巨大的变化。就贸易的性质而言，除了传统的货物贸易以外，服务贸易无论是在各国（特别是发达国家）对外贸易中所占的比例还是在世界贸易中所占的比例都在不断上升。而对于服务业，各国并没有一个统一定义，GATT只是把服务业定义为"非货物贸易"。由于GATT长期以来一直集中在货物贸易的关税减让上，这就为相关国家在服务贸易中采取保护政策提供了机会，服务贸易领域就成为各国政府进行贸易保护的一个重要领域。

对外直接投资是战后世界经济以及相关国家经济增长的动力，但跨国公司在异地的生产不但容易形成对某种产品在世界市场的垄断，而且容易冲击东道国同类产品以及相关的产业，所以跨国公司和东道国主权的关系成为各国政策决策者关注的焦点。加拿大1974年率先设立投资管理局对美国的跨国公司在加拿大的投资进行管理，其他国家纷纷效仿。到20世纪80年代，世界贸易中相当大的比例是跨国公司内部的贸易，投资自由化成为贸易自由化的一个不可或缺的条件。投资自由化自然成为乌拉圭回合谈判关注的问题。但由于投资自由化直接威胁到相关国家的主权，各国最后同意将与贸易有关的投资措施作为乌拉圭回合谈判的议题。

与贸易有关的知识产权问题是乌拉圭回合谈判中出现的第三个新问题。随着服务业的发展，高科技产品（如电子信息、金融风险评估）成为服务贸易的一个重要方面，如何对这些产品的产权进行保护成为各国关注的一个议题。

（3）GATT的规则问题。GATT规则的修改以及如何将GATT建设成一个富有成效的国际组织,成为乌拉圭回合谈判中的重要议题。其实,早在之前的东京回合谈判中,相关国家已经意识到这一问题的重要性,因为 GATT 长期以来一直是作为一个临时多边协定存在的,其目标主要集中在货物贸易的关税减让上。但到了 20 世纪 80 年代,随着货物贸易关税的降低以及新的贸易问题的出现,GATT 规则的修改以及 GATT 是否具有法律效力成为各国关注的议题。

第二,谈判的行为体。与前几次贸易谈判相比,乌拉圭回合谈判的另一个明显特征就是谈判的行为体开始多样化。如果说之前七轮谈判的主体是发达国家,那么,从乌拉圭回合谈判开始,参加谈判的行为体开始多样化:既有原来的发达国家,也有新兴工业化国家,还有发展中国家;既有国家,也有地区集团(例如欧盟),还有国际经济组织(例如七国集团)。谈判行为体多样化以及利益的交叉,导致乌拉圭回合谈判的时间和难度超过以往任何一个回合的谈判。

第三,谈判的结果。乌拉圭回合谈判持续了八年,从结果上看,乌拉圭回合谈判取得了丰富的成果。这些成果主要表现在三个方面:一是贸易谈判领域的扩大。以往的贸易谈判主要集中在制造业的关税减让上;而在乌拉圭回合中,贸易谈判的领域不但扩展到传统的农业和纺织业领域,而且也包括服务业、投资和知识产权这些新的贸易领域。尽管在乌拉圭回合的部门性协议中,这些领域的问题远没有解决,但有一点是至关重要的,那就是将这些问题(传统的和新出现的)纳入新成立的世界贸易组织的框架,这就使得世界贸易朝着更加自由化的方向发展。二是国际贸易谈判开始由原来的权力主导方式向规则主导方式过渡。在前六轮谈判中,国际贸易谈判主要是由美国来主导,即使到了东京回合谈判,议题也主要是由占世界贸易出口份额三分之二的美国和欧共体来主导,所以是一种权力主导方式。到了乌拉圭回合谈判,随着新兴工业化国家和发展中国家或采取贸易保护的进口替代战略,或实施更加自由化的出口导向型战略,这些国家在世界贸易谈判中的地位不断上升,并最终导致贸易谈判由以往的权力主导型向规则主导型转变。其中最为典型的一个表现就是,当发达国家将农业、服务业和知识产权列为乌拉圭回合谈判的议题时,遭到了印度和巴西的激烈反对,使谈判不断延期。三是在制度建设方面。乌拉圭回合谈判的最大结果是决定成立世界贸易组织。尽管乌拉圭回合谈判力图在农业问题、服务业问题和高技术产业三个领域有所突破,但由于发达国家与发达国家之间、发达国家与发展中国家之间的意见相左,最终没有达到既定目标。在 1993 年 10 月乌拉圭回合谈判的最后阶段,与会方接受了贸易全面自由化协定,同时决定终止关税及贸易总协定这一运行47年之久的临时性协定,成立世界贸易组织,继续协调国际贸易谈判。这样,世界贸易组织成为一个与国际货币基金组织和世界银行并行的国际组织。

三、全球贸易制度:WTO(1995年至今)

1995年1月1日,作为一个新的国际组织,世界贸易组织正式成立。世界贸易组织在哪些方面与关税及贸易总协定相承接,又在哪些方面与关税及贸易总协定有所不同呢?

(一) WTO的目标与基本原则

作为一个制度性的世界贸易组织,WTO主要有四个目标:第一,制定并强化国际贸易规则;第二,为贸易自由化谈判和监督提供一个平台;第三,提高贸易政策的透明度;第四,解决贸易争端。① 在这四个目标中,除了提高贸易政策的透明度以外,其余三个目标GATT都有阐述,不同的是WTO远比GATT更全面、制度性更强。

WTO在组织形式上替代了GATT,并继承了GATT的原则,集中体现在以下两个方面:

第一,在减免关税和其他贸易优惠上的普遍最惠国待遇原则。也就是说,在世界贸易组织协定下,任何成员对待其贸易伙伴不得歧视,只要对某些成员实行贸易优惠,这种优惠就必须适用于世界贸易组织的所有其他成员。最惠国待遇原则原是GATT的第1条,主要适用于货物贸易(不包括纺织品和服装),但在WTO中,最惠国待遇延续为《服务贸易总协定》(General Agreement on Trade in Services, GATS)的第2条和《与贸易有关的知识产权协定》(Agreement on Trade-Related Aspects of Intellectuals Property Rights, TRIPs)的第4条。这样,WTO不仅涵盖了所有的货物贸易(既包括纺织品和服装,也包括敏感的农业),而且包括服务业和知识产权这些新的贸易领域。

第二,在进口产品的境内流通与销售上的国民待遇原则。即任何成员对待进口的商品与对待境内生产的商品采取相同的标准,这一原则同样适用于服务业和知识产权,也就是说,对待境外的服务以及商标、版权和专利与对待境内的

---

① The WTO Secretariat, *From GATT to the WTO: The Multilateral Trading System in the New Millennium*, Kluwer Law International, 2000, p. 8.

相同。这一原则作为 GATT 的第 3 条,也成为《服务贸易总协定》的第 17 条和《与贸易有关的知识产权协定》第 3 条。

(二) WTO 作为一个制度性的国际组织

尽管 WTO 继承了 GATT 的基本原则,而且在乌拉圭回合谈判之后,GATT 的秘书处也成为 WTO 的永久性秘书处,但 WTO 作为一个制度性的国际组织,与 GATT 作为一个临时性协定有着明显的不同,集中体现在 WTO 与 GATT 的结构、过程和程序三个方面。[1]

第一,从基于权力的部门贸易谈判向基于法律的贸易体系转变。

正如我们在前面讨论 GATT 时所指出的,在 GATT 推动贸易自由化的历史进程中,强国一直占据着主导地位,所以世界贸易自由化进程一直是权力推动的。这种权力推动性的贸易自由化进程无法制止贸易保护主义的增长(美国、日本和欧盟的贸易保护),不能有效地解决争端(美国和欧盟关于农产品的争端),部门贸易自由化不能均衡发展(货物贸易和服务贸易)[2],最终导致 GATT 的解体。WTO 作为一个正式的国际组织,从诞生之日起就力图建立一个基于法律规则的贸易体系。与关税及贸易总协定不同的是,它在推动贸易自由化进程中,不是一个问题领域一个问题领域地讨价还价,而是采取一揽子行动。也就是说,世界贸易组织作为一个法律体系,对成员的权利和义务有着明确的规定。无论是发达经济体还是发展中经济体,是富裕的经济体还是贫穷的经济体,更不管是单个国家(地区)还是地区贸易集团,一旦成为世界贸易组织的成员,对世界贸易的所有协定必须同时接受。这些协定包括[3]:建立世界贸易组织的协定;1994 年关税及贸易总协定以及其他多边贸易协定,包括《实施动植物卫生检疫措施协定》(SPS)、《技术性贸易壁垒协定》(TBT)、《与贸易有关的投资协定》、《服务贸易总协定》、《与贸易有关的知识产权协定》、《关于争端解决规则与程序的谅解》(DSU),以及贸易政策评估机制(TPRM)。

---

[1] The WTO Secretariat, *From GATT to the WTO: The Multilateral Trading System in the New Millennium*, pp. 7-29; Gilbert R. Winham, "The Evolution of the Global Trade Regime," in John Ravenhill, ed., *Global Political Economy*, 2nd ed., pp. 159-169.

[2] Robert O'Brien and Marc Williams, *Global Political Economy: Evolution and Dynamics*, 5th ed., Palgrave, 2016, p. 157.

[3] Robert O'Brien and Marc Williams, *Global Political Economy: Evolution and Dynamics*, 5th ed., p. 157.

在一揽子行动的基础上,世界贸易组织将其组织的权力结构规范化。WTO 的最高决策结构为部长级会议(Ministerial Conference),部长级会议按照规定每两年召开一次。WTO 的日常事务由理事会(General Council)负责,理事会包括 WTO 的所有成员,负责部长会议两年间隙的决策,理事会包括争端解决委员会(Dispute Settlement Body)和贸易政策评估委员会(Trade Policy Review Body)。此外,WTO 还有三个专门的功能性的委员会,即货物贸易委员会(the Council for Trade in Goods)、服务贸易委员会(the Council for Trade in Service),以及与贸易有关的知识产权委员会(the Council for Trade-Related Intellectual Property Rights)。

第二,从单一货物贸易关税减让向成员的贸易政策及制度性规则建立的转变。

对货物贸易进行关税减让谈判一直是 GATT 的核心任务,但关税减让谈判主要是针对部门产品。尽管 GATT 在货物贸易的关税减让方面取得了巨大成就,但从东京回合开始,由非关税壁垒导致的贸易保护主义对世界贸易构成了挑战,而乌拉圭回合出现的新的贸易问题使得 GATT 面临着巨大挑战,并最终导致 GATT 的终止。WTO 与 GATT 的不同之处在于,WTO 开始将成员的贸易政策的评估纳入其制度性建设框架,其核心就是明确对成员具有约束力的义务。也就是说,只要是 WTO 的成员,就有义务通过其贸易政策的制定来推动世界贸易自由化。WTO 的约束力使其超越了 GATT 集中于产品的关税减让的局限性,而将各成员对外贸易政策的制度化建设放在首位,这样,在问题领域方面,WTO 较之 GATT 更为全面。除了传统的工业品关税问题,WTO 涵盖了农业、服务业、高新技术产业等 GATT 无法解决的贸易问题。就目前来看,WTO 主要集中在贸易产品、服务业和知识产权方面:在贸易产品上主要集中于农产品和纺织品的标准、补贴和反倾销;在服务业方面主要集中于银行业、保险业、电信业和旅游业;在知识产权方面主要集中于专利、生产许可证和版权。

第三,从基于成员间政治博弈的争端解决机制向基于国际协定的争端解决机制过渡。

《关于争端解决规则与程序的谅解》是 WTO 较之 GATT 最为显著的进步。GATT 时期的世界贸易也有争端解决机制,但其争端解决机制是失败的。因为 GATT 时期的争端解决机制主要是建立在成员之间政治博弈的基础上,而且要求一致同意。如果贸易争端方不能达成一致同意,任何一方就可以拒绝接受争端委员会做出的决定。WTO 的争端解决机制在 GATT 时期的基础上进行了重大修改,其主要目的是积极地解决相关成员的贸易争端,不是基于当事方之间的讨价还价,而是基于国际协定,也就是说,只要是 WTO 的成员,就必须遵守 WTO 的争端解决机制。一旦进入 WTO 的争端解决程序,即使是在结果中失败的一方,也必须接受最终的结果。WTO 专门设立一个上诉委员会(Panel/Appellate Body Review)来处理各种争端,这样,贸易争端的解决就超越争端双方,而是立足于世界贸易自由化的发展,在最大程度上避免或阻止各种形式的贸易保护主义。

(三) WTO 的谈判议题及其挑战

从 1995 年 1 月 1 日生效以来,WTO 作为一个制度性的国际组织,一方面积极实行乌拉圭回合谈判最终达成的各种协定,另一方面必须面对国际贸易体系中不断出现的各种新的挑战。关于在乌拉圭回合谈判中各方做出的降低进口关税和农业补贴以及加强知识产权的承诺的详细内容,限于篇幅无法在这里进行详细讨论。① 这里主要就 WTO 作为一个国际组织所面临的挑战进行比较简要的概括。

根据 WTO 的制度性设计,其主要的议题以及挑战集中在三个问题上:发展中经济体的贸易;不断兴起的地区贸易协定;环境保护与可持续发展。

挑战之一:发展中经济体的发展与自由贸易。

关税及贸易总协定以及后来的世界贸易组织一直强调贸易的互惠原则,但也有许多例外条款,部分涉及发展中经济体的贸易与发展。GATT 第四部分的相关条款曾规定,在发达经济体和发展中经济体的贸易谈判中,当发达经济体给予发展中经济体贸易优惠时,不能希望发展中经济体给予发达经济体同样的优惠;后来的《服务贸易总协定》也允许给予发展中经济体以优惠待遇;另外,WTO 的协定中关于发展中经济体的其他特殊条款还包括发展中经济体完成其承诺的时间、贸易条件、反倾销和技术壁垒等。

尽管如此,将发展中经济体的发展与贸易纳入 WTO 仍然是 WTO 建立世界贸易制度的重中之重。无论是 GATT 的东京回合谈判和乌拉圭回合谈判,还是 WTO 建立以后于 2001 年 11 月开始的多哈回合谈判,发展中经济体的发展与贸

---

① 对此比较详细的讨论,可以参阅 W. Martin and L. A. Winters, eds., *The Uruguay Round and the Developing Countries*, Cambridge University Press, 1996。

易问题一直是国际谈判的主要议题和难题。这是因为在 WTO 的成员中,有三分之二是发展中经济体。发展中经济体不仅数量庞大,而且在全球贸易中所占的份额也在不断增加;同时,发展中经济体已经认识到贸易在其经济发展过程中的重要性,并将贸易作为其推行经济政策的一个重要手段。

推动贸易谈判是 WTO 的核心任务之一。WTO 框架下的贸易谈判与 GATT 框架下的贸易谈判的主要区别在于,GATT 框架下的贸易谈判主要基于关税实践(customary practice),而 WTO 框架下的贸易谈判则是将贸易问题纳入永久性的多边谈判机制。为此,从 2001 年 11 月开始的多哈回合谈判专门设立了多哈发展日程,其目的就是关注发展中经济体的利益。尽管如此,在农业问题和服务业问题上,发达经济体和发展中经济体仍然没有达成一致,这成为多哈回合谈判到现在一直努力解决的议题和难题。

挑战之二:地区贸易协定、特惠/自由贸易协定与全球贸易自由化。

20 世纪 90 年代以来,新一轮地区主义的兴起使地区贸易协定相应产生。2016 年 6 月,随着蒙古国与日本签署的自由贸易协定的生效,所有 WTO 成员都成了区域贸易协定的成员。① 根据 WTO 的统计,截至 2019 年 11 月,WTO(或其前身 GATT)获得通过的有 480 个地区贸易协定,其中有 301 个地区贸易协定已经生效。②

地区贸易协定和特惠/自由贸易协定的兴起,是对全球贸易体系的加强,还是对全球贸易体系的分化?这是 WTO 成立以来密切关注的问题。尽管 WTO 理事会于 1996 年 2 月 6 日为此专门成立了地区贸易协定委员会(WTO's Committee on Regional Trade Agreements),其目的是对地区集团所签订的贸易协定进行评估,评估这些地区贸易协定是否与 WTO 的规则相一致、地区贸易协定如何影响多边贸易体系以及地区贸易安排与多边贸易安排的关系如何,但就目前的状况来看,无论是理论分析还是经验证据都无法给出一个明确的结论。③

地区贸易协定以及特惠/自由贸易协定究竟是贸易全球化的铺路石还是绊脚石,学术界为此争论不休,双方给出了各自的理由。国际政治经济学学者雷

---

① https://www.wto.org/english/tratop_e/region_e/scope_rta_e.htm,2020 年 3 月 15 日访问。
② http://rtais.wto.org/UI/PublicMaintainRTAHome.aspx,2020 年 3 月 15 日访问。
③ The WTO Secretariat, *From GATT to the WTO: The Multilateral Trading System in the New Millennium*, pp. 125-126.

文修(John Ravenhill)曾对此做过系统的总结。①

坚持地区贸易协定是全球贸易自由化"铺路石"的学者们和政策制定者们给出的理由主要有:(1)地区贸易协定的签订使得参与全球谈判的行为体减少,行为体越少,谈判越容易达成一致;(2)在地区层面就深入一体化的问题达成协议相对容易,这为全球层面的协议的达成提供了示范;(3)地区协定可以提高相关经济体内工业的竞争力,从而为这些工业的全面自由化铺平道路;(4)地区协定可以提高那些出口导向的利益者的金融地位,从而促使他们游说政府推动更广范围的自由化;(5)当地区协定为一些经济体的企业接近境外市场提供优惠时,另外一些经济体的同行竞争者就会游说政府去签订协定,以便获得同样的优惠。

主张地区贸易协定是全球贸易自由化的"绊脚石"的学者们和政策制定者们给出的理由包括:(1)地区贸易协定强化了权力不平等在国际贸易关系中的影响,允许大国将其意愿强加给小国,并通过原产地原则获得了优势,而这在全球层面上进行贸易谈判是无法达到的;(2)地区贸易协定将全球贸易谈判中有限的官僚资源和政治领导权的一部分转化到地区贸易谈判中,从而分化了全球贸易自由化谈判;(3)地区贸易协定导致关税和原产地原则多样化,因为一个经济体可能成为几个地区贸易协定的成员,而这些地区贸易协定的规则又有所不同,因此,规则的多样性和各相关经济体内不同利益集团的不同诉求使得国际贸易谈判的成本提高;(4)地区贸易协定为出口商提供了进入境外市场的便利,因而削弱了这些出口商进一步游说政府或在全球层面进一步自由化或进一步开放境内市场的积极性;(5)地区贸易协定允许政府将政治上敏感的产业从自由化中免除,加强了保护主义,增加了在全球层面推动贸易自由化的阻碍力量。

总的来看,争论双方各自的理由非常充分,并有各自的现实经验证据,但争论的核心仍然是世界贸易组织的第24条与地区贸易协定和特惠/自由贸易协定的规则的相容性或一致性问题,具体地说就是三个问题,即最惠国的关税、原产地原则和透明度与执行力问题。② 在这三个问题上地区贸易协定是否与世界

---

① John Ravenhill, ed., *Global Political Economy*, 2nd ed., pp. 200-201;雷文修:《亚太地区新双边主义的政治经济学分析》,载王正毅、〔美〕迈尔斯·卡勒、〔日〕高木诚一郎主编:《亚洲区域合作的政治经济分析:制度建设、安全合作与经济增长》,上海人民出版社2007年版,第435—455页。

② The WTO Secretariat, *From GATT to the WTO: The Multilateral trading System in the New Millennium*, p. 126.

贸易组织的第 24 条一致,是全球贸易自由化面临的难题。

挑战之三:环境、可持续发展与国际贸易。

长期以来,南北关系始终围绕着原料、贸易、投资、市场、债务等问题展开,这是南方国家迫切要求改造和重建国际政治经济秩序的具体表现。20 世纪 80—90 年代,随着各国工业化的进展和发达国家跨国投资项目的飞速增加,国际社会开始对环境污染,尤其是正在进行工业化国家的环境恶化问题给予重点关注,环境问题成为南北关系的新焦点。1972 年联合国在斯德哥尔摩举行联合国人类环境会议,世界环境与发展委员会(World Commission on Environment and Development,又称布伦特兰委员会)在挪威政治家格罗·哈莱姆·布伦特兰(Gro Harlem Brundtland)的领导下于 1983 年提出了世界环境恶化的报告,联合国安理会于 1987 年 10 月 29 日接受了布伦特兰委员会提交的名为《我们共同的未来》(Our Common Future)的报告。报告首次提出了发达国家和发展中国家都能接受的"可持续发展"的概念,使得环境问题成为国际社会共同关心的问题,也成为发达国家和发展中国家合作的议题。

虽然 WTO 并没有就环境问题形成一个特殊的协定,但在推动全球贸易自由化的同时,WTO 也强调各成员政府对环境的保护。为此,在 1994 年结束的乌拉圭回合谈判中,专门成立了贸易与环境委员会(Trade and Environment Committee),将环境与可持续发展问题纳入 WTO 的工作框架,并在 2001 年的多哈部长级会议上就环境问题展开了谈判。然而,WTO 在处理贸易与环境以及可持续发展的关系上遇到了前所未有的挑战,主要体现在两个问题上:一是如何处理 WTO 协议与其他环保协议之间的关系;二是如何处理"绿色贸易"与世界贸易体系的关系。

如何处理 WTO 协议与其他环保协议之间的关系是 WTO 面临的一个难题。尽管 WTO 坚持认为一个开放、公平和非歧视的多边贸易体系有助于推动相关成员名保护其环境和自然资源,但 WTO 只是一个多边贸易体系,并不能代表或取代其他国际环保组织。关于这一点,WTO 在成立贸易与环境委员会时也曾明确过。贸易与环境委员会主要基于两个基本原则[①]:第一,WTO 作为一个多边贸易体系的唯一任务就是进行贸易自由化谈判,以此推动全球贸易的发展。WTO 不是一个环境机构,所以 WTO 的成员不能利用 WTO 对各经济体具体的环境政策及其标准进行干预。贸易与环境委员会只对那些对贸易产生影响的

---

① https://www.wto.org/english/tratop_e/tessd_e/tessd_e.htm,2020 年 3 月 6 日访问。

环境问题进行研究。第二,贸易与环境委员会解决环境问题时所提出的解决方案必须遵循 WTO 贸易体系的规则。

如何处理绿色贸易与世界贸易体系的关系是 WTO 面临的另一个难题。由于在贸易问题上发达经济体和发展中经济体存在着严重分歧,绿色贸易的标准问题成为发达经济体和发展中经济体贸易争端的焦点,也成为一个经济体干预其他相关经济体的内部贸易政策和环境政策的手段。

第九章
国际货币和金融的政治学

第一节 国际货币和金融政治学的核心议题：汇率制度选择和国际货币体系

国际货币与国际贸易既是资本主义世界经济得以形成并不断延续的两大支柱，也是国际经济学和国际政治经济学长期以来关注的两个核心议题。当人们直接用一种商品/服务来换取另外一种商品/服务时，我们可以将这种贸易称为物物贸易。人们也可以通过某种媒介来计算两种商品/服务的价格，这就是货币。关于国际货币的基本知识，所有的国际经济学教科书都有详细的介绍。①与国际经济学不同的是，国际政治经济学在对货币政策和国际货币体系进行分析时，主要关注两个核心议题：一是单个国家汇率政策偏好的形成；二是国际货币体系的治理。

一、货币及货币的政治职能

按照通行的经济学教科书的定义，货币在理论上应该具有如下三种职能中的全部或部分：交换媒介、计价单位、价值储藏。货币的交换媒介职能是指，货币是一种特定的物质，能在支付过程中被交易双方在给予和收受时普遍接受；计价单位职能是指，在衡量产品和服务的成本、债务以及合同中出现支付时被

---

① 关于国际货币和金融的基本知识，可以参阅〔美〕保罗·克鲁格曼、茅瑞斯·奥伯斯法尔德：《国际经济学(第五版)》，海闻等译，中国人民大学出版社2002年版，第18—21章。

作为一种广泛认可的计价标准,这种职能便于确定毫不相关的商品的相对价值;价值储藏职能是指,货币可以把现实的购买力转移到未来产品和服务的购买上。由于这些职能,货币成为商业、储蓄、投资的基础。

货币除了以上经济学定义的职能之外,还与政治权力密切关联。货币从产生起,就一直与政治密切关联,并且成为政治的重要组成部分。货币与政治的关联性主要表现在如下四个方面:

(1)货币的价值通常取决于政府的信用。金属货币和纸币一般是公认的通货选择,因为它们可以在控制数量的前提下进行大规模生产,其价值取决于发行机构的信用价值,而这通常是指政府的信用价值。例如,17世纪初由于荷兰的阿姆斯特丹市政府的信用担保,1609年建立的阿姆斯特丹银行成为欧洲经营外汇、黄金和白银的中心。

(2)货币以及因此而出现的金融市场的管理通常是政府的重要责任。货币的储存导致银行的产生,并由此形成了金融市场。而政府为制定银行规则、金融交易和金融市场活动承担越来越多的责任。政府对国内和国际金融进行有效的管理,使贸易、投资和劳动力的流动能够有序地进行。比如,1844年,英国议会通过了《银行特许条例》,将银行发行纸币的最大限额固定在1400万英镑,并且由政府债券进行担保,以此防止通货膨胀。

(3)货币是政府进行支付和赔偿的手段。货币作为一种信用工具成为政府实现经济增长的手段和提供公共物品的工具。比如,在17世纪的荷兰,政府通过提供保障,使得阿姆斯特丹银行发行的银行票据具备了特定的信用,荷兰也因此成为许多商品的囤积地、集散地和中转地。

(4)货币是一个国家主权的象征。虽然货币变得越来越具全球性或区域性(比如关于欧洲单一货币的争论),但一国的货币仍然是国家主权强有力的象征。

二、汇率及汇率政治三难

汇率是指一国货币用另一国货币表示的价格,或指一种货币自由兑换另一种货币的价值。汇率的经济学分析告诉我们,在一个开放经济中,汇率的高低既受国内市场的影响,又受国际市场的影响。就国内市场而言,汇率的高低既与利率相关,也与对未来的预期有关,而这些又是由国内货币的供给与需求决定的。就国际市场而言,汇率的变动受到各国货币政策、通货膨胀和货币供给以外的要素如商品和劳务市场需求变化的影响。具体而言,汇率还要受到如贸易和投资等要素的制约。

对于汇率,经济学家和政治学家关注的角度是不同的。经济学家关注的是汇率体系的经济效率和社会福利后果,而政治学家则对作为干预经济手段的汇率政策更感兴趣。在一个开放经济或一个逐渐开放的经济中,汇率问题极少是一个纯经济学问题。在多数情况下,汇率的确定和汇率的浮动是国内政治和国际政治争论的核心问题,由此形成国际政治经济学在国际金融和货币研究领域中著名的"汇率政治三难"问题。

汇率政治三难是指,国际货币体系中的任何单个国家都在努力追求三个政策目标:固定的汇率、自主的货币政策(运用货币政策来管理国内经济)和资本流动(允许金融资本从国内金融体系中自由流入与流出)。但研究者们发现,任何一个国家只能同时实现三个政策目标中的两个,到目前为止,没有一个国家能同时实现三个政策目标。如果一个国家坚持固定汇率,它就必须在货币政策的自主性和资本流动之间选择其一;如果一个国家坚持货币政策的自主性,它就只能在资本流动和固定汇率之间选择其一。

就国内政治而言,构成汇率政治三难的核心议题是其中的货币政策。所以,究竟是采取独立自主的货币政策还是放弃货币政策的自主性,成为各国国内政治和对外经济政策争论的核心问题。各国政府的货币政策表面上是政府刺激经济增长的一种手段,但在现实中,任何货币政策的制定和实行必然涉及国内不同的利益集团或不同的产业部门,由此形成了政府的汇率政策偏好。也就是说,不同的产业部门出于不同的利益,对汇率的偏好是不同的。例如,从事出口贸易的生产商一般偏好汇率升水,这样,他们的产品由于价格低而在国际市场上富有竞争力;而从事进口贸易的生产商则偏好汇率贴水,这样,他们的产品与进口的同类产品相比就具有价格优势。这些不同的产业部门或生产商经过国内政治博弈,最终影响政府的汇率政策。因此,对影响政府汇率政策偏好形成的国内利益集团及其政治过程进行研究,便成为国际政治经济学在货币领域的一个重要研究议题。

三、国际货币体系及其治理

货币及汇率政策涉及一个国家的主权,是一个国家改变国内收入和就业水平的手段,因此,货币和汇率政策与国内利益集团相关,而与世界上其他任何国家无关。但这只是一个理论上的为分析方便而做出的假设。在现实中,这种假设在某种程度上是很难成立的,因为任何一个国家的汇率变动必然影响到其他国家汇率的反向变化,进而影响到相应国家之间商品的需求(贸易)和投资的趋向(资本的流动)。特别是随着国家之间商品和服务往来的加强,国家之间相互依存的程度也在不断加深,这就使得建立一种稳定而有效的国际货币体系成为许多国家长期以来努力的目标。

国际货币体系的功能:内部平衡(物价稳定和充分就业)和外部平衡(国际收支平衡)是任何一个国家宏观经济政策都会有的两个基本目标,这就要求国际货币体系适应相关国家的这两个目标。为了实现这些目标,一个稳定而有效的国际货币体系必须同时具备三个职能:清偿能力、调整和信心。所谓清偿能力是指,任何国际货币体系必须能够供应充足的货币,为贸易融通资金,为调整创造条件,并能提供金融储备。所谓调整是指,针对各国国际收支不平衡,国际货币体系必须拿出解决的办法,或改变汇率,或迫使相关国家让国内经济扩张或收缩,或直接控制国际贸易。所谓信心是指,国际货币体系必须防止各国金融储备机构出现不稳定的情况,从而使得各国对储备货币充满信心。

国际货币体系的类型:依照上述三种职能,国际货币体系在过去150多年里主要经历了四个时期。履行以上三种职能的国际货币体系主要有两个时期,分别是1870—1914年的金本位时期和1944—1973年布雷顿森林体系下的固定汇率时期;未能履行以上三种职能的也有两个时期,即1918—1939年两次世界大战之间的混乱时期(吉尔平也将其称为空位期[①])和1973年布雷顿森林体系崩溃并开始推行浮动汇率时期。根据国际货币体系的储备金,国际货币体系主要有三类:第一类是采取固定汇率的国际货币体系,在这种国际货币体系中,相关国家的货币要么以某种贵重金属如黄金或白银为基准,要么以某国的货币如美元为基准。第二类是采取完全浮动汇率的国际货币体系,在这种货币体系中,相关国家的币值主要根据国际金融市场的波动来确定。这两类国际货币体系是两个特例,是处于极端状态的国际货币体系。第三类介于其中,就是我们今天所熟悉的"有管理的浮动汇率",这类国际货币体系的核心问题就是国际货币体系的治理问题。

国际货币体系的治理:无论是采取固定汇率的国际货币体系,还是介于固定汇率与完全浮动汇率之间的国际货币体系,都涉及国际货币体系的管理问题,这也是1973年布雷顿森林体系崩溃以来当代国际货币体系面临的核心问

---

① 〔美〕罗伯特·吉尔平:《国际关系政治经济学》,杨宇光译,上海人民出版社2006年版,第119页。

题。关于国际货币体系的建立,各国已经基本达成共识,但在如何对国际货币体系进行管理的问题上,各国分歧很大,分歧的根源主要集中在七个问题上[①]:(1)货币政策的自主性;(2)对称性;(3)汇率的自动稳定;(4)纪律性;(5)投机行为;(6)国际贸易和投资;(7)政策协调。这七个问题也是国际政治经济学在货币领域关注的主要问题。

第二节 汇率制度选择的三种解释模式

从20世纪70年代国际政治经济学产生以来,汇率政治三难就一直是国际政治经济学在国际货币领域关注的核心问题,汇率制度形成的原因也就成为国际政治经济学学者研究的核心议题,并因此出现了三种主要解释模式:霸权国家偏好、国内社会利益集团和国内政治制度。[②]

一、霸权国家偏好

从霸权国家的偏好来分析汇率制度选择是20世纪70—80年代国际政治经济学在国际货币领域的最具影响力的研究路径,这种研究路径是霸权稳定论所倡导的。霸权稳定论在解释国际货币和金融领域的机制变革问题时提出了一个最为基本的命题:霸权国家的偏好决定了国际货币和金融机制的选择。其主要论据包括如下三个方面:

第一,霸权国家主导着世界政治的总体权力结构。世界政治的总体权力结构处于不断转化和变革之中,导致这种转化和变革的根本原因就是国家之间的相互竞争,而相互之间竞争的目标无非是增加财富和增强国力。然而,为了避免无休止的战争,各国都希望有一个相对稳定的权力结构,以保证财富的持续增长。正是在世界权力结构的这种矛盾状态中,在过去500年的历史中出现了两种权力结构状态:一种是势力均衡,即大国或强国通过相互之间的权力平衡来建立或维持一个稳定的国际体系;另一种是霸权,即一个国家有足够强的能力来建立或维持国际体系的稳定。英国霸权(1870—1914)下的所谓"和平时期"(政治意义上)和第一个黄金周期(经济意义上)与美国霸权(1945—1973)

---

① 〔美〕保罗·克鲁格曼、茅瑞斯·奥伯斯法尔德:《国际经济学(第五版)》,第562—567页。
② 本节内容是在王正毅、曲博的《汇率制度选择的政治经济分析:三种研究路径比较及其启示》(《吉林大学社会科学学报》2006年第5期)的基础上修改而成的。

下的所谓"和平时期"（政治意义上）和第二个黄金周期（经济意义上），是霸权稳定论的倡导者和追随者引用的两个最为典型的案例。

第二，霸权国家的意愿（偏好）和能力是国际机制建立和维持的关键因素。尽管关于霸权国家的动机存在着不同的观点（是主要出于霸权国家自身的利益，还是主要出于为国际社会提供公共物品），但在霸权国家有意愿建立和维持稳定的国际体系这一点上，学者们的观点几乎是一致的。在霸权国家意愿的基础上，霸权国家的偏好直接决定着建立什么样的国际机制。在国际货币和金融领域，一个最为典型的案例便是国际货币体系在第二次世界大战后选择固定汇率制。

第二次世界大战后，为了防止20世纪30年代的金融危机和各国以邻为壑政策的再现，美国开始主动承担世界经济秩序建设的领导者责任，设计一个既能防止经济民族主义，又能通过国际合作来保证的自由经济体系。以固定汇率制度和资本控制为基础的布雷顿森林体系反映了美国的国家偏好。固定汇率制度为国际贸易提供了稳定的交易支付方式，并且同时实行资本控制，这样可以防止缺少资本的欧洲国家资本外流，也有利于维持美国在战后的经济地位。

第三，霸权国家的能力保证国际机制得以顺利实施。在霸权国家主导的世界政治的总体权力结构中，国际机制的选择不但反映了霸权国家的意愿，同时也取决于霸权国家的能力。经济学家金德尔伯格分析1929—1939年世界经济危机时，就曾提出一个论断，即20世纪30年代经济危机之所以出现，就是因为英国霸权衰落后虽有意愿却没有能力，而美国虽有能力却没有意愿承担领导者的责任。[1] 1944—1947年间，尽管布雷顿森林体系已经建立，但既不能有效地调节国际金融关系，也不能有效地解决当时西欧国家面临的经济困难。而正是霸权国美国弥补了布雷顿森林体系的不足，在美国单边管理的基础上建立了美元本位，从而为国际经济提供了流动性和协调。从1947年到1960年，美国有能力也愿意管理国际货币体系。[2] 这一时期国际货币体系确实是在美国霸权的支持下建立和运转的，美国霸权确定的固定汇率制度和资本控制也成了当时西

---

[1] 〔美〕查尔斯·金德尔伯格：《1929—1939年世界经济萧条》，宋承先、洪文达译，上海译文出版社1986年版，第348—349页。

[2] Joan Spero and Jeffrey Hart, *The Politics of International Economic Relations*, St. Martin's Press, 1997, pp. 36-43.

方多数国家的政策选择。

基于霸权国的意愿和能力,霸权稳定论者认为,霸权国家的汇率制度偏好决定了国际货币体系的汇率制度安排,参与国际货币体系的其他国家是霸权国汇率制度安排的接受者。因此,无论是英国霸权下的金本位制,还是美国霸权下的"双挂钩"的固定汇率制,都被看作分别反映两个霸权国利益偏好的制度安排。

但是,以霸权国家偏好为路径来研究汇率制度选择的总体权力结构分析,存在现实和理论上无法解释的问题。从现实来看,霸权稳定论对国际货币体系变化的某些事件并不能提供令人信服的解释。首先,霸权国家偏好无法解释两次世界大战之间的货币制度安排。第一次世界大战后,美国拥有世界上最强大的军事和经济实力,已然成了世界经济中的霸权国家,但是第一次世界大战后的国际货币制度并不是以美国为中心的安排,衰落的英国仍然是国际货币关系的中心。其次,霸权稳定论无法解释20世纪70年代布雷顿森林体系的崩溃。学者们对70年代以来美国霸权是否衰落一直存在着争论:如果是美国霸权的衰落导致了布雷顿森林体系的解体,那么为什么是美国人自己终结了布雷顿森林体系而没有采取挽救措施?如果美国霸权并没有衰落,那么国际货币体系变动的动力何在?最后,霸权稳定论也无法解释70年代以来国际货币关系的发展。20世纪70年代以后关于浮动汇率制与固定汇率制的争论以及欧洲货币一体化进程似乎都难以用霸权来解释。

从理论上看,霸权稳定论关注的焦点是国际货币体系的创建和解体,强调霸权国家的汇率制度偏好决定国际货币制度的安排,但是并没有说明霸权国本身的汇率制度偏好是如何形成的,因此在解释国际货币关系变化时也就缺乏逻辑的连贯性。比如,对20世纪70年代布雷顿森林体系解体以后国际货币体系的基础从固定汇率制转变为浮动汇率制的解释,有的学者认为这是符合霸权国美国的利益,开放、自由的金融秩序更能维持美国在国际金融中的霸权地位,但是也有学者强调正是美国霸权才导致固定汇率无法维持。

现实和理论上的困境使得霸权稳定论对国际货币关系的解释逐渐失去了吸引力,学者们开始寻找替代的解释路径,即既能解释国际货币体系创建的动力和衰落的根源,又能解释国家汇率制度偏好的形成,以及在此基础上进行的国际货币合作。受国际关系研究在20世纪80年代后期重新关注国内政治的影响,国际政治经济学学者也开始引入国内政治要素来分析国际货币关系,强调汇率制度安排的经济后果和政治后果,进而讨论国际货币体系的汇率制度安排和地区货币一体化进程。

二、国内社会利益集团

从国内社会利益集团的偏好来解释汇率制度选择,是 20 世纪 80 年代以来国际政治经济学在货币和金融领域研究中出现的一个全新的研究路径。

20 世纪 70 年代以来世界经济的一个显著特征就是,相互依存不断加深,资本流动加速,全球金融市场一体化日渐形成。全球金融市场一体化日渐形成主要有三个原因:一是金融机构的全球化,美国国外的银行分支从 1965 年的 13 家增加到 1974 年的 125 家,资金总额也由 91 亿美元增加到 1250 亿美元;二是生产的全球化,大型跨国公司控制了大量的流动资本,这些资本可以根据利率和预期汇率调整来投资获利;三是欧洲货币市场的发展,为全球金融市场的一体化和国家之间的货币合作树立了典范。① 这种趋势的直接结果是,国际资本流动的速度和流量都迅速膨胀,到 20 世纪 80 年代后期,全球每天外汇的交易量达到了 6500 亿美元,超过国际贸易量近 40 倍。② 而通信技术的发展和金融工具的扩展使得这种金融全球化趋势深入每一个国家的内部,受世界经济影响的国内部门集团和社会群体也越来越多,国际金融关系的扩展突显了汇率制度的国内政治意义。

国际金融的迅速扩展改变了相关国家国内利益集团对汇率政策选择和国际货币制度的态度。在布雷顿森林体系盛行的时代,由于相关国家采取的是固定汇率制,缺乏金融自主权,所以,国内利益集团和政党很少关注货币政策的社会福利后果,而更多关注的是贸易政策。进入 20 世纪 80 年代,随着浮动汇率制的盛行和各国货币政策自主权的强化,讨论国内社会利益集团对汇率制度选择的影响被提到日程上来,学者们开始研究汇率制度安排的国内政治经济后果,并以此为基础讨论国际货币合作的可能性。国内社会利益集团解释模式就是在这种背景下提出来的。

国内社会利益集团解释模式强调的是汇率制度选择的国内社会基础,认为一个国家国内不同的社会部门是影响该国汇率制度安排的根源。简单地说,汇

---

① Joan Spero and Jeffrey Hart, *The Politics of International Economic Relations*, pp. 48–53.
② Eric Helleiner, "From Bretton Woods to Global Finance: A World Turned Upside Down," in Geoffrey Underhill and Richard Stubbs, eds., *Political Economy and the Changing Global Order*, Macmillan, 1994, p. 163.

率表示的是两国货币的相对价格,汇率调节的是国内和国外商品的相对价格。而国内和国外商品的相对价格是影响国际贸易、金融和投资的重要因素。因此,要理解一国汇率制度选择就必须分析国内不同社会部门的汇率制度偏好。一般而言,固定汇率制度能够保证汇率稳定,从而能够扩展国际贸易和投资,这样国内的出口商和投资者都会倾向采用固定汇率制度。然而,采用固定汇率制的代价是政府失去货币政策自主权,无法为了政治目的而改变或者影响汇率高低,这样,那些进口竞争部门就失去了政府可能提供的保护政策,成为固定汇率制下潜在的受损者。同样的情况也存在于浮动汇率制选择中,如果政府采取浮动汇率制,出口部门和投资部门则必须面对汇率的波动带来的风险,成为浮动汇率制潜在的受损者,而进口部门则因政府采取的保护政策成为潜在的受益者。

由于汇率制度选择会对国内社会集团的利益分配产生影响,所以,这些社会集团对于汇率制度安排对自身福利的影响非常敏感,它们通常采取游说活动,影响国家的汇率制度选择。对汇率稳定性(固定汇率制)和货币政策自主性(浮动汇率制)的选择自然就转变成国内不同社会部门的博弈过程:同国际经济联系紧密的部门和行为体比国内取向的部门会更愿意实行固定汇率制度,比如,国际银行、跨国投资者、跨国公司和出口商都会希望政府提高汇率的稳定性和可预测性,愿意采用固定汇率制度;而那些非贸易商品和服务的提供者和主要面向国内市场的厂商则更愿意有灵活的货币政策,希望实行浮动汇率制度。

国内社会利益集团解释模式将汇率政策视为一个完全市场,在这个市场中,统治者是善意的统治者,是政策的供给者,而国内不同的部门是政策的需求者,因此政治家完全是根据利益集团的偏好来选择汇率制度的。但是,这种解释在理论上存在着两个重大缺陷。首先,这种研究路径暗含了一个假定:出口商和投资者是规避风险的,也就是说汇率波动会增加贸易和投资的风险,而固定汇率则降低了这种风险。正是在这个假设基础上,以弗里登为代表的学者才会坚持认为面向世界市场的厂商和投资者会支持固定汇率制,而进口竞争者会反对固定汇率制。[①] 但是风险规避的前提并未得到经验证明,而且有经验表明出口商和投资者在风险规避、风险中立和追逐风险中并无明显差异。其次,汇

---

① Jeffry A. Frieden, *Currency Politics: The Political Economy of Exchange Rate Policy*, Princeton University Press, 2015.

率制度的分配性后果不同于贸易政策,国家贸易政策是歧视性的,利益集团会针对贸易政策采取集体行动。但是汇率制度不同,从汇率制度变化中受益的群体并非小群体,汇率制度改变的收益也非排他性的,因此社会利益集团缺少组织集体行动的动力。① 总之,以社会利益集团为中心的研究路径最大的缺陷就是忽略了政策制定者本身在政策制定过程中的偏好。

三、国内政治制度

从国内政治制度的偏好来解释汇率制度选择,是20世纪90年代以来国际政治经济学在货币和金融领域研究中出现的一个新的研究路径。这种研究路径强调汇率政策制定者们在政策制定过程中为了自身利益而产生的政策偏好,主张从选举制度入手,探讨政治家和政党所偏好的政治制度对汇率制度选择的影响。

从国内政治制度角度研究汇率制度选择的学者一般接受以下基本假设:(1)政治家或政党都是理性行为体,其行动的基本原则就是效用最大化,政治家或政党为了能够持续执政或夺取政权,在民主制度中他们的基本目标就是赢得选举;(2)利益集团和选民为了自身的经济利益参与投票,他们会选择最能体现自己利益的政治家或政党;(3)政策选择是不同偏好的行为体互动的结果,没有预先设定的最优政策;(4)政治过程是开放的,决策过程是分享的,对外经济政策的形成是国内政治妥协的过程;(5)不同政策之间具有可替代性和机会成本。

这种研究路径的主要依据包括如下两个方面:

第一,政党的偏好直接决定汇率政策的选择。对政党或政治家而言,实行固定汇率制还是浮动汇率制对赢得选举有不同的意义。固定汇率制可以提供稳定的贸易环境,降低汇率的不确定性并降低跨国界的交易成本,政党选择固定汇率制度会促进本国贸易部门和投资的发展。如果这种选择能够增进国家的整体福利和强化特定集团对政府的支持,那么执政党或政治家就愿意采用固定汇率制。浮动汇率制度的收益在于政治家可以应用货币政策干预经济,从而为选举和执政党创造有利的宏观经济基础。因此,政党对固定汇率制和浮动汇率制的选择问题的前提在于是否可以赢得选举。

---

① Joanne Gowa, "Public Goods and Political Institutions: Trade and Monetary Policy Processes in the United States," *International Organization*, Vol. 42, No. 1, Winter 1988, pp. 15-32.

第二,选举制度不但决定政府对汇率政策选择的偏好,而且决定政府执行汇率政策的能力。使用货币政策干预经济的成本和收益同国家的选举制度密切相关,多数选举制和比例代表制同汇率制度之间的选择有明显的因果关系。学者们认为,实行多数选举制的国家倾向固定汇率制,而实行比例代表制的国家则倾向浮动汇率制。从政权更替的角度来考虑,多数选举制容易产生单一政党主导的政府,为了保证政策的稳定和透明,政府更愿意放弃货币政策自主性而采用固定汇率制;而在比例代表制下政权更迭的可能性不是很大,而且即使政权更迭,一般也会产生联合政府,能够保证政治制衡。

从国内政治制度角度研究汇率制度选择,关注的是国内制度制约下行为体的政策偏好,通过研究选举制的不同来分析政策选择的过程和结果。这种研究路径的贡献在于,它将研究重点集中在政策制定者自身的偏好对政策制定过程的影响上,相较于国内社会利益集团模式又深入一步。同时,这种方法更多地借鉴了政治学和比较政治的研究方法,是将国内政治重新引入国际关系研究的重要发展。但是,这种相对新颖的研究路径也存在着一些理论上的难题。首先,政府干预经济的政策工具在不同体制的国家内是不同的。有的政府习惯使用财政政策工具,而有的政府倾向于货币政策工具,因此实行多数选举制的国家也可能由于习惯使用财政政策而选择固定汇率制。也就是说,选举制度同汇率制度的因果联系相对脆弱。其次,这种解释路径主要关注的是工业化相对发达的民主国家,而在解释发展中国家汇率制度选择上缺少经验证据,因而在理论上无法进行延伸。

在国际政治经济学的发展历程中,在国际金融和货币领域,对汇率制度选择进行国内政治根源的探讨取得了长足进展,特别是20世纪90年代以来发展起来的国内社会利益集团模式和国内政治制度模式,克服了20世纪70—80年代盛行的霸权稳定论的局限性,在理论研究上前进了一大步,为深入理解政治和经济、国内政治和国际经济的关联性做出了重大贡献。

但是,正如我们在前面所指出的那样,由于开放经济的外部性,任何一个国家的汇率政策选择必然涉及其他国家的商品和服务的输出和输入以及国际资本的流动。这就要求我们不但要关注并比较单个国家汇率制度的选择,而且必须对国际货币体系和国际货币制度安排进行深入的了解。

第三节 汇率政策与国际货币体系

一、国际货币体系：演进与困惑

正如前面所述,19世纪以来,国际货币体系经历了四个阶段:金本位时期、混乱时期、固定汇率时期以及浮动汇率时期。这里,我们就每一个时期的主要特征以及所面临的挑战做比较详细的论述。

(一) 金本位时期(1870—1914)

1. 金本位制的起源

金本位制起源于以黄金作为交换媒介、价值尺度和储藏手段。因为黄金和白银属于贵重金属,所以黄金和白银自古以来就有这些功能,这也是早期实行重商主义的国家将黄金等同于财富进而限制黄金外流的主要原因。但真正将黄金作为唯一的国际货币则起源于1819年英国国会颁布的《恢复条令》,要求英格兰银行恢复在拿破仑战争(1803—1815)爆发以后被停止了四年的将通货与黄金按一固定比率兑换的业务。《恢复条令》标志着金本位制的正式采用。①

开始只有英国及其殖民地采用金本位制;到19世纪70年代,许多国家和地区逐渐效仿,包括德国(1872),斯堪的纳维亚(1873),荷兰(1875),比利时、法国和瑞士(1878),以及美国(1879);到1879年,许多工业化国家已经采用金本位制。尽管在1873—1896年经济危机中,是否采用金本位制在许多国家内部引发了政治争论,但经济危机之后,随着黄金价格的上涨,金本位制得到了加强,日本和俄国(1897)、阿根廷(1899)、奥匈帝国(1902)、墨西哥(1905)、巴西(1906)以及泰国(1908)也纷纷采用金本位制。到1908年,除了中国和波斯(现在的伊朗)在进口结算时不用黄金外②,几乎所有的国家都接受了金本位这种固定汇率制度。

2. 金本位制的特点和机制

关于金本位制的特点,本杰明·科恩(Benjamin J. Cohen)将其归纳为两点:

---

① 〔美〕保罗·克鲁格曼、茅瑞斯·奥伯斯法尔德:《国际经济学(第五版)》,第510页。
② Jeffry A. Frieden, *Global Capitalism: Its Fall and Rise in the Twentieth Century*, W. W. Norton & Company, 2006, pp. 6-17.

实行金本位制的国家的中央银行按固定价格买卖黄金；公民私人可以自由进口和出口黄金。① 金本位制的这两个特点保证了黄金在国家之间的自由流动。

金本位制所依据的基本原理是价格—硬币流动机制。价格—硬币流动机制是由18世纪的哲学家休谟提出的。17世纪盛行的重商主义认为，英国必须实行严格的国家贸易和收支管制，否则，英国将会因国际收支赤字而出现流通中的黄金货币不足的情形，从而导致国内贫困。而休谟则认为，黄金的流入会引起国内价格水平的上升，从而使得国际收支趋于平衡，因此长期的顺差是不存在的。通货短缺将造成国内价格水平的下降和外汇收支盈余，而这最终会使货币流入本国直到本国实现平衡。所以，国家之间的贸易和收支不平衡可以通过黄金的流动自动恢复平衡。②

3. 金本位制成功的原因

金本位制的成功有目共睹，无论是政治学家还是经济学家的评价几乎都是一致的。但关于金本位制为何如此成功，政治学家和经济学家出现了很大的分歧。了解这种分歧对我们理解国际政治经济学这门学科的分析框架是至关重要的。

国际经济学家将金本位制成功的原因主要归于三点③：国际货币市场是"自我调节"的，因而黄金的自由流动可以使得各国的国际收支自动地平衡；国内经济对国际经济政策的反应是自然的，每个国家都是在开放经济的条件下考虑内部平衡（充分就业和物价稳定）和外部平衡（经常项目达到最优）；国际货币体系对每个国家的影响是均衡的。总之，金本位制下的国际货币体系是人类历史上一个最为成功的具有自我调节功能的典范。

国际政治经济学学者则对经济学家的前提假设提出了挑战，对金本位制成功的原因给出了不同的解释。④ 他们的主要观点是：第一，国际货币市场是"创造出来"的，创造者则为当时作为霸权国的英国。第二，各个国家对国际货币体系的反应并不是非人格化的。国际货币体系从其产生起就具有一种结构性的特征，伦敦是其中心，而其他西欧国家次于英国，这种地位决定了相应国家对国际货币体系的反应是不同的。第三，国际货币制度对不同国家的影响并不是均

---

① Benjamin J. Cohen, *Organizing the World's Money: The Political Economy of International Monetary Relations*, p. 77.
② 〔美〕保罗·克鲁格曼、茅瑞斯·奥伯斯法尔德：《国际经济学（第五版）》，第513页。
③ 同上书，第509—513页。
④ 〔美〕罗伯特·吉尔平：《国际关系政治经济学》，第116—117页。

衡的。比如，发达国家由于是资本输出国，所以可以比较容易地通过调节资本的流量来应对国际收支不平衡；而不发达国家由于是资本输入国，所以无法运用这样的手段来调节国际收支不平衡。

总的来看，经济学家所依据的自我调节可以解释国际货币制度的兴起，但他们既无法解释为何很多国家在金本位制时期不遵守金本位制下的"游戏规则"，也不能解释后来金本位制为何衰落。而国际政治经济学的解释力不仅在于它解释了金本位制为何成功（霸权国的意愿和能力），而且解释了金本位制为何衰落（霸权国没有能力），经济学家金德尔伯格的著作《1929—1939 年世界经济萧条》非常合理地解释了后者，这种逻辑上的一贯性是国际经济学所不能及的。正如斯特兰奇所论述的：

> 某种称作金本位制的机械似的自动体系解释不了 1914 年以前正在发展中的全球金融结构的相对稳定性和影响到世界贸易的主要汇率的相对有序性。只有某个政府出于各种理由（大部分是国内原因）对其金融机构和金融市场实施的一系列政治上有效的安排，才能解释这种现象。①

总之，政治上的势力均衡和经济上的金本位制一起奠定了 1870—1914 年资本主义世界经济的第一个黄金周期，而当政治上的势力均衡失去有效性的时候，金本位制也就无法维持了。关于这一点，国际货币制度在 20 世纪 20—30 年代的遭遇给予了充分的证明。

（二）两次世界大战期间的混乱时期（1918—1939）

如果说金本位制的建立为政治（霸权、势力均衡）和经济（国际货币制度）的关联性提供了正例，那么，两次世界大战期间国际货币领域的混乱则为这种关联性提供了反例，即没有政治上的合作，经济上的合作是非常困难的。

关于两次世界大战期间各国的经济状况和国际货币体系的遭遇，几乎所有的经济史著作中都有描述，不同的只是描述的详细程度。限于篇幅，这里只就与国际货币制度密切关联的一个问题进行重点分析。这个问题就是 20 世纪 70 年代以来被几乎所有国际政治经济学领域研究者不断提及并由此形成的一个重要理论命题：国际金本位制度的崩溃是不是霸权国的责任？

---

① 〔英〕苏珊·斯特兰奇：《国家与市场（第二版）》，杨宇光等译，上海人民出版社 2006 年版，第 103 页。

关于 1929—1939 年长达 10 年的世界经济萧条的原因,在 20 世纪 70 年代霸权稳定论出现之前,最有影响的争论是 1969 年在美国电视辩论中公开出现的两种针锋相对的观点:一种是经济学家米尔顿·弗里德曼提出的观点,他认为世界经济萧条是由于美国采取了错误的货币政策;另一种是经济学家萨缪尔森所持的观点,他认为世界经济萧条是一系列偶然事件造成的。

对于 1929—1939 年世界范围内的经济萧条的原因进行理论探讨并取得突破性进展主要发生在 20 世纪 70 年代。1971—1973 年,世界范围内的经济萧条再次发生,学术界和政策制定者力图通过反思 1929—1939 年世界范围内的经济萧条以寻求两次经济萧条的共同性,经济学家金德尔伯格的《1929—1939 年世界经济萧条》就是在这种背景下完成的。

在金德尔伯格看来,经济危机时期保证一个稳定的世界经济至少需要具备如下三个条件[①]:(1)为跌价出售的商品保持比较开放的市场;(2)提供反经济周期的长期贷款;(3)在危机时期实行贴现。然而,这三个条件并不具有自律性,而是需要相关国家提供。但并不是所有国家都能提供这三个条件,只有霸权国家才有能力提供。在 1929—1939 年世界经济危机时期,英国已经不具备提供这三个条件的能力,而美国虽具备这种能力却又不愿意为世界经济提供这三个条件,因而发生了世界范围内的经济危机。由此,金德尔伯格得出结论认为,霸权国家既有意愿又有能力发挥领导作用是世界经济稳定的必要条件。

(三)布雷顿森林体系(1944—1973)

为了让经济快速从战争的创伤中恢复过来,也为了避免 1929—1939 年世界性经济大萧条的再度发生,相关国家在二战之后出奇一致地将两大目标作为战后经济政策优先考虑的目标:在国内实现经济增长以及充分就业;在国际建立稳定的世界经济秩序。

1944 年,由 44 国联合在美国新罕布什尔州布雷顿森林召开的货币金融会议就是为建立稳定的世界经济秩序而采取的一大举措,由此形成了后来著名的布雷顿森林体系,包括关税及贸易总协定、世界银行(或国际复兴开发银行)、国际货币基金组织和新的美元汇兑本位制。布雷顿森林体系为世界经济秩序的稳定提供了基础,由此也形成了资本主义世界经济史上的第二个黄金周期。

---

① 〔美〕查尔斯·金德尔伯格:《1929—1939 年世界经济萧条》,第 348 页。

1. 布雷顿森林体系的目标

布雷顿森林体系的基本目标是解决国内自主和国际标准之间的矛盾。与1870—1914年传统金本位制下完全牺牲国内政策目标的自由经济不同,也与20世纪20—30年代牺牲国际稳定而一味追求国内政策目标的经济民族主义有别,布雷顿森林体系的目标是建立一种能够容纳各国国内经济福利的世界经济秩序。正如鲁杰所概括的:"与20世纪30年代的经济民族主义不同,它具有多边性;与金本位和自由贸易的自由主义不同,它的多边主义建立在国内政府干预的基础上。"①

布雷顿森林体系在国际货币领域主要有三大目标:第一,在维护各国经济自由的情况下,国际货币秩序要以固定汇率为基础,以防止出现像20世纪30年代各国竞相进行货币贬值的情况;第二,货币要有可兑换性,主要是用于经常项目收支的货币具有可兑换性,以此促进贸易的发展;第三,在一国发生根本不平衡的条件下,允许一国改变其汇率。②

2. 布雷顿森林体系的机制

布雷顿森林体系在国际货币领域所采用的机制就是人们所熟悉的"双挂钩制"。双挂钩制是指,黄金与美元挂钩,也就是在国际金融市场上维持1盎司黄金兑换35美元的比率;其他国家的货币与美元挂钩,即其他国家可以用美元进行国际储备和信用支付,需要黄金时,可以通过中央银行用美元来兑换黄金,所以,对于这些国家来说,只要钉住美元就可以了,这就是人们所熟悉的固定汇率制。"双挂钩制"使得美元成为国际储备以及清偿的主要货币,这也标志着美元霸权时代的到来。

3. 布雷顿森林体系的动力

尽管布雷顿森林体系在1944—1958年主要停留在文件上③,但从1958年到1968年,布雷顿森林体系中的核心机制"双挂钩制"圆满地运行了10年,为世界经济的稳定和繁荣做出了巨大贡献。其成功的原因归纳起来主要有如下两个:

第一,美国的主导作用。无论布雷顿森林体系的建立还是其在1958—1968

---

① 转引自〔美〕罗伯特·吉尔平:《国际关系政治经济学》,第124页。
② 同上书,第123页。
③ 同上。

年间的运行,美国的主导作用不可忽视,主要表现在如下两个方面:(1)建立美国作为领导者的国际信用。布雷顿森林体系在1944—1958年之所以主要停留在文件上,根本性原因就在于欧洲国家对于美国能否维持稳定的世界经济秩序没有信心。因此,美国的首要任务是让欧洲对美国从而对美元树立信心。从1946年到1958年,欧洲从美国共获得援助和政府贷款净额高达250亿美元(主要是通过"马歇尔计划")①,欧洲经济开始恢复,欧洲国家对美国的信心开始加强。(2)开放美国的国内市场。为了避免经济民族主义的复燃,美国通过关税及贸易总协定降低关税,带头开放美国国内市场,鼓励日本和西欧国家的产品进入美国市场。

第二,国际货币合作机制的建立。布雷顿森林体系在1958—1968年能够顺利运行的另一个原因就是新的国际金融与货币秩序的建立。在布雷顿森林体系中,涉及金融货币领域的国际机制主要有两个:一个是国际复兴开发银行(International Bank for Reconstruction and Development),又称世界银行;另一个是国际货币基金组织。前者主要立足于长期的发展项目和减少贫穷项目,后者则集中于宏观经济与金融问题。国际货币基金组织和世界银行的重要意义在于它们为建立和稳定战后国际经济秩序提供了制度性的保证,促进了国家之间的多边合作。

4. 布雷顿森林体系的成就

从第二次世界大战结束到20世纪70年代初期,资本主义世界经济在布雷顿森林体系的推动下建立了稳定的经济秩序,美元成为固定汇率的基础和世界经济的主要交换媒介、记账单位、价值储备的手段,这样,国际货币秩序的清偿能力问题、调整问题和信心问题得以解决。正因如此,相关国家之间的贸易、投资和社会福利都取得了长足发展。就贸易而言,1950年西欧国家出口额为190亿美元,1973年达到2440亿美元;对于经合组织国家而言,1973年每个国家的国际贸易是其1950年的2—3倍。② 就投资而言,与以前的对外借贷和证券投资不同的是,由于布雷顿森林体系控制对外借贷和证券投资,所以出现了跨国公司的对外直接投资。对外直接投资的目的地由以前的殖民地和贫穷国家转向发达国家,到1973年,跨国公司在全世界的直接投资大约为2000亿

---

① 〔英〕苏珊·斯特兰奇:《国家与市场(第二版)》,第105页。
② Jeffry A. Frieden, *Global Capitalism: Its Fall and Rise in the Twentieth Century*, p. 289.

美元,其中 3/4 进入发达工业国家①;投资的方式也由以前的证券投资转向国外工厂的建设,比如,1950 年美国跨国公司的直接投资是其证券投资的 2 倍,到 1970 年达到了 4 倍。② 就社会福利而言,贸易和投资的自由化也促进了公共部门的发展。根据统计,从 1950 年到 1973 年,在工业化国家,公共部门占国内生产总值的平均比例由 1950 年的 27% 上升到 1973 年的 43%,社会保障占国内生产总值的平均比例由 1950 年的 7% 上升到 1973 年的 15%。③ 因此,这一时期被学者们称为资本主义世界经济的第二个黄金周期,以此与 1870—1914 年资本主义世界经济的第一个黄金周期相对应。

5. 布雷顿森林体系的困境及终结

在布雷顿森林体系框架下,资本主义世界经济与相关国家在贸易、投资、社会福利方面取得了巨大进步,但布雷顿森林体系内在的不稳定性却一直存在。首先发现并阐述这一内在不稳定性的是学术研究,这就是著名的"特里芬难题"。

(1)特里芬难题。

1960 年,美国经济学家罗伯特·特里芬(Robert Triffin)出版了《黄金与美元危机》一书,率先从学理上对布雷顿森林体系所依赖的美元汇兑本位制提出了质疑,指出该制度的清偿机制与国际上对该制度的信心之间存在本质上的矛盾,后人将其称为"特里芬难题"。特里芬指出,美元—黄金汇兑本位制在本质上是不稳定的,这种制度主要依靠美国国际收支赤字来提供国际清偿能力,也就是说,只有当美国为世界提供更多的美元时,其他国家才能持有美元进行国际结算;但当其他国家持有的美元数量增加又得不到美国持有的黄金的支持和兑换时,就会对美元失去信心,而一旦对美元失去信心,就会导致金融危机,威胁到整个货币制度。其结果必然是,要么美国尽量避免国际收支赤字,要么寻求一种新的清偿机制。这种学术研究开始并未引起政策决策者们的重视,然而,1969 年和 1971 年发生的两件事不但证实了这种学术研究的正确性,而且改变了布雷顿森林体系的命运。

---

① Jeffry A. Frieden, *Global Capitalism: Its Fall and Rise in the Twentieth Century*, p. 293.
② Ibid.
③ Ibid., p. 297.

(2)创设新的国际货币:特别提款权。

为了解决国际货币体系中的特里芬难题,必须创设一种与任何国家的国际收支平衡没有关系的新的国际货币,特别提款权(Special Drawing Rights,SDR)就是在这种背景下产生的。特别提款权是国际货币基金组织于1969年创造的一种储备资产,根据16种主要货币设计的、总额为300亿美元的特别提款权由国际货币基金组织按照其成员在国际货币基金组织中所占的份额分配。"特别提款权"不是一种个人可以使用的货币,而是相关国家货币和金融部门作为一种储备资产来解决国家之间的收支不平衡,它的基本功能就是改变国际社会在国际储备资产方面对美元的过分依赖,为相关国家提供一种新的国际清偿手段。

长期以来,特别提款权对于国际关系的意义没有得到足够的重视。其实,"这个通过国际组织创造货币的步骤本身具有改变国际关系的深远潜力"[1]。这里有一个核心问题需要回答:为什么美国1965年一改过去维持美元霸权的政策,率先提出通过国际货币基金组织创设一种与美元相匹敌的新的综合性国际储备资产计划?

美国在20世纪60年代初期仍处于鼎盛时期,1960年,其GDP占世界GDP总量的34%,其贸易进口占世界份额的11%,出口占15%[2],美元是国际贸易和相关国家外汇储备的主要手段。然而,1965年,美国一改过去维持美元霸权的政策,主动提出要通过国际货币基金组织创设一种新的国际货币,这在一般公众看来简直是匪夷所思,答案只能有两种:要么是国内政党和利益集团使然,要么是国际市场出现了结构性的变革。

关于从国内政治(政党和利益集团)来回答这一问题,学者们的反应似乎是一致的,即政党和利益集团对这一时期美国的对外经济政策没有太大的影响。因为国内政治在这一时期没有发生变化,民主党一直主导着白宫和国会,利益集团(例如国际银行家和公司董事们)也不支持美国政府的新政策。[3] 而从国

---

[1] 〔美〕约翰·奥德尔:《美国国际货币政策——市场、力量和观念是政策转变的根源》,李丽军、李宁译,中国金融出版社1991年版,第54页。
[2] 同上书,第79—80页。
[3] 同上书,第88—91、113—114页。

际力量结构的变化来解释这一问题,学者们则出现了一些分歧。① 大多数学者认为,美国在20世纪60年代中期主张建立一种新的国际货币作为国际清偿的手段,主要是国际力量结构变化所致。这些变化首先是欧洲的复兴。比如法国和联邦德国经济已经复兴,特别是欧洲国家开始使用"黄金杠杆",即用盈余美元兑换国库的黄金,以此牵制美国。其次,美国外汇市场从全面顺差转变为全面逆差,这使得其他国家对美元的信心开始动摇。最后是美国借助跨国公司在欧洲进行广泛投资,欧洲国家认为这是在输出通货膨胀。②

总之,特别提款权的创设对于国际关系具有重大的意义。尽管关于美国的政策转变在学术界仍然存在着争议,但这对于我们重新认识美国霸权以及20世纪60年代的国际政治经济具有重要意义。

(3)终结美元与黄金挂钩:尼克松冲击。

特别提款权的创设这一措施并未从根本上解决布雷顿森林体系固有的结构性难题:一方面,美元作为储备、交易和干预性货币扩大了美国在世界经济和政治结构中的特权,并使得美国在制定国内政策和外交政策时无须顾及其国际收支平衡问题;另一方面,美国为了维持其在国际贸易中的地位,改善国际收支平衡必须让美元贬值,但这又遭到欧洲国家和日本的抵制。这样,国际货币体系的结构性难题就成为美国对外经济政策的难题:要么阻止美元贬值,牺牲美国的经济利益(贸易和国际收支),维持国际货币体系的稳定;要么放弃以固定汇率为基础的国际货币体系,维护美国的经济利益。美国最终选择了后者,于1971年颠覆了布雷顿森林体系,这就是著名的"尼克松冲击"。

1971年8月15日,美国总统尼克松在一次电视演讲中宣布了一项新经济政策:对内,美国政府冻结工资和物价,并准备消减税收和开支以刺激私营部门,从而减少失业;对外,美国停止兑换黄金,改变以其他国家的货币和黄金折算美元这一布雷顿森林体系确定的规则。学术界称之为"尼克松冲击"。这一决定首先在经济上对整个世界产生了重大影响,用金德尔伯格和彼得·林德特(Peter H. Lindert)的话来说就是,"他[指尼克松]用几句简练的话宣布以其他国家的货币和黄金折算的美元值必须改变,从而结束了一个时代而开始了另一

---

① 也有学者认为,尽管这一时期国际经济力量出现了变化,但这种国际力量的变革只能解释美国在这一时期的外交政策为什么出现了变化,却无法解释美国主张创设一种新的国际货币的行为。参见〔美〕约翰·奥德尔:《美国国际货币政策——市场、力量和观念是政策转变的根源》,第79—115页。

② 〔美〕约翰·奥德尔:《美国国际货币政策——市场、力量和观念是政策转变的根源》,第82页。

个时代"①。

1973年布雷顿森林体系做出了让汇率浮动的决定,1976年国际货币基金组织达成了《牙买加协定》,其中有两点尤为重要,一是浮动汇率合法化,二是一国货币面值的决定是自己的责任。这样,建立在固定汇率基础上的布雷顿森林体系正式宣告终结。

(四)浮动汇率制及其困惑

自从1973年以固定汇率为基础的布雷顿森林体系解体以来,世界经济进入一个浮动汇率时代。无论是学术界还是政策决策者,一直到今天都对这种浮动汇率制度困惑不已,争论不休。其中,最令人困惑的是这种浮动汇率制引起的汇率政治难题。

汇率政治的核心问题,就是处理国家自主与稳定的国际体系的关系问题:一方面,各国努力维持本国货币政策的自主性,通过刺激资本流动促进本国的贸易与投资;另一方面,建立稳定的国际货币体系,避免由各国的相互恶性竞争导致世界经济衰退。然而,自从固定汇率制崩溃以来,全球不但没有建立一个稳定的国际货币体系,反而金融危机不断。有学者曾做出统计,1945—1971年全球只发生了38次金融危机,而1973—1997年全球则发生了139次金融危机。② 仅20世纪90年代以来就有1992年英国金融危机、1994年墨西哥金融危机、1997年亚洲金融危机以及2008年全球金融危机。究竟是采取固定汇率制还是浮动汇率制,无论是学术界还是政策决策者,褒贬不一,理由各异③,这是目前国际货币体系面临的最大困惑。

二、地区货币合作:最优货币区理论及欧元的诞生

布雷顿森林体系解体后,面对国际货币体系的困惑,人们提出了另外一种假设:如果不能在所有国家实行固定汇率,那么能否在若干国家实行固定汇率?

---

① 〔美〕彼得·林德特、查尔斯·金德尔伯格:《国际经济学》,谢树森等译,上海译文出版社1985年版,第1页。

② "Greed-and Fear: A Special Report on the Future of Finance," *The Economist*, January 24th-30th 2009, p.4.

③ 〔美〕罗伯特·吉尔平:《全球政治经济学:解读国际经济秩序》,杨宇光、杨炯译,上海人民出版社2003年版,第276—280页。

如果可以,在什么样的国家可以实行固定汇率?学者们开始尝试从理论上回答这一问题,这就是著名的最优货币区理论。

(一) 最优货币区理论

最优货币区理论(Theory of Optimum Currency Areas)最早是由诺贝尔经济学奖获得者罗伯特·蒙代尔(Robert Mundell)于1961年提出的,意在评估几个国家建立一个货币联盟的成本和收益。后来,经过经济学家的不断努力,最优货币区理论逐渐完善,被选入标准的国际经济学教科书,并通过建立GG-LL模型来说明最优货币区。[①]

所谓最优货币区,是指通过商品和服务的贸易及要素的流动使得多国经济紧密相连的地区,也就是说,如果各国之间的贸易和要素流动性很大,那么实行固定汇率对各个成员国都有益处。

最优货币区理论的基本理论假设是,在相关国家实行固定汇率可以促进商品贸易和服务贸易以及生产要素在地区内的流动,从而避免这些国家通过汇率政策工具影响价格、工资和贸易。衡量最优货币区一般有三个标准:第一个标准是贸易的开放性。贸易的开放性表明价格是由地区市场决定的,汇率影响相对价格的能力在减弱。第二个标准是每个国家经济的多样化。经济的多样化表明受某个国家经济冲击的可能性在减少,从而使得相关国家的汇率成为一种无用的工具。第三个标准是区域内要素的流动性,特别是劳动的流动性。较高的要素流动性意味着可以通过要素流动避免不对称的冲击,从而减少通过汇率变动进行经济调整的可能性。

最优货币区理论主要是一种理论上的推演,在现实中并不存在这样的货币区。尽管欧盟从20世纪90年代推行欧元计划并最终于2002年开始实行单一货币,但学者们仍然认为欧元区至少在目前阶段仍不是理想中的最优货币区,其根本原因在于这些国家对欧元有着不同的政治诉求。

(二) 欧元诞生的政治逻辑

欧洲国家从20世纪50年代开始了欧洲一体化进程:先是1951年建立煤钢联营;1957年六个创始成员国签订《罗马条约》建立欧洲经济共同体(EEC);1962年欧洲经济共同体制定货币统一目标;1969年欧共体要求建立经济和货

---

① 例如〔美〕保罗·克鲁格曼、茅瑞斯·奥伯斯法尔德:《国际经济学(第五版)》,第20章。

币联盟(EMU),扩大政治合作;1979年欧洲货币体系(EMS)启动;《马斯特里赫特条约》于1991年草签、1992年批准之后于1993年生效,同意建立统一货币并确定分三阶段完成;2002年1月1日正式启用"欧元"。

从20世纪50年代开始地区一体化进程以来,如果只从贸易、投资和劳动力流动来看,北美经济一体化的程度远高于其他地区。但就一体化进程的创造性而言,没有哪个地区可与欧洲一体化相比。欧洲一体化进程中最引人注目的就是货币统一与政治统一。这里,值得我们反思的一个关键问题是:是什么动力促使欧洲相关国家最终放弃自己的货币,走向单一货币?

欧元的产生主要来自三种动力:规避国际货币风险;德国和法国的政治联盟;欧洲小国的"民主的合作主义"政策。

1. 规避国际货币风险

欧元的产生是欧洲一体化在经济上合作的结果,其具体过程与三个条约的签订密切关联,这三个条约分别是1969年的经济和货币联盟、1979年的欧洲货币体系和1991年的《马斯特里赫特条约》。

第二次世界大战后出现的布雷顿森林体系建立了以固定汇率为基础的国际货币体系,作为美国的主要盟国,西欧国家为了经济复苏,愿意持有美元并追随美国的政策偏好,而美国也利用美元的国际地位获得了"铸币利差"(seigniorage)权,从而在世界经济中行使"美元霸权"。进入20世纪60年代,随着欧洲经济的复苏和美国依靠美元霸权向盟国输出财政赤字,欧洲国家逐渐对美国和国际货币体系产生不满。正是在这种背景下,欧洲国家于1969年提出建立经济和货币联盟,其目标主要是力图通过政治合作,在成员国中稳定汇率,保护欧洲货币免受美元波动的影响。但经济和货币联盟除了稳定汇率以外,在货币合作方面并未取得多大进展。

1971年布雷顿森林体系开始崩溃,为了应对石油危机以及经济滞胀,欧洲经济共同体的八个国家(法国、德国、意大利、比利时、丹麦、爱尔兰、卢森堡和荷兰)于1979年启动欧洲货币体系,也有人将其称为"小布雷顿森林体系",其目标是实行相互钉住汇率。欧洲货币体系最主要的创新就是选择了一个参考货币,即欧洲货币单位(European Currency Unit, ECU),它由一篮子欧洲货币而定,其组成主要反映了各成员国在共同体内生产和交易的比重。篮子的组成是固定的(德国马克33%,法国法郎19.8%,英国英镑13.4%,荷兰盾10.5%,意大利里拉9.5%,比利时法郎9.2%,丹麦克朗3.1%,爱尔兰镑1.15%,卢森堡法郎0.35%),但可以定期修改调整货币价值。1989年6月,西班牙宣布加入欧洲货币体系,1990年10月英国也宣布加入,使欧洲货币体系的成员国扩大到十个。①为了实行相互钉住汇率,欧洲货币体系的政策措施主要有两个:一个是将参与国的货币汇率限制在限定的浮动范围(2.25%,意大利里拉为6%)之内,并定期对货币价值进行调整(1979年3月到1987年1月共调整了11次);另外一个措施是,如果成员国的汇率超出允许的浮动范围,该国的中央银行有义务对其进行干预。

1991年的《马斯特里赫特条约》则是欧洲国家对国际货币体系最为强烈的反应,也是欧洲一体化进程的重要里程碑。1990年德国统一,导致德国通货膨胀率急速上升。为了抑制这一趋势,德国中央银行提高利率,而欧盟成员国为了维持其货币对德国马克的汇率,也同时提高了本国货币的利率,这最终导致欧洲货币体系的危机。为了阻止欧洲经济的衰退,1991年12月10日,欧盟国家领导人在荷兰古城马斯特里赫特会晤并批准了影响深远的《罗马条约》修正案,即著名的《马斯特里赫特条约》。《马斯特里赫特条约》的核心目标是真正建立一个"欧洲经济与货币联盟",具体地说就是创建一个共同的欧洲货币和欧洲中央银行,从而为实现欧洲市场一体化提供前提条件,这较1979年提出的建立"欧洲货币体系"以协调欧洲汇率机制前进了一大步。《马斯特里赫特条约》最具创造性的思想并且于2001年在现实中完成的便是欧洲货币统一的三个具体步骤:第一阶段从1990年1月1日开始,取消资本控制,对成员国经济政策进行协调和全面监管,通过欧洲货币体系的固定汇率机制将欧共体成员国的货币结合起来;第二阶段开始于1994年1月,建立欧洲货币局以管理欧洲货币体系,协调成员国的货币政策;第三阶段开始于1999年1月1日,对欧元区成员国之间的汇率予以固定,欧洲中央银行全面负责欧洲货币政策。

从上述欧元诞生过程的简要描述中,可以得出一个结论:欧洲国家的货币合作尽管在各个阶段有不同的政策重点,但有一点贯穿欧元诞生的全过程,那就是如何通过国家之间的合作规避以美元为核心的国际货币的波动带来的风险。正是在这种意义上,规避国际货币风险是欧盟国家进行货币合作的首要动力。

2. 德国和法国的政治联盟

历史经验告诉我们,势力均衡与金本位制一起于1870—1914年成就了资

---

① 〔法〕皮埃尔·热尔贝:《欧洲统一的历史与现实》,丁一凡译,中国社会科学出版社1989年版,第359页。

本主义世界经济的第一个黄金周期。而当势力均衡不存在时,金本位制度也就难以维持,这是发生在国际货币体系中的一个教训。当国际货币体系于20世纪70年代出现危机时,为了规避国际货币波动给各自国家和欧洲地区带来更大的风险,也为了联合起来共同对付强大的美国,欧洲的德国和法国再次走上政治联盟之路,共同推动欧洲联合进程。特别是在推动统一货币的进程中,这种政治联盟成为不可或缺的动力,并最终于2001年完成欧洲货币统一的进程。没有德国和法国的这种政治联盟,很难想象欧洲一体化进程会如此之快,更难想象欧洲国家会放弃各自作为主权象征的货币,转而接受一个统一的欧元。这里的关键问题是:为何在20世纪70年代,德国和法国形成政治联盟,共同推动欧洲一体化,特别是统一货币的进程?下面从这两个国家的国内政治经济和国际政治经济条件进行分析。

在欧洲一体化进程中,德国的作用既体现在经济方面,也体现在政治方面。就经济方面,德国特别受益于其战后所采取的货币政策。第二次世界大战结束后,作为一个战败国,德国不仅在政治上被分成两个国家(联邦德国和民主德国),而且在经济上彻底衰退。经过战后短暂的恢复,从20世纪50年代开始,在币制改革、恢复市场结算价格和"马歇尔计划"提供的援助下,德国经济开始繁荣,并且一直持续到1973年。在德国经济繁荣的过程中,财政政策和货币政策起到了关键性的作用,尤其是货币政策,对于战后德国经济奇迹的创造发挥了至关重要的作用。一般来说,大多数国家的货币政策主要有四大目标:稳定物价、充分就业、适度的经济增长和维持国际收支平衡。因为德国在两次世界大战期间饱受恶性通货膨胀之苦,所以德国战后货币政策的独特之处在于将稳定物价放在首位。为此,德国通过法律授予中央银行高度的自主权,使其不受其他部门的干涉,德国中央银行的首要任务就是维护德国马克的币值稳定,阻止通货膨胀。德国货币政策的这种独特性使得德国马克在欧洲各国享有广泛的信誉。所以,在国际货币体系特别是美元出现波动时,欧洲大多数国家政府固定本国货币与德国马克的汇率,以此阻止国内通货膨胀。而当1979年建立欧洲货币体系时,德国马克成为最重要的参考货币,当某成员国货币与德国马克的汇率接近上限或下限时,该国中央银行往往要引起警觉,或直接进行干预。凭借德国马克的信誉,德国自然成为欧洲一个经济强国。而在政治方面,为了避纳粹化之嫌,德国一直希望借助政治联合来确认自己已经回到民主的欧洲。

与德国相比,法国则是一个经济实力相对较弱的国家。但法国一直没有停止在欧洲一体化进程中发挥领导作用。法国最早提出欧洲联合,这就是1950

年5月9日推出的"舒曼计划","舒曼计划"促成了《巴黎协定》(1951)的通过以及欧洲煤钢联营的建立。让·莫内的"争取欧洲合众国行动委员会"和戴高乐将军的建设一个"欧洲人的欧洲"推动了欧洲六国于1957年签订了著名的《罗马条约》,并在10年内了实现了关税同盟,推行共同农业政策。进入20世纪80年代,尽管法国对欧洲政治领域的联合一直举棋不定,但在推动欧洲一体化进程的加快和货币统一方面一直起着重要的作用。法国在欧洲一体化进程中之所以如此积极,主要有三个原因:第一,在过去500年世界历史中,法国一直是一个悲情国家,与17世纪中叶的荷兰、19世纪中叶的英国和20世纪中叶的美国相比,法国一直努力成为世界体系中的霸权国家,但在历史上并未成功。所以,挑战强国和强国主导的世界经济一直是法国的国家目标,正是在这种意义上,有学者将其称为"永远的挑战者"①。第二,战后的欧洲在某种意义上成为美国主导的欧洲,无论是在政治和军事上,还是在经济领域,欧洲都成为美国全球战略的一个重要部分。挑战美国非法国一个国家所能完成,这促使法国在欧洲寻求政治联盟。欧洲地区一体化成为法国对外政策的重要工具:既能发挥法国的领导作用,又能挑战作为霸权国家的美国。第三,法国在欧洲的主要挑战者是英国与德国。在法国最早提出"舒曼计划"时,最先的挑战者便是英国,但这种挑战随着《罗马条约》的签订失败了。随着德国经济的繁荣,特别是德国马克信誉的提高,德国在欧洲的地位不断上升,成为法国在欧洲的重要挑战者。与以前的对抗战略不同,法国采取了与德国联盟的战略,通过这种政治联盟,法国达到了两个战略目标:一是在欧洲一体化进程中与德国分享金融和货币事务的权力,阻止德国独享欧洲的控制权;二是促使欧洲实现更为广泛的联合,以此阻止美国势力的进一步渗透。

从以上对德国和法国在欧洲一体化进程中作用的分析中,可以得出一个结论:德国与法国的政治联盟以及由此而出现的势力均衡是欧洲一体化得以开始、延续并加快的最主要的政治动力。没有这种政治联盟,欧洲一体化在经济和货币领域不可能走得这么远。

3. 欧洲小国的"民主的合作主义"

在探讨欧洲一体化进程的动力的时候,还有一个不可忽视的动力便是欧洲小国的国家利益新诉求。毫无疑问,德国和法国这样的大国之间的政治联盟在

---

① 〔美〕查尔斯·P. 金德尔伯格:《世界经济霸权:1500—1990》,高祖贵译,商务印书馆2003年版,第167—200页。

推动欧洲一体化进程中起了关键作用,但是如果没有其他欧洲小国的合作,德国与法国的政治联盟甚或欧洲一体化进程也无法实现。这里的关键问题是:这些小国为何愿意参与以及如何推动了欧洲一体化进程?

在学术界,关于欧洲小国在第二次世界大战后面对世界经济的变革所做出的政治选择的经典性研究,当推卡赞斯坦于1985年出版的《世界市场中的小国:欧洲的工业政策》[①]。他认为,欧洲小国推行了与大国不同的政策,即民主的合作主义(democratic corporatism)。民主的合作主义既是欧洲小国应对第二次世界大战后世界经济变革的政策选择,也是实现自身国家利益的政治选择。通过民主的合作主义,欧洲小国非常有效地将世界经济的自由化与国内补偿结合起来。

第一,对世界市场的依赖。对于美国和英国这样的大国而言,因为能够主导世界经济,所以,它们可以利用本国在全球政治经济中的地位维持一个自由的世界经济,并通过各种经济政策将国内的通货膨胀、财政赤字和不平衡的国际收支转移到世界市场中,以此降低本国的经济成本。日本和法国这样的国家可以利用国家和政府的力量优先对国内的经济结构进行调整,进而主动适应世界经济的变革。而对于欧洲小国而言,如果它们采取保护主义,很容易受到其他国家的报复。在这种情况下,它们希望有一个开放自由的世界经济,因为只有开放的世界经济才有利于国际资本的流入和产品的出口,这些欧洲小国又没有能力去维持这样一个自由的世界经济环境,所以只能采取灵活的产业调整政策去适应世界经济的变革。

欧洲小国的这种基于产业的灵活调整政策最早体现在对欧洲经济共同体的支持上。第二次世界大战结束以后,在美国霸权的主导下,世界经济在贸易和金融领域呈现出前所未有的开放程度。为了帮助欧洲经济复苏,美国不但推出了著名的"马歇尔计划"对其进行援助,还开放国内市场,力图将西欧国家的经济完全纳入"大西洋"经济。然而,美国这种大西洋色彩的构想从一开始就遭到法国的抵制,于是在1950年5月,"舒曼计划"出台了。该计划的核心要点是[②]:既然英国不愿与法国一起建设一个以英国和法国为基础的经济上联合的欧洲,那么法国应该与联邦德国和解来共同承担这一责任;既然不能自上而下

---

① Peter J. Katzenstein, *Small States in World Markets: Industrial Policy in Europe*, Cornell University Press, 1985.

② [法]皮埃尔·热尔贝:《欧洲统一的历史与现实》,第97—98页。

地建设统一的欧洲,那么就先自下而上地在某些基础部门发展合作,首先以煤炭和钢铁这两个核心部门为目标;在这两个部门建立起共同市场后,逐渐扩展到工业、商业和农业领域。对于"舒曼计划",比利时由于钢铁工业已经实现了现代化,所以持积极态度;卢森堡是钢铁出口大国;荷兰的煤钢工业正在迅速发展;意大利认为这可以给自己带来政治实惠,使其重新获得和战胜国一样的待遇。这里尤其值得注意的是,法国最先提出的建立一个独立于各国政府的高级机构的倡议遭到比利时、荷兰和卢森堡三国反对,为了防止高级机构为大国法国和德国所主导,它们要求建立一个代表各国政府的超国家机构"特别部长理事会",这一建议获得确认。最后,《欧洲煤钢共同体条约》于 1951 年 4 月 18 日在巴黎正式签订。1957 年六个创始成员国根据《罗马条约》建立了欧洲经济共同体(共同市场),1969 年提出建立经济和货币联盟,合作从单个部门领域逐渐向经济和货币领域全面展开。由此,我们可以发现,欧洲小国(比利时、荷兰和卢森堡)之所以同意建立欧洲共同市场,主要是因为欧洲共同市场有利于其有限的产业(例如煤炭和钢铁)的发展。

第二,国内补偿性的工业政策。面对战后世界经济的自由化,与英国和美国这样的大国在国内采取自由放任政策不同,也与法国和日本这样的国家在国内进行结构调整不同,为了确保经济的开放性,欧洲小国在国内采取了补偿性的工业政策,其核心是扩大公共部门政策、限制收入政策以及提高社会福利政策。①

扩大公共部门和提高社会福利是欧洲小国为确保经济开放性而采取的补偿性工业政策的一个核心内容。在一个开放经济中,不同产业的竞争力的不同会导致社会收入的不平衡,为了获得国内不同利益群体对开放经济的认同,欧洲小国加强了政府的计划和干预,其中最为重要的措施就是扩大公共部门的比例,提高社会福利。根据经济合作与发展组织的统计②,20 世纪 50 年代,大国的公共开支占国内生产总值的比例略高,到 70 年代中期,欧洲小国的公共开支占国内生产总值的比例平均为 45%,而大国的平均比例则为 38%。同样,1956—1957 年,欧洲小国的社会保障开支占国民收入的比例与大国一样,同为 13%,但到 1971 年,欧洲小国的平均比例上升到 20.9%,而大国的平均比例则是 14.3%。与扩大公共开支相伴随的是提高税收政策,比如,1955—1957 年,欧洲

---

① Peter J. Katzenstein, *Small States in World Markets: Industrial Policy in Europe*, pp. 47-56.
② Ibid., pp. 55-56.

小国的税收只比五大国(法国、德国、英国、美国和日本)的 26% 高一个百分点,到 70 年代中期,欧洲小国的税收占国内生产总值的比例达到 41%,而同时期的大国为 32%。

限制收入政策是欧洲小国采取的补偿性工业政策的另一个核心内容。为了平衡国内政治中左翼和右翼的争论,欧洲小国或者通过政府协调(例如在荷兰和丹麦),或通过集体讨价还价(例如在瑞士和挪威),或通过二者的结合(例如在奥地利),制定收入(工资)政策。通过限制收入政策,保护那些生产力较低的产业和幼稚工业,同时通过增加研发的投入,提高那些技术含量比较高的工业在国际市场的竞争力。

在 20 世纪 50—60 年代世界经济自由化的黄金时代,欧洲小国将欧洲市场的开放视为世界经济自由化的一个重要组成部分,通过政府的作用,采取灵活的产业调整政策支持欧洲经济一体化。进入 70 年代,保护主义开始盛行,特别是美国和日本相继推出保护主义政策,欧洲小国只能完全依靠德国和法国主导的欧洲经济共同体,因为只有欧洲共同市场的开放性才能保障这些小国的国家利益。

(三) 欧元的政治经济意义

欧洲国家经过大胆的尝试,依据最优货币区理论,从 20 世纪 80 年代起,不断努力,最终于 2002 年初实现了货币的统一,欧元区成员国的纸币和硬币于 2002 年中期退出流通。欧元产生以后,无论是学术界还是决策圈中都争论不断,争论的焦点主要在两个问题上:一是欧元的成本和收益;二是欧元对全球政治经济的影响。

1. 欧元的成本和收益

对欧元的支持主要来自欧洲大陆的政府官员和学者,其中最权威的论据来自欧洲共同体委员会自身。该委员会在 1990 年 10 月发表的《一个市场,一种货币》中曾经历数单一货币的十大优点,这些优点包括[①]:在单一市场内没有了外汇交易,贸易成本将会降低,按当时(1990 年)估计,每年可节约 300 亿美元;统一货币将减少汇率的不稳定,因而贸易和资本流动效率就可提高;单一货币将使货币保持稳定,平衡物价,从而有效防止通货膨胀;单一货币将加强欧盟与

---

① 转引自〔美〕罗伯特·吉尔平:《全球资本主义的挑战:21 世纪的世界经济》,杨宇光、杨炯译,上海人民出版社 2001 年版,第 203 页。

美国的谈判地位,还会使欧盟成为一个更好的经济伙伴;单一货币为最后的财政联邦化提供先决条件;单一货币将减少出现竞争性贬值的风险;单一货币将增加经济交易的透明度,推动价格下降;通过增加竞争和提高生产率,欧元将加快经济一体化和经济增长;欧元和单一市场将鼓励公司重组,成立拥有充分资源和规模经济的欧洲大公司,与美国和日本的巨无霸公司匹敌;经济和货币联盟将加快政治一体化进程。

尽管单一货币优点如此之多,货币一体化进程如此之快,但批评仍然接踵而来,一个奇怪的现象是,批评者大多是来自英国和美国的经济学家。批评者的主要理由是:第一,依据最优货币区理论创建的欧洲货币区并不是一个最优货币区。例如,经济学家保罗·克鲁格曼认为,因为欧洲产品市场和要素市场还不够统一,欧盟每个成员国与其他成员国的相互贸易不到本国国民生产总值的四分之一,虽然资本能够自由流动,但劳动力的流动性很差,所以欧盟还不能称为最优货币区。①

第二,欧元的统一对各成员国的宏观经济政策是一个极大的挑战。欧洲国家采取统一货币的最大特点就是解决了汇率波动对国内经济的影响,但付出的代价则是各成员国没有独立的货币政策。没有独立货币政策的国家只能通过财政政策来推动国内经济增长,以此来解决就业问题。而欧盟又不可能对其成员国的财政给予支持,所以,当成员国经济出现波动时,通过财政政策来进行调整就非常缓慢,欧洲国家失业率居高不下就是一个证据。

第三,尽管欧洲实现了货币统一,但要完成《马斯特里赫特条约》提出的在三个领域即经济和货币事务、外交和安全事务、社会政策的联合,欧洲国家仍然要做出让步,而关于如何让步,并没有一个明确的方案。这主要取决于欧洲的管理。例如,财政政策在欧盟中的作用是什么?欧洲中央银行将实行严格的反通货膨胀政策,还是实行以增长为目标的扩张性政策?经济和货币联盟是否应为高失业和其他经济问题承担责任?对于这些问题,并没有一个明确的方案。②

不管是赞成还是反对,欧洲一体化在现实中一直在行进,这促使我们不得不对已有的知识进行反思,也许我们的学术研究只能扮演一个批评的角色。正如一位经济学家所说的那样:"依据量化的方法评估货币联盟的成本和收益既

---

① 〔美〕保罗·克鲁格曼、茅瑞斯·奥伯斯法尔德:《国际经济学(第五版)》,第597页。
② 〔美〕罗伯特·吉尔平:《全球资本主义的挑战:21世纪的世界经济》,第210—211页。

是无益的,也是没有用的。说是无益的,因为作为经济学家,我们不可能做出精确的计算,而我们又未能公开承认这一点。我们对金融和汇率政策的理解是有限的,而且缺乏先例导致我们猜想多于确定。另外,除非被用于反对其他相关选择的成本和收益,否则量化估计就是无用的,而这又超出我们目前的能力。在这种情况下,我们至多能够对成本和收益可能在哪里有一点理解。"①

2. 欧元对全球政治经济的影响

欧元正在改变欧洲,这是毫无疑问的,但欧元会改变世界吗?这是欧元产生之后学术界和政治决策者普遍关心并且广泛争论的一个问题。争论的焦点在两个具体的领域:(1)在国际货币领域,欧元会取代美元成为国际货币吗?(2)在国际贸易领域,基于欧元的市场是否会破坏全球市场的开放性?

问题之一:欧元会取代美元成为国际货币吗?

布雷顿森林体系解体以后,人们对美国是否能够继续维持美元的全球货币地位产生了怀疑。然而,从20世纪80年代以来,美元相对于其他国家的货币而言,仍然是国际货币体系中的硬通货:美元仍然是世界许多国家进行国际贸易支付的主要货币;美元仍然是许多国家的政府进行外汇储备的手段;在国际金融市场中,许多私营金融公司持有的也主要是美元。美元的这种全球货币地位使得美国通过"铸币利差"继续维持美国在全球经济中的霸权地位。

进入21世纪之后,美元的全球货币地位不断受到挑战。挑战之一就是欧元的产生。根据欧洲共同体委员会在1990年发表的《一个市场,一种货币》报告,欧元可能或者能够挑战美元主要表现在两个方面②:第一,欧元是由欧洲中央银行发行的,欧洲中央银行奉行的准则就是保持欧元价格的稳定,统一而稳定的欧元将使得欧洲成为全球最大的市场。第二,如果欧盟成员国用欧元而不是美元作为外汇储备的手段,那么,欧盟成员国总体4万亿美元中2.3万亿美元就是不必要的,这将对美元在全球市场中的霸权地位产生巨大冲击。这种挑战的政治意义在于,全球政治经济的结构将发生实质性的变革,即由现在的美国

---

① Charles Wyplosz, "EMU: Why and How It Might Happen," in Jeffry A. Frieden and David A. Lake, eds., *International Political Economy: Perspectives on Global Power and Wealth*, 6th ed., W. W. Norton & Company, Inc., 2017, p. 279.

② 这个报告后来于1992年正式出版成书,参见 Michael Emerson, Daniel Gros and Alexander Italianer, *One Market, One Money: An Evaluation of the Political Benefits and Costs of Forming an Economic and Monetary Union*, Oxford University Press, 1992。

霸权主导下的全球经济转变为势力均衡主导的全球经济。这样,美国就失去了为了美国自身的利益可以牺牲全球经济利益的特权。

关于欧元对美元可能产生的冲击,美国大多数学者和决策者持保留态度。他们的共同观点是,欧元要想成为一种国际货币与美元竞争,或取代美元成为一种国际货币,至少应该具备两个必要条件:第一,除非欧盟能够建立一个统一高效的金融市场,欧元才能在国际金融交易中取代美元。而这主要取决于欧盟政治统一的程度,没有强有力的政治基础,货币和经济合作就无法深入展开。① 但从目前来看,不但德国、法国等大国在欧盟的政治结构设计上存在着争议,而且欧洲中央银行在协调各成员国经济政策上也面临着巨大挑战。② 第二,美元是否会被欧元取代,这种可能性不取决于欧洲,而是取决于美国金融体系的国际竞争力。除非美国失去了其削减贸易赤字和国际收支赤字的调整能力,否则,欧元与美元竞争甚或取代美元只是欧盟国家的一厢情愿而已。

问题之二:基于欧元的市场是否会破坏全球市场的开放性?

自从欧元产生以来,国际社会普遍关注的另一个问题是:基于欧元的市场是否会破坏全球市场的开放性?之所以会产生这一问题,主要有两个原因:第一,尽管其他地区在20世纪90年代以来也签订了各种地区协定,例如北美自由贸易区、东盟自由贸易区、亚太经合组织等,但这些地区的贸易和投资主要或完全以美元作为计价单位,只有欧盟从2002年起拥有地区共同货币欧元,尽管欧元还没有完全成为欧盟所有国家的货币,但这一进程一直在进行。一旦欧元在欧盟完全通行,不仅会对区域内相关国家的贸易和资本的流动产生很大的影响(许多欧洲学者相信会产生积极的影响),而且会对主要以美元为计价单位的全球贸易和跨国资本流动产生影响。③ 第二,欧盟是世界货物贸易的第二大进口商,也是全球对外直接投资的最大输出者和接受者,所以欧盟市场的开放程度直接关系到全球市场的开放程度。尽管欧盟一直努力在全球多边层面扮演推动贸易和投资自由化的角色,但其共同农业政策的制定、在多哈回合谈判中与美国在农产品上的争论以及在2008年全球金融危机爆发后对美国和美元为

---

① [美]罗伯特·吉尔平:《全球资本主义的挑战:21世纪的世界经济》,第214—215页。
② Mark Copelovitch, Jeffry Frieden and Stefanie Walter, "The Political Economy of Euro Crisis," *Comparative Political Studies*, Vol. 49, No. 7, 2016, pp. 811-840.
③ Andrew K. Rose, "One Money, One Market: Estimating the Effect of Common Currencies on Trade," *Economic Policy*, Vol. 15, 2000, pp. 9-48.

基础的国际货币基金组织的批评,都使得学者们和政策制定者们对欧洲市场的开放忧心忡忡:

> 迄今为止,无论欧盟的贸易出现什么样的结果,欧洲开放的远景仍难以指望,尽管努力改革了共同农业政策,但欧洲市场能否在不久的将来打开大门也很难说;开放欧洲市场这个问题对美国尤其重要。并且,欧盟一直在扩大经济影响力的范围,这给非成员国带来了额外的麻烦。接纳大量东欧国家加入欧盟的欧洲计划(2000年议程)可能成为走向更加封闭的欧洲集团的一步。欧盟已经与非洲的前欧洲殖民地签订了特殊经济协定,并与其他国家(如土耳其)订立了双边贸易协议。此外,它正与其他许多地区(包括地中海周边国家、南美共同市场和东亚)谈判贸易协议。目前出现的这种从中心向四周辐射的经济联结体系不可能成为更开放的世界经济的基石。①

第四节 金融危机与国际货币体系

国际货币体系不仅因为美元的浮动和欧元的诞生受到挑战,而且因为20世纪80年代以来的债务危机和90年代的金融危机,特别是2008年全球金融危机的爆发陷入困境。国际货币体系与国内金融政策的关系再次成为学术界和政策制定者关注的焦点。

一、全球金融危机

20世纪80年代以来,资本主义世界经济中发生的金融危机主要有五次:第一次是20世纪80年代初许多发展中国家发生的债务危机;第二次是1992年和1993年发生的欧洲汇率机制危机;第三次是1994年发生的墨西哥比索危机;第四次是1997年发生的亚洲金融危机;第五次是2008年发生的全球金融危机。

(一) 20世纪80年代的债务危机

20世纪80年代初许多发展中国家发生的债务危机是布雷顿森林体系解体以后资本主义世界经济面临的第一次冲击。对于这次危机,世界银行报告的描

---

① 〔美〕罗伯特·吉尔平:《全球资本主义的挑战:21世纪的世界经济》,第217页。

述是:"在 1982 年以前,高负债的国家每年从国外可以收到相当于 GNP 的 2%的资金;但在 1982 年以后,它们每年大约要汇出相当于 GNP 的 3%的资金。它们的国内储蓄不得不提高相当于 GNP 的 5%,换句话说,GNP 的 25%用于抵消资金净转移的变化。"①

关于这次债务危机的原因,分析家们进行了大量的探讨,在如下三点上持共同的观点:第一,世界性的经济滞胀。由于石油价格的上涨,石油输出国组织成员国因此出现了资金盈余,它们将大量盈余资金投入欧洲美元市场。但 1973 年石油危机也导致西方发达工业化国家出现了经济滞胀,石油产出国的剩余基金必须寻找新的投资方向。第二,发展中国家的投资热。与发达国家相比,20 世纪 60 年代中期以后,发展中国家特别是拉丁美洲国家大力推动工业化政策,需要大量资金,政府为了刺激经济增长,吸引资金流入,成为负债国。负债国主要有两种:一种是债务国主要是欠别国政府的,这主要指撒哈拉以南非洲;一种是债务国主要是欠国际商业银行的,这主要是拉丁美洲国家。第三,美国提高利率。美国为了抑制国内通货膨胀,在 1973 年石油危机之后提高了美元的贷款利率,这样,国际贷款的利率就由 70 年代的 2%上升到 80 年代早期的 18%,这一政策直接导致债务国债务状况的恶化。

(二) 1992 年和 1993 年欧洲汇率机制危机

1979 年 3 月诞生的欧洲货币体系被认为是布雷顿森林体系解体以来在固定汇率方面最雄心勃勃的实验。欧洲货币体系采取的一个重要措施就是建立一种新的货币单位,即欧洲货币单位。欧洲货币单位以 1979 年成员国货币为基础,以 1979 年成员国的 GDP 为权重,采取一种货币加权平均值,同时欧洲货币单位的构成因素会根据成员国 GDP 的变化进行调整。创设欧洲货币单位的主要目的是在欧洲实现固定汇率,参与欧洲汇率机制的国家有责任将其货币波动的幅度维持在正负 2.25%内,个别国家(如西班牙、葡萄牙和英国)货币波动的范围被限制在正负 6%内。

然而,1992 年 9 月英镑汇率机制危机爆发,1993 年 8 月欧洲第二次汇率机制危机爆发。为了应对危机,欧洲货币体系被迫将汇率浮动空间扩大到正负

---

① 世界银行:《1989 年世界发展报告:金融体系和发展世界发展指标》,中国财政经济出版社 1989 年版,第 17 页。

15%,这样,欧洲汇率机制几乎成为浮动汇率机制了。

尽管欧洲汇率机制危机发生在欧洲这一地区,但由于欧洲汇率机制是在国际货币体系出现危机之后的一种区域货币合作尝试,所以欧洲汇率机制危机引起了学术界和政策决策者的广泛而深入的思考和争论。争论的焦点在于趋同的欧洲汇率机制与各国经济利益的关系。

关于欧洲汇率机制危机产生的原因,学术界和政策制定者普遍认同两点[①]:第一,欧洲汇率机制要求采取大规模的"趋同交易",而各国为了自己国家的经济利益对本国的货币采取不同的利率。这种趋同交易导致了各国货币的利率和欧洲汇率机制允许的浮动范围出现利差,进而为国际投资者利用市场头寸进行投机提供了机会。第二,德国将本国的国家利益放在欧洲共同体利益之上。1989年11月柏林墙倒塌,德国实现了统一。统一后的德国面临着不断增加的财政预算赤字和通货膨胀的压力。为了解决德国国内的财政赤字和通货膨胀压力,德国联邦银行在危机之前出人意料地实行紧缩货币政策,于1992年7月提高了马克的利率。在欧洲国家为了稳定欧洲汇率不断降低国内利率而进行趋同时,德国提高利率的政策使其他国家不得不提高利率。第一次欧洲汇率机制危机就是在英国于1992年7月提高英镑利率的情况下发生的,第二次欧洲汇率机制危机则是在法国和意大利于1993年8月提高国内利率的情况下爆发的。

(三) 1994年墨西哥比索危机

墨西哥在20世纪80年代曾被誉为新兴市场经济的典范。在90年代早期,资本大规模进入墨西哥,根据国际货币基金组织的估计,在1990—1993年间,墨西哥吸收了910亿美元的外资,占流入所有发展中国家资本的1/5[②],并且于1993年与美国、加拿大一起签订了《北美自由贸易区协定》。然而,1994年12月爆发了著名的墨西哥比索危机。

关于墨西哥比索危机的原因,争论比较简单。一种观点认为,这场危机是由于政治动荡产生的,当时制度革命党总统候选人唐纳德·卡洛西奥(Donaldo

---

[①] 关于欧洲汇率机制危机最为简要通俗的描述,可以参考〔美〕戴维·德罗萨:《金融危机真相》,朱剑锋、谢士强译,中信出版社2008年版,第54—62页。

[②] 〔美〕戴维·德罗萨:《金融危机真相》,第65页。

Colosio)在 1994 年 3 月 23 日被暗杀,这导致投资者对墨西哥政治稳定失去了信心,因而开始投机性攻击。另一种观点认为,墨西哥比索危机是墨西哥经济的真实表现,这主要表现在两个方面:第一,过分追求经济增长使政府的经常账户出现了庞大的赤字。有数字表明,墨西哥的经常账户赤字由 1988 年的 38 亿美元上升到 1994 年的 295 亿美元。① 第二,墨西哥政府于 1994 年 4 月引进一种新的政府债券(Tesobonos)对政府债务结构进行重组,这种债券是一种以美元为面值但以比索来支付的短期债券,到 1994 年 12 月占到政府债务的 2/3。当美国担心国内通货膨胀加剧而提高美元的利率(从 1994 年 2 月到 11 月,美国提高利率合计 300 个基点)后,由于比索是钉住美元的,因此比索对美元贬值就进一步增加了墨西哥政府的债务。

总之,政治动荡、政府财政赤字、政府债券政策和美元利率提高共同导致了 1994 年墨西哥比索危机。

(四) 1997 年亚洲金融危机

东亚经济体的经济增长在 1993 年还被世界银行称为"东亚奇迹",但四年之后该地区就爆发了大规模的金融危机。在 1997 年 7 月到 1999 年 1 月不到两年的时间里,这场金融危机从泰国开始,先后蔓延到马来西亚、韩国、印度尼西亚、日本、俄罗斯、巴西。危机波及范围之广是 20 世纪 80 年代以来罕见的,对此,吉尔平的观察是:

> 先前的那些危机集中在特定地区,没有威胁到大范围里的世界经济,并且至少与东亚金融危机相比,控制起来较为容易。东亚金融危机与以前的几次真有天壤之别。世纪末的这场危机起始于世界上经济最强劲的地区,它的结果对该地区来说确实是灾难性的,而且危机还外溢到世界上更大范围。②

在过去 20 年里,尽管亚洲金融危机成为学术界、政策决策者和企业界广泛谈论的话题,但关于其产生的原因远没有达成共识。归纳起来,主要集中在三个层面:国内层面、地区层面和国际层面。就国内层面而言,分析家们普遍认为,亚洲金融危机主要是这些国家的经济结构和金融脆弱性所致。这些国家国

---

① 〔美〕戴维·德罗萨:《金融危机真相》,第 65 页。
② 〔美〕罗伯特·吉尔平:《全球资本主义的挑战:21 世纪的世界经济》,第 137—138 页。

内政治经济结构有三个共同特征①:第一,外国资本的大量涌入与当地投资者的冒险行为结合在一起导致这些国家的经济出现了泡沫。第二,国内宏观经济政策的失误,特别是信贷发放过度、大量的短期债务导致这些国家清偿能力不足。第三,这些国家对银行业和金融机构监管不力,政治机构中的裙带关系经常导致政府部门任人唯亲,其中印度尼西亚苏哈托政府最为典型。

就地区层面而言,吉尔平给出三个原因②:第一,从1996年开始,东南亚国家的商品出口已经开始放缓,这使得投资者对该地区的经济前景产生怀疑。第二,中国的崛起吸引了大量的投资者将投资的目标从东南亚转移到中国,低廉的劳动力使得中国的出口商品更具国际竞争力。第三,不少经济部门的生产能力过剩,并且需求下降,这使得投资者们对该地区长期推行的出口导向战略产生疑虑。

就国际层面而言,人们更多地将焦点放在国际投资者和国际货币基金组织上。对于前者,马来西亚前首相马哈蒂尔的观点最有代表性,他认为,亚洲金融危机的罪魁祸首是那些金融投机者,他们别有用心,力图搞垮东亚经济。作为对这种观点的政策反应,马来西亚于1998年9月1日全面停止外汇交易,阻止所有的外国投资资本撤离马来西亚,并拒绝接受国际货币基金组织的援助。对于后者,分析家们的观点似乎是一致的,即国际货币基金组织的政策失误导致这场危机很快蔓延开来。经济学家米尔顿·弗里德曼曾经这样写道:"在东亚,国际货币基金组织已经成为一个不稳定因素。这么说不仅因为它为私人金融机构提供了逃避各种不良投资后果的港湾。可以说,没有国际货币基金组织,东亚危机可能不会发生,尽管许多国家也许存在各种内部危机——像日本,它的经济困境不能归咎于国际货币基金组织。"③

(五) 2008年全球金融危机

与以上四次危机不同的是,2008年金融危机有两个非常明显的特征:一是这次金融危机起源于世界经济的主导国家美国;二是这次金融危机迅速向世界蔓延,成为真正意义上的全球金融危机。

---

① Timothy Lane, "The Asian Financial Crisis: What Have We Learned?," *Finance and Development*, Vol. 36, No. 3, September 1999, http://www.imf.org/external/pubs/ft/fandd/1999/09/lane.htm, 2020年3月15日访问。

② 〔美〕罗伯特·吉尔平:《全球资本主义的挑战:21世纪的世界经济》,第139页。

③ 〔美〕戴维·德罗萨:《金融危机真相》,第162页。

2008年全球金融危机起源于美国国内的房产金融市场发生的次贷危机。2007年,占美国政府担保公司的全部信用组合五分之四的两家房产公司——房地美(Freddie Mac)和房利美(Fannie Mae)①出现了次贷危机,随后这场危机迅速从银行业和其他金融服务业蔓延到实体经济,并由美国蔓延到世界其他国家和地区。这场金融危机对世界经济的影响大大出乎人们特别是经济学家的预料,世界经济整体上在衰退,人均收入在下降,各国失业率在不断上升,贸易保护主义在不断抬头,各国政府纷纷出台干预经济政策。

这次全球金融危机的根源可谓是众说纷纭:有人认为美国政府对银行和金融体系监管不力是掌握专业技能的、聪明的美国人设计出过分复杂的金融服务体系导致的;也有人将其归为亚洲的冲击,认为美国长期处于经常项目赤字之中,所以美国必须允许外国资本进入美国进行投资,而亚洲国家长期处于经常项目盈余,大量亚洲的资本进入美国资本和证券市场,使得美国的资本市场和证券市场膨胀。②

2008年全球金融危机的原因仍在争论中,如果对这些理论上的争论和政策上的不同进行比较,我们会发现,这些不同的理论和政策主要涉及两个基本问题。一是经济增长。在国内层面,各国政府竞相推出刺激经济增长的各种政策,防止通货膨胀,提供新的就业机会;而在国际层面,针对美国提出的"购买美国货",为了避免经济民族主义的复兴,各国意识到在刺激计划上必须加强多边协调,以保证经济的开放性。二是制度监管。无论是发达国家还是发展中国家都认识到制度监管的重要性。在国内层面,各国政府既鼓励创新(包括金融创新和企业创新),又加强了制度监管;而在国际层面,对国际货币基金组织的监督职能进行改革的议题再次被提到日程上来。

二、国际货币基金组织的改革

国际货币基金组织自1944年成立以来,其成员在不断增多,由最初的47个发展到2020年的189个,其基本职能并没有多大改变,依然集中在三个方面:监督、金融援助和技术援助。1973年布雷顿森林体系崩溃时,虽然国际货币基金组织继续存在的理由遭到质疑,但由于许多国家仍然把国际货币基金组织

---

① "Fannie Mae and Freddie Mac: End of Illusions," *The Economist*, July 19th–25th 2008, pp. 71-73.
② "Greed-and Fear: A Special Report on the Future of Finance," *The Economist*, January 24th–30th 2009.

作为最后贷款人和金融危机稳定器,该组织最终成功地逃过解体的命运。然而20世纪80年代以来频繁出现的金融危机,特别是1997年亚洲金融危机和2008年全球金融危机的爆发,使得人们对国际货币基金组织的信心再次动摇,并开始探讨国际货币基金组织的改革问题。

关于国际货币基金组织的改革,除了两种极端的观点(取消国际货币基金组织和维持国际货币基金组织),其焦点主要在结构改革和功能改革两个方面,前者涉及该组织的合法性,后者涉及该组织的有效性。

(一) 国际货币基金组织的结构改革

国际货币基金组织的结构改革主要集中在该组织的份额制和执行董事席位的再次分配上。

份额制是国际货币基金组织最重要的特征。加入国际货币基金组织时都会被分配到一个初始份额,份额的多少是由成员在世界经济中的相对地位决定的,通常是由GDP(权重为50%,其中基于市场汇率的GDP占权重的60%,基于购买力平价计算的GDP占权重的40%)、开放度(30%)、经济波动性(15%)和外汇储备(5%)四个部分构成,另外还包括一个"压缩因子",用来缩小成员国计算份额的离散程度。份额目前以基金组织的记账单位特别提款权计值。

成员份额的多少不但决定它向国际货币基金组织缴纳款项的额度和特别提款权分配的百分比,而且影响成员的投票权和取得国际货币基金组织资金融通的最高额度。由于份额的重要性,份额的任何变化必须经理事会85%的总投票权批准,并且一个成员的份额未经其同意不得改变。一般而言,理事会每五年对基金进行一次总检查,以便确定两个重要事项:一是总增资规模;二是增资在成员之间的分配。在五年总检查周期之外的特别增资比较少见,最近的一个例外是2008年为54个成员增资。[①]

国际货币基金组织最重要的管理机构主要由两部分构成:理事会和执行董事会。理事会是国际货币基金组织的最高权力机构,由每一会员委派理事和副理事各一人组成,理事大多数是由财政部长或中央银行行长担任,副理事往往由外汇管理机构的负责人担任。在正常情况下,只有理事才有投票权,副理事没有投票权,但当理事缺席时,副理事可代为行使投票权。理事会的主要职责有:(1)批准接纳新的会员;(2)批准修改基金份额;(3)决定分配特别提款权;

---

① http://www.imf.org/external/np/exr/facts/quotas.htm,2020年3月6日访问。

(4)决定会员退出基金;(5)决定协定的条款及附属法律的修改。理事会召开的会议一般有两种:一是年会,通常讨论有关国际货币基金组织或成员的重大实际问题,并就一些重要的问题进行投票表决;另一种会议是特别会议,一般至少需 15 个成员提出开会要求,或者提出要求的成员合计占理事会投票权不少于总投票权的 1/4,才能够召开特别会议。

执行董事会负责处理国际货币基金组织的日常事务,行使国际货币基金组织指定给它和理事会赋予它的权力。执行董事会最初由 12 名执行董事组成,根据国际货币基金组织协定,在基金组织拥有最多份额的五个会员(即美、日、德、法、英)各指定一名执行董事,另外七名执行董事由其所在选区选举产生。之后随着成员的增加,执行董事名额相应地增加到现在的 24 名。

由于份额制和执行董事名额体现了成员在国际货币基金组织中的权力,所以成为要求改革国际货币基金组织的焦点。1997 年亚洲金融危机之后,对份额制和执行董事名额要求改革的国家主要有如下几类[①]:第一类是那些经济快速发展的国家,例如,2006 年 9 月在新加坡召开的国际货币基金组织年会上,成员同意提高中国、韩国、墨西哥和土耳其的份额,以便与这四国的经济规模相对称。第二类是那些低收入国家,它们希望在国际货币基金组织的执行董事会中有自己的声音和投票权。因为在国际货币基金组织中,10 个工业化国家(简称"10 国集团"或"巴黎俱乐部")在该组织的减贫项目中占 52%,而 80 个低收入国家仅占 10%。第三类是亚洲的新兴工业化国家,它们借助金融危机希望重新分配份额和执行董事席位。

2008 年全球金融危机后,对国际货币基金组织进行改革的呼声更加高涨。经过长时间的辩论之后,2010 年 12 月 15 日,国际货币基金组织最高决策机构理事会完成了第 14 次份额总检查,通过了关于份额和治理改革的一揽子改革方案,该方案最终于 2016 年 1 月 26 日生效。这项方案被认为是国际货币基金组织成立 65 年以来最具历史意义的改革方案,主要内容有如下几项:(1)总份额增倍。份额从约 2385 亿特别提款权增加一倍到约 4770 亿特别提款权(按当时汇率约为 6680 亿美元)。(2)份额比重大幅度调整。超过 6% 的份额从代表性过高的成员国转移到代表性不足的成员国;超过 6% 的份额转移到有活力的

---

① 参见 Eric Helleiner and Bessma Momani, "Slipping into Obscurity? Crisis and Reform at the IMF," Working Paper No. 16, February 2007, https://www.cigionline.org/publications/slipping-obscurity-crisis-and-reform-imf/,2020 年 3 月 6 日访问。

新兴市场和发展中国家;份额最大的10个成员国中有4个新兴市场和发展中国家(巴西、中国、印度和俄罗斯),中国成为该组织的第三大成员国。(3)最贫穷国家的份额和投票权比重予以维持。这里的最贫穷国是指符合低收入减贫与增长信托资格的成员国,且人均收入在2008年低于1135美元的国家或低于该数额两倍的小国。①

总之,国际货币基金组织的结构改革的总体目标是,希望该组织在决策程序上能够由霸权国美国主导的组织向更加民主的多边主义转化。

(二) 国际货币基金组织的功能改革

国际货币基金组织功能改革的焦点主要在该组织的监督功能以及管理机制上。

关于监督功能,在布雷顿森林体系建立时,为了防止20世纪30年代相关国家以邻为壑的经济政策重演,国际货币基金组织对世界经济的金融问题给予了很大的关注,该组织就是在这种背景下产生的。在20世纪70年代,当基于固定汇率制的布雷顿森林体系解体时,国际货币基金组织根据其组织协定的第4条,希望成员能够与国际货币基金组织合作,共同维持全球汇率体系的稳定。国际货币基金组织主要负责:(1)监督国际货币体系以保证其有效运行;(2)监督成员履行其政策责任。② 这就是国际货币基金组织的监督职能,监督既包括双边的也包括多边的,监督的内容主要是成员的金融政策、汇率和资本项目。为了更好地履行这一职能,国际货币基金组织还于90年代将国际资本市场部与货币和金融体系部合并。

尽管国际货币体系在亚洲金融危机后力图加强其监督功能,但效果并不是非常显著。基于国际货币基金组织目前在监督方面的表现,研究者们提出了两点方向性的改革建议:第一,加强监督的强制性。③ 在研究者和主张改革的政策决策者看来,国际货币基金组织的监督功能长期以来不能非常有效地运行,主要原因是该组织将自己定位为一个官僚机构和一个和蔼的"顾问",而不是一个行之有效的"组织"和规则的严厉"仲裁人"。这样,国际货币基金组织就在实质上成为一个信息收集者和通报者,对相关国家的政策调整影响很小。所以,

---

① http://www.imf.org/external/np/exr/facts/quotas.htm,2020年3月6日访问。
② http://www.imf.org/external/np/exr/facts/surv.htm,2020年3月6日访问。
③ Eric Helleiner and Bessma Momani, "Slipping into Obscurity? Crisis and Reform at the IMF," Working Paper No. 16, February 2007.

国际货币基金组织的监督功能改革的方向之一应该是加强其监督功能的强制性。第二,改革监督功能的单向性。① 在国际货币基金组织的监督功能里,有双边的监督和多边的监督之分。双边的监督主要发生在国际货币基金组织和成员之间。这种监督的过程一般是国际货币基金组织的职员首先制定议事日程,然后要求成员方官员向国际货币基金组织提供数据和资料进行"填空"。当填空活动结束以后,国际货币基金组织的研究人员撰写研究报告,然后将报告提交给董事会进行交流。在整个过程中,相关成员与国际货币基金组织之间缺乏交流和对话。将双边监督中的单向性改为双向性有利于给相关成员提供学习和反思的机会。同样的情况也存在于多边的监督功能上。国际货币基金组织每年就世界经济的状况发表《世界经济展望》(The World Economic Outlook)和《全球金融稳定报告》(The Global Financial Stability Report),准备这两个年度报告的过程与准备双边监督报告的过程完全一样。更有意思的是,这两个报告的议题与七国集团或二十国集团讨论的议题经常重复,但国际货币基金组织的报告很少关注七国集团或二十国集团的活动。这样一来,国际货币基金组织的多边监督就完全变成单向性和程序性的,缺乏交流性和实质性,以此为基础的多边监督就很难做到及时和具体。为了使国际货币基金组织的监督功能更为有效,应该将国际货币基金组织改革为一个学习论坛,不但让成员参与,而且还应该让其他相关国际组织参与。

面对国际金融的脆弱性和全球金融危机的频繁发生,在国际货币体系中建立什么样的管理机制才能防范未来金融机制的崩溃?这是针对国际货币基金组织改革中争论最为激烈的一个问题。研究者和政策决策者普遍认为,金融危机管理机制的建立应该从三个方面进行:贷款程序、结构改革和宏观经济政策。②

就贷款程序而言,国际货币基金组织在金融危机产生时通常贷款给出现危机的国家,根据国际货币基金组织的规定,贷款必须是分阶段的,以此确保受援国政府在贷款项目下进行政策调整。但在现实中,这些贷款的数目通常不能与庞大的私人资本的数目相比,这就使得受援国政府政策调整还没有完全实现时私人资本就已经大量外逃了,而私人资本大量外逃和国际货币基金组织的贷款没有完全到位又进一步影响了受援国政策调整的及时性,使之无力偿还债务。

---

① Ngaire Woods and Domenico Lombardi, "The Political Economy of IMF Surveillance," Working Paper No. 17, February 2007, https://www.cigionline.org/publications/political-economy-imf-surveillance/,2020年3月6日访问。

② John Ravenhill, *Global Political Economy*, 5th ed., Oxford University Press, 2017, pp. 235-245.

这就使得受援国家陷入资本外逃、贬值和最终无力偿还外债的恶性循环中。所以,国际货币基金组织贷款项目改革的目标应该是将重点放在如何防止私人资本因对受援国失去信心而外逃,而不是强迫政府推行无法进行的改革。

就经济结构改革而言,根据国际货币基金组织的规定,接受该组织贷款是有条件的,即受援国必须按照国际货币基金组织的要求进行金融制度和金融监管方面的改革,以解决金融危机,很少考虑到受援国的宏观经济结构和社会结构。但任何金融制度和金融监管的改革都会触及宏观经济结构和社会结构,如果只进行金融制度的改革,而不考虑宏观经济结构和社会结构,改革的最后结果就很难预期。例如,在亚洲金融危机发生后,国际货币基金组织在接受印度尼西亚的贷款请求时,完全没有考虑到经济和社会影响,因而使得危机加重了。日本前财务次长榊原英资曾这样回忆道:"由于是匆匆制定的,没有考虑计划的经济和社会影响,国际货币基金组织的改革计划有几个致命缺陷。计划要求关闭16家银行,但由于计划没有提供如存款保险之类的金融安全网,印度尼西亚的金融体系很可能被完全摧毁……随着印度尼西亚16家银行的关闭,银行接连破产,由此造成的金融市场和外汇市场的恐慌从11月底一直持续到12月。卢比的价格因此大跌。"[①]

就宏观经济政策而言,国际货币基金组织在发生金融危机时通常要求受援国采取紧缩货币政策,但在现实中,各国在面临金融危机时国内经济状况并不总是一样的,因此很有必要提高该组织的危机管理能力。例如,墨西哥发生危机时的国内经济状况与东南亚国家就完全不同,但国际货币基金组织却开出了同样的药方。斯蒂格利茨曾这样评论道:国际货币基金组织在亚洲的失败就是,它认为"当高涨的公共赤字和宽松的货币政策导致通货膨胀失控时,用处理20世纪80年代拉丁美洲的金融恐慌的方式去处理东南亚危机会有效。国际货币基金组织对拉丁美洲作为援助的先决条件是,要求各国政府实施的财政紧缩和货币紧缩政策在当时是正确的。因此,在1997年,国际货币基金组织对泰国施加同样的要求"[②],然而在东南亚国家发生危机时,这些国家并没有出现预算赤字,其中有些国家已经在实施紧缩货币政策。

---

① 转引自〔美〕戴维·德罗萨:《金融危机真相》,第89页。
② 同上书,第165页。

三、建立新的国际金融体系？

尽管在改革国际货币基金组织这一点上已经达成共识,但研究者和政策者们对于管理好全球金融体系仍然没有把握。正如吉尔平所提醒的:

> 在人类步入 21 世纪的时候,还没有一个管好国际金融的机制,这肯定是世界经济的一个最突出的特征。尽管世界经济在 20 世纪 90 年代经历了三场金融大危机(1992—1993 年汇率机制危机、1994—1995 年从墨西哥起始的拉丁美洲金融危机以及 1997 年开始的东南亚金融危机),但创造管理国际资本流动和其他金融事务的有效协调机制的努力,虽然有些进展,却实在是少得可怜。①

困扰全球金融货币体系的稳定并值得继续深入研究的问题有很多,从国际政治经济学的角度来看,以下三个问题值得我们继续深入研究。

(一) 固定汇率,还是有管理的浮动汇率?

是否存在一种最优的汇率制度?这是学术界和政策制定者一直探讨的问题,但到目前为止,并没有一个非常明确的答案。现实经验表明,无论是采取固定或钉住汇率还是采取浮动汇率都可能导致金融危机。正如国际货币基金组织首席副总裁斯坦利·费希尔(Stanley Fischer)所观察到的:

> 结果发现,在过去 5 年的每次大危机中,包括墨西哥 1994 年危机、泰国危机、印度尼西亚危机、韩国危机、俄罗斯危机和巴西危机,所有国家在危机前实行的都是固定或钉住汇率制。这有力地证明,固定汇率制容易导致危机。我发现的另一个同样有力的证据是:有一些国家本来可能发生危机,但由于实行浮动汇率制——1998 年的土耳其、南非、以色列和墨西哥——尽管也遭受了严重的影响,危机规模却要小得多。对于融入国际资本市场的国家来说,这些事实使得我们对汇率制度陷入了一个两极选择,那就是要么实行严格钉住的汇率制,要么实行浮动汇率制。②

这里就出现一个需要进一步探讨的问题:影响一个国家选择汇率制度的要素是什么?与国际经济学强调经济要素分析不同的是,国际政治经济学强调对

---

① 〔美〕罗伯特·吉尔平:《全球资本主义的挑战:21 世纪的世界经济》,第 158 页。
② 转引自〔美〕戴维·德罗萨:《金融危机真相》,第 138—139 页。

汇率制度选择的国内政治基础和决策过程进行分析,例如国内政治过程(政党政治)或国内社会利益集团博弈过程,以及专制与民主、总统制与议会制等政治体制对汇率选择的影响①,这是 20 世纪 90 年代中期以来国际政治经济学在金融货币领域的重要研究方向之一。

(二) 国家自主,还是地区或全球合作?

对于防范金融危机,是加强国家的行政干预,还是加强地区合作、建立最优货币区,抑或是加强全球合作,人们对此争论不断。保罗·克鲁格曼在研究亚洲金融危机之后曾提出了这样的告诫:

> 对于亚洲正在复苏这一事实,没有人能够独自邀功。令我感到惊奇的是——如果不考虑印度尼西亚——尽管各国政策相异,但其表现却如此相似。韩国接受了国际货币基金组织的建议,其经济正在反弹;泰国接受了国际货币基金组织的建议,也开始恢复;马来西亚拒绝了国际货币基金组织的建议,并且做了所有国际货币基金组织不让它做的事情——它也正在快速地复苏。每个人都在为它们的政策引以为豪:马哈蒂尔说是他带来了成功,国际货币基金组织说是它的功劳。事实上,这些经济体只不过是自然恢复。②

这种告诫实际上是在提醒我们一个重要事实:国际资本流动、汇率稳定和国内货币政策自主这个"汇率政治三难"在现实中仍然存在。其实,各国为了促进资本流动仍然在国内货币政策自主和汇率稳定中进行艰难选择。无论是地区货币合作,还是全球金融合作,各国的政策目标实际上是趋同的:既要稳定汇率,又要最大限度地坚持国内货币政策自主。与主流国际经济学主张通过自由的资本市场来解决这个"汇率政治三难"不同的是,国际政治经济学认为,由于各国汇率政策的选择不但要受到国内经济结构的影响,还要受到国内政治利益集团和社会结构的影响,因此各国的汇率政策都是在国内货币政策自主和稳定汇率之间寻求平衡。关于国内政策自主的研究也就成为 20 世纪 90 年代以来

---

① 学术界在这方面比较有影响的研究成果,可以参阅 Jeffry A. Frieden, *Currency Politics: The Political Economy of Exchange Rate Policy*, Princeton University Press, 2015。

② 〔美〕戴维·德罗萨:《金融危机真相》,第 161 页。

国际政治经济学在金融货币领域的第二个重要研究方向。①

(三) 改革国际货币基金组织,还是建立新的全球金融机制?

如何在全球层面建立一个稳定的金融体系以阻止或防范金融危机的发生,成为20世纪90年代以来学者们和政策制定者们普遍关注的一个难题,但到目前为止,人们并没有找到一个明确的答案。

对于这个问题,1997年亚洲金融危机之后,国际社会曾围绕着国际货币基金组织的改革出现过广泛争论:是继续维持国际货币基金组织,还是改革国际货币基金组织,抑或是放弃国际货币基金组织?②

2008年全球金融危机爆发后,尽管国际货币基金组织在国际社会的压力下,于2010年对份额和管理进行了一揽子结构性改革,对新兴经济体、发展中国家和最贫穷国家的权力予以重新分配,但无论是学术界还是政策决策者,对国际货币基金组织在理念、规则和能力上是否能够胜任管理日益复杂的全球金融体系仍然心存疑虑。③

如何将现存的国际金融组织(例如世界银行、国际结算银行)、地区组织(例如欧洲中央银行和亚洲的清迈协议)以及国家之间的非正式组织(例如七国集团和二十国集团)与国际货币基金组织的改革结合在一起,共同构筑稳定而高效的全球金融体系,是20世纪90年代中期以来,尤其是2008年全球金融危机之后,国际政治经济学在金融货币领域的第三个重要研究方向。

---

① 关于这方面比较有影响的研究成果,可以参阅 David H. Bearce, *Monetary Divergence: Domestic Policy Autonomy in the Post-Bretton Woods Era*, Michigan University Press, 2007。

② Imad A. Moosa and Nisreen Moosa, *Eliminating the IMF: An Analysis of the Debates to Keep, Reform or Abolish the Fund*, Palgrave Macmillan, 2019, pp. 135-161.

③ Mark Hibben, *Poor States, Power and the Politics of IMF Reform: Drivers of Change in the Post-Washington Consensus*, Palgrave Macmillan, 2016, pp. 167-175.

第十章
跨国公司、国家与全球价值链

在 20 世纪 50 年代之前,由于公司和企业的生产活动主要是在各国国内,因此早期研究国际经济的学者们并不把跨国生产列入其研究议题。最早对进行跨国生产和投资的商业活动给予关注的是 20 世纪 60 年代初国际商业机器公司(IBM)从战略的角度创造出的"多国公司"(multinational corporations/enterprises)[①]一词;之后,美国哈佛大学为了分析美国的商业活动而设立"哈佛大学多国公司研究项目"(Harvard Multinational Enterprise Project)来描述这种在多个国家进行生产的新现象。在研究中,学者们曾使用过不同的术语,如多国公司、国际公司(international firms)以及跨国公司(transnational corporations, TNCs)。后来,学者们发现跨国公司这个词更能准确地表达公司的所有权属性,经过联合国的使用,跨国公司这个词才逐渐固定下来。[②]

随着生产的国际化以及资本的跨国流动,民族国家成为一个复杂的"理性者":一方面,各国通过采取各种宏观经济政策,积极吸引外国跨国公司的投资,推动本国公司走向世界市场;另一方面,各国又因担心跨国公司对本经济的控制以及冲击而不断加强对外国跨国公司的监管。这种状况使得民族国家陷入一个"两难境地":一方面是为了本国的经济增长而积极吸引跨国公司的投资,另一方面又担心跨国公司的引入对国家主权安全有侵蚀的危险。如何走出

---

① 〔英〕苏珊·斯特兰奇:《国家与市场(第二版)》,杨宇光等译,上海人民出版社 2006 年版,第 89 页。

② Robert O'Brien and Marc Williams, *Global Political Economy: Evolution and Dynamics*, 2nd ed., Palgrave Macmillan, 2007, pp. 177–179.

这种"两难境地",成为 20 世纪 70 年代兴起的国际政治经济学关注的一个核心议题。

第一节 直接投资政治学的研究议题：直接投资、国内政治与国际机制

一、跨国投资：直接投资与间接投资

经济学家们一般将跨国投资分为两类：直接投资与间接投资。

对外直接投资(foreign direct investment, FDI),是指投资者在本国之外以控制企业部分产权、直接参与经营和管理的方式获取利润的资本对外输出。对外直接投资既包括固定资产,也包括中间产品,如资本、技术、管理、市场准入以及企业。对外直接投资一般有两种形式：一种是创办新企业(公司)或收购外国现有企业(公司);另一种是购买外国企业股票进而拥有对该企业股权的控制。关于控制股权的比例达到多少才能算直接投资,按照国际货币基金组织的定义,只要拥有 10% 或超过 10% 的股权,就可视为直接投资,而低于 10% 股权的投资则被称为证券投资。[①]

对外间接投资(foreign indirect investment, FII),又称证券投资(portfolio investment),主要是指购买外国公司的股票、其他证券的投资以及中长期国际信贷。根据间接投资的主体,对外间接投资可以分为国际机构投资、政府投资和私人投资;根据筹资的手段和管理方法,对外间接投资可以分为国际银行信贷、政府贷款、国际金融机构贷款以及国际证券等。与对外直接投资最大的区别在于,对外间接投资不参与企业或公司的经营和管理。

二、跨国公司与国际机制

跨国公司在全球的飞速发展以及跨国公司生产结构的变革,不仅对全球经济的结构产生了重大影响,也改变了跨国公司自身的功能。因此,跨国公司及其对全球经济的结构和功能的影响,不仅引起了经济学家的广泛讨论,而且引起了政治经济学家的广泛关注。与经济学家从企业发展的角度关注跨国公司的结构、管理、组织和战略不同,政治经济学家主要关注的是,跨国公司的这种

---

① International Monetary Fund, *Balance of Payments Manual*, 1993, p. 86.

全球性的扩展和生产结构的变化对相关国家之间的关系(多边关系、双边关系)以及国际体系本身产生什么样的影响。

从20世纪70年代国际政治经济学产生以来,跨国直接投资与国际贸易、国际货币一起成为国际政治经济学研究的三大主题。国际政治经济学从全球/地区层面对跨国公司进行政治学研究的核心问题是跨国公司与国际机制的关系,具体研究主要集中在三个议题上:第一个议题是,为什么跨国公司优先考虑对外直接投资,而不是对外借贷。第二个议题是,跨国公司是不是一个独立的行为体;如果是一个独立行为体,它有何特征。第三个议题是,跨国公司作为一个相对独立的行为体,对国际体系的机制建设(多边协定和双边协定)究竟产生了什么样的影响。

三、跨国公司与国内政治

在20世纪70年代跨国公司兴起的早期研究中,无论是经济学家(主要基于成本—收益分析)还是政治学家(主要基于权力分配),几乎一致地假设,跨国公司作为母国的企业必然是母国国家利益的代言人。所以,20世纪70年代以来出现的几乎所有关于跨国公司的理论解释模式都基于一种"二分法",即母国/跨国公司与东道国,研究的重点主要集中在母国/跨国公司与东道国的关系上。不同的是,自由主义者认为,由于跨国公司的产生以及对外投资,所以母国/跨国公司与东道国的关系是相互依存并相互受益的关系;而马克思主义者认为,由于跨国公司代表东道国的国家利益,所以母国/跨国公司与东道国的关系是一种不等价交换关系。

20世纪80年代末90年代初,随着经济学领域新政治经济学的兴起以及国际关系研究领域对"国家是单一的"这一假设挑战的成功,学术界在研究跨国公司时,开始超越以前母国/跨国公司与东道国这种简单的"二分法",逐渐转向研究母国(国内政治)—跨国公司—东道国(国内政治)三者的互动关系。从母国的国内政治和东道国的国内政治的角度研究跨国直接投资,主要集中在三个具体的研究议题上:第一个议题是,母国的国内政治或东道国的国内政治如何影响跨国直接投资的流入或流出;第二个议题是,跨国直接投资的流入与流出对母国的国内政治或东道国的国内政治产生什么样的影响;第三个议题是,跨国直接投资的流入或流出对母国和东道国之间的政治关系产生何种影响。

第二节　直接投资的政治经济学：三种理论模式及其超越

跨国公司作为一种国际力量不但改变了企业生产组织本身,而且对国际体系和民族国家也产生了重大影响。所以,关于跨国公司的研究从20世纪70年代开始成为国际政治经济学界关注的主题,出版了许多富有影响力的学术成果[1],并逐渐形成三种分析框架:自由主义的分析模式、激进学派的研究路径以及国家主义的研究路径。

一、自由主义的分析模式

20世纪60年代以后,学术界开始对直接投资以及跨国公司的飞速增长进行理论探讨。在自由主义的分析框架下,对跨国公司的扩张行为进行理论研究并取得突出成就的主要有三种理论:20世纪60年代哈佛大学经济学家维农的产品周期理论;70年代英国经济学家约翰·邓宁(John H. Dunning)及其同事提出的折中理论或"OLI模式";90年代哈佛大学经济学家迈克尔·波特(Michael E. Porter)的竞争战略理论或价值链理论。

(一) 产品周期理论

产品周期理论是由维农在1966年发表的论文《产品周期中的国际投资与国际贸易》[2]中提出的。之后,在1971年出版的《主权困境》一书中,维农进一步分析了跨国公司的兴起对主权国家的影响,提出了主权困境。

跨国公司为何能够飞速发展?为了解释这一问题,维农提出了著名的产品周期理论。产品周期理论的一个基本命题是,任何产品都有一个生命周期,其发展经历三个阶段,即产品的创新阶段、产品的成熟阶段、产品的标准化阶段。维农以美国公司为例对此进行了详细的探讨。在产品的创新阶段,美国公司具有明显的比较优势,因为美国市场规模巨大、科学研究能力比较强,所以公司研发出的新产品首先在美国国内市场销售,并开始向其他国家出口。但随着产品的成熟、生产技术逐渐标准化以及专业知识向国外的传播,其他国家的产品进

---

[1] 这方面经典性的文献,读者可以参阅 Benjamin Gomes-Casseres and David B. Yoffie, eds., *The International Political Economy of Direct Foreign Investment*, Vol. I and Vol. II, Edward Elgar, 1993。

[2] R. Vernon, "International Investment and International Trade in the Product Cycle," *Quarterly Journal of Economics*, Vol. 80, No. 2, May 1966.

口商就会获得技术,一旦这些进口商获得技术,他们就可以依靠低廉的成本(相对廉价的劳动力和交通费用的节省)生产出同类产品来满足国内市场的需求,替代该产品的进口。因此,为了维持美国公司对产品的垄断地位,削弱和阻止外国公司在市场上的竞争,美国公司就会进行跨国直接投资,在国外建立生产基地,直接进入外国的市场。

维农的产品周期理论主要依据的是国家之间财富和技术的差异,由于在20世纪五六十年代,美国不但是全球最富有的国家,而且和其他国家之间在技术上的差异也很大,因此产品周期理论很好地解释了美国跨国公司在20世纪60年代向全球扩张的行为。但进入70年代以后,随着欧洲和日本经济的飞速发展,美国与欧洲和日本在财富和技术上的差距开始缩小,特别是欧洲和日本跨国公司的不断兴起,产品周期理论不但不能完全解释美国的跨国公司行为,而且最为重要的是无法解释20世纪70年代中期以后不断兴起的欧洲和日本跨国公司的扩张行为。

(二)折中理论

折中理论是由英国的经济学家邓宁和他所在的雷丁大学的同事们共同倡导的,他们因此被称为"雷丁学派"。对折中理论进行全面总结的是邓宁于1977年发表的《贸易、经济活动的区位和多国公司:一种折中路径的探究》。[1]

折中理论涉及三个最为基本的概念——所有权(ownership)、区位(location)和内部化(internalization),因此折中理论又被学术界称为"OLI 模式"。

所有权优势是折中理论中最为重要的概念,在折中理论看来,与特定区位禀赋对公司的重要性相比而言,所有权禀赋对于特定公司而言是内在的,所有权禀赋既包括有形资源(例如技术本身),也包括无形资源(例如对资源利用的效率)。一个国家的公司相对于其他国家的公司拥有的比较优势首先表现在所有权的优势上。所有权优势表现在三个方面:第一,拥有规模性经济、垄断能力(如专利、商标和管理技术)以及更好地利用资源的能力;第二,拥有接近市场的知识和能力、高效的行政管理经验以及研发能力;第三,拥有适应多国的不同要素禀赋和市场状况的能力。如果一个公司拥有以上比较优势,它就不但可以克

---

[1] John H. Dunning, "Trade, Location of Economic Activity and the MNE: A Search for an Eclectic Approach," in B. Ohlin et al., eds., *The International Allocation of Economic Activity*, Palgrave Macmillan, 1977, pp. 395-418.

服本国市场的不完全性,对资源的分配进行公共干预,而且可以进入其他国家的市场进行资源配置,由此形成跨国公司。

区位优势是折中理论涉及的另一个重要概念。传统的区位理论主要强调三个要素:资源的地理空间分布;无法转移的成本,例如税收以及当地政府的各种限制;运输成本的节省。这三个因素导致公司的经济活动通常呈现出地区化,这是传统区位理论的基本观点。那么,如何解释跨国公司的国际生产行为呢?根据邓宁的理论,跨国公司具有独特的区位优势,这主要表现在四个方面:第一,跨国公司将其研发活动内部化,这种研发活动主要是在市场或者接近市场的地区进行,然后将所研发的产品标准化,并依靠对产品的所有权(包括专利、商标等)获取利润。第二,跨国公司在不同的市场环境中,能够更好地协调不同的经济活动,适应各地消费者的需求和政府的政策。第三,相对于国际贸易,跨国生产可以直接控制价格转移,监控市场信息,降低交易成本。第四,国际生产可以作为某个公司国内战略的自然延伸,而无须提出新的概念,这样就可以保持公司战略的一致性。以上这四个方面共同构成跨国公司的区位优势。

内部化是折中理论涉及的第三个概念。在折中理论看来,一个国家的国际竞争力主要取决于两点:一是其公司的所有权禀赋和区位禀赋;二是其货物和服务从一个国家向另一个国家流动的交易成本。跨国公司的所有权优势和区位优势对资源的国际分配会产生深刻的影响。跨国公司可以克服经济活动中的扭曲现象,如技术转让壁垒、关税和非关税壁垒以及被扭曲的汇率。另外,在一个不确定和信息不对称的世界中,跨国公司可以直接监督生产过程,可以对不同的市场信号做出灵活的反应。这些特点使得跨国公司能够更好地推动资源在国际范围内有效配置。

(三) 竞争战略理论或价值链理论

竞争战略理论或价值链理论是由迈克尔·波特在其1990年出版的《国家竞争优势》[1]一书中进行系统论述的。

波特的竞争战略理论主要是针对以往的比较优势理论提出的。在传统的比较优势理论看来,一个国家之所以在国际贸易中具有竞争优势,而其他国家却没有,主要是生产要素禀赋所致,包括低廉而丰富的劳动力、广阔的国内市场、丰富的自然资源。作为比较优势理论的延续,产品周期理论突出了国家的

---

[1] Michael E. Porter, *The Competitive Advantage of Nations*, Free Press, 1990.

财富和技术优势,而折中理论则强调了所有权、区位和内部化的优势。但在波特看来,传统的比较优势理论是在假设生产要素不流动的状态下解释相关国家的竞争优势的,这种观察是一种静态的观察;而第二次世界大战结束以来,尽管生产要素禀赋在工业生产中仍然非常重要,但是越来越多的工业生产成为知识密集型,生产要素在全球广泛流动。

生产要素在全球的广泛流动主要有三个原因[①]:第一,技术变革。技术变革不但体现在微电子方面,而且更体现在高级原材料和信息系统中,这种技术变革在战后的工业发展中显示出其广泛性和持续性。技术变革对工业的影响在于,不同国家的公司由于技术水平差距的缩小,市场差异性也减少。换句话说,由于技术变革,公司对生产要素的依赖程度与以前相比大大降低。比如,由于获得了新技术,20世纪80年代许多从事制造业的公司直接转移到高工资的地区,而不是传统的低工资地区;由于人造原材料产品(例如工程塑料、人造纤维)可以替代以前的原材料,公司对原材料的依赖程度降低。技术变革使得没有生产要素比较优势的国家和公司也可以具有竞争优势。比如,韩国的钢铁工业和造船业的发展就是如此。第二,要素禀赋的趋同。与以前假设生产要素只局限于部分国家不同,随着各国教育水平的提高以及基础设施(如通信、道路系统、港口)的建设,许多国家具有许多类似的要素禀赋。这就是贸易会发生在要素禀赋相似的发达国家之间的原因,也是美国无法保持其以前在劳动力市场的独特优势的原因。第三,全球化。全球化不仅使得以前的制造业国际化,也使得服务业国际化,从而导致公司的活动(包括销售、外包、原材料采购以及生产地点)卷入全球市场的竞争,其结果必然是一个国家的公司与其他国家的公司之间形成联盟,以进入这些国家的市场。

技术变革、要素禀赋的趋同和全球化的结果表明,基于静态的要素禀赋比较优势的传统理论逐渐失去了解释力,取而代之的是要素禀赋的竞争优势理论。在波特看来[②],今天在全球市场中成功的公司既不取决于其经济规模(因为规模经济无法回答哪个国家的公司将最终完成这种规模经济)和技术差距(因为技术差距无法回答为什么会出现生产差异,以及哪个国家的公司将从中受益),也不取决于其母国的国内市场(因为强调国内市场无法解释为什么国内市场发展缓慢或国内市场对其产品需求很少的公司却成为全球市场的领导者)和

---

① Michael E. Porter, *The Competitive Advantage of Nations*, pp. 13–14.
② Ibid., pp. 16–18.

出口(因为出口无法解释为什么跨国公司在全球的竞争不是通过出口而是通过对外直接投资),而是取决于国家的竞争战略。

波特强调,公司在全球市场中的成功表面上好像表明国家在公司的成功中没有任何作用,但在现实中恰恰相反。通过对20世纪80年代以来十个国家(丹麦、德国、意大利、日本、韩国、新加坡、瑞典、瑞士、英国和美国)的公司进行比较研究,波特认为,公司在全球市场中的成功主要取决于其所属国家(母国)的竞争战略。一个国家在某个工业领域能否在国际市场上取得成功,取决于这个国家是否具备四种属性①:(1)要素条件,主要是指一个国家在这个工业领域竞争中所必需的生产要素方面的状态,例如技术工人或基础设施建设。(2)需求条件,即本国对该工业产品或服务需求的性质。(3)关联的和支持性的工业,即该国是否拥有那些富有国际竞争力的供给性的产业以及相关的产业。(4)公司的战略、结构和竞争者的状况,即国家对公司的产生、组织、运行以及国内的竞争者如何进行管理。

总之,政府在确定国家的竞争优势时起着非常重要的作用,公司在全球市场中的竞争优势主要取决于相关国家的竞争战略。

二、激进学派的研究路径

相对于自由主义的研究路径,在跨国公司研究方面采取马克思主义的研究路径则更早,甚至可以回溯到列宁于20世纪初期发表的《帝国主义:资本主义的最高阶段》。在书中,列宁不但对对外直接投资这种资本输出的现象和特征进行了详细的描述,而且对跨国公司形成的资本家联盟分割世界进行了分析。但由于这本著作被认为是政治家所作,加之其马克思主义的意识形态,因此后来的西方主流学术界虽然提及,却很少引用。20世纪60年代以来,当自由主义经济学家在跨国公司研究中占据主导地位时,另外一批学者承袭马克思主义学术传统对主流观点提出了挑战,并由此形成两种极富影响的理论(学派):一种就是广为人知的依附理论;另外一种就是准马克思主义的激进学派。关于依附理论模式兴起的背景、基本观点以及在跨国直接投资方面的主张,我们在前面"依附理论"和"国家主义理论"两章中已经进行了比较详细的探讨,这里只就激进学派关于民族国家和跨国公司的观点做一论述。

在20世纪70年代的跨国直接投资研究领域,激进学派的主要代表人物是

---

① Michael E. Porter, *The Competitive Advantage of Nations*, p. 71.

美国麻省理工学院的经济学家斯蒂芬·赫伯特·海默(Stephen Herbert Hymer),集中体现其观点的著作是他于1960年完成并在1976年出版的博士学位论文《国内企业的国际经营:一项关于对外直接投资的研究》①,以及后人于1979年为纪念他而将其论文结集出版的《跨国公司:一种激进的研究路径》②。

根据国际学术界的研究,海默作为激进学派的代表人物,其在跨国公司领域的主要贡献可以概括为如下四个方面③:

(1)资本积累与国际化。依附理论和世界体系理论强调剩余价值转让是资本主义进行资本积累的重要基础,并强调跨国公司进行资本积累主要是跨国公司利用其自身的优势(如充足的资本、先进的管理技术、庞大的销售市场以及技术研究和发展的能力)将边缘区的剩余价值转到核心区。与此不同的是,激进学派的观点则主要集中在资本和劳动的关系上。在海默看来,跨国企业发展的最大特点就是改变了资本主义世界经济的结构和性质,并因此对资本积累产生了两个独特的影响。第一个影响是,跨国企业的发展过程就是资本积累高度集中化和完善化的过程,这种集中化过程导致的等级和不平等不仅表现在核心国家和边缘国家之间,而且表现在跨国公司在全球范围的三个层面——公司日常活动的管理(如人力、市场和原材料)、地区性分公司的协调活动(如白领工人、通信系统、信息和城市)以及总公司的管理和决策上获得的控制权。④ 另一个影响是,随着跨国公司在全球范围的扩展,矛盾和竞争不只是发生在民族国家之间,而且发生在整个资本主义世界经济之中,即国际资产阶级在国家层面、地区层面和国际层面都遇到了反对力量。⑤

(2)世界市场的兴起。与以前马克思主义者将跨国公司主要看作资本主义历史发展过程中公司的一种扩展不同,激进学派特别重视跨国公司和世界市场关系的研究,强调跨国公司对资本主义世界经济性质的影响。通过对欧洲和日

---

① Stephen Herbert Hymer, *The International Operations of National Firms: A Study of Direct Foreign Investment*, MIT Press, 1976.

② Stephen Herbert Hymer, *The Multinational Corporation: A Radical Approach*, Cambridge University Press, 1979.

③ Robert B. Cohen, Nadine Felton, Morley Nkosi and Jaap van Liere, "General introduction," in Stephen Herbert Hymer, *The International Operations of National Firms: A Study of Direct Foreign Investment*, pp. 17-25.

④ Stephen Herbert Hymer, *The International Operations of National Firms: A Study of Direct Foreign Investment*, pp. 63-64.

⑤ Ibid., pp. 256-272.

本跨国公司的经验研究①,海默得出三个结论:跨国公司的扩展促使许多第三世界国家开始了工业化进程,这不但改变了第三世界和后起发达国家(例如日本)的关系,而且改变了地区相互依存的结构;欧洲国家为了促使本国的跨国公司进入世界市场,纷纷采取新形式的保护主义;在欧洲国家跨国公司的对外扩展过程中,国家利益和目标与私人企业的跨国公司联系在一起,因为只有少数公司能够扩展成功,所以这些少数私有公司的扩展就变成了国家利益,而私人企业的特殊行业的增长也就成为国家的目标。这些变化不仅表明跨国公司改变了世界经济结构,而且预示着尽管美国的经济实力在衰退,但资本主义体系仍能存活下去。

（3）国际劳动分工。与依附理论和世界体系理论认为国际劳动分工主要发生在核心区和边缘区之间,并且跨国公司对边缘区进行剥削不同,激进学派特别强调世界经济范围内的劳动分工。海默认为,跨国公司最大的特点是,虽然跨国公司在生产方面将劳动者联合起来,但在权力方面却让他们分化。海默将世界范围内的国际劳动分工分为四种:第一种是公司扩展过程中出现的劳动分工;第二种是世界范围内出现的阶级等级;第三种是国际资产阶级和工人阶级的冲突;第四种是生产国际化过程中的劳动分工。劳动分工的国际化导致了世界范围内的冲突,其中主要有六种冲突②:大型跨国公司之间就世界市场份额的冲突;一个国家内部能通过对外直接投资来应对国际挑战的公司与只依靠出口的小公司之间的冲突;不同国家中那些为了获得管理和科学工作的中产阶级之间的竞争;发达国家的高工资劳动者和欠发达国家低工资劳动者之间为了争夺工作的竞争;那些在世界范围内付税的公司与那些只向一国政府付税的公司之间的冲突;处于发展方向的精英和被排除在发展方向之外的群体之间的冲突。

（4）民族国家的作用。关于民族国家的作用,激进学派和自由主义者关心的问题完全一样,即随着跨国公司的兴起和资本的国际化,民族国家的作用被削弱了还是加强了。与自由主义者维农认为民族国家将让位于跨国公司的观点不同,激进学派认为,一方面,由于跨国公司的决策程序高度集中在核心区,

---

① Stephen Herbert Hymer and Robert Rowthron, "Multinational Corporations and International Oligopoly: The Non-American Challenge," in Stephen Herbert Hymer, *The International Operations of National Firms: A Study of Direct Foreign Investment*, pp. 183—207.

② Stephen Herbert Hymer, "Multinational Corporations and International Division of Labor," in Stephen Herbert Hymer, *The International Operations of National Firms: A Study of Direct Foreign Investment*, p. 141.

并且在民族国家之间形成与其公司的等级相应的劳动分工,因此跨国公司正在建立一个新的帝国体系①;另一方面,由于所有权和控制权主要掌握在单个民族国家手中,而且跨国公司无法解决社会安全及地区增长的不平衡,所以跨国公司仍然寻求国家的支持。鉴于跨国公司和民族国家之间的这种两难关系,海默认为,最大的可能性是出现一种新的体系,以便对国际资本进行管理,消除已经出现的矛盾和冲突。②

三、国家主义的研究路径

20世纪70—80年代,以国家为中心来考察跨国公司的主要代表人物有两位:一位是美国著名的国际政治经济学家罗伯特·吉尔平,其观点集中体现在他于1971年发表在《国际组织》的论文《跨国经济关系的政治分析》以及1975年出版的著作《美国实力与跨国公司:对外直接投资的政治经济学》;另一位是英国著名的国际政治经济学家苏珊·斯特兰奇,其观点主要集中在她于1988年出版的著作《国家与市场》。关于罗伯特·吉尔平在跨国公司研究领域的国家中心主义的观点,我们在"国家主义理论:国家利益、权力结构与对外经济政策"一章中已经进行了非常详细的讨论,在这里,我们只评述苏珊·斯特兰奇是如何以国家为中心来分析跨国公司的。

与国家主义者吉尔平相同,斯特兰奇在分析跨国公司及其对世界经济的影响时也提出了结构性权力分析法,但与吉尔平稍有区别的是,斯特兰奇的结构性权力分析法在理论上更为完整和精致。斯特兰奇的结构性权力分析法主要包括如下三点:

(1)结构性权力和联系性权力。在斯特兰奇看来,无论是自由主义的产品周期理论还是马克思主义的依附理论都不能很好地解释跨国公司这一事实。基于自由主义而提出的产品周期理论主要无法解释如下事实:一是西方石油公司在石油输出国组织打破了其"卡特尔"之后仍能主导国际石油市场;二是美国跨国公司于20世纪50年代进入欧洲和日本后,在70年代发生了欧洲和日本的公司逆向进入美国的现象;三是跨国企业在20世纪80年代后主要经营服务业

---

① Stephen Herbert Hymer, "The Efficiency (Contradictions) of Multinational Corporations," in Stephen Herbert Hymer, *The International Operations of National Firms: A Study of Direct Foreign Investment*, pp. 41-53.

② Stephen Herbert Hymer and Robert Rowthron, "Multinational Corporations and International Oligopoly: The Non-American Challenge," in Stephen Herbert Hymer, *The International Operations of National Firms: A Study of Direct Foreign Investment*, pp. 183-207.

而不是以往的制造业。而马克思主义的依附理论无法解释一个重要事实,那就是为什么发展中国家一改以前认为跨国公司对其进行剥削的态度,竞相吸引跨国公司来投资。这些事实都表明,尽管跨国公司改变了全球生产结构,但无论是自由主义还是马克思主义都忽视了这种结构性变化。在斯特兰奇看来,走出自由主义和马克思主义分析模式困境的重要途径就是分析世界经济的结构性权力。

斯特兰奇将世界经济中的权力分为结构性权力和联系性权力,经典现实主义主要集中在联系性权力的研究上,联系性权力是指甲国依靠权力让乙国去做本来不愿做的事情的能力。但斯特兰奇认为,在世界经济中,结构性权力比联系性权力更为重要,这种结构性权力包括四个方面:安全结构、生产结构、金融结构和知识结构。

(2)结构性权力的核心是国家。在世界经济的四种权力结构中,国家一直处于中心地位。就安全结构而言,安全结构主要是基于主权国家而建立的,当所有主权国家都宣称自己具有权威性时,在国际体系中建立安全结构就成为必要的了,欧洲历史上的势力均衡模式就是一个典型。就生产结构而言,生产结构主要解决生产什么、由谁生产、用什么方法生产以及按什么条件生产。在传统社会中,由于企业主要是在一个国家内进行生产的,因此生产结构主要是由国家决定的。随着生产的国际化,生产的权力虽然主要是由跨国公司掌握,但由于涉及税收等问题,国家仍然要通过各种手段来争取生产结构的决定权。就金融结构而言,金融结构不仅包括信贷得以建立的政治经济结构,而且包括确定作为信贷记账单位的不同货币汇率体系,而无论是信贷还是汇率都与国家密切相关。就知识结构而言,尽管任何人都有获得知识的权力,但由于知识在17—19世纪被国家世俗化,知识也就自然成为国家获得权力的重要来源,因此,在如今的国际政治经济结构中,各国仍然努力争夺知识结构的领导权。

(3)国家是全球生产结构的主角。尽管全球生产由于跨国公司的扩展而正在发生结构性变革,但促进这种变革的不只是市场力量,还有国家的作用。国家可以通过两种方式来维持其对跨国公司的控制,从而影响全球生产结构的变化:一种方式是国内决策,国家可以通过各种手段和途径(例如监督和管理、税收和立法)影响企业的国际化进程;另一种方式是通过多边协定,尽管跨国公司的多边协定到目前为止并不是很成功,但确实影响了跨国资本流动的方向。

四、超越传统的理论范式

20世纪90年代中期以来,随着生产全球化的深入发展,关于跨国公司的研究进入一个全新的阶段。与第一代国际政治经济学学者相比,第二代国际政治经济学学者在继承第一代学者研究成果的基础上,力图超越第一代学者所构建的相关理论与模式。这种趋势主要表现在如下五个方面:

第一,从传统的定性研究转向定量研究,注重数据和实证方法。20世纪90年代中期以来,对跨国公司对外直接投资的研究更多的是引入当代经济学的最新分析工具,逐渐远离了以前的理论范式之争。其中,最为引人注目的分析工具是双层博弈方法。

第二,由以往依据古典政治经济学和国际关系理论的结合来寻求政治和经济的关联性,开始转向从国际关系理论、比较政治和经济学(新经济理论)的结合寻求利益和制度的关联性以及国内和国际的关联性。内生增长理论(强调知识和技术是劳动力和资本之外的生产要素)、新经济地理学(强调经济活动的空间分布聚集通常与非经济因素、路径依赖、偶然机会和积累过程相关)、战略贸易理论(强调不完全竞争、积累过程以及技术外溢效应对政府制定产业政策的影响)这三种被经济学界称为不同于或挑战新古典经济学的新经济理论,成为新一代国际政治经济学学者研究跨国公司行为的理论创新源泉。

第三,由传统模式中关于母国/跨国公司—东道国的"二分法"转向寻求跨国公司与母国国内政治以及东道国国内政治的关联性。传统模式中母国/跨国公司—东道国"二分法"的一个基本假设是国家是单一的,跨国公司与母国的国家利益为一方,东道国的利益为另一方,基于这种假设来研究跨国公司对东道国的影响,其结论必然要么是积极的影响,要么是消极的影响。而当打开国家这个"黑匣子"来研究跨国公司时,会发现跨国公司与母国和东道国的关系远比以前想象的复杂得多。正是基于这种状况,第二代学者利用理性选择的方法,打破母国/跨国公司—东道国的"二分法"以及"国家是单一的"这种假设,转向母国国内政治—跨国公司—东道国国内政治三者关联性的研究。

第四,由传统模式对国家产业政策简单的整体定性分析逐渐转向对特定产业内投资和贸易的具体分析。传统的模式对于跨国公司的直接投资和东道国的产业政策,要么强调其转移效应(比如自由主义),要么批判其侵蚀东道国主权(比如马克思主义或激进学派)。而20世纪90年代以来第二代国际政治经济学学者则立足于特定的产业,他们的假设是,由于利益不同,不同的产业在政府—企业的关系上有所不同。特别是随着生产全球化的深入,产业内贸易在全球贸易中所占的份额越来越大,因此直接投资和贸易的关系就不再是简单的替代关系,研究投资和贸易的关联性也就成为一个新的趋向。

第五,由传统模式主要对西方民主国家和霸权国家的对外直接投资进行分析转向对非西方国家以及发展中国家和转型国家的对外直接投资进行分析。20世纪90年代中期以来的第二代国际政治经济学学者普遍认识到,关于对外直接投资的研究,不存在一个普适性的分析框架。就相关政治变量和经济变量而言,不同的地区、国家、产业、公司,存在着不同的关联效应,无论是研究对外直接投资的流动还是研究其所起的作用,制度因素始终起着至关重要的作用。

第三节 跨国公司与国际机制

一、跨国公司与世界经济的结构变革

跨国公司的兴起及其飞速扩展,从根本上改变了世界经济的结构。归纳起来,跨国公司导致世界经济的变革主要表现在如下四个方面:

第一,跨国公司促使国际生产体系形成与扩展。

跨国公司对世界经济的首要影响就是在世界经济中形成了一个国际生产体系。国际生产的范围很广,对其加以度量比较困难。根据联合国贸易与发展会议(UNCTAD,简称贸发会议)的标准,衡量国际生产体系的广度主要有三个指标[①]:(1)外国直接投资的存量,这是衡量国际生产的资本构成的广义尺度;(2)国外子公司的销售额,这是衡量国际生产的收入的广义尺度;(3)整个跨国公司体系的总产值占世界GDP的比重。

根据这三个指标来衡量国际生产体系,我们可以发现,1990—2018年间,国际生产体系飞速扩张(参见表10-1):就外国直接投资流入存量(内向型FDI存量)而言,1990年仅约2.2万亿美元,而2018年达到约32.3万亿美元(1990年的近15倍);就外国直接投资流出存量(外向型FDI存量)而言,1990年仅约

---

① 联合国贸易与发展会议编:《2000年世界投资报告——跨国并购与发展》,冼国明译,中国财政经济出版社2001年版,第18页。

表 10-1 1990—2018 年外国直接投资和国际生产的若干指标

项目	现值(10 亿美元)						年增长率(百分比)					
	1990	2005—2007(均值)	2015	2016	2017	2018	1986—1990	2005—2007(均值)	2015	2016	2017	2018
FDI 流入	205	1 414	2 034	1 919	1 497	1 297	23.6	39.3	34.0	-5.7	-22.0	-13.4
FDI 流出	244	1 451	1 683	1 550	1 425	1 014	25.9	35.7	27.2	-7.9	-8.1	-28.8
内向型 FDI 存量	2 196	14 475	26 313	28 243	32 624	32 272	15.1	18.1	0.3	15.5	15.5	-1.1
外向型 FDI 存量	2 255	15 182	26 260	27 621	32 383	30 975	18.1	17.5	1.0	17.2	17.2	-4.3
内向甩 FDI 收入	82	1 028	1 513	1 553	1 691	1 799	10.2	26.0	-9.3	8.9	8.9	6.4
内向型 FDI 收益率	5.3	8.6	6.9	6.8	6.8	6.8	—	—	-10.1	-1.4	0.0	0.0
外向型 FDI 收入	128	1 102	1 476	1 478	1 661	1 792	18.7	21.8	-9.8	0.1	12.4	7.9
外向型 FDI 收益率	8	9.6	6.3	6.1	6.3	6.4	—	—	-10.9	—	3.3	1.6
跨国并购(跨境 M&As)	98	729	735	887	694	816	32	63.8	71.7	20.7	-21.8	17.6
海外分支机构销售额	7 136	24 621	26 019	25 649	26 580	27 247	19.7	16.0	7.7	—	3.6	2.5
海外分支机构(产品)增值	1 335	5 325	6 002	5 919	6 711	7 257	17.4	18.2	9.7	—	13.4	8.1
海外分支机构总资产	6 202	50 747	91 261	95 540	104 915	110 468	18.1	21.7	3.5	—	9.8	5.3
海外分支机构出口额	1 444	4 976	6 974	6 812	—	—	22.2	15.0	-11.2	—	—	—
海外分支机构雇员数(千人)	28 558	59 011	69 533	70 470	73 571	75 897	5.5	15.1	5.6	1.3	4.4	3.2
GDP	23 439	52 366	74 664	75 709	80 118	84 713	9.5	9.7	-5.5	—	5.8	5.7
固定资本形成总额	5 820	12 472	18 731	18 781	20 039	21 378	10	12.0	-4.5	—	6.7	6.7
版税和执照费收入	31	174	321	325	355	370	21.1	11.9	-1.2	1.2	9.2	4.2
商品与服务出口	4 414	14 957	20 953	20 555	22 558	22 558	11.6	15.0	-11.2	-1.9	9.7	0.0

资料来源:UNCTAD, *World Investment Report*, 2009,2015,2017,2019,经整理得到。

2.3万亿美元,而2018年达到近31万亿美元(1990年的13倍之多);就跨国公司(海外分支机构)的销售总额而言,1990年约为7.1万亿美元,而2018年达到约27.2万亿美元;就全球外国子公司(海外分支机构)的增值(总产值)约占全球国内生产总值(GDP)的比重而言,经计算,1990年约为5.7%,2018年达到约8.6%;就海外分支机构雇员人数而言,1990年约为2856万,而2018年增至约7590万。

国际生产体系不断扩展的结果是,不仅包括以前的发达国家(特别是OECD国家),而且越来越多的新兴经济体和发展中国家加入其中,这种生产链的国际化使得这些国家从中获益,但也使得这些国家之间的竞争加剧。

第二,跨国公司导致生产技术的创新和转移的变革。

与国际生产体系的扩展相关联的是生产过程的变革。以前公司的生产主要是在单个的国家进行,其产品在满足国内市场需求的同时以贸易的形式卖到其他国家,而跨国公司产生以后,公司的生产通过跨国直接投资进行,其产品直接满足东道国的市场需求,这样也就可以避开以前因贸易而受到其他国家的关税制约。这里的核心问题是:跨国公司有何优势进行跨国生产,并能与当地公司竞争?

由跨国直接投资导致生产过程变革,核心优势就是技术研发和技术转移的能力。根据联合国贸易与发展会议的定义,一般有两项指标:一是研发投入和注册专利;二是技术转让。跨国公司及其所在的发达国家一般都非常注重研发投入。跨国公司不但因研发的投入而拥有技术创新优势,而且也有技术转让的优势。跨国公司进行技术转让主要采取两种方式:一是对其所拥有和控制的子公司实行内部化;二是对其他公司实行外部化。技术转移的内部化主要采取直接投资的方式,由于该过程是在公司内部进行的,所以公司可以掌握技术转移的速度、转移的成本和风险以及公司的成本和收益。技术转移的外部化则采取多种形式,如拥有少数股权的合资企业、特许经营、资本品销售、许可交易、技术援助、分包或贴牌生产。

第三,跨国公司融资渠道的多样化导致国际资本市场的变革。

投资是经济增长的关键因素。在封闭经济中,投资只能靠国内储蓄来提供资金,因而企业的生产只能在一国国内进行。而跨国公司的兴起及其不断扩展,促使国际资本市场发生了根本性的变革。

和其他公司相同,跨国公司筹措资金的渠道也分为内部和外部。内部资源是指作为股息留存并用于再投资的未分配利润,而外部资源主要是指通过发行股票、债券或从银行借款筹措的资金。跨国公司与其他企业的不同之处在于,跨国公司不仅在全球或地区范围内生产产品或提供服务,而且在全球范围内为自己筹措资金。在筹措资金方面,跨国公司的最大特点就是融资渠道的多样性。跨国公司可以从母国或东道国的金融市场采用发行债券和长期银行借款的形式借款,也可以选择在一些国家市场上以母公司或子公司或控股公司的名义发行新股,还可以在公司系统内的任何地点之间调动剩余流动资金。

第四,劳动的全球分工以及劳动力的全球流动。

伴随着生产过程的国际化和国际生产体系的形成,分工劳动力市场也在发生巨大的变革。其中,最为引人注目的是劳动的全球分工和劳动力的全球流动。

就劳动的全球分工而言,19世纪以来的劳动分工主要伴随着机械化而产生,即使是在福特主义盛行的20世纪,劳动分工仍然是以国家为单位的,主要是一个国家内部不同产业以及同一产业不同技能的分工,因此其管理也主要是一国的管理。进入20世纪70年代以后,随着跨国生产的兴起和经济全球化,劳动分工已经逐渐成为全球性的,也就是说,今天的劳动分工已经不再局限于单个国家,而是受到经济全球化的影响(例如离岸经济和外包),劳动者不一定为本国的企业服务,他们或直接在跨国公司工作,或为跨国公司进行生产,因此劳动者必须根据全球经济来调整其技能和行为。

而就劳动力的全球流动而言,20世纪中叶以前,各国严格限制移民的进入,但随着生产的国际化(特别是服务业的飞速发展)以及世界劳动力人口分布不平衡(西方发达国家人口出生率持续下降和发展中国家人口出生率持续上升),各国竞相制定政策(如美国、加拿大、澳大利亚、新加坡)吸引具有专业技能的人才。

跨国公司的飞速发展导致世界经济在生产体系、技术创新与转移、资本市场以及劳动力市场方面发生了结构性的变革。进入20世纪90年代特别是21世纪之后,在全球范围内逐渐形成了由跨国公司主导和协调的全球价值链(global value chains, GVCs)或全球生产网络(global production networks, GPNs)。跨国公司已经成为一种重要的国际力量,不但在世界经济中,而且在世界政治事务中发挥着越来越重要的作用。正如吉尔平所观察到的:

跨国公司的地位日益重要,深刻地改变了全球经济的结构和功能。这些大公司及其全球战略成为贸易流动、工业和其他经济活动分布的主要决定因素。大部分对外直接投资投在资本密集性和技术密集性部门。由于主要是这些公司把技术扩散到工业国和正在工业化的国家中去,所以它们对许多国家的经济、政治和社会福利水平起着重要作用。这些公司控制了世界上大部分投资、技术和进入全球市场的机会,所以[它们]不仅在国际经济事务中,而且在国际政治事务中可以呼风唤雨,使许多国家产生强烈的反应。①

二、跨国公司:作为一个独立的行为体?

对于在世界经济和国际政治中日益发挥重要作用的跨国公司,有三个关联的问题一直为学术界和政策制定者所关注:跨国公司为什么要进行跨国生产?跨国公司如何进行跨国经营管理?跨国公司是不是一个独立行为体?

(一)跨国公司与区位选择

一个公司为什么选择到另外一个国家进行投资或跨国生产?经济学家们通过对跨国公司对外直接投资进行研究后发现,一个公司之所以愿意进行跨国投资,最直接的动机就是寻求区位优势(locational advantages)。区位优势包含很多因素,包括自然地理条件(如自然资源和地理位置)、经济特征(市场规模、增长潜力、基础设施、劳动力获取和劳动力技能)、政策框架(如投资行为管理规则、贸易协定和知识产权制度)以及商业便利化政策(如经营成本、投资激励)等,经济学家们通常将其概括为资源优势、市场优势和效率优势。根据区位优势的选择,学者们将跨国公司的对外投资分为三类②:

(1)资源寻求型的直接投资(resource-seeking FDI)。投资者通过在他国的投资获得某种特殊的自然资源,而这种资源在公司所在国的获取成本高于在投资国的成本。这里的资源既包括自然资源,比如中东的石油、智利的铜矿、澳大

---

① 罗伯特·吉尔平:《全球政治经济学:解读国际经济秩序》,杨宇光、杨炯译,上海人民出版社2003年版,第319页。

② John H. Dunning and Sarianna M. Lundan, *Multinational Enterprises and the Global Economy*, 2nd ed., Edward Elgar, 2008, pp. 63-72.

利亚的铁矿石;也包括劳动力资源,如中国、印度尼西亚、泰国、越南、土耳其等国家的非熟练技术工人和半技术熟练工人;还包括专业技能资源,如美国公司和欧盟公司在韩国、印度、新加坡雇佣的高科技专业人才,以及英国的化学公司在日本进行研发时所雇佣的人才。

(2)市场寻求型的直接投资(market-seeking FDI)。投资者通过对外直接投资以寻求更大的并且增长的市场。在这类投资中,有的是跨国公司为了开拓海外市场而投资设立分支机构,如世界上著名的四大会计师事务所普华永道(PWC)、德勤(DTT)、毕马威(KPMG)和安永(EY)分别在中国设立分支机构,以获得中国市场上企业和银行的审计和咨询方面的业务;也有的是跨国公司为了开拓或维持海外市场而与当地供应商合作投资建立生产基地,如德国大众汽车(Volkswagen)、日本的丰田汽车公司(Toyota)、美国的福特汽车公司(Ford)在中国投资建立合资公司;还有的是跨国公司出于全球生产和市场战略的考虑而在海外投资设立研发基地或进行海外并购,以此引领世界市场或扩大世界市场份额,如日本武田药品工业公司(Takeda)对欧洲制药巨头夏尔(Shire)的并购,中国的联想公司并购IBM个人电脑业务之后获得了位于美国北卡罗来纳州的罗利研发中心以及位于日本横滨的大和研发中心。

(3)效率寻求型的直接投资(efficiency-seeking FDI)。投资者利用不同国家和地区在生产过程中存在的不同要素禀赋、不同的文化、不同的制度安排、不同的需求类型、不同的经济政策和不同的市场结构,进而获得规模经济,分化风险。这里的效率差异主要有两种:一种是指便利性和要素禀赋的差异,比如,发达国家一般是资本充裕、技术充裕和信息充裕,而发展中国家一般是劳动力充裕,这些差异为跨国公司降低生产成本、提高生产效率提供了机会;另外一种是指消费者偏好和供给能力的差异,换句话说,即使是经济结构和收入水平非常相似的国家,在竞争意识和能力上、需求习惯方面、激励机制以及政府的宏观政策方面也存在着很大差异,这些也为跨国公司扩大生产规模、提高竞争力提供了机会。

(二)跨国公司与交易内部化

与跨国公司从事跨国投资相关联的另一个问题是跨国公司的管理问题:为什么有的跨国公司愿意将同一产品生产过程的不同阶段放在不同的国家,而有的跨国公司愿意在不同的国家生产同一种产品,还有的跨国公司更愿意在不同的国家生产不同的产品?

经济学家们通过研究发现[①],跨国公司无论是就其资本和技术的来源(母国),还是就其投资的目的地(东道国),都或多或少地受到相关国家的制约,面临市场失灵的现象,从而影响跨国公司的效率。为了克服跨国经营过程中可能出现的市场失灵或市场不完全的现象,跨国公司通常会选择通过不同的组织管理方式使交易内部化,降低公司的交易成本,从而达到提高效率的目的。

根据跨国公司的组织管理方式,一般将跨国公司分为如下三类:

(1)水平型跨国公司(horizontal TNCs)。这类跨国公司的特征是同一个公司在不同的国家或地区设立多个生产商,但每个生产商必须生产同一标准的产品,这种管理方式通常被称作水平一体化管理方式。比如,日本的丰田公司分别在欧洲和美国设立工厂生产同一类型汽车。

一般而言,所有权、区位和内部化是所有跨国公司进行对外投资优先考虑的三个问题。如果一个跨国公司能在这三个问题领域降低交易成本,那么就表明该跨国公司是有效率的。跨国公司之所以进行水平投资(同一行业或同一产品),是因为跨国公司可以将那些无形资产(intangible assets)变成公司内部的公共物品(所有权)来共享,将创造价值的资产有效地分布在不同国家的市场(区位),并有效地对这些资产进行管理(内部化),避免因重复、分散以及子公司相互竞争而提高交易成本。跨国公司进行水平一体化管理方式的最大优点在于,公司可以将那些无形资产(如设计理念、公司文化以及那些无法在公开市场中定价的专业技能等)的价值在生产的标准中统一体现出来,从而避免这些无形资产在跨国公司与东道国的讨价还价中无法得以体现,出现我们所熟知的市场失灵现象。

(2)垂直型跨国公司(vertical TNCs)。这类跨国公司的特征是将一个产品的生产过程的不同阶段放在不同的国家来完成,这种管理方式通常被称作为垂直一体化管理方式。比如,英国的石油公司在中东拥有油井,在英国冶炼石油,并在英国销售石油和天然气。

所谓跨国公司的垂直管理,主要是指跨国公司通过公司内部交易对中间产品进行买卖,一个中间产品是前一个生产过程的产出,同时也是下一个生产过

[①] Richard E. Caves, *Multinational Enterprise and Economic Analysis*, 3rd ed., Cambridge University Press, 2007, pp. 1–28.

程的投入,这样,整个生产过程就在一个跨国公司的管理之下完成。如果一个跨国公司不能直接控制中间产品及其市场,那么,这个跨国公司就必须为了获得这些中间产品而与其他供应商进行谈判,但由于信息并不总是对称的,该跨国公司获得这些中间产品的交易成本就必然增加。跨国公司采取垂直一体化管理的最大优点在于,公司可以把某些专有资产(specific assets)在同一公司的不同生产阶段作为中间产品进行内部交易,让这些专有资产的价值得以体现,从而避免这些专有资产在公开市场中失灵的现象。

(3)多种经营型跨国公司(conglomerate TNCs)。这类跨国公司的特征是一个公司为了分散经营风险,采取多元化的经营战略,在不同的国家生产不同的产品。比如日本的三井物产和韩国的大宇。

交易成本同样能够解释多元化生产型的跨国公司。跨国公司在不同国家进行投资和生产,而不同国家的市场并不总是相同的(如对产品需求的差异、汇率的不同),这样,跨国公司就可以通过多元化生产和投资,规避和分散投资风险,降低交易成本。

(三) 跨国公司与全球价值链

通过区位选择以及交易内部化,跨国公司逐渐成为世界经济中一个非常重要的行为体。随着跨国公司的发展,跨国公司不仅改变了自身的生产组织、战略以及经营理念,而且在世界范围内构建了一个复杂的全球价值链或全球生产网络。由跨国公司及其主导和协调的全球价值链或全球生产网络,使得今天的世界经济秩序与20世纪60年代的世界经济秩序完全不同。正如社会学家加里·杰里菲(Gary Gereffi)所断言的:

> 如果说是美国和支持自由贸易的其他大国定义和塑造了第二次世界大战后的国际经济秩序,那么跨国公司则将货物和服务的跨境生产联系在一起并构建了增值网络,从而使20世纪后半叶的全球经济与先前有了质的不同。跨国公司已经成为全球经济的主要推动者和引导者,因为它们拥有控制和协调多国工业链企业的权力,即使它们并不真正拥有这些企业。[①]

---

① 〔美〕加里·杰里菲等:《全球价值链和国际发展:理论框架、研究发现和政策分析》,曹文、李可译,上海人民出版社2018年版,第50页。

何谓全球价值链？跨国公司是如何主导和协调全球价值链的？全球价值链对发达国家和发展中国家的挑战何在？下面将具体加以阐释。

1. 全球价值链的定义

全球生产网络和地区生产网络，是20世纪90年代以来全球化和地区主义两大趋势在跨国投资和生产领域的具体体现。全球价值链通常指的是企业和劳动者将一项产品从概念变成最终使用品以及与其相关联的所有活动，包括研发、设计、生产、营销、分销以及最终消费者支持。组成价值链的经济活动既可以由一家企业完成，也可以分散在不同的企业。在全球化和地区化的背景下，如果生产活动更多地由全球范围的企业间网络来完成，我们就称其为全球生产网络；如果生产活动是由某一地区范围内的企业间网络来完成的，我们就称其为地区生产网络。

在国际政治经济中，全球生产网络和地区生产网络的形成和发展主要涉及两个问题：一是全球生产网络或地区生产网络的治理问题；二是母国和东道国及其企业在全球生产网络或地区生产网络中的升级问题。

2. 全球价值链的治理问题

关于全球价值链的治理问题，研究者们发现，全球生产网络或地区生产网络的形成和发展主要是由跨国公司来主导和协调的。[①] 一般而言，跨国公司主要通过两种方式对全球生产网络或地区生产网络进行管理：一种是内部化方式，即主要通过股权控制来完成，具体来说就是跨国公司通过跨国直接投资，将商品、服务、信息和其他资产的国际流动都集中在企业内部，使之完全处于跨国公司控制之下。另一种是外部化方式，主要采取非股权模式（如合同制造、服务外包、订单农业、许可经营、特许经营、管理合同、特许权、战略联盟等）来对东道国合作企业的运行进行约束。

这样，通过内部化和外部化两种方式，跨国公司在全球范围内构建了分散的生产网络和价值链。在这一链式系统中，跨国公司不但拥有研发和设计优势，而且参与制造过程，同时还构建销售网络，中间产品和服务的交易在被分割且分散在各国的生产工序中进行，投入和产出的跨界交易在其子公司、合同伙伴及正常供应商的网络中进行。杰里菲等人根据交易的复杂性（指维持一项特

---

① UNCTAD, *World Investment Report 2011: Non-Equity Modes of International Production and Development*, United Nations, 2011, p. 124.

定交易所需信息和知识传递的复杂性)、生产信息的标准化(指信息和知识能够被标准化处理的程度)、供应商的能力(指供应商与交易要求相关的实际和潜在能力)三种要素,将跨国公司对全球价值链的治理模式细化为五种类型:市场型(market)、模块型(modular)、关系型(relational)、俘获型(captive)和等级型(hierarchical)。① 这些分类已被联合国贸发会议所接受。②

市场型治理是指跨国公司利用公平贸易(arm's-length transactions)的方式管理全球生产网络。在这种模式中,交易相对简单,产品规格的相关信息易于传播,跨国公司与供应商无须正式或非正式合作。所以,这类价值链治理机制的核心是价格机制。在这类价值链中,跨国公司的主导性和协调性很低。

模块型治理是指跨国公司利用非股权形式(non-equity modes)管理全球生产网络的一种模式。当复杂的交易信息相对容易标准化时,就产生了模块型治理。在这种治理模式中,交易复杂,标准化的产品规格的相关信息不容易传播,主导的跨国公司倾向于协调合作伙伴与供应商之间的关系。所以,这类价值链的核心机制是产品规格的标准化。在这类价值链中,跨国公司的主导性和协调性也比较低。

关系型治理也是跨国公司利用非股权形式管理全球生产网络的一种模式。当交易双方都依赖于复杂信息而这些信息又难以传输或者学习时,就产生了关系型治理。关系型价值链是指,交易复杂,产品的信息或加工规格不容易整理和传播,各方之间的互动合作与知识共享都很频繁。所以,这类价值链的核心是关系,这种关系需要相互信任和依赖,并通过信誉、社会关系和空间比邻、家族和族群关系等来规范,但主导的跨国公司在一定程度上可以控制供应商并施加影响。

俘获型治理是跨国公司利用非股权形式对全球生产网络进行管理的一种模式。在这种模式中,交易相对简单,主导性的公司往往具有很强的购买力,并且能有效地控制生产。所以,这类价值链管理的核心机制就是主导性公司高度的监督与控制,小的供应商们依赖于一家或几家采购商,这种权力的不平等迫使供应商在交易中接受采购商设定的条件。

---

① Gary Gereffi, J. Humphrey and T. J. Sturgeon,"The Governance of Global Value Chains," *Review of International Political Economy*, Vol. 12, 2005, pp. 78-104.

② UNCTAD, *World Investment Report 2013: Global Value Chains: Investment and Trade for Development*, United Nations, 2013, p. 144.

等级型治理是指跨国公司通过对外直接投资的方式协调和管理全球生产网络。在这种模式中,交易复杂,产品规格或加工规格方面的信息专有或者不易传播,主导性公司需要对风险管理进行全球控制。这类价值链通常是在产品规格上或难以标准化,或产品复杂,或无法找到高水平供应商的情况下出现。

3. 全球价值链的升级问题

如果说跨国公司主要关注全球价值链的治理问题,那么母国和东道国,特别是东道国及其企业则更多关注在全球价值链中的升级问题。

全球价值链中的升级,通常是指企业、国家和区域通过向全球价值链中的更高价值环节移动来提高其参与全球生产网络的收益,这些收益包括安全、利润、附加值、能力等。在全球价值链中的"升级"通常包括四种类型:工序升级,通过对生产体系进行重组或引进更好的技术,从而提高投入—产出转化效率;产品升级,或升级为更先进的生产线;功能升级,通过获取新的功能(或放弃现有功能)来提高生产活动的总体技术含量;链条升级,或产业间升级,企业进入新的但通常与原行业相关的行业。①

由于国家及其企业在全球生产网络中"升级"的问题涉及相关国家在全球经济中的地位,所以,无论是新兴经济体及其企业还是发展中国家及其企业,都希望通过"升级"完成"价值链攀升"。这就是为什么越来越多的新兴经济体和许多发展中国家竞相推动投资便利化和贸易自由化,通过制定各种优惠政策吸引跨国公司前来投资。

全球生产网络不仅改变了各国在国际生产体系的传统分工,产业各个部门之间的分工逐渐转变为各个产业部门内部的分工;而且改变了国际贸易的结构,各个产业之间的贸易逐渐被产业内部的贸易所取代。根据联合国贸发会议的观察,由于全球生产网络被跨国公司所主导和协调,国际贸易虽然发生在国家之间,但主要是发生在跨国公司内部,即母公司和子公司之间或者子公司之间的商品和服务的国际流动。在全球价值链中,通常用国内增加值(DVA)和外国增加值(FVA)两个概念来衡量一个国家融入全球价值链的程度。国内增加值是指参与价值链的国家通过自己"国内"的生产要素所创造的价值,因

---

① 〔美〕加里·杰里菲等:《全球价值链和国际发展:理论框架、研究发现和政策分析》,第10—13页、第172—173页。

而被认为是贸易中"真实"的价值交换;而外国增加值是指在多阶段、多国生产过程中作为进口投入的一部分进行的增值交易,因而不被认为创造新的价值。所以,外国增加值越高,全球生产过程就越分散,一国融入全球价值链的程度就越高。

根据联合国贸发会议的统计,跨国公司主导的全球价值链占到全球贸易的80%[①],而全球贸易中外国增加值所占比例从1990年的24%上升到2010年的31%,即使到了2017年,全球贸易中外国增加值所占比例仍然高达30%,其中,外国增加值在发达国家出口额中所占比例为32%,在发展中国家出口额中所占比例为28%。[②] 这些数据表明,在过去30年,全球价值链不但促进了国家之间贸易的增长,而且强化了国家之间的相互依存。

然而,随着国家之间在价值链中相互依存程度的加深,那些掌握价值链关键环节(如中间产品或关键技术)的国家就具有更大的权力,而那些依赖价值链关键环节的国家及其企业的权力就相对弱小。国家之间在价值链中这种权力的不对称,最终使得国家之间既相互依存又相互束缚,甚至相互掣肘。正如两位"新相互依存论"的倡导者亨利·法雷尔(Henry Farrell)和亚伯拉罕·纽曼(Abraham L. Newman)所观察到的:

> 简而言之,全球化并不是一种自由的力量,而是被变成一种充满脆弱、竞争以及控制的新的源泉,这是业已被证明的。网络与其说是通向自由之路,不如说是层层新的束缚,这也是业已被证明的。然而,无论是政府还是社会,认识到这一现实为时已晚,因而无力扭转其趋势。在过去几年里,最显而易见的是,中美两国政府都认识到,相互依存是多么危险,并为此努力地寻求解决之策。然而,中美两国经济交织的程度是何等之深,想要断绝联系或"脱钩"而不致乱谈何容易。两国在经济上实现自给自足的能力很小或根本没有。中国和美国的鹰派也许可以讨论一场新冷战,但是,当今世界分裂成两个相互竞争的集团几乎是不可能的。所以,尽管相互依存会滋生危险,但各国仍将交织在一起,并因此而塑造了一个新的时代,我们可

---

① UNCTAD, *World Investment Report 2013: Global Value Chains: Investment and Trade for Development*, p. xxiii.

② UNCTAD, *World Investment Report 2018: Investment and New Industrial Policy*, United Nations, 2018, pp. 22-23.

以将其称为"被缚的全球化"时代。①

所以,面对由跨国公司主导和协调的全球生产网络和地区生产网络,任何国家,不管是母国还是东道国,也不管是发达国家还是发展中国家和新兴经济体,都面临着一个两难选择:如果要促进经济增长,就必须推动投资便利化和自由化;如果要保证本国经济不被跨国公司所控制,就必须对跨国投资进行监管和限制。

4. 全球价值链与国家的两难困境

既然全球价值链是由跨国公司所主导和协调的,而东道国,特别是发展中国家和新型经济体又希望通过加入全球价值链实现国内企业的价值攀升,那么,各国是如何克服既要吸引跨国投资又要保证供应链安全这样的两难困境的呢?

对于全球价值链引起的国家的两难困境,东道国通常通过两种方式来影响本国企业的选择进而改变生产网络的空间分布。

一种方式是将国家安全直接植入跨国投资政策,通过列出敏感性工业或战略性工业目录,监管或限制跨国投资对所列产业的参与。20世纪60—70年代,这种手段主要是用来控制外国企业参与本国的国防工业;20世纪90年代,这种手段逐渐被扩展用来保护其他战略性产业和关键基础设施;近些年来还被用来保护被视为在新工业革命时代对国家竞争力至关重要的国内核心技术和专门知识。例如,美国2008年提出,《外国直接投资与国家安全》报告不仅适用于美国跨国直接投资的流出,也适用于跨国直接投资的流入,特别是对来自发展中国家的主权财富基金的监管。俄罗斯联邦总统也于2008年就战略性工业签署了一项法令《关于对俄罗斯联邦国家安全产生影响的公司的外资管理》,列出那些被视为对国家安全或战略具有重要性的工业(战略企业),对相关外国投资提出了一个详细的管理框架。2012年,意大利成立新的机构,用于政府审查在战略性行业经营的公司的资产交易。2015年中国通过《国家安全法》,允许国家建立外国投资国家安全审查和监督机制。2017年德国扩大国家安全审查范围,包括关键行业。②

另一种方式是通过签署多边投资协定和双边投资协定,来引导和塑造生产

---

① Henry Farrell and Abraham L. Newman, "Chained to Globalization: Why It's too Late to Decouple," *Foreign Affairs*, Vol. 99, No. 1, 2020, pp. 70–71.

② UNCTAD, *World Investment Report 2018: Investment and New Industrial Policy*, p. 162.

网络。由于国际社会长期未能在全球层面上达成一项类似贸易领域的国际投资协定,所以,在全球化和地区主义的推动下,各国竞相签订地区性多边投资协定和双边投资协定。在欧洲地区,2009年12月生效的《里斯本条约》将欧盟成员国关于外国直接投资协定的谈判权转交给欧盟。在亚太地区,《全面与进步跨太平洋伙伴关系协定》和《区域全面经济伙伴关系协定》取得了实质性进展。在北美地区,美国、加拿大和墨西哥三国完成《美墨加协定》的谈判。至于双边投资协定以及包括投资内容的自由贸易协定更是成为各国青睐的鼓励投资的手段。

总之,跨国公司经过多年的发展,已经成为一种效率比较高的经济组织,因而也成为在资本主义体系内进行生产要素配置和产品分配最为有效的工具。作为一个经济组织,跨国公司不但对母国的社会福利、进口、出口和国际收支产生影响,从而影响母国利益集团的重组及其对外经济政策的制定,而且也对东道国的经济政策以及社会福利产生影响。

三、跨国公司与国际投资协定

跨国公司不但改变了世界经济结构,而且也改变了企业生产组织形式,如何对跨国公司及其经营活动进行管理,已经成为国际社会普遍关注的问题。与国际贸易领域的国际机制制定(GATT和WTO)和国际金融货币领域的国际机制建设(IMF和世界银行)相比较,虽然在跨国投资领域还没有一个富有成效的全球性协定,但在投资领域进行国际机制建设的努力一直都没有停止过。

(一) 国际投资协定发展的四个阶段

构建一个有效的国际投资协定(International Investment Agreements, IIAs)是国际社会长期努力的目标。按照联合国贸发会议的观点,在过去数十年里,国际社会在投资领域进行国际机制建设的努力大致可以分为如下四个阶段(如表10-2所示)[①]:

---

① UNCTAD, *World Investment Report 2015: Reforming International Investment Governance*, United Nations, 2015, pp. 121-124.

表10-2 国际投资协定的历史演变

	1950s—1964年, 初始阶段	1965—1989年, 分化阶段	1990—2007年, 扩张阶段	2008年至今重新定位阶段
新IIAs	37	367	2663	410
总IIAs	37	404	3067	3271
新投资者-国家争端解决案件	0	1	291	316
总投资者-国家争端解决案件	0	1	292	608
特点	IIAs出现（弱保护，无投资者-国家争端解决）	保护加强，引入投资者-国家争端解决条款；投资者行为准则	IIAs扩张；自由化；投资者-国家争端解决的扩展	从BITs向区域IIAs转变；每年IIAs数量下降；退出与修订
相关条约与协定	GATT（1947）；哈瓦那宪章（1948）；建立欧洲经济共同体条约（1957）；纽约公约（1958）；第一个BIT：德国-巴基斯坦BIT（1959）；OECD资本流动自由化准则（1961）；联合国关于自然资源永久主权的决议（1962）	ICSID（1965）；UNCITRAL（1966）；首个涵盖投资者-国家争端解决的BIT：荷兰-印尼BIT（1968）；联合国跨国公司行为守则草案（1973—1993）；联合国建立新的国际经济秩序宣言（1974）；联合国国际技术转让行为守则（1974—1985）；OECD跨国公司指南（1976）；MIGA公约（1985）	世界银行FDI待遇指南（1992）；NAFTA（1992）；APEC投资原则（1994）；能源宪章条约（1994）；OECD多边投资协定草案（1995—1998）；WTO（GATS，TRIMs，TRIPS）（1994）；WTO贸易与投资工作组（1996—2003）	里斯本条约（2007）联合国商业与人权指导原则（2011）；UNCTAD投资政策框架（2012）；联合国透明度公约（2014）
推动力量	独立运动	国际经济新秩序	经济自由化与全球化	发展模式转变

资料来源: UNCTAD, *World Investment Report 2015: Reforming International Investment Governance*, p. 121.

1. 初始阶段(20世纪50年代至60年代初)

第二次世界大战结束之后,随着殖民地的政治独立,外国投资者和新独立的发展中东道国之间的投资争端也开始大量出现,构建国际投资机制成为发达国家和发展中东道国共同关心的问题。

最早尝试构建多边投资规则的努力是在1948年通过的《哈瓦那宪章》框架内进行的,但由于发达国家和发展中国家以及社会主义国家之间在国际惯例法和投资者的国民待遇两个问题上的分歧太大,在跨国投资领域构建一种国际机制的努力最终失败了。

尽管在全球层面构建国际投资机制的努力失败了,但在地区多边层面和双边关系中却取得了些许进展。这主要表现在:在地区多边层面,欧洲经济共同体1957年签订《罗马条约》,将准入自由和资本自由流动作为欧洲一体化的核心支柱;经合组织于1961年通过了《OECD资本流动自由化准则》和《经常项目无形经营自由化法典》。在双边关系上,1959年德国和巴基斯坦签订了第一个双边投资协定,之后,双边投资协定成为不同水平国家管理相互之间投资关系的主要工具。

2. 分化阶段(20世纪60年代中期至80年代末期)

尽管在此期间签署国际投资协定的国家数量不多,所签署的国际投资协定在内容上的突破也有限,但其进展却是可圈可点的,这突出地表现在如下三个方面:

第一,引入争端解决机制条款。尽管争端解决机制是寻求国际投资协定的投资者和东道国都关心的问题,但由于母国和东道国在外交保护制度上的分歧,一直没有形成协定。在这一阶段,一个标志性的发展就是1965年成立了国际投资争端解决中心(ICSID),为日后投资者与东道国之间的争端解决提供了专门的机构。最早引入争端解决机制条款的是1968年印度尼西亚与荷兰签订的《印度尼西亚-荷兰双边投资协定》,其中规定可以引入第三方国际法庭进行争端解决。之后,争端解决机制条款成为双边投资协定的标准条款。

第二,强调国家主权。随着发展中国家纷纷推行工业化战略,吸引跨国公司直接投资成为本国经济发展战略的重要组成部分。发达国家既要通过跨国公司对外投资推动经济增长,又不希望发展中东道国对跨国公司要求太多;发展中国家既要吸引跨国公司进行投资,又要保护国家主权。这种矛盾状态成为这一时期构建国际投资协定的难题,也成为呼吁建立国际经济新秩序的理由。正是在这种背景下,在联合国框架下于1974年通过了《建立新的国际经济秩序宣言》。

第三,规范跨国公司的行为。在尊重发展中东道国国家主权的同时,联合国开始尝试构建多边投资协定,其中最为突出的是发起关于《跨国公司行为守则》和《国际技术转移行为守则》的谈判,以期在尊重东道国主权的条件下最大限度地保护投资者的利益。虽然由于发达国家和发展中国家利益相左,这些谈判并不成功,但与其相关联的《关于控制限制性商业惯例的公平原则和规则的多边协议》(United Nations Multilaterally Equitable Principles and Rules for the Control of Restrictive Business Practices)在1980年联合国大会上最终获得通过。

3. 扩张阶段(20世纪90年代至2007年)

伴随着柏林墙的倒塌和苏联的解体,世界地缘政治发生了重大变革,之前的政治对立和经济分裂让位于政治合作和经济一体化。先前实行社会主义中央计划经济的国家,或以私有化推动市场经济的发展(如俄罗斯和东欧国家),或以改革开放进行市场经济改革(如中国和越南),为了推动国内经济转型和发展,都加入了吸引外国直接投资的行列。越来越多的发展中国家也竞相推动国内经济自由化,通过制定各种优惠政策吸引跨国公司前来投资。而发达国家的跨国公司更是希望在海外建立生产基地,获得市场准入并降低生产成本。几乎所有国家都希望通过签订国际投资协定为跨国投资创造便利条件。正是在这种背景下,国际投资协定无论是在数量扩展上还是在内容深化上,都得到了前所未有的发展。

在全球层面,继世界银行于1992年制定《世界银行外国直接投资待遇指南》之后,1995年成立的世界贸易组织也通过了与外国直接投资相关的一系列规则,包括《服务贸易总协定》《与贸易有关的投资措施协定》和《与贸易有关的知识产权协定》。在地区层面,美国、墨西哥和加拿大三国于1992年签订了《北美自由贸易协定》,亚太地区相关经济体于1994年通过了《APEC无约束力投资原则》,东南亚国家于1998年签订了《东盟投资区框架协议》。在双边层面上,这一时期最为引人注目的是双边投资协定的迅猛发展,几乎所有的国家都把加入国际投资协定作为吸引外国投资的不二选择,许多国家甚至与多个国家签订双边投资协定。

4. 重新定位阶段(2008年至今)

2008年爆发的全球金融危机,引起了各国对包括投资在内的经济监管的高度重视。制定可持续发展的投资政策,成为各国评估和签订国际投资协定的全新标准。国际投资机制管理进入了一个重新定位的阶段,目前主要呈现出如下几个趋势:

第一,制定可持续发展投资政策。与之前将投资保护作为唯一目标不同的是,作为对2008年全球金融危机的回应,各国将可持续发展作为签订国际投资协定的主要目标。在国际投资协定框架内,基于可持续发展的内容主要包括:(1)促进和保护有利于东道国发展的投资。(2)在不影响政府代表公众利益(例如环境、公众健康和安全)进行监管的前提下,向投资者提供保护和待遇。(3)不向国家征收高额诉讼费用,避免其金融负债过度。(4)鼓励投资者负责任的商业活动。[①] 联合国贸发会议于2012年通过的《可持续发展投资政策框架》,成为新的国际投资协定的指导性文件。

第二,扩大地区性投资协定。虽然全球性多边投资协定仍然遥遥无期,但地区性多边投资协定却呈增长趋势。在欧洲,2009年12月生效的《里斯本条约》将欧盟成员国关于外国直接投资协定的谈判权转交给欧盟。在亚洲,《全面与进步跨太平洋伙伴关系协定》和《区域全面经济伙伴关系协定》取得了实质性进展。在美洲,美国、加拿大和墨西哥三国完成《美墨加协定》的谈判。在非洲,《东部和南部非洲共同市场-东非共同体-南部非洲发展共同体三方协议》开启了谈判。

第三,改革争端解决机制。针对投资者和东道国争端数量的急剧上升,争端解决机制的有效性和合法性成为国际投资协定中一个最具争议的议题。如何提高投资者与东道国争端解决程序的合法性、增加透明度、避免投资争端过度政治化,成为各国未来制定投资政策中关心的核心内容之一。

(二) 跨国投资的多边协定

20世纪90年代以来对外投资领域出现的第一个趋势是加强投资保护、进一步推动投资自由化。如何加强投资保护、推动投资自由化,成为各国学术界和政策制定者们广泛关注的一个问题。相应地,多边国际投资协定自然成为学

---

① UNCTAD, *World Investment Report 2012: Towards A New Generation of Investment Policies*, United Nations, 2012, p. 89.

术界,特别是国际政治经济学界研究对外直接投资的核心概念之一。

关于多边主义的概念,学术界一般倾向于采纳约翰·鲁杰在其《多边主义:一种制度的剖析》一文中的定义。根据鲁杰的定义①,多边主义主要包括三个原则:(1)不可分割性原则,即在任何地方对某个成员的攻击都被认为是对全体成员的攻击。(2)非歧视原则,所有成员国都被相同地对待,就像贸易协定中的最惠国待遇一样。(3)扩散性互惠原则,即国家与国家之间的关系不是依靠具体的物物对等交换,而是依靠长期保证平衡来获得。

多边主义在投资领域的表现就是以上所述的许多国际投资协定。多边主义可以是全球性的,如国际劳工组织(ILO)的《关于多国企业和社会政策的三方原则声明》(1996)和《国际劳工组织关于工作中基本原则和权利宣言》(1998),强调跨国公司的劳工标准和劳资关系;也可以是地区层面的,如东南亚国家签订的《东盟投资区框架协定》(1998);还可以是跨国跨地区层面的,如经济合作与发展组织的《OECD 多国企业指南》(1996)和《多边投资协定》(1998)。

尽管各经济体都意识到促进投资自由化对于世界经济以及各经济体的经济增长的重要性,但与国际贸易领域的多边协定和国际金融货币领域的多边协定相比而言,在直接投资领域,目前还没有一个行之有效的全球性的多边投资协定。相反,各经济体之间签订的各种投资协定的不一致性却在不断加强。根据联合国贸易与发展会议的研究,各种投资协定的不一致性目前突出表现在如下几个方面②:

第一,尽管大部分双边投资协定将是否允许外国直接投资进入的权力留给东道国,但各种自由贸易协定却通常主张投资者应该具有开业权。

第二,在不同的国际投资协定中,不同的投资自由化规则也导致协定的不一致。比如,地区经济一体化的协定(例如北美自由贸易协定)主要基于从上到下的方式毫无保留地推动自由化,但多边的《服务贸易总协定》却主张从下至上渐进地放开市场准入。这种地区层面的协定和全球层面协定的不一致性,导致

---

① John Gerard Ruggie, "Multilateralism: The Anatomy of an Institution," *International Organization*, Vol. 46, No. 3, 1992, pp. 561-598. 转引自〔美〕莉萨·马丁·贝思·西蒙斯编:《国际制度》,黄仁伟、蔡鹏鸿等译,上海人民出版社 2006 年版,第 37 页。

② UNCTAD, *World Investment Report 2006: FDI from Developing and Transition Economies: Implications for Development*, United Nations, 2006, p. 29.

投资者无法准确地把握同时签订两个协定的东道国的经济政策。

第三,在涉及签约方的核心安全利益保护方面,《能源宪章条约》(Energy Charter Treaty)中包括一个例外条款,但许多双边投资协定中并没有包括类似的条款。同样的情况也存在于最惠国待遇以及保护条款之中。

不同层面(多边、地区和双边)的投资协定在内容上的不一致,不仅使得那些缺乏专业技能的国家因没有讨价还价的能力而对投资自由化失去了信心,也使得那些积极推动投资自由化的国家因谈判进程艰难而止步,其最终结果是,在对外直接投资领域到目前为止仍然未能建立一个行之有效的国际机制。由经济合作与发展组织于1995年发起的《多边投资协定》谈判最终以失败而告终就是一个典型的案例。

(三) 区域性的跨国投资协定

对外直接投资的区域化是20世纪90年代以来出现的第二个重要趋势。跨国投资出现区域化趋势,一般认为主要有三个原因:

第一,地缘政治的考虑。生产和服务的国际化高度集中在主要大国和特定的区域,例如美国、德国和日本,这些大国试图通过投资建立和强化自己的"后院"或传统意义上的"势力范围",以此加强本国和本地区在全球政治经济中的竞争力。比如美国的对外直接投资由以前的东南亚转移到墨西哥和加拿大,并与这两国签订了《北美自由贸易协定》;德国的投资则出于地缘政治的考虑主要流向东欧国家;而日本的投资则倾向于东亚地区。与此同时,小国和新兴工业化国家也基于地缘政治的考虑加强了地区合作,例如1998年东南亚国家签订的《东盟投资区框架协定》;在撒哈拉以南非洲地区,中非经济共同体和货币联盟于1998年开始起草《关于投资的共同体宪章》;在北非和西亚,阿拉伯联盟正在领导对1980年被采纳的《有关阿拉伯资本在阿拉伯国家投资的联合协定》进行修改,使之更适应大阿拉伯自由贸易区(GAFTA)的需要等;在南亚和中南美洲,关于地区投资自由化的协议或正在讨论,或已签订,或正在进行修改。

第二,生产网络的考虑。尽管全球化已经并且正在进一步改变传统的地理和交通的观念,但地理上的邻近和交通的便利是区域化的基础。从已经签订的和正在谈判中的地区贸易和投资自由化的协定和协议中,我们很明显地看到,进行投资和贸易区域化的国家仍然是地理上相互毗邻的国家。此外,历史上已经形成的商业网络也是区域化的另一个重要因素,这些商业网络包括公司制度、销售渠道、消费习惯、劳动力的流动和产品的认同等。比如，在东亚地区，历史上已经形成的海外华人商业网络以及第二次世界大战后形成的日本人商业网络一直主导着该地区的生产网络，并为20世纪90年代以来该地区的一体化奠定了基础。

第三，文化价值的认同。投资和生产的根本目的是为社会创造财富，社会价值的认同是国家之间合作的重要基础。文化价值是一个非常宽泛的概念，既包括历史上形成的文化，例如宗教、语言以及家庭和社会风俗，也包括对正在产生的利益和权利（例如安全、环保）的认同。这种社会和文化价值的认同，为地区内部的生产商网络或供应商网络的形成奠定了社会基础。

尽管各国竞相签订地区贸易和投资协定，但关于地区协定与外国直接投资的关系，无论是学术界还是政策制定者到目前为止仍然没有一个确定的结论。比如，在北美地区和南亚地区，地区协定对外国直接投资的影响以及表现迥然不同。这表明，深入进行地区层面的国际机制的比较研究，仍是学术界和政策制定者的艰巨任务。

（四）双边投资协定

为了促进资本的流动，国家之间签订双边投资协定是20世纪90年代以来在对外直接投资领域出现的第三个趋势。自从1959年第一个双边投资协定签订以来，双边投资协定一直在稳步增长，到1989年全球范围内双边投资协定达到385个。① 进入90年代中期以后，双边投资协定的数目开始快速增加，根据联合国贸发会议的统计，在2006年年底全球范围内的5500个国际投资协定中，2573个协定是双边投资协定。② 而到2018年年底，虽然随着有些国际投资协定有效终止，全球范围内的国际投资协定下降为3317个，但其中的双边投资协定不降反升为2932个③。

采取双边的形式进行投资谈判，主要有两种方式：一种是双边投资协定，另一种是包括投资内容的自由贸易协定。经过多年努力，现在双边投资协定的内

---

① UNCTAD, *World Investment Report 2003: FDI Policies for Development: National and International Perspectives*, United Nations, 2003, p. 21.

② UNCTAD, *World Investment Report 2007: Transnational Corporations, Extractive Industries and Development*, p. 16.

③ UNCTAD, *World Investment Report 2018: Special Economic Zones*, p. 99.

容有了比较成熟的标准。一般而言,双边投资协定的内容主要包括如下条款①:外国投资的定义和范围;准入与开业;国民待遇与最惠国待遇;公正与公平待遇;资金的自由转移以及资本和利润的汇返保证;政府征用期间的保证和赔偿;国与国以及投资者和国家之间的争端解决条款。

双边投资协定的签订不但可以促进资本在国家之间的流动,而且对相关国家国内的经济(例如社会福利、就业、经济要素的流动以及资源的有效利用等)和政治(例如国内利益集团以及政治联盟的形成等)也产生广泛的影响。这些课题已经成为20世纪90年代以来国际政治经济学领域关注和研究的主题。

第四节 跨国公司与国内政治

如果从成本和收益的角度来看,跨国公司、母国和东道国都能从直接投资中有所受益:跨国公司通过直接投资,或获得了资源,或扩大了市场,或提高了效率;跨国公司所在的母国输出了过剩的资本,或提高了资本的效率;东道国作为资本的吸收国,既解决了资本短缺的难题,又获得了技术转移,同时还参与国际市场。既然跨国公司、母国和东道国三方都受益,那为什么跨国公司和东道国还经常发生冲突?为什么母国对跨国公司的行为进行干预?为什么母国和东道国就跨国公司的管理一直达不成一致?

一、跨国公司与国家

尽管20世纪90年代以来全球价值链的形成强化了跨国公司在世界经济和国际政治中的重要性,但这并不意味着国家作为一个主要行为体的作用在衰退。恰恰相反,不但母国通过制定各种经济政策确保其跨国公司在全球价值链中的领导地位,而且东道国也力图通过制定各种政策吸引跨国投资,进而完成在全球价值链的升级,提高国家的竞争力。那么,国家在全球价值链中的作用是什么呢?

---

① UNCTAD, *World Investment Report 2003: FDI Policies for Development: National and International Perspectives*, p. 89.

学者们经过研究发现,国家在全球价值链中主要发挥如下四种作用①:

第一,国家是重要的推动者。国家是全球价值链形成和扩展的重要推手,也就是说,无论是母国还是东道国,都通过制定各种政策帮助其公司应对全球经济的挑战。这些政策包括税收激励、补贴、设置出口加工区、研发奖励、贸易政策以及产业政策。尤其值得注意的是,国家作为全球价值链的推手,不仅体现在国家通过各种政策鼓励私营跨国公司参与全球价值链,而且体现在国家通过国有跨国公司参与竞争。根据联合国贸发会议的统计,20世纪80年代初至90年代末,来自发达国家的国有跨国公司是对外直接投资的主体,进入2000年以后,发展中国家的国有跨国公司超过发达国家的国有跨国公司,成为对外直接投资的主体。有趣的是,发达国家的国有跨国公司的投资主要集中在公用事业(如电力、燃气、水和电信业),而发展中国家和新兴经济体的国有跨国公司的投资主要集中在采掘业和电信业。②

第二,国家是重要的监管者。国家是全球价值链的重要监管者,换句话说,国家在推动投资便利化的同时,为了保护其相关社会行为体的利益,也承担着对其境内跨国公司所从事的经济活动进行监管的责任。监管政策包括企业垄断、企业所有权、产品质量标准、环境和国防安全、劳动权益保障等。伴随着投资自由化,大多数国家都在有选择地吸引和促进外国直接投资,加强监管机制的建设,最终导致国家的监管职能越来越重要,监管的形式也越来越多样化。例如,2012年5月,意大利政府发布政府公报,对国防以及国家安全部门旗下的公司资产进行重点审查;2012年12月,匈牙利修订宪法,规定只有本国公民可以购买国内农田;2013年1月贝宁颁布《新土地法》,允许外国公司长期租赁土地但禁止其拥有土地所有权;等等。③

第三,国家是重要的生产商。国家是全球价值链中重要的生产商,这突出地体现在越来越多的大型国有企业国际化,以国有跨国公司的方式积极参与对外直接投资。国有跨国公司是指那些由政府拥有控股权益(完全控股、多数股权或重要的少数股权)的母公司和外国子公司组成的企业,这里的国有指的是

---

① Rory Horner, "Beyond Facilitator? State Roles in Global Value Chains and Global Production Networks," *Geography Compass*, 2017, https://doi.org/10.1111/gec3.12307,2020年4月4日访问。

② UNCTAD, *World Investment Report 2011: Non-Equity Modes of International Production and Development*, pp. 32—34.

③ UNCTD, *World Investment Report 2013: Global Value Chains: Investment and Trade for Development*, p. 95.

由国家政府或地方政府所有。① 不但发达国家的国有公司在国际化,发展中国家和新兴经济体的国有公司也在国际化,这些国有跨国公司通过国际化和对外直接投资,成为全球价值链中重要的供应商。

第四,国家是重要的采购商。国家不仅是全球价值链的生产商,而且还在全球价值链中充当采购商的角色,这突出体现在政府采购或公共采购中。尽管世界贸易组织在1994年签订的《政府采购协议》中强调,政府进行采购时应坚持国民待遇原则和透明度原则,但大部分国家在进行政府采购时,更愿意购买本国产品,或通过本国国有控股公司购买与本国有贸易或投资协定的相关国家企业的产品,这对于相关产业链的发展无疑具有促进作用。

二、对外直接投资的流出与母国国内政治

与20世纪70年代跨国对外直接投资主要集中在少数发达国家(如美国、欧洲和日本)相比,随着资本流动的全球化和跨国公司对全球经济结构的影响,20世纪90年代以来,无论是发达国家,还是新兴经济体和发展中国家,都在积极推动本国企业走向国际市场,进行对外直接投资,竞相成为跨国对外直接投资的母国。

与20世纪70年代国际政治经济学学者认为跨国公司代表母国国家利益的主流观点不同的是,随着"国家是单一的行为体"假设被打破,20世纪90年代末以来,国际政治经济学学者讨论的核心问题是:跨国公司是代表母国国家的整体利益,还是代表母国国内部分利益集团的利益?对外直接投资与母国的对外政策有何关联性?具体来说,母国企业国际化容易引起的国内政治争论主要涉及两个问题:一个是母国的就业;另一个是母国的社会福利。

(一) 企业国际化与就业

推动企业国际化、提高本国的社会福利,几乎是所有国家的对外战略目标,但在如何推进企业的国际化方面,各国则因本国产业结构和国内政治结构的不同而采取不同的政策。

在企业的国际化进程中,无论是倡导自由经济的国家,还是采取保护主义政策的国家,其国内政治的首要目标都是提高就业率。在民主制国家里,就业

---

① UNCTAD, *World Investment Report 2011: Non-Equity Modes of International Production and Development*, p. 28.

率的高低直接关系到政党选举的成败,即使在专制或集权国家中,就业率也关乎国内政治的稳定和政权的合法性。

20世纪90年代以来,伴随着对外直接投资的流出,对母国最为直接的影响就是工作机会的丧失和转移,这与跨国直接投资中的大量外包和离岸经济现象密切相关。与20世纪70年代的跨国公司相比,20世纪90年代以来跨国公司直接对外投资有两个显著特点:一个就是由传统的制造业为主转向服务业和信息技术产业,因而"外包"成为引领信息化和全球化潮流的一种工作方式。所谓外包,是指一家国际企业将其全球价值链中的生产、服务或者工艺流程(甚至包括产品研发的某些方面)以合同的形式分包给东道国企业而形成的一种企业关系。服务外包通常体现了支持流程的外部化,也就是将有限的、特定的业务(比如研发、呼叫中心或账目管理等)交给其他公司去做,然后将完成了的工作再融入整体的经营体系,任何能被数字化的服务、呼叫中心、商务支持或知识工作都可以外包给世界上最廉价、最有效率的供应商。另一个就是将制造业的生产基地由原来的母国直接转移到东道国,出现了离岸经济现象。离岸经济是一种完全不同的经营方式,如果一家公司将它在母国的工厂通过离岸经营的方式整个转移到东道国,这就意味着东道国工厂将以同样的方式生产出完全相同的产品,只不过劳动力更为低廉,税收、耕地、能源得到补贴,医疗成本也更低。外包和离岸经济直接导致了母国工作机会的流失。①

(二) 企业国际化与社会福利

社会福利是母国企业国际化进程中另一个容易引起国内政治争论的因素。关于谁在企业国际化进程中受益和谁在受损,是跨国公司产生以来一直在争论的问题。20世纪70年代传统的跨国公司理论认为,走向国际市场的企业一定代表母国国家利益,因此母国是跨国直接投资的受益者,这些企业不但能优化母国的经济资源配置,推动母国的经济增长,而且能使母国国内各个阶层都从中受益。但20世纪90年代以来,研究跨国公司的学者们和政策制定者们发现,跨国公司并不一定代表母国的国家利益,如下两种情况就是如此:一种是母国的跨国公司为了获得更高的利润或者更为顺利地进入某东道国,与东道国政

---

① UNCTD, *World Investment Report 2013: Global Value Chains: Investment and Trade for Development*, p.128;〔美〕托马斯·弗里德曼:《世界是平的:21世纪简史》,何帆等译,湖南科学技术出版社2006年版,第107页。

府或企业结成联盟;一种是母国某些行业的跨国公司结成政治联盟,共同左右该国的对外经济政策。在这两种情况下,跨国公司的对外直接投资并不完全代表母国的国家利益,充其量只代表母国国内某些阶层和某些行业的利益。无论这两种情况中的哪一种,都必然会影响母国国内社会福利的整体提高,从而影响母国的国内政治。所以,无论是发达国家,还是发展中国家,都加强了对对外直接投资流出的管制。

三、外国直接投资的流入与东道国国内政治

20世纪70年代,关于跨国公司与东道国的关系,无论是经济学家还是政治学家,一般都给出一个笼统的分析,要么是积极的(如解决外资的短缺、促进技术转移、引入先进的管理经验),要么是消极的(如控制东道国经济、资源掠夺、剥削)。进入20世纪90年代以后,随着对跨国直接投资研究的深入,学者们发现,不同类型的直接投资对东道国有着不同的经济和社会效应,因此,政治学者比经济学者更关注不同的直接投资进入的不同行业以及由此对东道国国内政治和社会结构的影响。关于外国直接投资流入与东道国国内政治的关系,学者们和政策制定者们主要集中在两个议题上:一个是外国直接投资的流入与国家安全;一个是跨国产业联盟与国内政治分化。

(一) 国家安全与战略性工业

外国直接投资的流入对国内政治产生的第一个影响表现在国家安全方面。国家安全是所有主权国家关心的首要问题。20世纪70年代以前,国家安全概念相对比较狭窄,主要是指通过政治和军事手段来保证和维持的领土安全,因而安全一直是国际关系研究领域的核心问题,学者们将与安全相关联的政治和军事称为高级政治,而将经济要素称为低级政治,并认为低级政治与安全的关联性不大。90年代中期以来,随着经济全球化的深入和拓展,经济要素的流动对国家安全的影响被提到日程上来,经济安全也随之成为国际关系学界和政策决策界广泛关注的一个议题。[①]

从跨国公司诞生之日起,东道国便开始陷入一个两难境地:为了解决资金短缺和技术落后问题,促进经济增长,各国竞相吸引跨国直接投资;然而,随着

---

① 关于东亚国家对经济安全的理解,可以参阅 Helen E. S. Nesadurai, ed., *Globalization and Economic Security in East Asia: Governance and Institutions*, Routledge, 2006。

跨国公司的进入,如何保护本国的幼稚工业,从而确保本国经济不被跨国公司所控制,成为东道国关心的问题。不同类型的东道国对跨国直接投资的流入所引起的国家安全问题的理解是不同的:对于发达国家而言,保证战略性工业的安全仍然是政策的首要目标,例如美国2008年提出的《外国直接投资与国家安全》报告,不仅适用于美国跨国直接投资的流出,也适用于跨国直接投资的流入,特别是对来自发展中国家的主权财富基金的监管;对于发展中国家而言,宏观经济政策的稳定以及敏感性工业或战略性工业是政策关注的目标,由于跨国直接投资的流入是以私有化和自由化为基础,所以,发展中国家在吸引跨国直接投资流入的同时,对那些可能影响国家宏观经济政策稳定的产业给予特别的关注;对转型国家而言,加强对国有企业私有化的监管是其战略目标所在。

  与20世纪70—80年代发达国家主要作为跨国公司的母国而发展中国家主要作为跨国公司的东道国的状况相比较而言,90年代以来,随着发展中国家特别是新兴工业化国家的经济飞速发展,发展中国家也开始推动企业的国际化,鼓励对外直接投资,并广泛进入发达国家,其中引起发达国家高度关注的就是主权财富基金。

  主权财富基金(Sovereign Wealth Funds,SWFs)是一种由政府所有的、带有特殊目的的投资基金或投资安排,资金主要来源于国家的外汇资产,管理则区别于其他外汇储备机构。① 主权财富基金开始于20世纪50年代中期,其中比较引人注目的是1953年成立的科威特投资局(Kuwait Investment Authority)和1974年成立的新加坡淡马锡控股(Temasek Holdings of Singapore),主权财富基金真正盛行于国际资本市场则开始于20世纪90年代中期。根据联合国贸易与发展会议的统计,全球有100多个主权财富基金,分布在70多个国家,但主要集中在中国、科威特、挪威、俄罗斯、沙特阿拉伯、新加坡以及阿拉伯联合酋长国,每个主权财富基金的资产从200亿美元到1万亿美元不等。全球主权财富基金的总资产规模一直呈现增长状态,从1990年的5000亿美元增长到2007年的5万亿美元,特别是2010年以来,主权财富基金资产的增长速度超过了任何其他机构投资者,包括私人基金和对冲基金,2014年达到7万亿美元,约占全球

---

① UNCTAD, *World Investment Report 2008: Transnational Corporations and the Infrastructure Challenge*, United Nations, 2008, p. 22; UNCTAD, *World Investment Report 2011: Non-Equity Modes of International Production and Development*, p. 14.

总资产的 1/10。①

与私募股权基金相比,这些主权财富基金有三个基本特征:第一,主权财富基金完全由母国政府直接控制;第二,主权财富基金投资周期相对比较长;第三,主权财富基金在战略决策中有时考虑非经济的回报。②

尽管主权财富资金总资产规模巨大(2007 年为 5 万亿美元,2014 年为 7 万元美元),但是其中以对外直接投资的形式存在的比例并不大(2007 年仅为 100 亿美元,2014 年为 160 亿美元)。主权财富基金作为一种对外直接投资的特殊方式,引起了学者们和政策制定者们的广泛关注和争论。③ 争论主要集中在两个议题上:第一,主权财富基金的流入与东道国的国家安全。由于主权财富基金作为对外直接投资有四分之三集中在美国、英国和德国,且主要集中在服务业上,所以主权财富基金是否对东道国的国家安全产生威胁成为近年来学术界和政策制定者们讨论的一个主题。第二,主权财富基金的决策透明度。由于主权财富基金主要来自发展中国家,特别是那些在政治体制上与主要发达国家(如 OECD 国家)不同的发展中国家,所以主权财富基金投资战略相关的国内政治过程也成为学术界和政策制定者关注的一个主题。

(二) 跨国产业联盟与国内政治分化

外国直接投资的流入对东道国国内政治产生重大影响的另一个突出表现就是,外国的跨国公司与本地企业的联盟会导致国内政治分化,进而影响一个国家对外经济政策的选择。这方面比较典型的研究成果是约翰·古德曼(John B. Goodman)等人于 1996 年发表的文章《外国直接投资与美国对保护的需求》④。古德曼等人以美国 5 个行业(打字机、彩电、汽车、钢铁、半导体)为案例,研究了这些行业中的美国国内企业与同一行业的外国跨国公司在美国的分

---

① UNCTAD, *World Investment Report 2008: Transnational Corporations and the Infrastructure Challenge*, p. 20; UNCTAD, *World Investment Report 2014: Investing in the SDGs: An Action Plan*, United Nations, 2014, p. 19; UNCTAD, *World Investment Report 2015: Reforming International Investment Governance*, United Nations, 2015, p. 15.

② UNCTAD, *World Investment Report 2008: Transnational Corporations and the Infrastructure Challenge*, p. 22.

③ 读者可以参阅 Gordon L. Clark, Adam D. Dixon and Ashby H. B. Monk, *Sovereign Wealth Funds: Legitimacy, Governance and Global Power*, Princeton University Press, 2013。

④ John B. Goodman, Debora Spar and David B. Yoffie, "Foreign Direct Investment and the Demand for Protection in the United States," *International Organization*, Vol. 50, No. 4, Autumn 1996, pp. 565-591.

支机构的关联性。他们发现,美国国内企业和跨国公司在美国的分支机构是否进行联盟主要取决于既有的进口水平:当外国跨国公司生产的产品处于进口补充(import-complementing)阶段时,美国本土企业偏好于贸易保护,外资则倾向于自由贸易。而当外资企业的投资开始替代进口(import-substituting),本土企业和外资企业的利益开始趋同,这时会出现两种状况:一种状况是,如果有新的外国投资者进入市场,早先进入的外国投资者便会与本土企业联合进行游说(工人、供应商、消费者、政府),寻求贸易保护;另一种状况是,当没有新的外来投资者进入时,贸易保护就会下降。所以,一个行业的贸易保护状况主要取决于该行业外资和内资的比例,以及两者形成联盟对抗新来者的力量。外资流入改变了美国国内利益分布,形成了不同的利益集团。[①] 其实,古德曼等人的研究虽然基于美国的经验,但同样适用于其他发达国家以及发展中国家。这就是我们在本书第七章中所提及的采用"以行业间生产要素流动为中心的研究路径"来研究不同国家对外经济政策决策的国内政治过程的一个具体体现。

[①] John B. Goodman, Debora Spar and David B. Yoffie, "Foreign Direct Investment and the Demand for Protection in the United States," *International Organization*, Vol. 50, No. 4, Autumn 1996, pp. 565-591.

第十一章
经济发展、国家与全球化

随着20世纪50年代以来世界体系向全球的扩展,以及90年代以来经济全球化的发展,在资本主义世界体系中出现了两类国家:一类是前西方殖民地在政治上建立主权独立国家之后开始寻求经济和社会发展之路,经过20多年的努力,成为新兴工业化国家,例如新加坡、马来西亚、印度尼西亚和菲律宾。另一类是20世纪90年代以前实行社会主义计划经济的国家在冷战结束前后开始了国内政治、经济和社会转型,其中,俄罗斯和东欧国家直接进入资本主义世界体系,推行资本主义市场经济,而中国和越南虽然加入世界体系,但推行社会主义市场经济。尽管在转型的具体路径上有所差异,但这些国家被国际社会通称为"转型国家"。随着发展中国家特别是新兴工业化国家以及20世纪90年代以来的转型国家在贸易、投资、资本流动和劳动力流动等领域对世界体系影响的扩大,发展和转型问题成为国际政治经济学关注的一个重要研究议题。

第一节 发展/转型政治学的核心议题:
经济发展/转型、国家与全球化

一、经济增长与发展

关于经济发展的定义是一个非常复杂的问题,学者们一般主张将经济发展和经济增长区别开来。所谓经济增长,一般是指一国经济在一定时期(一般期限可以短至一年)内实际的(即按不变价格计算)产值或收入的增长。而经济发展则是指,一个国家按人口平均的实际收入在一个较长时期内增长的过程,条件是处于"赤贫线"下的居民人数不再增加,收入分配不会变得更不公平。具体

来说,经济发展的定义主要包含三个因素①:

(1)经济发展与收入增长。经济发展强调的是一国人均实际收入的持续增长,具体地讲包含三层意思:第一,收入必须是实际收入,即消除通货膨胀影响以后的收入;第二,收入必须是人口平均收入,如实际收入每年增长 2%,而人口也每年增长 2%,那么经济也无发展可言;第三,收入增长是在一个较长时期内,比如 20 年至 30 年。

(2)结构发展与国内结构调整。经济发展不但包括收入增长,而且包括国内经济结构、社会结构和政治结构的进步或改善。在经济结构方面,第一产业产值所占比例减少,而第二、三产业产值所占比例提高;在社会结构方面,文盲在人口中的比例日趋下降,而中产阶层的家庭在全国全部家庭中所占比例增加;在政治结构方面,民主政治的方式日渐普及,而传统的权威阶层逐步退出政治舞台,等等。在这些结构变化中,经济不发达现象渐告消失,低下阶层的生活水平提高,劳动生产率趋于上升,显性失业和隐蔽性失业逐步下降,非正常外贸转为正常外贸,等等。总之,经济发展不仅是一个量的概念(如增长概念那样),而且是一个多层面的质的概念,涉及经济、社会、政治、文化多个层面。

(3)经济发展与外部经济条件的改善。经济发展不仅包括国内方面,而且包括国际方面。经济发展在国际方面最为重要的是贸易条件的改善。所谓贸易条件,是指一国具有代表性的单位出口产品价格与单位进口产品价格之间的关系或比率。对于一个国家而言,如果相对于进口商品价格的出口商品价格下降了,称为一个国家的贸易条件恶化。当其出口商品价格相对于进口商品价格下降时,每一单位进口商品的实际或社会的机会成本就会上升,换句话说,为了保证总收入不变,就必须出口更多的产品和动用更多的稀有生产资源。

二、经济转型与转型国家

相对于发展而言,"转型"(transition)作为一个专门术语出现在国际社会主要开始于 20 世纪 90 年代。随着 1989 年柏林墙的倒塌,原来实行社会主义制度的国家在政治制度和经济体制上都发生了巨变,"转型"作为一个范畴专门用来指这些国家,即转型国家或转型经济体。

---

① 关于学术界对发展的含义比较全面的论述,读者可以参阅〔美〕M. P. 托达罗:《第三世界的经济发展》上册,于同申等译,中国人民大学出版社 1988 年版,第 121—132 页;〔美〕M. P. 托达罗:《第三世界的经济发展》下册,于同申等译,中国人民大学出版社 1991 年版,第 7—15 页;〔美〕德布拉吉·瑞:《发展经济学》,陶然等译,北京大学出版社 2002 年版,第 6—38 页。

而"转型"作为一个专业术语进入学术界则颇费周折。① 在经济学界,最先是发展经济学家将其从发展型的体制获取的经验移植到这些转型国家的研究中,将转型国家作为发展中国家的一个特例来进行规范性的研究,直到 2000 年比利时经济学家热若尔·罗兰(Gerard Roland)出版《转型与经济学》才使得转型本身的规范性研究达到了一个新的水准。在政治学界,对转型国家的研究开始主要停留在事件的描述上,后来学者们进而探讨这些转型国家的经济增长和政治制度之间的关系。

三、发展/转型的政治经济学

无论是发展中国家的发展,还是转型国家的转型,在经济全球化的今天都面临着前所未有的挑战。原因主要有二:第一,发展中国家的发展和转型国家向市场经济转型的初始条件(国内和国际)与发达国家在 200 多年前处于发展阶段的初始条件完全不同,因为后者在 200 多年间的增长和发展大多是以牺牲殖民地的生产资源为代价的,而现在发展中国家的发展无法完全效仿发达国家曾经的经验。第二,随着资本、技术、劳动力的流动,经济全球化将发展中国家和转型国家放在一个共时状态,即发展中国家和转型国家不但要与发达国家竞争,而且相互之间也处于竞争中。

发展与转型所面临的挑战引起了国际社会的广泛关注,为此,世界银行曾于 1991 年和 1996 年分别出版《1991 年世界发展报告:发展面临的挑战》和《1996 年世界发展报告:从计划到市场》。之后,国际学术界对于发展和转型的研究更是不遗余力,正是在这种背景下,发展中国家的发展和转型国家的转型与发展问题成为国际政治经济学的重要研究议题。

国际政治经济学将经济发展和转型纳入其研究议题,主要集中在如下三个方面:

第一,全球经济增长与收入分配。在过去 500 年,世界的 GDP 和人均 GDP 在整体上一直呈现增长状态②,但无论是就地区还是就国家而言,增长都是极不平衡的。国内生产总值和人均国内生产总值虽然不是衡量一个国家实力的全部指标,但却是衡量一个国家在全球政治经济体系中地位的重要指标。例如,

---

① 〔丹〕奥勒·诺格德:《经济制度与民主改革:原苏东国家的转型比较分析》,孙友晋等译,上海人民出版社 2007 年版,第 43—48 页。
② 〔英〕安格斯·麦迪森:《世界经济千年史》,伍晓鹰等译,北京大学出版社 2003 年版,第 116 页。

世界银行根据这项指标(即人均国民总收入,人均 GNI)将全世界的国家分为四类国家,即低收入国家(2020 年为 1035 美元及以下)、中等收入国家(2020 年为 1036—4045 美元)、中高等收入国家(2020 年为 4046—12 535 美元)和高收入国家(2020 年为 12 536 美元及以上)。① 全球经济增长与收入分配的不平衡成为一个世界性难题,所以国际政治经济学集中研究的命题是:建立什么样的国际机制才能既推动全球经济增长又保证收入分配公平?

第二,全球化与政府发展政策的制定。推动全球经济的增长与发展,既是国际社会的责任,也是各国政府的政策议题。尽管各国政府在推动经济发展的目标上是一致的,但各国政府在制定具体的发展政策上并非完全相同。例如,英国和美国推行"放任自流"的发展政策(又称自由主义),欧洲小国推行"社会福利"主导的市场经济(又称合作主义),日本和法国推行"政府主导型"的市场经济(又称国家主义),新加坡推行"儒家资本主义",中国推行"社会主义市场经济",等等。在看到这些成功的政府发展政策的同时,我们也必须看到那些失败的政府发展政策,例如非洲、拉丁美洲以及部分亚洲国家的发展政策。这给国际政治经济学提出了一个课题:国际发展可能吗? 如果可能,各国政府制定的发展政策有哪些共同的要素?②

第三,可持续发展与环境问题。20 世纪 70 年代以来,随着全球贸易自由化和投资自由化,发展中国家在追求经济增长的同时面临着环境不断恶化的挑战。从 1972 年 6 月联合国在斯德哥尔摩召开联合国人类环境会议,到 1992 年 6 月联合国在巴西里约热内卢召开世界环境与发展大会,再到 2015 年联合国大会上各国领导人基于可持续发展目标而通过的《2030 年可持续发展议程》,环境问题一直是国际社会关注的问题。环境不断恶化制约着发展中国家经济的持续发展,而且对全球经济增长提出了挑战。经济增长与环境的关系不仅成为广大发展中国家面临的问题,也成为全球经济增长面临的问题。由环境导致的可持续发展问题向国际政治经济学提出了一个重要研究议题:如果国际发展是可能的,那么各国政府该如何合作建立一种国际机制来保证这种国际发展是可持续的?

---

① 数据来源:https://data.worldbank.org/indicator/NY.GNP.PCAP.CD,2020 年 3 月 15 日访问。

② Joseph E. Stiglitz and Lyn Squire, "International Development: Is It Possible?," *Foreign Policy*, No. 110, Spring 1998, pp. 138−151.

第二节 发展经济学:理论进展及其挑战

对发展中国家的发展进行系统研究,起源于20世纪40—50年代的发展经济学,其主题是研究发展中国家为什么依然贫困以及如何制定走出贫困的发展战略,并因此产生了富有影响的四种理论:线性阶段经济增长理论、新古典结构变动理论、国际依附理论和"发展型国家"模式。其中,前三种理论主要是20世纪50—80年代的主流理论,最后一种理论则是90年代出现的,直到今天仍处于争论之中。

一、线性阶段经济增长理论

关于发展的第一种理论是基于西方发达国家的历史经验而提出的线性阶段经济增长理论。20世纪50年代对于发展中国家发展的研究主要集中在"经济成长阶段"的概念上。其中,最为典型的是罗斯托的经济成长阶段论。

关于线性经济成长阶段论的具体内容,我们在本书第五章讨论"依附理论的兴起"时已经做了比较系统的论述。线性经济成长阶段论认为,人类社会的经济增长都要经历五个阶段:传统社会、为发动创造前提条件阶段、发动阶段、向成熟推进阶段和高额群众消费时代。

如前所述,经济成长阶段论有两个最为基本的假设:第一,发展是单一国家的发展。对于任何发展中国家,经济增长面临的最大约束就是资本约束,所以发展中国家的经济增长和经济发展的诀窍就是,只要增加储蓄(国内储蓄和国际储蓄)和投资,就能促进经济增长。第二,存在一个普遍的发展模式,发展可以是线性的。不论各个国家在历史、文化习俗、资源的禀赋上有何差异,都可以走一条普遍的发展道路,遵循一个普遍的发展模式,这个模式就是西方发达国家曾经采用的模式。

然而,线性阶段经济增长理论的这两个基本假设因为无法适应发展中国家的现实条件而不断被修正(如哈罗德-多马模型[1]以及索罗模型[2])。通过经济学家们的规范模型,我们可以发现,所有持线性阶段经济增长论的学者,其理论

---

[1] 〔美〕德布拉吉·瑞:《发展经济学》,第46—52页。
[2] 同上书,第57—63页。

前提假设都面临着两个困境①:第一,发展中国家面临的不仅是资本约束,而且还面临着管理能力、技术工人和发展规划执行的挑战。西方经济学家经常举例认为,欧洲由于接受了"马歇尔计划"的援助,因此经济飞速增长,但这些经济学家忽略了一个事实,即发展中国家与接受"马歇尔计划"援助的欧洲国家在生产结构和制度上存在着很大的差异。第二,发展中国家是国际体系的一个重要组成部分,在这个体系中存在着许多无法控制的影响发展中国家发展的要素。所以,发展中国家的发展绝非一个国家自己所能完成的,20世纪70年代初智利阿连德政府的失败就是一个典型。

二、新古典结构变动理论

关于发展的第二种理论是立足于发展中国家的市场结构而提出的结构变动理论。结构变动理论研究的核心议题是:发展中国家创造什么样的经济机制,才能使得国内经济结构从仅能维持生存的传统农业为主,转变为以现代化、城市化和多样化的制造业和服务业为主。② 这种理论以新古典价格、资源分配理论和现代计量经济学为工具来描述这种转变是如何发生的。

在新古典结构变动理论的旗帜下,关于发展中国家的结构变动的研究出现了许多不同的理论,如阿瑟·刘易斯的两部门模型、霍利斯·钱纳里(Hollis B. Chenery)的结构变动模型、保罗·罗森斯坦-罗丹(Paul Rosenstein-Rodan)的大推动论、冈纳·迈达尔(Gunnar Mydal)的贫穷的恶性循环论、罗格纳·纳克斯(Ragnar Nurkse)的平衡增长论、阿尔伯特·赫希曼(Albert O. Hirschman)的不平衡增长论、哈维·莱本斯坦(Harvey Leibenstein)的关键性最低努力论、刘易斯的劳动无限供给论等。这些理论试图找出存在于发展中国家经济结构中影响它们经济调整和政策选择的刚性、落后及其他特点。其中,最具代表性的是阿瑟·刘易斯的两部门模型和霍利斯·钱纳里的结构变动模型的经验分析。

(一) 刘易斯的两部门模型

两部门模型(dual-sector model)是由诺贝尔经济学奖获得者阿瑟·刘易斯

---

① 〔美〕M. P. 托达罗:《第三世界的经济发展》上册,第98—99页。
② 同上书,第99页。

于20世纪50年代中期提出的①,后来费景汉(John C. H. Fei)、古斯塔夫·拉尼斯(Gustav Ranis)②等人加以修改、公式化以及进一步扩充,主要探讨劳动力的转移与现代部门的产量和就业增长的关联性。该模式认为,任何欠发达(国家)经济都是由两个部门组成的:一个部门是人口过剩的、劳动边际生产率等于零、仅能维持生存的传统农业部门;一个部门是劳动生产率比较高的城市现代工业部门。在此基础上,刘易斯有三个最为基本的假设:第一,从传统农业部门到城市现代工业部门的劳动力的转移率与城市现代工业部门的资本积累率成正比。第二,农村存在着剩余劳动,而城市里的就业则是充分就业。现代部门的就业增长与这个部门的产量成正比。第三,现代部门存在着一个完全竞争的劳动力市场,这个市场保证在农村剩余劳动力被完全吸收以前城市实际工资是不变的。

在这三个基本假设前提下,劳动力转移与现代部门的产量和就业增长的关系可以概括如下:首先是传统农业部门的剩余劳动力向城市现代工业部门转移,由于传统农业部门转移的劳动力是剩余劳动力,所以它们转移后实际上并不影响传统农业部门的产出总量。而城市现代工业部门由于只是得到这些剩余劳动力的供给,城市的工资水平就可以保持不变,城市现代工业部门的产量就可以增加。当城市现代工业部门的产量增加后,由于工资水平不变,资本家就可以将全部利润投资到同类设备上,这样就可以吸收更多的农村剩余劳动力。这样的过程可以一直持续下去,直到农业部门没有过剩劳动力为止,在这种状态下,城市现代工业部门必须提高工资水平,而传统农业部门为了不让劳动力转移也必然提高工资,这时传统农业部门和城市现代工业部门将得到均衡发展。

尽管刘易斯的两部门模型对于解释发展过程中部门之间的相互作用具有极为重要的理论价值,但其暗含的三个假设在现实中受到了挑战③:第一,劳动力的转移率与城市现代工业部门的资本积累率成正比的逻辑前提是,资本家获取的利润必须重新投到和现存的资本同样的设备上;如果资本家将利润投到更

---

① W. Arthur Lewis, "Economic Development with Unlimited Suppliers of Labor," *The Manchester School of Economic and Social Studies*, Vol. 22, No. 2, 1954, pp. 139-191.
② G. Ranis and J. Fei, "A Theory of Economic Development," *The American Economic Review*, Vol. 51, No. 4, 1961, pp. 533-565.
③ 〔美〕M. P. 托达罗:《第三世界的经济发展》上册,第102—104页;杨敬年编:《西方发展经济学文献选读》,南开大学出版社1995年版,第200—246页。

加节约劳动的资本设备上,或以资本外逃的方式进入发达国家的银行,那么对劳动力的需求并不一定增加。第二,刘易斯两部门模型关于农村存在着剩余劳动力而城市里的就业则是充分就业的假设,忽略了在欠发达国家的现实中,城市也存在着广泛的剩余劳动力。第三,刘易斯两部门模型关于城市现代工业部门工资水平不变的假设也有悖于欠发达国家的现实,事实上,即使是在城市现代工业部门失业率不断上升的情况下,由于工会讨价还价能力的提高以及跨国公司雇佣制度的作用,城市现代部门的工资水平也有不断上升的趋势。

(二) 钱纳里的结构变动模型

与刘易斯模型只把储蓄和投资作为产业结构变动的动力不同,美国哈佛大学经济学家霍利斯·钱纳里在考察1950—1970年间101个发展中国家经济发展的经验时发现[1],增加储蓄和投资是经济增长的必要条件,而不是充分条件,一个国家的经济增长与该国的经济结构整体变动密切相关,这就是著名的结构变动模型。

按照钱纳里等经济学家的定义[2],发展中国家的结构转变主要是指,随着人均收入增长而发生的需求、贸易、生产和要素使用结构的全面变化。钱纳里等人通过对1950—1970年间发展中国家的经验进行时间序列和截面的比较实证分析,得出如下五个结论:

(1) 随着人均收入的增长,生产结构的转变表现为农业生产向工业生产转移;

(2) 随着工业生产在国民生产总值中份额的增长,物力和人力资本的积累也在不断地增长;

(3) 随着生产结构的变化和资本(人力和物力)积累的增长,国内需求的结构也在发生变革;

(4) 随着生产结构的变化,国际贸易(进口和出口)有所增长,在总出口中工业产品的比重相对上升,而在总进口中工业产品的比重相对下降;

(5) 随着工业生产的增长和城市移民的增加,社会经济过程也会发生相应的变化,特别是就业结构发生变化,即从事服务业和工业的劳动力的比率在上

---

[1] H. B. Chenery and M. Syrquin, *Patterns of Development, 1950–1970*, Oxford University Press, 1975.

[2] 〔美〕H. 钱纳里、S. 鲁宾逊、M. 赛尔奎因:《工业化和经济增长的比较研究》,吴奇等译,上海三联书店1989年版,第48页。

升,而从事初级产品制造业的劳动力比率在下降。

新古典理论在分析经济增长时主要立足于要素供给的增加和劳动生产率的提高这些要素积累,结构的转变只是增长的副产品,经济学界称为"从供给方面的分析";而结构变动模型在分析经济增长时则立足于发展中国家的结构变动,认为长期的结构变动是经济增长的动力,后来的学术界将其称为"从需求方面的分析",这是钱纳里的结构变动模型最大的贡献。

三、国际依附理论

关于发展的第三种理论是着眼于发展中国家所处的国际体系而提出的,通常被称为激进的或马克思主义的国际依附理论。国际依附理论研究的核心问题是,发展中国家在国际政治经济体系中所处的依附地位是如何影响这些国家发展的。

由于对线性阶段经济增长理论和新古典结构变动理论的幻想的破灭,20世纪60—70年代,在国际学术界出现了颇为流行的国际依附理论,它也是本书第五章"依附理论:核心与边缘"的重要组成部分。国际依附理论有时也被称为新殖民主义依附,其代表人物是前面提到的特奥托尼奥·多斯桑托斯。

在国际依附论者看来,尽管随着殖民主义的结束,发展中国家在政治上成为有独立主权的国家,但其经济和社会发展仍然没有脱离发达国家主导的国际经济体系,因而是一种"新殖民依附"。与以前的殖民主义相比,新殖民主义有三个基本特征:(1)殖民主义主要是指第二次世界大战之前西方宗主国家与殖民地之间的关系,殖民地在政治和经济上完全依附于宗主国家,没有独立的国家主权;而新殖民主义则是指第二次世界大战西方发达国家和发展中国家之间的关系,发展中国家尽管在政治上成为有独立主权的国家,但在经济上仍然依附于发达国家。(2)殖民主义的依附大多是殖民地国家被动接受的;而新殖民主义依附则主要是发展中国家的某些收入高、社会地位高、政治权力大的统治阶级少数上层人物主动选择的,这些统治阶层的利益依附于跨国公司、国家双边援助机构和由富国控制的多边国际组织。(3)在殖民主义时期,殖民地的经济恶化状况(资源、贫困以及国内经济结构的单一和不平衡)主要是宗主国的掠夺造成的;而在新殖民主义中,发展中国家经济状况的持续恶化和人民生活水平的下降,不仅是由于国际资本主义体系中贸易条件的恶化,而且是由发展中国家国内掌握政治权力的上层人物和买办集团的决策造成的。

基于以上"新殖民依附"的特征,国际依附论者主张,无论是遵循线性阶段经济增长模式制定发展战略,还是接受新古典结构变动模式推动发展,都不能改变发展中国家在国际经济体系中的依附地位,要想改变发展中国家落后的经济状况,不但需要改变现存的国际经济体系的结构,而且更需要改变发展中国家内部的政治结构和经济结构。

20世纪50—70年代提出的发展理论或基于西方发达国家的历史经验(如线性阶段经济增长理论),或立足于发展中国家的市场结构(如二元经济结构模型),或着眼于发展中国家所处的国际体系(如国际依附理论),尽管在立足点上有所不同,得出的具体结论也有所差异,但三种理论在一点上似乎是相同的,即三种理论都忽略了国家在经济发展过程中的作用。进入80年代,随着东亚新兴工业化国家和地区的兴起,国家在经济发展过程中的作用成为学术界争论的焦点。

四、争论中的"发展型国家"模式

关于发展的第四种理论是基于评估政府在经济发展中的作用而提出的"发展型国家"模式(developmental state paradigm)。"发展型国家"模式起源于20世纪80年代末90年代初关于"东亚奇迹"的争论,其核心是基于日本和东亚地区其他新兴工业化经济体的成功经验,强调政府在引导经济发展方面所起的核心作用,以此挑战新自由主义以市场为核心的各种理论。之后,因1997年亚洲金融危机,"发展型国家"模式引起了世界范围内的争论,这种争论一直延续到2008年全球金融危机乃至今天。

(一)问题的起源

随着20世纪60年代日本经济的起飞以及70年代韩国、新加坡、菲律宾、泰国、马来西亚和印度尼西亚等新兴工业化经济体的成功,东亚地区的发展成为学术界关注的焦点:东亚地区的成功是不是一种新的发展模式?

较早对这一问题进行探讨并引起国际社会关注的著述是艾丽斯·阿姆斯登(Alice Amsden)于1989年出版的《亚洲的下一个巨人:韩国和后工业化》[1],强调政府在经济发展中的作用。

---

[1] Alice H. Amsden, *Asia's Next Giant: South Korea and Late Industrialization*, Oxford University Press, 1989.

随后,世界银行于 1991 年出版了《1991 年世界发展报告:发展面临的挑战》①。该报告并不认为东亚地区的成功是一种独特的发展模式,而是认为东亚地区的成功正是遵循市场经济规律(减少国家在经济中的干预作用、调整产业结构并实施出口导向型战略)的结果。这引起了日本的强烈不满。作为世界银行的重要成员,日本要求世界银行对东亚地区的成功进行实证研究。② 正是在日本的强烈要求下,世界银行设立"东亚奇迹研究项目",并于 1993 年出版了单行本《东亚奇迹:经济增长和公共政策》③。特别值得一提的是,世界银行从没有以世界发展报告的形式出版过"东亚奇迹",世界银行于同年出版的发展报告的题目是《1993 年世界发展报告:健康投资》④,这种状况在某种程度上反映了世界银行为新古典经济学家所主导。

《东亚奇迹:经济增长和公共政策》于 1993 年出版之后,关于东亚经济是不是一种奇迹和政府是否应该在经济发展中起作用,在学术界和国际社会出现了广泛的争论。其中,最为著名的是美国经济学家保罗·克鲁格曼于 1994 年在美国《外交季刊》发表的《东亚奇迹的神话》⑤,认为东亚经济的增长来源于要素的投入,而非生产率的提高,因此并不是奇迹,而是一种"神话"。1997 年,世界银行又以世界发展报告的形式出版了《1997 年世界发展报告:变革世界中的国家》⑥。1997 年亚洲金融危机的发生以及 2008 年全球金融危机的爆发,使得"发展型国家"模式的争论达到了前所未有的程度。

(二) 东亚经济增长:"奇迹"还是"神话"?

对于东亚地区的经济增长,"奇迹论"与"神话论"各执一方,双方的争论主要集中在三个方面⑦:(1)就经济增长的来源而言,"奇迹论"认为,政府的作用

---

① World Bank, *World Development Report 1991: The Challenge of Development*, World Bank, 1991.
② 参见 Robert Wade, "Japan, the World Bank, and the Art of Paradigm Maintenance: The East Asian Miracle in Political Perspective," *New Left Review*, Vol. 217, 1996, pp. 3-36;〔美〕罗伯特·吉尔平:《全球政治经济学:解读国际经济秩序》,杨宇光、杨炯译,上海人民出版社 2003 年版,第 352—354 页。
③ World Bank, *The East Asian Miracle: Economic Growth and Public Policy*, Oxford University Press, 1993.
④ World Bank, *World Development Report 1993: Investing in Health*, World Bank, 1993.
⑤ Paul Krugman, "The Myth of Asia's Miracle," *Foreign Affairs*, Vol. 73, No. 6, Nov/Dec., 1994.
⑥ World Bank, *World Development Report 1997: The State in a Changing World*, World Bank, 1997.
⑦ 熊性美、盛斌:《东亚经济增长中的要素投入、生产率与政府政策》,载王正毅、〔美〕迈尔斯·卡勒、〔日〕高木诚一郎主编:《亚洲区域合作的政治经济分析:制度建设、安全合作与经济增长》,上海人民出版社 2001 年版,第 302 页。

表现为对人力资本和实物资本的有效动员、积累与投入,如较低的人口增长率、较高的教育水平和职业培训、较高的储蓄率和投资率;"神话论"则认为,东亚的资源只有一次性使用的贡献,没有经济效率提高的明显证据,一些国家(地区)甚至呈现出技术使用效率和资源配置的副作用。(2)就经济增长的政策而言,"奇迹论"认为,政府的作用在于成功而有效的产业政策、对资源(如劳工、信贷和外汇)有选择的干预,通过对外经济政策促进贸易(扩大出口和正确组织出口),以及合理地引进外资和技术;而"神话论"则认为,东亚国家(地区)并不具备这种所谓的"共同制度",而且也没有任何迹象表明这种贸易战略与产业政策对经济效率有特别的推动作用。(3)就经济增长的机制而言,"奇迹论"认为,政府的作用在于奉行政府与企业之间的协调、交换信息以及财富分享的管理,重视民主和政府权力资源的节俭和使用;而"神话论"则认为,东亚的成功与苏联曾取得的成功没有什么差别,靠的是"斯大林式"的动员资源,实际上是直接的行政管理以及经济的扭曲。

(三) 经济发展与政府的作用

在关于东亚经济增长争论的背后,本质上是以市场为中心的新古典结构变动理论和后来的"华盛顿共识"与因"东亚奇迹"而兴起的"发展型国家"模式之间的争论,这场仍然在延续的争论所涉及的核心问题其实就是,政府在经济发展中是否起作用以及起何种作用。

事实上,各国官方、世界银行以及经济学家们在过去半个多世纪对于经济发展的认识也是在不断深化的,正如吉尔平观察到的:

> 在20世纪60年代,世界银行只是把经济发展看作解决一些与有效利用资源和资本转移等不相关的具体问题而已。到70年代和80年代初,经济发展强调贸易自由化和消除因政府干预而造成的市场配置失当(即进行结构调整)。在20世纪80年代末,重点转向宏观经济调整,目的在于消除通货膨胀和宏观经济不稳定(即"华盛顿共识")。90年代末,世界银行和许多经济学家开始认识到经济发展要求社会做出改造。[①]

20世纪80年代拉丁美洲国家的债务危机和1997年亚洲金融危机使人们逐渐认识到,无论是以国家和政府为主导的发展(东亚的经验和苏联的经验),

---

① 〔美〕罗伯特·吉尔平:《全球政治经济学:解读国际经济秩序》,第363页。

还是不依靠国家的发展(拉丁美洲的结构调整经验),都不是经济发展的成功之路。经济发展不只是贸易自由化和宏观经济调整,而且需要有适当的政治制度和社会基础,因此政府必须置身于经济发展之中。

尽管国际社会对于经济发展所依赖的具体的政治制度和社会基础远没有达成一致,但通过对发展中经济体的经验和教训的总结,在以下三点上似乎逐渐形成某种程度的共识:

第一,政府政策的可信度。推动经济成功发展的首要因素是政府宏观政策的可信度。政府政策的可信度最重要,集中体现在两个方面:一个方面是制定稳定的财政政策和货币政策(特别是汇率政策),比如,1990—1995 年,世界范围内 80% 的对外直接投资主要流向 12 个发展中经济体,因为这 12 个发展中经济体是高度稳定的而且其管理是以高效著称的。另一个方面是透明而有效的立法和司法体系。在对 58 个经济体在 1974—1989 年投资环境的不确定性调查中,高度的腐败、实际汇率的反复变动和法律规则的缺乏是影响投资的三大要素。[①]

第二,公平的收入分配和公共部门的投入。如果说稳定而可信的宏观经济政策有利于投资,进而有利于一个国家财富的创造,那么收入分配和公共部门的投入则涉及财富的分配。在收入分配方面,政府最重要的作用就是通过制定公平的收入分配制度使经济增长有助于减少贫穷;而在公共部门建设方面,政府的作用在于加强对公共部门的投入,包括基础设施、教育、医疗卫生、电力和通信,以便让更多的人分享经济增长的成就。

第三,可持续发展战略。政府在经济发展中另一个不可忽视的作用就是制定可持续发展的战略。如果说社会主义中央计划经济忽视了市场机制,而以市场为中心的结构调整政策则没有将可持续发展纳入其议事日程,那么,在重新思考国家在经济发展过程中的作用时,制定可持续发展的战略应该是国家在经济发展中不可推卸的责任。

第三节 转型的政治经济学:两种模式及其争论

对于转型国家的研究,无论是政治学家还是经济学家都投入了大量的精

---

① Joseph E. Stiglitz and lyn Squire, "International Development: Is It Possible?," *Foreign Policy*, No. 110, Spring 1998, pp. 142-143.

力,发表了大量的理论著述和政策分析报告。① 到目前为止,尽管关于转型是否可以作为一个相对独立的领域(转型经济学或转型政治学)仍然存在着广泛的争议②,但关于转型国家的研究对于经济学和政治学的意义,学者们已经达成了广泛的共识③。其中,对转型进行政治经济学的研究,政治学家和经济学家达成了高度一致。

一、转型的政治经济学：规范性研究与实证性研究

对转型进行政治经济学分析,一般是指将政治过程融入经济问题的分析,如贸易、宏观经济政策、公共财政和劳动力等经济问题。关于转型的政治经济学研究,在国际学术界主要有两种研究路径④：一种是规范性政治经济学研究(normative political economy)；一种是实证性政治经济学研究(positive political economy)。

(一)规范性政治经济学研究：决策过程与政治约束

所谓转型的规范性政治经济学研究,主要是指对改革的决策过程所面对的政治约束条件进行研究。学者们认为,在改革者们设定改革议程的过程中,福利最大化并不一定是改革者们关注的首要问题。一般而言,改革议程的设定必然受到政治条件的约束,这种政治约束主要有两种,一种是事前政治约束,一种是事后政治约束。⑤ 所谓事前政治约束是指阻碍决策的可行性的约束,这意味着改革方案必须妥协,必须制定对受损者而言可信的补偿方案,或意味着激进改革方案的决定必须一拖再拖；所谓事后政治约束是指政策已经制定并预见到后果及其反作用和逆转约束,事后政治约束试图通过创造不可逆转性来加以处理。如同我们前面所指出的,规范性研究重点回答的问题是"应该如何",所以关于转型的规范性政治经济学研究主要是提供政策建议。

---

① Gerard Roland, "The Political Economy of Transition," *Journal of Economic Perspectives*, Vol. 16, No. 1, 2002, pp. 29-50.
② 〔比〕热若尔·罗兰:《转型与经济学》,张帆、潘佐红译,北京大学出版社 2002 年版,第 11—12 页。
③ 同上书,第 6—11 页;〔丹〕奥勒·诺格德:《经济制度与民主改革:原苏东国家的转型比较分析》,第 42—67 页。
④ Gerard Roland, "The Political Economy of Transition," *Journal of Economic Perspectives*, Vol. 16, No. 1, 2002, pp. 29-50.
⑤ 〔比〕热若尔·罗兰:《转型与经济学》,第 40—41 页。

(二) 实证性政治经济学研究:利益集团与立法机构

与规范性研究不同的是,实证性研究重点回答的问题是"为何如此",所以,关于转型的实证性政治经济学研究,重点是分析利益集团的冲突,比较利益集团在不同的国家和不同的时间如何通过影响立法机构而达到权力平衡。在转型国家的经济转型中,政治制度和立法制度本身就是转型过程的重要组成部分或转型过程的重要产品,所以,分析政治制度和立法制度的变化及其对经济过程的影响,就是将政治制度和立法制度作为内生变量而不是外在的变量。在关于转型的政治经济学研究文献中,运用实证方法最为引人注目的是研究寻租(rent-seeking)问题。[1] 比如,当在制度结构中探讨寻租的程度和结果时,学者们一般通过收集数据、建立模型来分析这样的问题:具有有效表决权的行为体数量的变化,权力分散程度的变化,政治制度的选择(总统制还是议会制),以及立法机关结构的变化。

总之,关于转型的实证性政治经济学研究到目前为止主要有两个特征:第一,这种研究主要关注的是改革的初始政治和社会条件,而不是初始的经济条件。第二,这种研究关注转型过程中的"为何如此"的问题,比如为何出现寻租问题、不平等问题等,因此,与大量的规范性研究提出政策建议不同,关于转型的实证性研究主要是帮助人们进行知识积累,其成果主要局限在学术界。

二、大爆炸模式与渐进主义模式

就转型国家的转型路径而言,被国际社会广泛接受的主要有两种:一种是苏联和东欧国家推行的"大爆炸模式";另外一种主要是基于中国转型经验的"渐进主义模式"。

"大爆炸模式"作为相关转型国家的一个具体的转型路径与"华盛顿共识"概念密切相关。"华盛顿共识"(Washington Consensus)作为一个概念,最早是美国华盛顿国际经济研究所的经济学家约翰·威廉姆森(John Williamson)提出的。1989年,美国国际经济研究所邀请国际货币基金组织、世界银行、美洲开发银行和美国财政部的研究人员以及拉美国家代表在华盛顿召开研讨会,旨在为拉美国家的经济改革提供方案和对策。会后,该研究所的经济学家威廉姆森总

---

[1] Gerard Roland, "The Political Economy of Transition," *Journal of Economic Perspectives*, Vol. 16, No. 1, 2002, pp. 29-50.

结了与会各方达成共识的政策措施,这些政策措施后来被称为"华盛顿共识"。"华盛顿共识"共包括十条建议,威廉姆森将其概括为三个核心要点,即宏观经济稳定、市场化(私有化)和贸易自由化(对外开放)。这一观点不但在理论上得到了世界顶尖大学的著名经济学家的认可和支持,而且在现实中塑造了国际货币基金组织的政策导向。

"华盛顿共识"在20世纪90年代以来颇为盛行的原因并不是其在学术界的创造性,而是持这种观点的经济学家被相关转型国家邀请作为顾问来指导这些国家进行改革的实践。其中,哈佛大学经济学家杰弗里·萨克斯在"华盛顿共识"的基础上提出了著名的"大爆炸模式"(the big bang)或"休克疗法"(shock therapy),被苏联和许多东欧国家作为其转型的路径,由此形成了这些转型国家最为著名的"大爆炸模式"。

与大爆炸模式相对应的是渐进主义模式(gradualism)。渐进主义模式无论是作为一种具体的转型路径,还是作为一个学术概念的产生,都与大爆炸模式不同:

第一,作为一种具体的转型路径,大爆炸模式是先有理论总结,然后是已有理论的具体运用。即西方学者对国际货币基金组织、世界银行等为西方发达国家主导的国际组织提出的政策建议进行总结(华盛顿共识),然后这些西方学者被苏联和东欧国家邀请作为顾问来指导转型,大爆炸模式因而被提出。而渐进主义模式则是中国在实行改革开放以后立足于中国的具体实践摸索出来的,后来被证明为是一种可行的路径,如价格的双轨制、企业的增量改革(建立三资企业、乡镇企业)、贸易的逐渐开放等。

第二,作为一个学术概念,与大爆炸模式相关联的"华盛顿共识"强调的是规范性,即应用规范经济学的模型来指导转型和改革的实践,它所追求的最优目标是宏观经济稳定、市场化和贸易自由化,所采取的战略是过程完全服从目标,优先考虑的是改革过程的不可逆转性。而渐进主义模式严格意义上并不是一个规范性的学术概念,而是一个实证性的概念。它所强调的是"干中学""学中干",虽然它所追求的终极目标也是宏观经济稳定、市场化和贸易自由化,但它所采取的战略是充分考虑过程的复杂性,优先考虑的是克服那些导致改革过程逆转的要素,对于次优目标也可以接受。

无论是大爆炸模式还是渐进主义模式,实际上涉及转型过程中的四个核心问题:次序(sequencing)、范围(scope)、阶段(phasing)、步幅(pace)。①

(1)次序问题。次序问题是改革议程初始阶段最为重要的问题,也是两种模式在改革初始阶段议事日程的分水岭。表现之一,是政治改革优先还是市场经济优先。在中欧和东欧改革的过程中,政治改革显然优先于市场经济改革,而在中国,市场经济改革则优先于政治改革。表现之二,是大规模私有化还是所有权的逐渐变革。在中欧、东欧以及俄罗斯改革的过程中,大规模的私有化是所有权改革的重点,而在中国则是推行增量改革,即在进行国有企业股份制改革的同时,允许乡镇企业和私人企业逐步发展。

(2)范围问题。大爆炸模式主要基于新自由主义的思想,主张市场应该在改革过程中占据主导地位,政府对经济改革的干预应该维持在最低程度;而渐进主义模式则是基于新结构主义,主张政府应该采取积极的干预政策,通过工业政策和社会政策逐步建立市场经济。

(3)阶段问题。这主要涉及改革的措施是稳定化和自由化优先,还是制度重组优先。大爆炸模式主张,应该从价格适当入手,创造良好的经济环境,促进企业重组并优化资源分配的效率;渐进主义模式则主张,应当将关注点放在维护现存企业的机构制度和人力资本上。

(4)步幅问题。大爆炸模式基于新古典主义的假设,认为一旦确定经济代理人,他们就会迅速适应新的正式制度,因此,这种模式主张,在民众还没有意识到之前,或在政治对抗情绪产生之前,迅速发起大规模的改革,从而使得改革成为不可逆转的;而渐进主义模式则是基于历史制度主义的假设,即改革在非正式制度和信息方面是缓慢推进的,这种模式认为,如果改革得不到民众广泛的政治支持,改革在整体进程中就会夭折。

三、制度变革、市场经济与全球化

尽管转型国家在具体的改革战略和转型路径上有所不同,但所有转型国家改革的目标(宏观经济稳定、市场化和贸易自由化)以及所面临的问题却是相同的。其中,有两个问题是几乎所有转型国家都面临的:国内制度变革与市场经济的确立。

---

① 参见 Gerard Roland, "The Political Economy of Transition," *Journal of Economic Perspectives*, Vol. 16, No. 1, 2002, pp. 29-50;〔丹〕奥勒·诺格德:《经济制度与民主改革:原苏东国家的转型比较分析》,第 26—27 页。

（一）国内制度变革与国内政治约束

所有转型国家面临的首要的共同问题就是大规模的制度变迁。20世纪90年代以来，尽管转型国家在转型的具体速度以及实施的顺序上有所差异，如俄罗斯采取的"大爆炸式的改革"，中国采取的是"渐进式的改革"，部分东欧国家采取的则是"折中式的改革"（在某些领域采取"大爆炸式的改革"，而在另外一些领域采取"渐进式的改革"），但通过大规模的制度变迁来推动经济增长和发展几乎是所有转型国家的共同目标和特征。这种大规模的制度变迁体现在转型国家国内政治、经济和社会各个层面。在政治层面上，研究者们关心的是政治制度和经济利益集团的关系①，换句话说就是，各种不同的经济利益集团如何影响政治决策进程，是维持还是打破现存的制度安排。在经济层面上，学者们讨论最多的是激励机制和所有权的关系，也就是说，是通过大规模的私有化还是通过国有企业来推动经济增长。在社会层面上，学者们争论最多的是两个问题：一个是法律制度和社会规范之间的关系，是立足于既存的社会规范来建立法律制度，还是将发达国家的成文法律完全引进。② 另一个是民主改革和收入分配的关系，是通过民主政治的改革来重新建立收入分配机制，还是完全通过市场建立收入分配机制。所以，研究发生在转型国家中的这种大规模制度变革成为我们理解转型国家经济发展政策的基础。

而在转型国家进行大规模制度变革的过程中，政治约束条件起着至关重要的作用。政治约束条件既包括国内政治约束条件（结构性的和功能性的），也包括国际政治约束条件。关于国内政治约束条件，学者们已经进行了大量的研究，这为我们理解不同转型国家采取不同的转型模式奠定了基础。但关于转型国家制度变革的国际政治约束条件，以往研究转型的政治学家和经济学家给予的关注并不是很多③，而这正是将转型国家的转型完全看作一种国内制度选择的局限性所在，也是需要国际政治经济学在未来进行深入研究的一个重要课题。正如转型经济学家罗兰所指出的：

---

① 〔比〕热若尔·罗兰:《转型与经济学》，第10页。
② 同上书，第9页。
③ 尽管罗兰本人后来承认他早先关于俄罗斯和东欧的研究忽略了地缘政治，但关于地缘政治如何影响东欧国家的转型，他的所有结论仍然表明，地缘政治在他那里仍然是外在的。参见〔比〕热若尔·罗兰《转型与经济学》，第313页。

我提出地缘政治因素起了重要的作用,这是一个在转型开始时被低估了的因素,我自己肯定低估了这一因素。试图理解转型的经济学家一般认为转型是向民主政体和市场的转变。如果我们拉开一些历史的距离,我们会发现转型也代表了一个重要的地理上的运动,即中欧和波罗的海国家向西方的移动。如果我们相信地缘政治因素在中欧起着重要作用,那么在比较中欧与俄罗斯时不考虑这一因素就有严重缺陷。要理解转型过程的政治约束的影响,最好去观察大国的经验,大国必须在没有很多外部帮助的情况下,靠自己的力量去完成转型过程,在这里,对俄罗斯和中国加以比较才是有意义的。①

(二) 市场经济、私有化与国际政治约束

所有转型国家面临的第二个共同问题就是从传统的中央计划经济向市场经济的转型。经济学家们普遍相信,与中央计划经济相比,市场经济的核心就是私有产权的建立,市场化就是私有化。在这一核心理念或意识形态的驱使下,在转型国家中出现了一场规模宏大的私有化运动。然而,经济学家却大多忽略了一个事实,即私有化进程也受政治条件约束。正如罗兰所意识到的:

> 经济学家的立场令人啼笑皆非的一面是,他们让个人在市场上追求个人利益,却不让他们在政治上有同样的追求。的确,直到最近,经济学家已经太长时间忽略了隐藏在政治下面的经济学。政治家和利益集团担心他们从经济改革中可能受到的潜在损失是合乎理性的。经济学家没有理由忽略隐藏着的政治约束条件,就像他们不能忽略预算约束条件或激励约束条件一样。②

就经济意义而言,在西方国家,私有化通常被认为是进行资源有效配置的一种手段,并被认为是在社会中进行利益再分配的一种有效形式,所以私有化进程必然受到利益集团和官僚机构这些政治条件的约束。利益集团和官僚机构的结构不同,私有化政策也会有很大差异。已有的研究成果③表明,转型国家出现了四种私有化政策:面对外部人的大规模私有化,这主要发生在捷克;面对

---

① 〔比〕热若尔·罗兰:《转型与经济学》,第 313—314 页。
② 同上书,第 26 页。
③ 同上书,第 230—236 页。

内部人的大规模私有化,这主要发生在俄罗斯;自上而下出售给外部人,这主要发生在民主德国;自下而上出售给外部人,这主要发生在匈牙利和波兰。

在比较这些私有化政策的不同时,除了关注其国内政治约束条件之外,另外一个不可忽视的就是国际政治约束条件。几乎所有的转型国家在转型过程中最为棘手的问题都是如何解决资本短缺和技术落后难题,因此,融入现存的全球经济体系,吸引外国直接投资、寻求援助、拓展对外贸易,成为所有转型国家无法忽视的国际力量。而主导全球经济体系的国际制度(如国际货币基金组织、世界银行)也就自然成为制约转型国家建立市场经济的国际约束条件。一项关于俄罗斯和东欧国家私有化的经验研究[1]发现,国际制度/机制对这些转型国家私有化和市场经济的影响主要包括如下四个方面:

第一,借贷条件。这些国际制度对转型国家建立市场经济进行支持的政策就是迫使其进行私有化。比如,世界银行在1991年同意给罗马尼亚贷款的条件是,其4500个国有企业在三年内完成私有化。欧共体在1993年曾同意给立陶宛1亿美元贷款以帮助其进行私有化改革,但贷款分两期拨付,第二期是否拨付以及何时拨付主要取决于其私有化进程。在1999年国际货币基金组织与俄罗斯的谈判中,为获得贷款,俄罗斯政府同意将7个主要公司的股份私有化,并同时答应提高中小企业的私有化程度。[2]

第二,支持私有化项目。在现行的国际制度中,支持产权改革和私有化项目是这些国际制度和机制推行经济自由主义意识形态的一个最重要的标志。对转型国家而言,要想融入现行的国际经济体系并受益于国际经济体系,就必须推行产权改革和私有化运动。比如,1990—2001年欧盟花费10.44亿欧元支持东欧和波罗的海12个国家进行产权改革。世界银行对私有化项目的支持更是不遗余力:1991年配额2.8亿美元给波兰用于公司重组和私有化;1999年配额7500万美元给贝尔格莱德用于农业改革,包括私有化;1996年为乌克兰提供3.1亿美元贷款用于公司改革和私有化;1992年提供6亿美元支持俄罗斯的私有化改革。[3]

第三,改变国内政治平衡。为了传播基于经济自由主义的意识形态,国际社会通过经济力量来改变转型国家的政治格局。也就是说,凡是那些承诺进行

---

[1] Hilary Appel, *A New Capitalist Order: Privatization and Ideology in Russia and Eastern Europe*, University of Pittsburgh Press, 2004, pp. 22-36.

[2] Ibid., p. 24.

[3] Ibid., p. 28.

私有产权和自由市场改革的领导者和国家,都能获得国际社会的援助。

第四,支持教育改革。为了改变计划经济体制下人们接受的理念(苏联式的经济学),国际社会积极推动转型国家的年轻一代进行市场经济的观念重塑,在吸引大批学生去美国和欧洲学习经济学等社会科学的同时,世界银行还为转型国家提供资助项目,进行西方经济学的训练。比如,世界银行于1997年为俄罗斯提供1.7亿美元贷款,其中7100万美元用于经济学等社会科学教育的改革。[1] 这项研究表明,全球经济体系和国际制度对于转型国家市场经济进程的约束是不能忽视的,这也是国际政治经济学必须深入研究的课题。

(三) 转型国家与全球经济体系的管理

大规模制度变迁和市场经济的建立,不仅体现在转型国家国内政治、经济和社会层面上,而且也体现在转型国家的对外经济政策以及全球经济体系的融入上。随着31个转型国家融入或逐渐融入全球经济体系,有一个重要研究议题被提到国际政治经济学的议事日程上,即如何管理全球经济体系。

关于如何管理全球经济体系,目前的争论主要集中在如下两个具体议题上:

第一,是否存在一种共同的价值观。国际社会能否通过合作来管理全球经济体系成为今天面临的首要难题。在贸易领域,自由贸易和贸易保护主义的争论一直持续到最近的世界贸易组织谈判之中;在对外直接投资领域,直到今天仍未能就全球层面的多边投资协定达成一致;在金融和货币领域,对国际货币基金组织的指责和改革国际货币基金组织的呼声一刻也没有停止过;在环境保护和全球气候领域,尽管相关国家动议和呼声不断,但由于对标准的不同理解而进展缓慢。所有这些表现在具体问题领域的未解之题,都涉及一个共同的基本问题:是否存在一种共同的价值观?如果存在,那么这种共同的价值观在个人、社会、环境以及制度、权力和发展问题上的共同标准是什么?如果不存在,这是否意味着国际社会的合作是有限度的?

第二,是否存在一个普遍有效的发展路径。这是国际社会争论的另一个重要问题。这不仅体现在单个国家发展政策的制定上,而且也体现在全球经济的管理上。在国际政治经济学领域,关于全球经济管理的争论,按照吉尔平的总

---

[1] Hilary Appel, *A New Capitalist Order: Privatization and Ideology in Russia and Eastern Europe*, p. 30.

结,目前主要形成三种流派,即新自由制度主义、新中世纪主义和跨政府主义。①新自由制度主义主张,民族国家在国际事务中继续发挥作用,但国际制度已经成熟到足以应对全球经济的挑战。如果国际社会发现制度的缺陷,国际社会可以合作创立新的制度或修改已有的制度。新中世纪主义则认为,由于跨国经济力量和互联网的出现,以民族国家为单位的分析已经过时,国际社会正在出现一种新的合作形式。跨政府主义主张,民族国家继续存在,但面对新的跨国问题,民族国家应该将这些问题托付给跨国机构来处理。无论是哪种主义,都无法回避一个基本问题:是否存在一个普遍有效的发展路径?如果存在,是已有发展路径的一种,还是国际社会尚未发现或总结出来?如果不存在,是否意味着国际社会的合作是不可能的?

---

① 〔美〕罗伯特·吉尔平:《全球政治经济学:解读国际经济秩序》,第419—442页。

第十二章
地区主义的政治经济学

　　国际政治经济学在过去半个多世纪的发展中出现了两个最为基本的特征:第一,国际政治经济学理论形成时所立足的现实主要是欧洲一体化,正是欧洲一体化的现实经验推动了国际政治经济学的出现和发展;第二,国际政治经济学的理论范式一直是围绕着国际关系的理论争论演进的。

　　冷战结束以后,随着亚洲区域化的深入发展,有三个问题摆在我们面前:国际政治经济学关于区域化研究的理论进展是什么?是否存在一个区域化的"亚洲方式"?中国学者参与区域化研究面临的问题是什么?限于篇幅,本章只从过去40多年国际学术界关于亚洲区域化的四种相互竞争的观念以及亚洲区域化的现实历史进程,对以上三个问题进行探讨。

第一节　地区主义研究:从理性主义走向建构主义

　　众所周知,国际关系理论自20世纪80年代以来关于自由主义和现实主义的争论一直受到建构主义的冲击。在国际政治经济学领域,建构主义对自由主义和现实主义的冲击尤其表现在区域化研究之中,特别是关于亚洲区域化的政治经济学研究之中。

　　随着新一轮区域化思潮在世界范围内兴起,在过去半个多世纪国际政治经济学研究领域中,关于区域化的研究范式一直为国际关系理论论争所左右。从20世纪80年代开始,在新自由主义和新现实主义的影响下,国际政治经济学领域出现了四种研究区域化的方法:第一种是基于自由主义的国际制度研究方法;第二种是基于现实主义的大国关系研究方法;第三种是基于现实主义的国内政治研究方法;第四种是基于建构主义的社会化研究方法。

一、国际制度研究方法

在国际关系领域关于区域化的政治经济学研究的文献中,最为盛行的是国际制度研究方法。国际制度研究方法强调国家之间的经济合作和区域制度的建设。按照这种研究方法,地区主义或区域合作被看作区域经济活动的融合。这种方法始于20世纪70年代对跨国公司作用的评估,并在90年代由于区域制度建设的成功而得以加强。

20世纪70年代,随着美国、欧洲以及日本的跨国公司对世界市场的原材料、技术、管理和人力资源的垄断,在国际学术界出现了著名经济学家维农倡导的主权困境模式。这种模式认为,国家对经济事务的控制将让位于跨国公司、欧元市场和国际制度,这些跨国公司和国际制度不仅能够更好地满足人类的经济需求,而且能提高世界效率和国内福利。[①]

20世纪90年代,随着欧洲一体化的成功,北美自由贸易区的建立,以及亚太区域化的深入,国家权力弱化模式开始盛行。大前研一(Kenichi Ohmae)在《民族国家的终结:区域经济的兴起》中是这样陈述的:

> 总而言之,这四个 I(这里指投资、工业、信息技术和个人消费者)的流动使得经济因素在世界任何地方用于发展成为可能。人们无须指望邻国的资源,也无须依靠政府的努力从其他地方吸引资源以供给使用者。这种状况使得国家(政府)的传统的"中介人"的职能失去必要性。因为全球市场中的四个要素能很好地发挥作用,民族国家不再发挥制造市场的作用。[②]

无论是主权困境模式还是国家权力弱化模式,在理论上主要基于如下三个假设:

第一,在一个相互依存的世界经济中,经济力量占据主导地位,跨国公司以及国际或者区域制度,如全球范围内的国际货币基金组织、世界贸易组织、世界

---

① Robert Gilpin, *U. S. Power and the Multinational Corporation: The Political Economy of Foreign Direct Investment*, Basic Books, 1975, p. 220.

② Kenichi Ohmae, *The End of the Nation State: The Rise of Regional Economies*, Free Press, 1995, p. 4.

银行与区域层次上的欧盟、北美自由贸易协定、亚太经合组织和东南亚国家联盟在当代国际体系中发挥着主要作用。

第二,民族国家经济已经日益融入相互依存的世界经济,这使得民族国家很难脱离世界经济网络,一旦脱离,民族国家将在经济效率、社会福利或国内生活方面付出高昂的代价。只有通过贸易、金融联系和对外直接投资,才能维持民族国家经济的增长或发展。

第三,区域安排或区域化是一种制度,通过这种制度,区域内各国政府可以更好地合作以满足各种功能上的需要。换句话说,经济活动的扩张为国家规范经济交换并使其更加自由化创造了动力,从而提高了会员国的经济福利,在这个过程中,国家不再发挥核心作用。

在这种研究世界经济和区域一体化的方法中,欧盟作为一种制度,被认为在欧洲一体化过程中发挥着核心作用;欧洲一体化模式被认为是区域一体化的普遍模式,这种模式不但在欧洲获得了成功,而且也适用于欧洲以外的其他地区,特别是正在区域化的亚太地区。

二、大国关系和国内政治研究方法

与自由主义学者不同,坚持现实主义的学者在区域研究上提出了两种研究方法:一种是大国关系研究方法;一种是国内政治研究方法。

大国关系研究方法继承了现实主义和新现实主义的传统,强调国际体系的无政府状态,并且将民族国家看作国际体系的主要角色。现实主义主要有四个假设①:第一,国家是主要角色,国际关系研究应该集中在国家这一分析单位上。非国家因素如跨国公司和国际组织则是次要因素。第二,国家是单一的,而且只有一个声音。第三,国家是理性的,换句话说,国家可以凭借其现存的能力达到其特定的目标。第四,在国际事务中,国家安全居于第一位,换句话说,经济和社会事务属于低级政治,而军事安全或战略问题属于高级政治。所以,国家、权力和国际体系的无政府状态是现实主义的核心概念。

从现实主义的角度对区域化进行政治经济学研究,一直是国际关系学界的主导方法。在现实主义的视角中,地区主义被定义为与大国关系或霸权相关联的政治和经济过程。按照这种逻辑,区域化应该集中研究三个问题:用以推动

---

① Paul R. Viotti and Mark V. Kauppi, *International Relations Theory: Realism, Pluralism, Globalism, and Beyond*, 3rd ed., Allyn and Bacon, 1998, p. 55.

经济交流的区域组织的形成;用以框定国际贸易的联盟政治;让位于区域集团的霸权。① 总之,从大国关系研究区域化,其核心命题是,没有国家之间的权力关系,经济合作就不存在。

国内政治研究方法是现实主义研究区域化的另外一种方法。与自由主义强调国际制度不同的是,国内政治研究方法将重点放在国内政治和经济结构对对外经济政策的影响上。事实上,这种方法吸收了当代国家主义理论的思想。正如我们在前面所论述的那样,国家主义有两个最为基本的理论假设:第一,国家作为一个自立的角色发挥作用;第二,国家利益就是在相当长的时间内促进社会整体福利的发展。将这种国内政治研究方法应用于区域化研究,区域化被看作一种与社会福利的提高和国家利益相关的过程。从国内政治研究区域化主要强调所谓利益集团和政策制定过程。

三、建构主义:地区主义研究的另一种方法

从20世纪90年代开始,在国际关系研究领域,自由主义和现实主义受到建构主义的挑战。按照建构主义的积极倡导者温特的观点,建构主义主要基于三个理论假设②:第一,国家是国际体系的主要行为体;第二,国家体系的主要结构是主观互动性的,而非物质性的;第三,国家认同和国家利益在很大程度上是通过这些结构形成的,而非由外在于这个体系的人类本性或者国内政治决定的。

与自由主义和现实主义的区域化研究不同,从社会建构主义研究区域化,区域化被看作一种集体认同(collective identity)的文化认识过程或社会化过程。

按照阿查亚的观点,从建构主义的角度解释区域化,有如下三个优点③:

第一,区域化可以重新对安全共同体进行社会建构。也就是说,国家之间的合作被理解为一个社会过程,这个过程可以重新定义国家在战争和和平中的利益。

---

① Edward D. Mansfield and Helen V. Milner, eds., *The Political Economy of Regionalism*, Columbia University Press, 1997, p. 10.

② Alexander Wendt, "Anarchy Is What States Make of It: The Social Construction of Power Politics," *International Organization*, Vol. 46, No. 2, Spring 1992, pp. 391-425.

③ Amitav Acharya, *Constructing a Security Community in Southeast Asia: ASEAN and the Problem of Regional Order*, Routledge, 2001, pp. 3-4.

第二,建构主义主张探究规则(norms)在框定国际关系过程中的深层次的影响。换句话说,建构主义主张,研究区域化要从探究集体利益和集体认同的社会化对区域融合的影响开始。

第三,建构主义主张,在国际政治中,物质力量是重要的,但主观因素(包括观念、文化和认同)在对外政策中不是第二位的,而是起着一种决定性的作用。

正是在这种理论范式和分析方法的论争中,关于区域化研究,从20世纪90年代开始,出现了一种从以往的理性主义[①]向建构主义的转化。在国际学术界,虽然只有少数学者将建构主义用于区域化研究,但却取得了公认的成就,其中比较突出的是,阿查亚对东南亚安全的研究[②],理查德·黑格特(Richard Higgott)对东亚区域建设的研究[③],迈克尔·巴尼特(Michael Barnett)对阿拉伯政治的研究[④],卡赞斯坦对国家安全和亚洲区域化的研究[⑤],以及托马斯·里斯-卡彭(Thomas Risse-Kappen)对北约的研究[⑥]。进入21世纪,在国际政治经济学强调对区域化进行比较研究的背景下,更是出现了理性主义和建构主义相融合的趋势。[⑦]

下面我们将以亚洲地区合作为例,分析一下将国际政治经济学理论应用于区域化研究,其理论范式和分析方法转化的合理性以及面临的挑战。

[①] 关于区域化研究中的理性主义最有影响的成果,可参阅 Edward D. Mansfield and Helen V. Milner, eds., *Political Economy of Regionalism*, Columbia University Press, 1997; Edward D. Mansfield and Helen V. Milner, "The New Wave of Regionalism," *International Organization*, Vol. 53, No. 3, Summer 1999, pp. 589-627。

[②] Amitav Acharya, *Constructing a Security Community in Southeast Asia: ASEAN and the Problem of Regional Order*.

[③] Richard Higgott, "The Political Economy of Globalisation in East Asia: The Salience of 'Region Building'," in Kris Olds, Peter Dicken, Philip F. Kelly, Lily Kong and Henry Wai-chung Yeung, eds., *Globalisation and the Asia-Pacific: Contested Territories*, Routledge, 1999, pp. 91-106.

[④] Michael Barnett, *Dialogues in Arab Politics: Negotiations in Regional Order*, Columbia University Press, 1998.

[⑤] Peter J. Katzenstein, ed., *The Culture of National Security: Norms and Identity in World Politics*.

[⑥] Thomas Risse-Kappen, "Democratic Peace-Warlike Democracies: A Social Constructivist Interpretation of the Liberal Argument," *European Journal of International Relations*, No. 1, Dec. 1995.

[⑦] 这方面国际学术界最具影响力的学术成果,可参阅 Peter J. Katzenstein, *A World of Regions: Asia and Europe in the American Imperium*, Cornell University Press, 2005(中译本为〔美〕彼得·卡赞斯坦:《地区构成的世界:美国帝权中的亚洲和欧洲》,秦亚青、魏玲译,北京大学出版社2007年版)。

第二节 竞相走向地区合作：欧洲一体化与亚太区域化[①]

地区主义或区域化不仅改变了世界地缘政治经济结构，也影响了相关国家的政治经济发展战略。根据地区合作的方式（正式制度还是非正式制度）和一体化的程度（多个领域还是单一领域），我们可以将冷战后的地区主义大致分为四类：第一类是通过正式的制度建设深入推动地区一体化，最具代表性的是欧盟；第二类是通过正式制度建设推动相关国家在单一领域的合作，最具代表性的是北美自由贸易区以及各种各样的地区性自由贸易协定和特惠贸易协定；第三类是通过非正式的制度建设推动地区在多个领域进行合作，最具代表性的是东盟；第四类是通过非正式的制度建设推动地区在某个领域进行合作，最具代表性的是亚洲太平洋经济合作组织。面对日益分化的制度设计和地区主义的种种表现形式，国际社会也出现了种种争论：开放的地区主义与排他性的地区主义，哪个更为有效？正式的制度建设和非正式的地区合作机制，哪个更为持久？地区主义是经济全球化的垫脚石，还是绊脚石？

一、欧洲一体化与欧洲联盟

从20世纪50年代到80年代，欧洲相关国家不断地通过合作应对世界经济和政治的变革，先是1951年法国、联邦德国、意大利、比利时、荷兰和卢森堡六国建立欧洲煤钢共同体，取消对煤炭和钢铁的关税和进出口限制。然后是1957年六个创始成员国签订《罗马条约》，建立欧洲经济共同体和欧洲原子能共同体，提出要在10年内实现关税同盟，推行共同农业政策，将欧洲建设成为"欧洲人的欧洲"。1967年六国将煤钢联营共同体、欧洲经济共同体和欧洲原子能共同体三个机构合并为欧洲共同体。从1967年到冷战结束，除了缓慢地扩张之外（1973年丹麦、爱尔兰和英国加入，1981年希腊加入，1986年西班牙和葡萄牙加入），欧洲共同体最突出的成就表现在两个方面：一个是为了应对20世纪70年代石油危机和布雷顿森林体系的崩溃，于1979年启动欧洲货币体系，创设欧洲货币单位，在成员国之间稳定汇率，保护欧洲货币免受美元急剧波动的影响。另一个是于1986年2月签署《单一欧洲法案》，力图通过深化欧共体机构改革

[①] 本节内容主要来源于王正毅：《边缘地带发展论：世界体系与东南亚的发展（第二版）》，上海人民出版社2018年版，第220—225页。

和拓展共同体的权力(特别是外交政策)加快一体化进程,但由于成员国之间的争论,欧洲一体化主要局限在经济层面,在政治和外交层面并没有多大的进展。

1990年德国的统一,导致德国通货膨胀率急速上升。为了抵制这一趋势,德国中央银行提高利率,而欧盟成员国为了维持其货币对德国马克的汇率,也提高了本国货币的利率,这最终导致欧洲货币体系的危机。为了阻止欧洲经济的衰退,1991年12月,欧共体12国领导人在荷兰古城马斯特里赫特会晤并批准了影响深远的《欧洲联盟条约》,又称《马斯特里赫特条约》,其目标是建立欧洲政治联盟和欧洲经济货币联盟。1993年11月1日,《马斯特里赫特条约》正式生效,欧洲共同体也正式更名为"欧洲联盟"。该条约的签订是欧洲一体化进程的一个重要里程碑,明确了欧洲一体化的目标是建立欧洲单一市场、统一的超国家的政治法律制度和实行共同安全外交政策。尽管之后所签订并生效的《阿姆斯特丹条约》(1997年签订,1999年生效)、《尼斯条约》(2001年签订,2003年生效)、《里斯本条约》(2007年签订,2009年生效)争议不断,但都是在不断推动欧洲一体化进程,并且在这三个方面取得了长足的进展。

欧洲一体化进程对冷战后的世界政治经济产生了广泛的影响,这种影响集中表现在三个方面:

第一,欧元和欧元区的建立改变了世界经济结构。《马斯特里赫特条约》的核心目标是真正建立一个欧洲经济与货币联盟,具体地说就是创建共同的欧洲货币和欧洲中央银行,从而为实现欧洲市场一体化提供前提条件,这较1979年提出的建立"欧洲货币体系"以协调欧洲汇率机制前进了一大步。欧洲货币统一分三个阶段完成。第一阶段从1990年1月1日开始,取消资本控制,对成员国经济政策进行协调和全面监管,通过欧洲货币体系的固定汇率机制将欧共体成员国的货币结合起来;第二阶段开始于1994年1月,建立欧洲货币局以管理欧洲货币体系,协调成员国的货币政策;第三阶段开始于1999年1月1日,对欧元区成员国之间的汇率予以固定,欧洲中央银行全面负责欧洲货币政策。2002年1月1日正式启用欧元,欧元区的诞生彻底改变了世界地缘经济。

第二,欧盟东扩改变了欧洲地缘政治结构。从1951年欧洲六国开始一体化进程,到1995年瑞典、芬兰和奥地利加入,欧洲一体化进程主要是在原来的西欧地区15个国家进行,欧洲一体化主要是欧洲国家加强合作,以应对国际政治和经济的挑战。但2004年欧盟向原来的中东欧国家的大规模扩张彻底改变了欧洲地缘政治态势。在2004年东欧10个国家成为欧盟成员国之后,2007年罗马尼亚和保加利亚两国成为欧盟成员国,2013年克罗地亚成为欧盟成员国。

这些国家在冷战时期主要是苏联的势力范围,这些国家成为欧盟成员国,由于欧盟不但是经济实体,也是政治实体,实行共同的安全和外交政策,自然引起俄罗斯的担忧。

第三,欧洲一体化成为地区主义的经典范本,引领冷战后地区主义潮流。冷战期间欧洲地区国家之间的合作主要是功能性的,而冷战后欧洲一体化超越了之前的功能性合作,在地区合作制度建设方面取得了令人意想不到的发展,建立了一个超越成员国主权的政治实体——欧洲联盟。这个联盟既有监督机构(欧洲议会),也有最高决策机构(欧洲理事会和欧盟理事会)和执行机构(欧盟委员会),还有财政机构(欧洲中央银行)和仲裁机构(欧洲联盟法院)。尽管这种超越国家主权的地区政治制度在具体问题领域的政策常因成员国之间的争论而不断改革,甚至不得不面对成员国退出联盟的挑战(比如英国 2016 年经全民公投宣布退出欧盟),但这种从上而下的正式制度合作和制度建设成为冷战后地区主义的经典范例和参照系。

二、亚太区域化与开放的地区主义

在规则和结果上都与欧洲一体化非常不同的是亚太地区主义。虽然早在 1980 年澳大利亚总理弗雷泽和日本首相大平正芳共同发起了"太平洋经济合作会议"(1992 年改名为"太平洋经济合作理事会",PECC),但亚太地区经济合作被正式纳入相关经济体的政治议事日程则始于 1989 年。1989 年 11 月,澳大利亚、美国、日本、韩国、新西兰、加拿大和当时的东盟六国在澳大利亚首都堪培拉举行首届亚洲太平洋经济合作部长级会议,这标志着亚太经济合作组织(APEC)成立。1991 年中国以主权国家身份、中国台北和中国香港以地区经济体名义加入,1993 年墨西哥和巴布亚新几内亚加入,1994 年智利加入,1998 年秘鲁、俄罗斯和越南加入,目前共有 21 个成员。亚太区域化进程对冷战后的地区主义也产生了广泛的影响,突出表现在三个方面:一是提供了一种不同的区域合作路径;二是引发了亚太地区地缘政治经济的"网络化"变动;三是亚太区域化引发了大国之间的竞争和合作,特别是美国、中国和日本在本地区的竞争和合作。

首先,基于 APEC 的亚太区域化从一开始就表现得与欧洲一体化不同,这主要体现在其宗旨上。APEC 的宗旨是强调开放性、灵活性和非强制性。所谓开放性,是指亚太经济合作组织在本地区推行开放的多边贸易机制,即开放的地区主义。具体来说就是,在无条件最惠国待遇的基础上将 APEC 的益处扩展到非成员方,以保证全球贸易机制不被破坏。所谓灵活性,是指虽然目标可以通过集体制定,但允许成员以不同速度来实现目标,各成员依据自身的情况为达到集体目标各自做出努力。具体而言就是,为了在本地区推行贸易和投资自由化和便利化,工业化国家或地区到2010年实现集体目标,而发展中国家或地区可以到2020年实现。所谓非强制性,是指APEC依成员之间的协商和领导人承诺的宣言而不是谈判形成的条约协定而行动,即以协商一致、自愿非约束的原则推行贸易投资自由化和经济技术合作。这种区域化的合作方式虽然因为进展缓慢受到不同程度的质疑,但是受到亚洲许多国家的欢迎。

其次,与欧洲一体化进程不同的是,亚太区域化使得亚太地区的政治经济呈现出网络化趋势。这突出体现在该地区出现了交错的次区域多边贸易安排和双边贸易安排上。就次区域多边贸易安排而言,既有东盟自由贸易区、北美自由贸易协定、拉丁美洲一体化协会(LAIA)、南太平洋区域贸易和经济合作协定(SPARTECA);也有"东盟+3""东盟+1",东盟-澳大利亚-新西兰自贸协定,还有新加坡、文莱与域外的新西兰和智利最早倡导建立的《跨太平洋伙伴关系协定》(TPP,2005年8月建立,2016年成员国增加到12个,2017年特朗普政府宣布退出后,其余11个国家宣布签订《全面与进步跨太平洋伙伴关系协定》)。就双边贸易安排而言,亚太地区在地区主义的影响下出现了井喷式的特惠贸易协定和双边贸易协定,如日本和新加坡、日本和墨西哥、韩国和智利、新加坡和澳大利亚、新加坡和欧盟、新加坡和约旦、新加坡和新西兰、新加坡和美国等,都签订了贸易协定。这些次区域贸易协定和双边特惠贸易协定的交错安排,使得亚太地区的地缘政治经济呈现出网络化特征。

最后,亚太地区区域化进程还引发了大国之间,特别是美国、中国和日本在该地区的竞争。与欧洲一体化进程中大国之间,尤其是德国和法国之间的合作不同,在亚太区域化的进程中,出现了大国之间的竞争,其中日本与中国、美国与中国之间的竞争最为引人注目。就日本与中国的竞争而言,两国的竞争主要集中在与东南亚地区及相关国家的合作上。比如,尽管在1999年11月马尼拉"东盟+3"峰会上发布了《东亚合作联合声明》,但中日两国仍然竞相与东盟以及东盟成员国签订双边合作协议,中国与东盟于2002年签署了《中国-东盟全面经济合作框架协议》,随后日本与东盟于2003年签署了《东盟-日本全面经济合作伙伴关系协议》,日本与新加坡于2000年签订了《日本-新加坡新时代经济合作伙伴协定》之后,中国于2004年与泰国签订了《中泰自由贸易协议》。

美国与中国的竞争则是在整个亚太地区。在20世纪90年代至21世纪初期,尤其是由于"9·11"的发生,美国将战略中心放在中东地区,中美两国在亚太地区区域化进程中总体上来说是合作的,中美两国的分歧主要集中在台湾问题、人权问题、核不扩散问题。但随着中国经济的飞速发展,特别是2010年中国取代日本成为世界第二大经济体,美国将战略中心从中东地区转移到亚太地区。2009年奥巴马政府提出了"亚洲再平衡"(rebalance to Asia)战略。"亚洲再平衡"战略的核心目标主要有两个:第一个目标是通过加强与东盟的合作,平衡日益崛起的中国对东南亚地区的经济和安全影响。这突出地体现在2009年美国宣布加入《东南亚友好互助条约》,以及2010年成为"东盟防长论坛"和"东盟海事论坛"的对话伙伴国。第二个目标是强调跨太平洋的合作,这突出地体现在美国曾经积极主导的《跨太平洋伙伴关系协定》。美国将《跨太平洋伙伴关系协定》作为"亚洲再平衡"战略的重要组成部分:一是强调合作的地区是跨太平洋,而不是以亚洲中心,突出美国在亚太地区的长期存在;二是提高自由贸易协定的标准,对亚太地区经济贸易合作进行重新洗牌,突出美国价值的主导作用。虽然在特朗普政府2017年上台之后美国宣布退出《跨太平洋伙伴关系协定》,但这丝毫没有改变美国对亚太战略的重视,而在2021年拜登政府上台后美国甚至将亚太战略扩大为印太战略,企图以此进一步制约中国的发展。

第三节 亚洲区域合作:四种相互竞争的区域合作观念

在竞相走向地区合作的浪潮中,亚洲地区的合作方式尤其引人注目。围绕亚洲地区的合作,出现了四种相互竞争的区域合作观念:第一种是雁行发展模式(flying geese paradigm);第二种是"21世纪海上丝绸之路"倡议(21st-century maritime silk road initiative);第三种是势力均衡论(balance of power)或大国协调论(concert of powers);第四种是东盟方式(ASEAN way)。这四种观念以及与此相关联的各国的外交政策,在过去几十年间或多或少地左右着东亚地区的区域化进程。

一、雁行发展模式

"雁行发展模式"首先是由日本学者于1962年提出的,当时主要是用来解释东亚地区经济发展过程中工业增长和贸易模式变化之间的关系。① 按照这种模式,在东亚地区,领导者和跟随者之间的关系类似于雁行的方式:日本是东亚经济发展中的头雁,"四小龙"(韩国、新加坡、中国香港和中国台湾)随其后,东盟国家(印度尼西亚、菲律宾、泰国和马来西亚)收其尾。这样,通过投资和贸易,东亚地区融合为一个整体。根据统计,在20世纪80年代和90年代,亚洲经济体之间的出口贸易是其与美国出口贸易的4倍。② 这种状况使得"雁行发展模式"在90年代仍有很大的影响力,如在1990年,日本财政大臣仍然号召,"亚洲新兴工业化经济体有必要走日本过去所走的发展道路,东盟国家也有必要走新兴工业化国家走过的道路"③。

尽管从20世纪50年代起,日本通过战争赔偿、援助与贷款、贸易与直接投资④对于东亚地区的经济增长做出了巨大的贡献,而且日本的商业网络在东亚地区经济融合过程中起了关键的作用⑤,但由于日本在冷战结束以后追求军事力量,"雁行发展模式"的政治和安全意义引起东亚地区许多国家的忧虑。比如2000年12月,日本政府制订了新一期防卫力量整备计划(2001—2005),其对加强军事力量的关注,使得许多东亚国家回想到受过战争创伤的过去。而2003年和2015年日本政府两次对《政府开发援助大纲》进行修订,更是明确强调政府开发援助的战略性⑥,这些都使得东亚国家对雁行发展模式的认同大打折扣。

二、"21世纪海上丝绸之路"倡议

随着中国经济在过去40多年的持续增长并在2010年成为世界第二大经济体,在国际学术界似乎形成了一种共识:中国是东亚地区最有活力的国家,将在东亚区域合作过程中起至关重要的作用。

关于中国的崛起和在东亚中的作用,在20世纪80—90年代的国际学术界出现了两种截然不同的观点:一种是"大中华圈论",一种是"中国威胁论"。

---

① K. Akamatsu, "A Historical Pattern of Economic Growth in Developing Countries," *The Developing Economies*, No. 1, Mar.-Aug., 1962, pp. 3–25.
② Peter J. Katzenstein and Takashi Shiraishi, eds., *Network Power: Japan and Asia*, Cornell University Press, 1997, p. 4.
③ Ibid., p. 53.
④ 王正毅:《边缘地带发展论:世界体系与东南亚的发展(第二版)》,第34—42页。
⑤ 关于日本商业网络在东亚经济融合中的作用,国际学术界富有影响的论述可以参阅 Peter J. Katzenstein and Takashi Shiraishi, eds., *Network Power: Japan and Asia*。
⑥ 王正毅:《边缘地带发展论:世界体系与东南亚的发展(第二版)》,第39—41页。

"大中华圈论"的观点主要有两种表达。一种是立足于东亚的"朝贡体系",认为东亚国家在历史上一直是"中华(国)"文明的接受者,"朝贡体系"是联系中国及其周边国家的纽带,是东亚国际体系的基础。"大中华圈论"的另外一种提法是海外华人以及台湾学者提出的"儒家资本主义",即东亚地区尽管受西方殖民体系影响的程度不同,后来进行现代化的进程也有所不同,但是有一点是共同的,那就是都属于"大中华文化圈",这个文化圈的主导价值是一种非宗教伦理,即儒教伦理。东亚的资本主义与西方的资本主义的最大区别是,东亚的资本主义是以儒家思想为基础的,儒家的思想不是资本主义的障碍,恰恰相反,正是儒家思想促进了东亚资本主义的发展。

然而,关于中国在过去的发展,在国际学术界也出现了另外一种理论,这就是人们所熟悉的"中国威胁论"[①]。这种理论主要基于三个假设:(1)在东亚的历史上,中国曾经依靠"朝贡体系"主导过东亚地区[②];(2)中国的崛起在经济上威胁美国在东亚的利益[③];(3)中国经济的成功使得中国有可能成为东亚地区的军事强国,这可能威胁东亚地区的安全。

对于中国这个大国的崛起这种观念上截然不同的反应,不但使得东亚地区的认同愈来愈复杂,而且也使得中国在20世纪80—90年代的外交政策中很难在东亚地区给自己一个合适的定位。在现实中,面对部分东盟国家的猜疑,中国一直将邓小平提出的"韬光养晦"作为中国对外政策的基本基调,并将"相互尊重主权和领土完整、互不侵犯、互不干涉内政、平等互利、和平共处"五项原则作为与东南亚国家进行交往的基本原则。在双方最为敏感的南中国海问题上,中国在1992年提出了"搁置争议、共同开发"的主张,反对东盟将南中国海问题"国际化";同时,为了消除东南亚国家的误解,中国于1995年成为"东盟地区论坛"的对话国。

1997年亚洲金融危机为中国和东南亚关系的改善提供了契机。在危机发生后,中国并没有采取以邻为壑的政策,而是坚持人民币不贬值,此举赢得了东盟国家的广泛赞许,中国与东南亚国家之间的关系开始进入一个全新阶段。

---

① 对"中国威胁论"的论述以及评价,可参阅 Wang Gungwu and John Wong, eds., *China's Political Economy*, Singapore University Press, 1998, pp. 339-358。

② Richard Bernstein and Ross H. Munro, "The Coming Conflict with America," *Foreign Affairs*, Mar./Apr., 1997, p. 19.

③ Ibid., p. 22; Institute for National Strategic Studies, *Strategic Assessment 1995: U. S. Security, Chanllenges in Transition*, U. S. Government Printing Office, 1995, p. 21.

2002年11月,中国与东盟领导人签署了《中国与东盟关于非传统安全领域合作联合宣言》和《中国-东盟全面经济合作框架协议》,双方不但就反对恐怖主义、跨国贩毒、海盗、洗钱等非传统安全领域加强合作,而且开始建设世界上规模最大的中国-东盟自由贸易区。2003年10月,中国继巴布亚新几内亚之后,成为加入《东南亚友好合作条约》的第一个域外大国。中国还积极参与了东盟于2010年创办的东盟防长扩大会和东盟海事论坛,在政治和安全问题上加强了与东盟的对话。尤为引人注目的是,2013年10月中国国家主席习近平访问东南亚国家(印度尼西亚)时提出了共建"21世纪海上丝绸之路"的倡议,明确地将中国的发展与地区合作紧密结合起来。

基于中国参与东亚地区合作进程的经验,中国学者在建构主义的框架下将其概括为"进程主导模式"(process-focused constructivism)。进程主导模式的主要论点是:第一,进程在社会化过程中起着关键作用,在东亚地区没有高度制度化和没有明确的权力结构的条件下,保持合作的进程本身是对参与国进行社会化的重要前提。第二,规范的扩展是通过进程完成的。在东亚地区的合作中,中小国家正是通过地区共同体的建设将大国拉入进程之中,从而不断地对大国进行社会化。如果预设目标的实现可能带来进程脱轨的危险,行为体宁愿推迟甚至放弃这一目标的实现来维持进程的延续。第三,进程帮助参与者构建身份。在东亚地区的合作进程中,无论是大国还是小国,通过在不同领域、不同层次的互动,不断催生出本地区相关国家认同的行为规范,这些规范成为地区稳定的重要因素。①

三、势力均衡论和大国协调论

第二次世界大战以来,势力均衡在东亚地区一直是一种占主导地位的理论。在20世纪50年代和60年代,东亚地区一直是美国"势力均衡"战略的一个重要组成部分,这突出地体现在1951年9月签订的《澳新美安全条约》和1954年签订的《东南亚条约》(取代《澳新美安全条约》)和《美台共同防御条约》。美国和苏联两极均衡的体系在东亚地区产生了两个阵营,即日本和东盟国家(印度尼西亚、马来西亚、菲律宾、泰国和新加坡)为一方,越南、老挝、缅甸

---

① 秦亚青、魏玲:《结构、进程与权力的社会化——中国与东亚地区合作》,载王正毅、〔美〕迈尔斯·卡勒、〔日〕高木诚一郎主编:《亚洲区域合作的政治经济分析:制度建设、安全合作与经济增长》,上海人民出版社2007年版,第456—492页。

和柬埔寨为另一方。虽然在70年代和80年代东亚地区出现了许多变化,如日本经济的持续发展以及因此而出现的美日贸易摩擦、中美关系正常化以及中国随后推行的改革开放政策,但美国在该地区推行的"势力均衡"战略一直延续到冷战的结束。

进入20世纪90年代,随着冷战的结束和"柬埔寨冲突"的解决,以及东盟于1992年开启的地区新秩序重建进程,美国对其亚太地区政策进行了重大调整,这主要集中在三个方面:一是面对日本经济持续的低迷,美国逐步放弃了美、日共同主宰亚太地区的经济战略构想,转而通过多边主义(如"亚太经合组织"和"跨太平洋伙伴关系")将东南亚纳入美国主导的亚太地区经济合作。二是积极参与东南亚地区安全秩序的对话,保证美国在该地区的政治和军事存在,防止中国因苏联的解体而填补在该地区的"政治真空"。三是积极应对中国经济的崛起,通过"接触"(engagement)政策,努力将中国纳入美国主导的全球秩序和地区秩序。①

国际学术界将美国这种基于多边主义的合作机制总结为"大国协调"。大国协调论的主要观点是,一个和谐的体系有许多属性。这些属性包括:第一,区域危机可以通过大国之间的双边和多边商谈得到比较满意的解决;第二,区域稳定可以通过其成员的协议来维持,其中任何领土的变更需要获得大国的协商一致;第三,大国之间的冲突可以在一个和谐体系中缓解,因为这种和谐体系的一个重要要求是大国之间的关系应以平等原则为特征。②

对于东亚地区的势力均衡论或大国协调论,美国、日本和中国等大国都表现出强烈的兴趣,但东亚地区的部分小国对此持谨慎态度,有些国家反应则比较强烈,如下面提及的马来西亚前首相马哈蒂尔提出的"东亚经济核心论坛"就是其中反对大国主宰该地区的最为强烈的一种反应。

四、东盟方式

冷战结束以后,在东亚地区出现了一种新的区域融合方式,这就是为人们所广泛关注的"东盟方式"。

"东盟方式"是对东南亚国家合作方式的一个总结。尽管在20世纪60年

---

① 王正毅:《边缘地带发展论:世界体系与东南亚的发展(第二版)》,第43—52页。
② 参见 Nicholas Khoo and Michael L. R. Smith, "A 'Concert of Asia'?," Policy Review, Vol. 108, No. 73, 2001, http://www.policyreview.org/AUG01/khoo.html,2020年3月15日访问。

代之前在东南亚地区出现过国家之间的合作,但合作的对象主要是区域外的美国,而且区域内也只有泰国和菲律宾参加,这就是1954年成立的东南亚条约组织(Southeast Asia Treaty Organization)。东南亚地区国家之间的合作起源于20世纪60年代,第一次合作是1961年马来亚、菲律宾和泰国建立的东南亚联盟(Association of Southeast Asia),其目的是三国政府相互合作,共同抵制国内和国外的共产党[1],这次合作由于菲律宾和马来亚关于北婆罗的领土争端而于两年之后失败[2]。第二次合作是马来亚、菲律宾和印度尼西亚于1963年建立的马菲印联盟(Maphilindo Confederation),其目的是三个具有本土马来居民的国家相互合作,但由于每个国家都力图影响其邻国,所以这次合作最终也以失败而告终。[3]

东南亚地区成功合作的标志是1967年由马来西亚、印度尼西亚、菲律宾、泰国和新加坡五国建立的"东南亚国家联盟"(Association of Southeast Asia Nations, ASEAN),尽管目前学术界对于这一组织成立之初的性质仍存在着争论,但在笔者看来,在东西方冲突中寻求中立、寻求经济上的合作以提高该地区在世界经济格局中的地位、寻求谅解以解决地区内部存在的各种争端是五国联合起来的直接原因,这不仅体现在1967年发表的《曼谷宣言》中,而且体现在后来于1976年签订的《东南亚国家联盟协调一致宣言》和《东南亚友好合作条约》中。从功能上来看,从1967年东南亚国家联盟成立到1992年提出建立东盟自由贸易区,东南亚国家联盟作为一个区域组织,主要被当作一个政治论坛。

从1992年开始,东南亚国家联盟开始了其重组的过程,这不仅表现在其成员国扩展上,而且表现在其功能上。就成员国的扩展而言,东盟自1967年成立以来,只有文莱于1984年作为成员国加入,但在1992年以后,随着柬埔寨和平协议的签署,越南(1995)、老挝(1997)、缅甸(1997)和柬埔寨(1999)相继加入东南亚国家联盟;就功能而言,1992年以后,东盟一改过去那种主要作为解决地区争端的政治论坛的功能,1992年倡导建立东盟自由贸易区,开始加强其经济功能。2003年又提出建设东盟共同体,突出其安全、经济和社会文化合作的综合功能。2015年12月31日,东盟宣布成立东盟共同体,东盟作为一个地区性

---

[1] Michael Antolik, *ASEAN and the Diplomacy of Accommodation*, M. E. Sharpe, 1990, p. 13.
[2] Michael Leifer, *ASEAN and the Security of South-East Asia*, Routledge, 1989, p. 3.
[3] Michael Antolik, *ASEAN and the Diplomacy of Accommodation*, pp. 13–14.

组织,开始从以往功能性的组织逐渐向制度化的组织发展。①

在东盟的发展过程中,最引人注目的是其区域合作的方式,即"东盟方式",这种方式向以往最为成功的"欧盟模式"提出挑战,成为一种独特的区域合作方式,学术界有时将其称为区域合作的亚洲方式。

一般认为,"东盟方式"主要有如下三个最为基本的特征②:

第一,成员国之间的协商一致。协商一致是进一步讨论问题的基础,没有表决,也不存在否决。

第二,灵活性原则。所有成员国都力图避免僵硬的谈判过程。

第三,政府间合作。东南亚国家联盟的所有决定都是在国家以及区域层次上的政治决定。

"东盟方式"的这些基本特征不仅体现在东南亚地区国家之间的关系中,而且体现在东盟与域外国家特别是域外大国的关系上。为了使东南亚地区成为一个"自治"的地区,东盟在加强自身重建的同时,还努力以"东盟为中心",邀请域外国家特别是域外大国参与东南亚地区秩序的对话。在政治安全方面,最引人注目的是 1995 年设立的"东盟地区论坛",以及 2010 年倡导的"东盟防长扩大会"和"东盟海事论坛"。在经济合作方面,比较突出的包括:与域外国家建立双边自由贸易区,如中国-东盟自由贸易区(2002)、东盟-日本自由贸易区(2003)、东盟-印度自由贸易区(2003)、东盟-韩国自由贸易区(2006)、东盟-澳大利亚-新西兰自由贸易区(2009)。另外,东盟还以东盟为中心,以"东盟+X"的方式扩大区域合作机制的建设,如"东盟+3"(东盟、中国、日本和韩国,2003 年)、"东盟+6"(东盟、中国、日本、韩国、澳大利亚、新西兰和印度,又称"区域全面经济伙伴关系",2011 年)。

第四节 区域合作的亚洲方式:合理性及其局限性

"东盟方式"在亚洲以及太平洋地区的盛行,向国际学术界特别是亚洲学术界提出了一个根本性的问题:是否存在一个区域化的亚洲方式?如果存在,其合理性及局限性何在?

---

① 王正毅:《边缘地带发展论:世界体系与东南亚的发展(第二版)》,第 231—240 页。
② Purificacion V. Quisumbing and Benjamin B. Domingo, eds., *EEC and ASEAN: Two Regional Community Experiences*, The Foreign Service Institute and University of the Philippines Law Center, 1983, p. 130.

一、区域合作的亚洲方式的合理性

如果现在就得出结论认为,基于"东盟方式"在亚洲以及太平洋地区建立了一系列区域合作制度,所以存在一种有别于欧美的区域化理论或国际关系理论,可能还为时过早,在某种意义上甚至可以说比较唐突。在笔者看来,"东盟方式"与其说是一种区域化理论,不如说是一种区域化的亚洲方式。理解这种区域合作方式的合理性及其局限性,无论是对于推动亚洲区域合作的现实历史进程,还是对于国际关系学界从理论上审视亚洲区域化,都是有益的。

(一) 全球化进程中的亚洲

冷战结束以来,在国际社会中,没有哪个词比"全球化"更为时髦了,"全球化"不仅成为一个"摩登"的学术术语,同时也成为生活在国际社会中人们现实生活的一个口头禅。随着亚洲特别是东亚经济的飞速发展,亚洲的区域合作也面临着全球化的冲击。尽管目前关于"全球化"的定义仍然存在着各种争议[①],但仍然有许多学者从全球化的角度来分析和解释东亚的兴起,其中最引人注目的是世界体系理论的观点和自由主义经济理论的解释。

世界体系理论兴起于20世纪70年代,并在70年代中后期和80年代初期达到了顶峰。对于东亚的兴起以及由此发起的东亚发展模式的挑战,世界体系论者做出了积极的反应。关于东亚的兴起,世界体系论者通过分析资本主义世界体系发展的轨迹得出一个结论,即东亚的发展是资本主义世界体系发展的延续,并不是一种独特的发展模式。[②]

与世界体系理论相同,自由主义经济理论也是从全球化的角度来解释东亚的兴起。但与世界体系理论不同的是,自由主义经济理论并不认为国家在东亚兴起过程中发挥了关键作用。在经济自由主义者看来,全球化意味着经济全球化,即在全球资本主义体系内,市场的自由化,资产的私有化,福利国家功能的衰退,技术的扩散,生产和对外投资的跨国分配,以及资本市场的日益融合。在

[①] 关于全球化的定义及其在人文社会科学各个领域的具体体现,读者可以参阅 John Beynon and David Dunkerley, eds., *Globalization: The Reader*, Athlone Press, 2000。

[②] 关于这一命题比较详细的论述,可以参阅王正毅:《世界体系论与中国》,商务印书馆2000年版,第311—316页。

这种全球化进程中,东亚的兴起主要是在全球经济要素的作用下发生的。①

毫无疑问,全球化已经改变或者正在改变着全球经济,因而使得政府在控制各自经济方面比以前更为困难。但是,这种从全球化的角度分析东亚的兴起的观点,在理论上受到了批评,在现实中遇到了阻力,因为这种观点过分强调经济作用,而忽视了观念的作用和政治经济推动力背后的社会文化机制的联系。②

(二) 区域合作的亚洲方式:社会—文化的定位

为了使本国的利益在全球化进程中最大化,许多国家开始加强地区范围内的合作,尽管也出现了所谓的"开放的地区主义",但地区主义的地区性也逐渐显现出来,并逐渐为国际学术界所重视。其中,为亚洲的区域化进程进行社会—文化定位也成为国际关系学界一个新的学术趋向。

> 在东亚,尽管[发生了]经济危机,并且出现了种种观点认为走出[这种危机]的唯一途径就是接受盎格鲁-撒克逊的公司经济模式,但我们不能就此认为,区域经济合作的良性过程已经出现。事实上,我们只是比较容易发现,在危机后的东亚的政治转化过程中出现了差异性以及不断加强的竞争性。在这种意义上,区域建设也可以被理解为资本主义的一个文化方面,就像其经济方面一样,在其中,社会和文化组织需要加以解释,就像理性主义者对其进行的经济要素的解释一样。对全球化的理解远没有达成共识,我们期望地区作为社会—文化的载体继续发展。③

"东盟方式"在东南亚地区比较成功的实践,以及基于"东盟方式"发表的《东亚合作联合声明》表明:第一,在区域制度建设中,没有霸权国家的参与,发展中国家在现实中也能推动区域合作;第二,对于学术界而言,超越立足于欧洲区域合作经验的国际关系理论范式,在观念上重新建构欧美之外的区域合作经验,不仅在理论上是可能的,而且在现实中也是必要的。

但我们不能就此认为,欧、美之外的发展中国家已经在概念体系上有一个

---

① Scott Lash and John Urry, *The End of Organized Capitalism*, Polity Press, 1987, pp. 196-198; Michael Hobday, *Innovation in East Asia: The Challenge to Japan*, Edward Elgar, 1995, pp. 1-9, 35-41, 129-132.

② James H. Mittelman, "Rethinking the 'New Regionalism' in the Globalization Context," *Global Governance*, Vol. 2, No. 2, 1996, p. 190.

③ Richard Higgott, "Review of 'Globalization'," paper prepared for The Economic and Social Research Council, November 20, 1998, p. 15.

比较完整的国际关系理论。从亚洲区域化目前的进程和国际学术界的研究状况来看,亚洲区域化进程还处于初始阶段,亚洲学术界也远没有走出"欧美中心论"的理论误区。

二、区域合作的亚洲方式的局限性

"东盟方式"作为区域合作的一种方式,目前仍然面临着一系列挑战,其中最主要的挑战表现在两个方面:亚洲区域合作是在亚太地区还是在东亚地区?在亚洲的区域合作中优先考虑的要素和层面是什么?

(一) 优先考虑的地区:亚洲-太平洋还是东亚?

基于"东盟方式"的《东亚合作联合声明》面临的第一个挑战就是:没有美国的参与,东亚的合作是否可行?

按照《1998年美国东亚战略报告》,东亚只是被作为美国维持其对全世界全面接触战略的一个部分:

> 我们的安全前景必然要求美国继续保持对世界事务的关注,去影响那些可能对我们国家的生存产生影响的国家——朋友和敌人——的行为。今天,仍然有人希望我们从世界中撤回来,而忘记了20世纪的一个重要教训:当美国忽视了世界的问题时,世界通常将它的问题带入美国的门口。①

在这种全球战略中,美国似乎喜欢亚洲-太平洋合作甚于东亚合作,关于这一点,美国曾明确声明:

> 美国将双边、局部(minilateral)和多边安全合作框架看作建立和推动新世纪亚太地区共同安全的一个多元的、灵活的框架。例如,美国将东盟区域论坛的持续发展看作交换对区域问题观点的一个重要场所,[这些区域问题]如南海问题、提高相互理解和信心以及预防性外交和冲突的解决。局部接触的继续以及扩大也将是美国优先考虑的战略,并且在未来与传统的对话机制并行使用。②

---

① Department of Defense, *East Asian Strategy Report 1998: The United States Security Strategy for the East Asia-Pacific Region*, Washington D. C., 1998, p. 4.
② Ibid., p. 66.

进入21世纪,虽然美国在经历了"9·11"恐怖主义袭击后将战略重点集中于中东地区,东亚地区只是其全球反恐战略的一个合作者,但当美国将战略重点从中东地区转向亚太地区后,并分别于2009年和2018年推出"亚洲再平衡"战略和"印度-太平洋"战略时,其所强调的也是"亚洲-太平洋"地区,而非东亚地区,更非东南亚地区。

但是,对部分东亚国家而言,它们更希望建立一个由东亚国家组成的区域,这种信念促使马来西亚总理马哈蒂尔于1990年12月提出"东亚经济组织"(East Asian Economic Grouping),后来更名为"东亚经济论坛"(East Asia Economic Caucus),其中包括东盟10国、中国、日本和韩国。马哈蒂尔曾明确地表示:

> 毫无疑问,从战略的角度考虑,东亚经济论坛似乎比在亚太经合组织内更能体现出一个独立的亚洲的声音。正如马来西亚财政部长安瓦尔·易卜拉欣(Anwar Ibrahim)所说的,东亚组织能够与北美和欧洲在平等的基础上坐在一起。如果我们依靠亚太经合组织,这将是不可能的,因为美国和加拿大也同时属于北美自由贸易区。可以说,我们有了一个与大佬(美国)和另外一个大佬(日本)打交道的平台。小国必须熟谙与大国处事之道。[1]

(二) 优先考虑的领域:经济还是政治和安全?

自从冷战结束以来,在东盟推动的地区合作进程中,各种层面的合作交织在一起,有地区内国家之间的次区域合作,有地区内国家之间的合作,也有地区内国家与区域外国家之间的双边合作,还有东盟作为一个整体与区域外国家的双边合作和多边合作。各种层次的合作交织在一起,形成了学者们所说的网络化的状态。这种状态既存在于经济领域,也表现在政治和安全领域。

在经济领域,围绕着在什么层面上进行合作,有基于亚洲-太平洋地区或更为太平洋的亚太经济合作组织和全面与进步跨太平洋伙伴关系协定,以及与之相对的基于东亚地区或更为亚洲的东亚经济论坛[2]和区域全面经济伙伴关系协

---

[1] Richard Higgort and Richard Stubbs, "Competing Conceptions of Economic Regionalism: APEC Versus EAEC in the Asia Pacific," *Review of International Political Economy*, Vol. 2, No. 3, Summer, 1995, p. 523.

[2] Ibid., pp. 516-535.

定；也有基于次区域的"增长三角"（新加坡、柔佛、廖内半岛）和大湄公河次区域合作，以及与之相对的基于地区内部合作的东盟自由贸易区；还有基于东盟成员国与域外国家之间双边合作的《新加坡－日本新时代经济合作伙伴协定》《新加坡－美国自由贸易协定》《中国－新加坡自由贸易协定》《新加坡－澳大利亚自由贸易协定》《文莱－日本自由贸易协定》《印度尼西亚－日本自由贸易协定》《马来西亚－日本自由贸易协定》《泰国－澳大利亚自由贸易协定》《中国－泰国自由贸易协定》《泰国－日本自由贸易协定》《越南－日本自由贸易协定》等双边自由贸易协定，以及与其相对的基于东盟整体与区域外国家之间双边合作的《中国－东盟自由贸易协定》《东盟－日本自由贸易协定》《东盟－印度自由贸易协定》《东盟－韩国自由贸易协定》《东盟－澳大利亚/新西兰自由贸易协定》。

在政治和安全领域更为复杂，有多边合作，如东盟区域论坛、东盟海事论坛、东盟防长扩大会议、香格里拉对话；也有双边合作，如美国－日本联盟，美国－韩国合作，美国－泰国合作，美国－菲律宾合作，中国－日本安全对话等；还有局部合作，如《南海各方行为宣言》。

（三）坚持非正式性还是走向制度建设？

随着东盟一体化进程的深入，是仍然坚持早期所强调非正式的"东盟方式"，还是逐渐走向正式的制度建设？这是"东盟方式"在多年后不得不面临的挑战。

早期东盟国家之间的合作主要依靠领导人之间的相互信任和私人关系，所以非正式性就成为东盟方式的一个重要特征，这也是东盟成立时只有简短的宣言而没有任何具有法律约束力文件的原因（直到1976年东盟才签署了第一个条约性文件《东南亚友好合作条约》）。

但冷战结束以来，随着东南亚地区合作进程的深入，单单依靠领导人之间的非正式会晤已经无法应对东盟国家之间合作的复杂性。东盟国家开始更多地，至少在形式上寻求制度建设，如1992年提出建立东盟自由贸易区，2003年倡导东盟共同体建设，2004年将制定《东盟宪章》列为东盟的一个目标，2007年签署《东盟宪章》，宣称要将东盟建成一个司法和法律实体，并在此基础上于2015年宣布成立"东盟共同体"。然而，这种形式上的文件并未彻底消除人们的疑虑，东盟前任秘书长曾对此做了明确的表述：

只有当东盟成员国用心领悟宪章的实质内容,并真正相信区域主义对他们是有用的,区域利益就是他们自己的利益时,所有这些才将成为一种现实。否则,制定《东盟宪章》除了不能成为推动东盟意图的机会外,还可能阻碍东盟的进步。①

　　所有这些对于正在进行中的亚洲区域化都是一种挑战。这就需要国际学术界特别是亚洲学术界首先从理论上或观念上进行比较系统的构建。唯有这样,区域化的亚洲方式才能成为理论创新以及现实有效的路径。

---

① 〔菲律宾〕鲁道夫·C. 塞韦里诺:《东南亚共同体建设探源:来自东盟前任秘书长的洞见》,王玉主等译,社会科学文献出版社2012年版,第327页。

结 语
理解中国道路：国家战略目标、制度调整与国际力量

20世纪后半叶,国际政治经济中最引人注目的事件之一便是中国正在进行着三种转型:从一个落后的农业社会向城市化的工业社会转型;从高度集中的计划经济体制向充满活力的社会主义市场经济转型;从一个半封闭半开放经济向全方位开放经济转型。与苏联不同的是,这种转型既没有带来大规模的社会混乱,也没有导致国家的解体。伴随着改革开放政策的实行,中国经济从20世纪90年代以来持续增长,并于2010年取代日本成为世界第二大经济体,"中国道路"也因此受到国际社会的广泛关注。

第一节 关于中国转型的两种不同理论解释

围绕着中国的顺利转型和强劲的经济增长,在国际学术界曾出现过两种截然相反的观点。一种为"趋同论",认为中国的经济增长不过是旨在通过制度性的改革和调整实现"正常市场"或"标准市场"的改革开放政策的自然结果;另一种为"实验说",认为中国强劲的经济增长是一种独特的发展过程的一部分,有着缜密的制度设计,或者说有着某种程度的制度改革,尤以"价格双轨制"为代表,尽管这一过程并不具有明确、连贯的目标、发展顺序和节奏。

一、趋同论

"趋同论"(Convergence School)的重点是强调国际力量对于推动中国经济快速增长的作用。1978年以来改革开放政策的经验表明,尽管中国的对外

开放步履维艰,但中国政府一直在努力通过对外开放政策,实现从半封闭经济向开放型经济转型。就对外贸易政策而言,中国从1986年开始申请恢复关税及贸易总协定成员地位,前后经历15年,最终于2001年成为世界贸易组织的成员。同时,中国还积极加入亚太经合组织、签订中国-东盟自由贸易协定、推动双边自由贸易协定的签署。通过这些努力,中国成为全球第一大贸易国。就吸引外资而言,中国努力创造市场环境以吸引外国直接投资。从1979年设立经济特区、1984年开放沿海14个城市到1992年之后各地设立"经济开发区"和"高科技园区",从2007年开始实施"自由贸易试验区"战略、2013年加快实施"自由贸易区战略"到2018年宣布将海南建设成自由贸易港,中国一直在为构建开放型经济进行体制创新。这些吸引投资的政策使得中国成为全球吸引外国直接投资最多的发展中国家,中国也因此成为世界第一大工业生产国。在对外贸易和吸引外国直接投资的推动下,中国的GDP总量于2010年超越日本成为世界第二。正是在这种意义上,"趋同论"认为,中国在经济上的成功主要得益于贸易和外国直接投资这些国际力量。但"趋同论"明显不能解释如下两个事实:第一,中国开放的初始条件无论是在政治上还是在经济上与20世纪六七十年代的亚洲国家完全不同。在经济上,与其他在二战一结束就开始鼓励发展以市场经济为基础的资本主义的东亚国家不同,中国是一个从社会主义计划经济向社会主义市场经济逐渐转型的国家;在政治上,日本、泰国、菲律宾、韩国、新加坡等是美国的盟友,因而能够轻易地进入美国市场或者以美国为中心的世界市场,成为学界所称的"联盟经济",而中国只是从改革开放才开始学习如何与美国在经济上打交道,因此中国不得不谨慎地回应美国主导的国际力量。第二,同为转型国家,采用国际金融组织的政策建议、打破现存的国家机构直接进入资本主义体系的俄罗斯出现了经济停滞,而有选择地利用国际力量的中国却在经济上持续增长,社会转型相对平稳。所以,国际力量是持续增长和顺利转型的必要条件,而非充分条件。

二、实验说

"实验说"(Experimentalism School)的重点是强调国内制度调整对中国经济增长和顺利转型的贡献。中国从社会主义计划经济向社会主义市场经济转型过程中的宏观经济政策表明:无论是在20世纪50年代开始的工业化和资本积累过程中,还是在 90 年代以来在保持经济强劲增长的同时,从社会主义计划经济向社会主义市场经济的转型过程中,政府都扮演了一个非常积极的角色。50 年代,政府主要是通过制度建设、投资和技术激励以及苏联的援助,重点发展资本密集型的重工业,建立了社会主义计划经济。80 年代以后,政府推行了一系列导向性政策,如投资导向性政策、地区导向性政策和工业导向性政策,并进行了一系列制度性调整,如行政分权,在农村实行家庭联产承包责任制,在城市实行生产经营责任制,以促进和保持经济的强劲增长,逐步向社会主义市场经济过渡。但这种主张至少不能很好地解释如下两个相互关联的问题:国际要素(如直接投资、对外贸易)对于中国经济增长和顺利转型是否有实质性的贡献? 如果有,国际力量是通过何种途径影响中国宏观经济政策的?

显然,无论是"趋同论"还是"实验说"都不足以全面解释中国经济的持续增长和顺利转型。问题的关键是,在改革开放政策的推动下,哪些国内因素是中国政府在推动和维持经济增长过程中优先考虑的,哪些国际力量在中国经济增长过程中发挥了作用,以及这些国际力量如何或通过何种方式推动了中国经济的持续增长。下面,我们将中国的经济增长和顺利转型放在一个更广阔的背景下,从国内约束和国际因素的关联性对中国的渐进式转型模式进行政治经济分析。

第二节 国家战略目标、国内约束与制度调整

经济持续增长、社会稳定是中国在转型期间追求的国家战略目标。在中国过去 40 多年宏观经济政策的制定过程中,有三种国内约束一直是中国政府制定宏观经济政策优先考虑的目标,也是中国政府维持经济增长和进行社会转型的关键所在。这三种约束是中央和地方的关系、政府和企业的关系、富裕和贫穷的关系。

一、中央和地方的关系

权力下放是中国从社会主义计划经济向社会主义市场经济转型所采取的一个重要政策,因此中央政府和地方政府的关系是研究中国经济转型的第一个关键因素。权力下放始于 1980 年的财政改革,在 1984 年的外贸体制改革和

1993年的税制改革中得到进一步发展。权力下放的目的在于将中央集中的经济权力下放给地方政府,以解决在计划经济体制下长期存在的中央政府权力过度集中的问题,从而充分调动地方政府的积极性。权力下放的结果是地方政府拥有了批准外国投资项目、经营贸易、设立投资特区、建立贸易公司、进行出口补贴、以官方汇率配给外汇、外汇交易市场的直接准入等权力,同时在地方经济方面也有了更多的自主权,如建立产业项目、为了促进当地经济发展建立本地市场等。① 随着各省,特别是沿海地区的经济增长,中央政府逐渐从对经济领域的直接指令中撤出,转而对经济进行宏观调控,包括行政管理、财政和税收管理、金融管理和法律、社会的改革,从而为中国从社会主义计划经济向社会主义市场经济转型奠定了制度性基础。

　　权力下放这一政策的实施确实给予地方政府以更大的权力发展地方经济,但同时也削弱了国家管理宏观经济的能力。权力下放的消极结果主要表现在:第一,经济过热和相伴而生的通货膨胀、物资短缺、财政和贸易赤字;第二,地方保护主义导致的国内市场分割;第三,地方政府之间为争取外贸和外国投资的竞争;第四,地方政府对企业行为的干涉和寻租行为。② 更为严重的是,尽管随着税制改革的施行,从1994年开始,中央的财政情况逐步好转,但在整个20世纪90年代,中央政府却始终是财政赤字。③ 这主要是因为中央政府必须给予内地各省份财政补贴,这在某种意义上也限制了国家管理宏观经济和应对潜在危机的能力。例如,1997年亚洲金融危机结束后,中国政府不得不采取扩张性的财政政策。

　　税制改革之后,中央政府和地方政府的权力(事权)和利益(财权)初步得以明确,中央政府的财政得以保证,实现了财政国家化的目标。但同时也出现了另外一个难题,这就是地方政府债务问题。各地为了发展地方经济和社会事务,不但没有削减财政开支,反而继续扩大地方政府财政支出,最终出现了大量地方政府债务。根据《关于2016年中央和地方预算执行情况与2017年中央和地方预算草案的报告》,2016年年末,全国地方政府债务余额15.32万亿元,控

---

　　① Susan L. Shirk, *How China Opened Its Door: The Political Success of the PRC's Foreign Trade and Investment Reforms*, The Brookings Institution, 1994, p. 31.

　　② Susan L. Shirk, *The Political Logic of Economic Reform in China*, University of California Press, 1993, p. 182.

　　③ 中华人民共和国国家统计局:《中国统计年鉴2002》,中国统计出版社2003年版,第265页。

制在年度地方政府债务限额17.19万亿元以内。

为了从根本上解决中央政府和地方政府的利益分配以及权力责任问题,建立现代财政和税收体制在2013年11月召开的党的十八届三中全会上被列为重要的议事日程,其具体方案在2014年6月30日中央政治局会议上获得通过,并给出了时间表,2020年基本完成本次改革。与此同时,为了加强对政府预算与转移支付的依法管理,2014年和2018年分别对《中华人民共和国预算法》作出修改。

二、政府和企业的关系

政府和企业之间的关系是理解中国转型的第二个关键因素。1984年中国将改革的重点从农村转向城市工业部门后,政府和企业的关系开始成为中国改革优先考虑的课题。政府和企业关系的复杂性在于,它不仅包括中央政府和国有大中型企业之间的关系,也牵涉地方政府与国有企业、乡镇企业之间的关系。它的敏感性则主要因为它被认为是社会主义市场经济和资本主义市场经济的分水岭。

与捷克和俄罗斯的大规模私有化的经济转型不同,中国通过最优顺序选择了部分性改革,处理政府和企业之间的关系。

20世纪80年代,为了促进工业发展,在改革政府与企业关系方面主要采取了三项重要措施。第一,在保持国家对企业所有权的基础上,对国有企业的管理进行改革,其主要手段包括扩大企业自主权(1978—1982)、利改税(1983—1986)和生产经营责任制(1986—1988)。第二,伴随着权力下放,将乡镇企业的管理权交由地方政府,这样,乡镇企业很快便成为80年代中期和90年代初期中国经济的重要增长点。第三,鼓励私营企业和外国投资企业的发展,这就是通常所称的"三资企业"(中外合资企业、中外合作企业和外商独资企业)。在这三项措施中,最艰难的是国有企业的改革。

从20世纪90年代中期开始,各个产业部门所有制的改革和市场化被列入政策范围,这就是著名的"抓大放小"政策。具体措施是,中小型企业(包括乡镇企业)通过扩大股权、合资和出售等方式,实现非国有化。到1997年年底,50万乡镇企业中有1/3被出售或者转为股份公司。1999年3月15日第九届全国人民代表大会第二次会议通过了《中华人民共和国宪法修正案》,私人企业被赋予完全的合法性。① 之后，私人企业和民营企业得以飞速发展，为中国的经济发展做出了重大贡献。

在私人企业和民营企业飞速发展的同时，国有大中型企业的改革仍然是中央政府关注的焦点。2003年成立国有资产监督和管理委员会，对涉及国家安全和国际战略的196家国有大中型企业（又称央企）进行统一管理。随后，这些国有大中型企业在国有资产监督和管理委员会的支持下，借助"走出去"的国家发展战略，不断进行改制和重组，在国内外市场上融资，以及在国际市场上进行并购。通过这些措施，国有大中型企业在国家经济生活中的地位得到了显著提高。

在2013年11月召开的党的十八届三中全会上，为了处理好政府和市场的关系，使市场在资源配置中起决定性作用和更好发挥政府作用，国有企业的改革再次被提到议事日程上来。2015年8月，中共中央和国务院通过《关于深化国有企业改革的指导意见》，进一步细化了国有企业改革的内容。与之前国有企业改革不同的是，这次改革有三个主要特征值得重视。第一，加强党对国有企业的控制力和影响力。第二，分类对国有企业进行改革。对于公益类企业，以保障民生、服务社会、提供公共产品和服务为主要目标，引入市场机制，提高公共服务效率和能力；对于商业类企业，以增强国有经济活力、放大国有资本功能、实现国有资产保值增值为主要目标，依法独立自主开展生产经营活动，实现优胜劣汰、有序进退。第三，发展混合所有制。鼓励非国有资本投资主体通过出资入股、收购股权、认购可转债、股权置换等多种方式，参与国有企业改制重组或国有控股企业上市公司增资扩股以及企业经营管理。这些改革措施的推行，既是这轮国有企业改革的特征，也是中国经济改革进入一个新的阶段的标志。

---

① 宪法第十一条："在法律规定范围内的城乡劳动者个体经济，是社会主义公有制经济的补充。国家保护个体经济的合法的权利和利益。""国家通过行政管理，指导、帮助和监督个体经济。""国家允许私营经济在法律规定的范围内存在和发展。私营经济是社会主义公有制经济的补充。国家保护私营经济的合法的权利和利益，对私营经济实行引导、监督和管理。"修改为："在法律规定范围内的个体经济、私营经济等非公有制经济，是社会主义市场经济的重要组成部分。""国家保护个体经济、私营经济的合法的权利和利益。国家对个体经济、私营经济实行引导、监督和管理。"第十届全国人民代表大会第二次会议于2004年3月14日通过的《中华人民共和国宪法修正案》中，宪法第十一条第二款"国家保护个体经济、私营经济的合法的权利和利益。国家对个体经济、私营经济实行引导、监督和管理。"修改为："国家保护个体经济、私营经济等非公有制经济的合法的权利和利益。国家鼓励、支持和引导非公有制经济的发展，并对非公有制经济依法实行监督和管理。"

三、富裕和贫穷的关系

富裕和贫穷的关系是认识中国经济改革和转型的第三个关键因素。不断扩大的收入差距成为中国经济进一步改革的社会约束因素。除了众所周知的农村家庭与城市家庭总收入之间的差距以及沿海地区和内陆地区的收入差距以外，随着改革开放政策的深入，不同行业之间的收入差距也在不断扩大。

为了维护社会稳定，为经济的进一步改革创造社会基础，中央政府采取了三个非常重要的政策，以推进经济和社会的转型。一是不断推动减贫和扶贫政策。通过坚持不懈的努力，根据世界银行每人每天1.90美元的贫困标准，中国贫困发生率从1981年的88.1%下降到2018年的0.3%，大约8亿人口脱贫。[①] 2020年11月23日，国务院扶贫办确定的全国832个贫困县全部脱贫摘帽，全国脱贫攻坚目标任务完成。二是推出各种地区均衡发展政策，以缩小城乡之间以及地区之间的收入差距。例如，1999年的"西部大开发战略"、2003年的"振兴东北老工业基地战略"、2005年的"建设社会主义新农村"战略。三是逐渐建立由中央政府管理的社会福利保障体系，覆盖城市和乡村所有居民。

进入21世纪之后，全面解决城乡之间、地区之间和行业之间收入的差距问题，更是成为中国共产党和中国政府着力解决的问题。习近平总书记明确指出："中国特色社会主义进入新时代，我国社会主要矛盾已经转化为人民日益增长的美好生活需要和不平衡不充分的发展之间的矛盾。我国稳定解决了十几亿人的温饱问题，总体上实现小康，不久将全面建成小康社会，人民美好生活需要日益广泛，不仅对物质文化生活提出了更高要求，而且在民主、法治、公平、正义、安全、环境等方面的要求日益增长。同时，我国社会生产力水平总体上显著提高，社会生产能力在很多方面进入世界前列，更加突出的问题是发展不平衡不充分，这已经成为满足人民日益增长的美好生活需要的主要制约因素。"[②]

[①] 国务院发展研究中心、世界银行：《中国减贫四十年：驱动力量、借鉴意义和未来政策方向》，第7页，https://thedocs.worldbank.org/en/doc/f692402b5b3b21154f103ee64c0c551d-0070012022/original/Poverty-Synthesis-Report-cn.pdf，2022年6月21号访问。

[②] 习近平：《决胜全面建成小康社会 夺取新时代中国特色社会主义伟大胜利》，人民出版社2017年版，第11页。

第三节　国际资本、商业网络、工业生产周期与制度调整

尽管政府在推动经济和社会转型中一直扮演着关键性角色,但我们并不能因此而忽视国际因素的作用。与其他转型国家相同,中国在推动经济增长和转型过程中也面临着种种国内约束,但中国的独特之处在于,政府不断进行国内制度调整,使得国际因素有利于国内的改革,从而逐渐打破经济和社会转型所面临的国内约束。在中国过去40多年改革开放的历史进程中,有三种国际经济因素缓解了中国改革开放进程中所受的国内约束,成为中国转型的三大国际动力,这三种国际因素是直接投资与贸易、海外华人商业网络和国际工业生产周期。

一、直接投资与贸易

外国直接投资和对外贸易在推动中国经济增长方面扮演了关键性的角色。

就直接投资而言,根据统计,1979—2008年,中国吸引外国直接投资总额达到8526.13亿美元[1],成为同时期全球吸引外国直接投资最多的发展中国家。尽管经历了2008年全球金融危机,但全球跨国直接投资的总体趋势仍然是增长,发达国家主要通过跨国并购,而发展中国家和转型经济体则主要依靠绿地投资。[2] 其中,流入中国的外国直接投资一直在稳步增长,2010年为1057.35亿美元,2015年达到1262.67亿美元。[3] 就对外贸易而言,中国对外贸易占GDP的比重从1978年的9.65%上升到1992年的30.62%,2006年甚至飙升到65.62%,之后虽然有所回落,但2015年仍然维持在40.46%。[4] 在吸引外国直接投资和对外贸易的推动下,工业占GDP的比重在1995—2010年达到46.4%[5],中国因此成为世界性的生产工厂。更为重要的是,中国不但因为其对外贸易依

---

[1] 中华人民共和国国家统计局:《中国统计年鉴2009》,中国统计出版社2009年版,第745页。

[2] 联合国贸易与发展会议编:《2012年世界投资报告——迈向新一代投资政策》,经济管理出版社2012年版,第4、47页。

[3] 中华人民共和国国家统计局:《中国统计年鉴2016》,中国统计出版社2016年版,表11、表12和表13利用外资情况。

[4] 数据来源:https://data.worldbank.org/country/china? view=chart,2022年6月19日访问。

[5] The World Bank and Development Research Center of the State Council of the People's Republic of China, *China 2030: Building a Modern, Harmonious, and Creative High-Income Society*, World Bank, 2012, p. 9.

存度成为全球市场中最为开放的国家之一,而且因为其吸引外国跨国公司的直接投资成为全球价值链的一个重要组成部分。

外国直接投资和对外贸易对中国经济增长和转型的贡献主要表现在以下两个方面:

第一,为中国加入并塑造全球价值链提供了宝贵经验。在中国过去40多年的发展过程中,飞速增长的对外贸易和大量外国直接投资的进入,不仅直接推动了中国经济的持续增长,而且也促进了技术转移和本地产业的升级。中国获得技术转移的途径大致可分为三类:第一类是直接购买生产线和技术。这种技术转移最为突出地体现在20世纪80年代的家电业(彩电、冰箱和洗衣机)以及90年代初的消费类电子产品。第二类是通过长期的贴牌生产获得技术转移。从1979年4个经济特区的设立到1984年沿海14个城市的开放,在所设立的出口加工区进行贴牌生产直接推动了中国的对外贸易,中国也从这种贴牌生产中获得了巨大的技术收益。贴牌生产涵盖纺织品、家电产品、电子消费品、通信器材等。第三类是跨国公司的垂直型技术转移。通过吸引跨国公司进行直接投资,跨国公司提供培训和技术支持,合作解决生产和设计问题,使得中国成为国外跨国公司生产网络的一个重要生产基地。这类技术转移最为突出地体现在20世纪90年代以来中国的汽车工业和信息产业的发展中。[①] 正是这些技术转移,使得中国的制造业整体水平得到了显著提升,推动了中国制造业的自主创新,并进一步为中国企业走出去、响应"一带一路"倡议奠定了基础。

第二,促进中国从国家战略高度加快构建开放型经济新体制。吸引外国直接投资和扩大对外贸易,对于促进中国构建开放型经济体制发挥了重要作用。从1979年设立经济特区、1984年开放沿海14个城市到1992年之后各地设立"经济开发区"和"高科技园区",从2007年开始实施"自由贸易试验区"战略、2013年加快实施"自由贸易区战略"到2018年宣布将海南建设成自由贸易港,中国一直在为构建开放型经济进行体制创新。正如习近平总书记所指出的,"加快实施自由贸易区战略,是适应经济全球化新趋势的客观要求,是全面深化改革、构建开放型经济新体制的必然选择,也是我国积极运筹对外关系、实现对外战略目标的重要手段。我们要加快实施自由贸易区战略,发挥自由贸易区对贸易投资的促进作用,更好帮助我国企业开拓国际市场,为我国经济发展注入新动力、增添新活力、拓展新空间。加快实施自由贸易区战略,是我国积极参

---

① 王正毅:《中国崛起:世界体系发展的终结还是延续?》,《国际安全》2013年第3期。

与国际经贸规则制定、争取全球经济治理制度性权力的重要平台,我们不能当旁观者、跟随者,而是要做参与者、引领者,善于通过自由贸易区建设增强我国国际竞争力,在国际规则制定中发出更多中国声音、注入更多中国元素,维护和拓展我国发展利益"[1]。

二、海外华人商业网络

促进中国经济增长的第二个重要的国际力量就是海外华人商业网络,这与印度形成了鲜明对比。[2] 海外华人商业网络在中国经济增长中所起的作用主要表现在以下两个方面:

第一,尽管外国直接投资在中国经济的起飞中发挥了关键作用,但在过去的40多年中,绝大部分的外国直接投资都是直接或者间接通过海外华人商业网络实现的。自20世纪80年代起,在外国资产占重要份额的28 000个中国企业中,有3/4得到了海外华人的投资,资金总额大约占对中国直接投资的4/5。[3]

第二,除了将资本带进中国,海外华人商业网络还为中国带来了商业技能和市场网络。由于中国是世界经济体系中的后来者,并不熟悉市场经济的规则和国际惯例,海外华人商业网络推动了中国企业融入世界经济的进程。在改革开放初期,当中央政府将管理中小企业的权力下放给地方政府,并鼓励地方政府大力发展乡镇企业时,海外华人商业网络通过广泛的血缘关系和社会联系快速地进入中国市场进行投资,并借助通过自己的商业网络所获得的精确的商业信息使得乡镇企业成为中国经济的增长点。20世纪90年代,数以万计的海外华人回到中国,他们或者进行投资,或者创办技术密集型的中小型企业,使得海外华人商业网络进一步加强。例如,在考察中国对外贸易的地区性分布时,我们可以发现:在1990年至2000年间,外贸总额中超过60%集中于亚洲地区,美国大约占出口的21%、进口的12%[4];即使是2008年全球金融危机之后,中国外

---

[1] 《习近平谈治国理政》第二卷,外文出版社2017年版,第100页。

[2] 联合国贸易与发展会议编:《2003年世界投资报告——促进发展的外国直接投资政策:国家与国际展望》,冼国明译,中国财政经济出版社2003年版,第41—43页。

[3] Peter J. Katzenstein and Takashi Shiraishi, eds., *Network Power: Japan and Asia*, Cornell University Press, 1997, pp. 12-13.

[4] Tony Saich, *Governance and Politics of China*, Palgrave, 2001, p. 286.

贸中超过50%仍然集中在亚洲地区,2009年为53.1%,2014年为52.85%,2016年为52.83%①。这足以证明华人商业网络在亚洲地区的市场联系以及对中国对外贸易所做的贡献。

三、国际工业生产周期

在中国经济增长中不可忽视的第三种国际力量便是国际工业生产周期。

中国的经济经历了与东亚地区其他国家不同的发展轨迹,这主要表现在生产网络和贸易的地区分布两个方面。

第一,在生产网络方面,与东亚其他国家在20世纪六七十年代的发展所不同的是,中国通过引资(合资和独资)直接进入全球生产网络而不只是以日本为中心的东亚地区生产网络。

20世纪80年代和90年代初期,当中国尚处于改革开放的第一阶段(计划经济为主,市场调节为辅)时,乡镇企业和中小企业成为中国经济的发动机。而乡镇企业和中小企业之所以能够获得资本、专业技能和市场网络,海外华人商业网络扮演了关键性的角色。尽管这些华人网络并不都具备最先进的技术,但在市场技能和市场网络方面却远远领先于国内市场,再加上已有的人际关系和对中国政治和社会体制的谙熟,使得以初级产品加工和制造业为主的乡镇企业和中小企业迅速占据了国内市场,并成为出口的强劲引擎。

进入20世纪90年代中期,在中国确立社会主义市场经济与全面开放之后,随着全球生产网络和技术变革的快速发展,中国与地区经济和世界经济迅速融合。② 全球生产网络中资本和技术来源的多元化,使得中国在获得资本和技术方面有更多的选择余地,而不是单纯地依靠日本的企业。被列为中国支柱产业的汽车工业的发展轨迹就是最清晰的例证。③ 1976年中国希望直接引进日本的汽车技术时,日本坚持向中国市场出口整车,因此拒绝了中国的要求。从80年代开始,中国鼓励通过技术许可证和合资的形式,与外国公司进行合作。第一个合资项目是1984年1月北京吉普汽车工业公司与美国福特汽车公司敲定的。随后,上海汽车工业公司与德国大众汽车公司在1984年进行了合

---

① 根据《中国统计年鉴2011》《中国统计年鉴2015》和《中国统计年鉴2017》的相关数据计算得出。
② Michell Bernard and John Ravenhill," Beyond Product Cycles and Flying Geese: Regionalization, Hierarchy, and the Industrialization of East Asia," *World Politics*, Vol. 47, No. 2, 1995, pp. 171-209.
③ Eric Harwit, *China's Automobile Industry: Policies, Problems, and Prospects*, M. E. Sharp, 1995, pp. 39-41.

资,1986年天津汽车工业公司才从日本大发汽车公司取得了技术许可证。90年代早期,汽车工业中又有两项新的合资项目:一项是1990年德国大众汽车公司与第一汽车制造厂合作生产捷达轿车;一项为1992年法国雪铁龙与第二汽车制造厂(现在的东风汽车公司)合作制造小型富康轿车。合资轿车的生产既推动了中国汽车工业的发展,也促进了技术转移的全球性来源。

第二,就贸易的地区分布而言,中国的对外贸易在20世纪90年代的地区分布从整体上呈现出相对平稳的状态。即中国与包括亚洲地区在内的地区贸易并没有呈现出明显的上升或下降趋势,而是呈现出相对平稳的状态。在中国对外贸易额中,1994年亚洲、欧洲和北美洲(主要是美国)地区所占的份额分别是60%、18.5%和16.33%,2002年亚洲、欧洲和北美洲(主要是美国)地区所占份额则分别是58%、18.14%和16.94%,2016年亚洲、欧洲和北美洲所占的份额分别是52.83%、18.39%和15.35%。[①] 这与东盟国家在20世纪60—80年代的对外贸易的地区主要集中在美国、欧洲和日本的分布完全不同。

总之,从生产网络和贸易的地区分布而言,中国经济过去40多年的发展依靠的是多重商业网络(海外华人商业网络、全球生产网络和东亚地区生产网络),而不只是以日本为中心的商业网络,这与东亚地区的其他国家在20世纪60—80年代发展的轨迹有所不同。

第四节 作为一种制度创新的社会主义市场经济

通过对中国在过去40多年从社会主义计划经济向社会主义市场经济转型所采取的经济政策的简短历史回顾,以及在这种转型过程中国内约束条件和国际动力关联性的分析,我们不难发现,中国的渐进式转型既非"趋同说"所强调的完全通过国内制度调整来适应国际力量,也非"实验说"所强调的事先有着非常缜密的书斋里的制度设计所致,而是更贴近于"边干边学"即顶层设计与基层实验相结合。这种"边干边学"模式有两种相互关联的含义:当追求经济增长的目标受到国内条件约束时,往往通过国际力量打破相关的约束,即或在国内现有制度框架内寻求一致,或对现有制度框架进行适度调整,尽量避免因大范围制度变迁而付出代价;无论国际力量是有利于还是不利于经济增长,往往通过

---

① 根据《中国经济统计年鉴1995》《中国经济统计年鉴2003》和《中国统计年鉴2017》的相关数据计算得出。

国内制度调整设计出国内改革和转型的目标、次序和速度,使得国际力量成为推动中国经济增长的动力。如下三点是我们理解中国过去 40 多年转型和经济增长的关键所在,也是中国进一步改革开放的关键所在。

第一,转型是我们理解中国在过去 40 多年所采取的发展模式的前提。中国正处在前所未有的转型期,正如我们所指出的那样,这种转型包括从传统的农业社会向城市化的工业社会转型,从高度集中计划经济向充满活力的社会主义市场经济转型,以及从半封闭半开放经济向全方位开放经济转型。就从传统的农业社会向工业社会的转型而言,在过去 500 年,世界上许多国家完成了这种转型,而中国则刚刚开始,对像中国这样一个长期具有农业社会的传统的大国而言,完成这种转型,挑战是不言而喻的。就从中央计划经济向市场经济的转型而言,20 世纪 80 年代以来,东欧国家和苏联正在进行这种转型,但由于并无任何成功先例可以借鉴,因"大爆炸"式转型而失败的教训却是显而易见的,如何规避风险、避免失败是转型国家面临的前所未有的挑战。就从一个封闭型经济向一个开放性经济的转型而言,与一个半世纪前被迫打开国门不同的是,这次是中国主动实行改革开放并取得巨大成就的同时主动要求进入世界市场的。历史证明,对于任何一个国家而言,顺利地进行其中一种转型已经非常艰难,同时进行三种相互关联的转型,其艰难就可想而知了。这或许是国际社会对中国过去 40 多年在保持经济强劲增长的同时没有出现大的社会动荡感到惊奇的一个原因。所以,如何基于中国过去 40 多年转型和发展的成功经验,不断进行理论和制度创新,确实是一个挑战。

第二,社会主义市场经济是一种功能性的制度设计。与世界大部分国家,特别是亚洲发达国家和新兴工业化国家不同,也与俄罗斯和东欧国家采取"休克疗法"直接进入资本主义市场经济有别,中国必须认真对待中央计划经济的历史遗产,为此,中国提出了建设社会主义市场经济。过去 40 多年改革的历史表明,社会主义市场经济作为一种制度设计具有双重功能:一方面,它通过坚持社会主义,使得国内各个阶层在改革问题上达成了共识,降低了改革成本,规避了激烈的大规模制度变迁带来的风险。这既保持了历史的连续性和间断性的统一,也维持了各种权力在某种程度上的平衡。另一方面,它通过引入市场经济,使得国际社会对中国改革的期望值提高,从而使得中国开放的国际环境得到了相对的改善(比如加入世界贸易组织),促进了资本和技术相对快速地进入中国。今天中国面临的国内挑战和国际挑战已经表明,要在 2035 年基本实现社会主义现代化,并在本世纪中叶建成社会主义现代化强国,必须加快完善社会主义市场经济体制。

第三,经济全球化是中国全面深化改革的一种重要的国际资源。自从中国实行改革开放以来,与计划经济时期相比,中国推动发展的资源在结构上发生了重大变化,这就是从原来的单一的国内政府和社会资源向国内资源和国际资源并重转变,其中经济全球化就是一种重要的国际资源。对于中国的经济发展而言,经济全球化作为一种重要的国际驱动力,不仅为实行改革开放后的中国融入世界经济提供了机遇,推动了中国经济的飞速增长,更为进入经济发展新常态的中国参与世界经济提供了难得的机遇。2008年全球金融危机之后,出现了世界性的经济衰退、地缘政治的复兴、国家安全的回归以及反体系运动的兴起,这使得经济全球化的持续面临着巨大挑战。面对这些挑战,在2022年10月召开的中国共产党第二十次全国代表大会上,习近平代表中国共产党正式提出建设"中国式现代化"的任务:"从现在起,中国共产党的中心任务就是团结带领全国各族人民全面建成社会主义现代化强国、实现第二个百年奋斗目标,以中国式现代化全面推进中华民族伟大复兴。在新中国成立特别是改革开放以来长期探索和实践基础上,经过十八大以来在理论和实践上的创新突破,我们党成功推进和拓展了中国式现代化。"①

"中国式现代化"作为一个概念,既是对中国道路的理论总结和升华,也是对新时代新征程的使命和任务的阐述。正如习近平所说,"当代中国的伟大社会变革,不是简单延续我国历史文化的母版,不是简单套用马克思主义经典作家设想的模板,不是其他国家社会主义实践的再版,也不是国外现代化发展的翻版,不可能找到现成的教科书。我国哲学社会科学应该以我们正在做的事情为中心,从我国改革发展的实践中挖掘新材料、发现新问题、提出新观点、构建新理论"②。如何准确理解和把握中国改革开放的成功经验以及所面临的挑战,不仅关系到"中国式现代化"未来的发展,而且涉及全球政治经济秩序的变革。

---

① 习近平:《高举中国特色社会主义伟大旗帜,为全面建设社会主义现代化国家而团结奋斗——在中国共产党第二十次全国代表大会上的报告》(2022年10月26日),人民出版社2022年版,第21—22页。

② 习近平:《在哲学社会科学工作座谈会上的讲话》,人民出版社2016年版,第21—22页。

主要参考文献

中文文献

〔美〕I. M. 戴斯勒:《美国贸易政治(第四版)》,王恩冕、于少蔚译,中国市场出版社 2006 年版。

〔英〕J. D. 贝尔纳:《历史上的科学》,伍况甫等译,科学出版社 1981 年版。

〔美〕M. P. 托达罗:《第三世界的经济发展》上册,于同申等译,中国人民大学出版社 1988 年版。

〔美〕M. P. 托达罗:《第三世界的经济发展》下册,于同申等译,中国人民大学出版社 1991 年版。

〔英〕安德鲁·海伍德:《政治学核心概念》,吴勇译,天津人民出版社 2008 年版。

〔英〕安格斯·麦迪森:《世界经济千年史》,伍晓鹰等译,北京大学出版社 2003 年版。

〔丹〕奥勒·诺格德:《经济制度与民主改革:原苏东国家的转型比较分析》,孙友晋译,上海人民出版社 2007 年版。

〔美〕保罗·克鲁格曼、茅瑞斯·奥伯斯法尔德:《国际经济学(第五版)》,海闻等译,中国人民大学出版社 2002 年版。

〔美〕本杰明·J. 科恩:《国际政治经济学:学科思想史》,杨毅、钟飞腾译,上海人民出版社 2010 年版。

〔美〕彼得·卡赞斯坦、罗伯特·基欧汉、斯蒂芬·克拉斯纳编:《世界政治理论的探索与争鸣》,秦亚青等译,上海人民出版社 2006 年版。

〔英〕彼罗·斯拉法主编:《李嘉图著作和通信集(第一卷):政治经济学及赋税原理》,郭大力、王亚南译,商务印书馆 1981 年版。

〔英〕伯纳德·霍克曼等:《世界贸易体制的政治经济学——从关贸总协定到世界贸易组织》,刘平等译,法律出版社 1999 年版。

〔美〕查尔斯·P. 金德尔伯格:《1929—1939 年世界经济萧条》,宋承先、洪文达译,上海译文出版社 1986 年版。

〔美〕查尔斯·P. 金德尔伯格:《世界经济霸权:1500—1990》,高祖贵译,商务印书馆 2003 年版。

〔日〕大野健一:《从江户到平成:解密日本经济发展之路》,臧馨、臧新远译,中信出版社 2006 年版。

〔美〕戴维·德罗萨:《金融危机真相》,朱建峰、谢士强译,中信出版社 2008 年版。

〔法〕费尔南·布罗代尔:《15 至 18 世纪的物质文明、经济和资本主义(第一卷):日常生活的结构:可能和不可能》,顾良、施康强译,生活·读书·新知三联书店 1992 年版。

〔法〕费尔南·布罗代尔:《15 至 18 世纪的物质文明、经济和资本主义(第二卷):形形色色的交换》,顾良译,生活·读书·新知三联书店 1993 年版。

〔法〕费尔南·布罗代尔:《15 至 18 世纪的物质文明、经济和资本主义(第三卷):世界的时间》,施康强、顾良译,生活·读书·新知三联书店 1993 年版。

〔德〕弗里德里希·李斯特:《政治经济学的国民体系》,陈万煦译,商务印书馆 1997 年版。

〔德〕贡德·弗兰克:《白银资本:重视经济全球化中的东方》,刘北成译,中央编译出版社 2000 年版。

〔美〕海伦·米尔纳:《利益、制度与信息:国内政治与国际关系》,曲博译,上海人民出版社 2010 年版。

〔美〕汉斯·摩根索:《国家间政治:权力斗争与和平(第七版)》,徐昕、郝望、李保平译,北京大学出版社 2006 年版。

〔美〕加里·杰里菲等:《全球价值链和国际发展:理论框架、研究发现和政策分析》,曹文、李可译,上海人民出版社 2018 年版。

〔美〕杰弗里·弗里登:《20 世纪全球资本主义的兴衰》,杨宇光等译,上海人民出版社 2009 年版。

〔美〕杰拉尔德·迈耶、达德利·西尔斯编:《发展经济学的先驱》,谭崇台、梁晓斌、马颖译,经济科学出版社 1988 年版。

〔美〕科依勒·贝格威尔、罗伯特·思泰格尔:《世界贸易体系经济学》,雷达、詹宏毅等译,中国人民大学出版社 2005 年版。

〔美〕莉萨·马丁、贝思·西蒙斯编:《国际制度》,黄仁伟、蔡鹏鸿等译,上海人民出版社 2006 年版。

〔美〕罗伯特·基欧汉:《霸权之后:世界政治经济中的合作与纷争》,苏长和、信强、何曜译,上海人民出版社 2006 年版。

〔美〕罗伯特·吉尔平:《世界政治中的战争与变革》,武军、杜建平、松宁译,中国人民大学出版社 1994 年版。

〔美〕罗伯特·吉尔平:《全球资本主义的挑战:21 世纪的世界经济》,杨宇光、杨炯译,上海人民出版社 2001 年版。

〔美〕罗伯特·吉尔平:《全球政治经济学:解读国际经济秩序》,杨宇光、杨炯译,上海人民出版社 2003 年版。

〔美〕罗伯特·吉尔平:《国际关系政治经济学》,杨宇光等译,上海人民出版社 2006 年版。

〔美〕罗伯特·杰维斯:《国际政治中的知觉与错误知觉》,秦亚青译,世界知识出版社 2003 年版。

〔美〕罗纳德·罗格夫斯基:《商业与联盟:贸易如何影响国内政治联盟》,杨毅译,上海人民出版社 2012 年版。

〔美〕罗斯托:《经济成长的阶段》,国际关系研究所编译室译,商务印书馆 1962 年版。

〔美〕迈克尔·希斯考克斯:《国际贸易与政治冲突——贸易、联盟与要素流动程度》,于扬杰译,中国人民大学出版社 2005 年版。

〔法〕皮埃尔·热尔贝:《欧洲统一的历史与现实》,丁一凡等译,中国社会科学出版社 1989 年版。

〔比〕热若尔·罗兰:《转型与经济学》,张帆、潘佐红译,北京大学出版社 2002 年版。

〔埃及〕萨米尔·阿明:《不平等的发展:论外围资本主义的社会形态》,高铦译,商务印书馆 1990 年版。

〔英〕苏珊·斯特兰奇:《国家与市场(第二版)》,杨宇光等译,上海人民出版社 2006 年版。

〔美〕托马斯·弗里德曼:《世界是平的:21 世纪简史》,何帆等译,湖南科学技术出版社 2006 年版。

〔美〕西里尔·E.布莱克编:《比较现代化》,杨豫、陈祖洲译,上海译文出版社 1996 年版。

〔美〕伊曼纽尔·沃勒斯坦:《现代世界体系(第一卷):16 世纪的资本主义农业与欧洲世界经济体的起源》,尤来寅等译,高等教育出版社 1998 年版。

〔美〕伊曼纽尔·沃勒斯坦:《现代世界体系(第二卷):重商主义与欧洲世界经济体的巩固 1600—1750》,吕丹等译,高等教育出版社 1998 年版。

〔美〕伊曼纽尔·沃勒斯坦:《现代世界体系(第三卷):资本主义世界经济大扩张的第二个时代:18 世纪 30 年代—19 世纪 40 年代》,孙立田等译,高等教育出版社 2000 年版。

〔美〕伊曼纽尔·沃勒斯坦等:《资本主义还有未来吗?》,徐曦白译,社会科学文献出版社 2014 年版。

〔美〕约翰·奥德尔:《美国国际货币政策——市场、力量和观念是政策转变的根源》,李丽军、李宁译,中国金融出版社 1991 年版。

樊勇明:《西方国际政治经济学(第三版)》,上海人民出版社 2017 年版。

李滨:《国际政治经济学:全球化视野下的市场与国家》,南京大学出版社 2017 年版。

宋新宁、田野:《国际政治经济学概论(第三版)》,中国人民大学出版社 2020 年版。

王正毅:《世界体系论与中国》,商务印书馆 2000 年版。

王正毅:《边缘地带发展论:世界体系与东南亚的发展(第二版)》,上海人民出版社 2018 年版。

王正毅、张岩贵:《国际政治经济学:理论范式与现实经验研究》,商务印书馆 2003 年版。

张建新:《激进国际政治经济学》,上海人民出版社 2011 年版。

张宇燕、李增刚:《国际经济政治学》,上海人民出版社 2008 年版。

朱文莉:《国际政治经济学(第三版)》,北京大学出版社 2021 年版。

英文文献

Abdelal, Rawi, Mark Blyth, and Craig Parsons, eds., *Constructing the International Economy*, Cornell University Press, 2010.

Abu-Lughod, Janet L., *Before European Hegemony: The World System A. D. 1250–1350*, Oxford University Press, 1991.

Acharya, Amitav, *Constructing a Security Community in Southeast Asia: ASEAN and the Problems of Regional Order*, Routledge, 2000.

Akamatsu, Kaname, "A Historical Pattern of Economic Growth in Developing Countries," *The Developing Economies*, No. 1, Mar. -Aug., 1962.

Allan, Pierre, and Christian Schmidt, eds., *Game Theory and International Relations: Preferences, Information and Empirical Evidence*, Edward Elgar, 1994.

Amin, Samir, *Accumulation on a World Scale*, Monthly Review Press, 1974.

Amsden, Alice H., *Asia's Next Giant: South Korea and Late Industrialization*, Oxford University Press, 1989.

Antolik, Michael, *ASEAN and the Diplomacy of Accommodation*, M. E. Sharpe, 1990.

Appel, Hilary, *A New Capitalist Order: Privatization and Ideology in Russia and Eastern Europe*, University of Pittsburgh Press, 2004.

Baldwin, David A., ed., *Neorealism and Neoliberalism: The Contemporary Debate*, Columbia University Press, 1993.

Barnett, Michael, *Dialogue in Arab Politics: Negotiations in Regional Order*, Columbia University Press, 1998.

Baylis, John, and Steve Smith, *The Globalization of World Politics*, Oxford University Press, 2001.

Bearce, David H., *Monetary Divergence: Domestic Policy Autonomy in the Post-Bretton Woods Era*, University of Michigan Press, 2007.

Bergesen, Albert, ed., *Crisis in the World-System*, Sage, 1983.

Bergsten, C. Fred, Bates Gill, Nicholas R. Lardy, and Derek Mitchell, *China: The Balance Sheet*, Public Affairs, 2006.

Bernard, Michell, and John Ravenhill, "Beyond Product Cycles and Flying Geese: Regionalization, Hierarchy, and the Industrialization of East Asia," *World Politics*, Vol. 47, No. 2, 1995.

Bernstein, Richard, and Ross H. Munro, "The Coming Conflict with America," *Foreign Affairs*,

March/April, 1997.

Beynon, John, and David Dunkerley, eds., *Globalization: The Reader*, The Athlone Press, 2000.

Biersteker, Thomas J., "Evolving Perspectives on International Political Economy: Twentieth-Century Contexts and Discontinuities," *International Political Science Review*, Vol. 14, No. 1, 1993.

Blyth, Mark, and Matthias Matthijs, "Black Swans, Lame Ducks, and the Mystery of IPE's Missing Macroeconomy," *Review of International Political Economy*, Vol. 24, No. 2, 2017.

Boix, Carlos, "Partisan Government, International Economy and Macroeconomic Policies," *World Politics*, Vol. 53, No. 1, 2000.

Booth, Ken, and Toni Erskine, eds., *International Relations Theory Today*, 2nd ed., Polity Press, 2016.

Borzel, Tanja A., and Thomas Risse, eds., *The Oxford Handbook of Comparative Regionalism*, Oxford University Press, 2016.

Brecher, Michael, and Frank P. Harvey, eds., *Millennial Reflections on International Studies*, University of Michigan Press, 2002.

Broz, J. Lawrence, and Jeffry A. Frieden, "The Political Economy of International Monetary Relations," *Annual Review of Political Science*, 2001.

Burch, Kurt, and Robert A. Denemark, eds., *Constituting International Political Economy*, Lynne Rienner Publishers, 1997.

Cafruny, Alan, Leila Simona Talani, and Gonzalo Pozo Martin, *The Palgrave Handbook of Critical International Political Economy*, Palgrave, 2016.

Caporaso, James A., ed., "Dependence and Dependency in the Global System," *International Organization*, Vol. 32, No. 1, 1978.

Caporaso, James A., "Across the Great Divide: Integrating Comparative and International Politics," *International Studies Quarterly*, Vol. 41, No. 4, December 1997.

Cardoso, Fernando Henrique, and Enzo Falleto, *Dependency and Development in Latin America*, University of California Press, 1979.

Caves, Richard E., *Multinational Enterprise and Economic Analysis*, 3rd ed., Cambridge University Press, 2007.

Chase-Dunn, Christopher, and Thomas D. Hall, *Core/Periphery Relations in Precapitalist Worlds*, Westview Press, 1991.

Cohen, Benjamin J., *Organizing the World's Money: The Political Economy of International Monetary Relations*, Basic Books, 1977.

Cohen, Benjamin J., *The Geography of Money*, Cornell University Press, 1998.

Cohen, Benjamin J., "The Transatlantic Divide: Why Are American and British IPE so Different?," *Review of International Political Economy*, Vol. 14, No. 2, 2007.

Cooper, Richard, *The Economics of Interdependence: Economic Policy in the Atlantic Community*, MaGraw-Hill, 1968.

Cox, Robert W., *Production, Power, and World Order: Social Forces in the Making of History*, Columbia University Press, 1987.

Crane, George, and Abla Amawi, eds., *The Theoretical Evolution of International Political Economy: A Reader*, Oxford University Press, 1991.

Denemark, Robert A., and Robert O'Brien, "Contesting the Canon: International Political Economy at UK and US Universities," *Review of International Political Economy*, Vol. 4, No. 1, 1997.

Destler, I. M., and Randall Henning, *Dollar Politics: Exchange Rate Policy Making in the United States*, Institute for International Economics, 1989.

Deyo, Frederic C., ed., *The Political Economy of the New Asian Industrialism*, Cornell University Press, 1987.

Dietz, James L., and Dilmus D. James, eds., *Progress Toward Development in Latin America: From Prebisch to Technological Autonomy*, Lynne Rienner, 1991.

Dunning, John H., *Multinational Enterprises and the Global Economy*, 2nd ed., Edward Elgar, 2008.

Emerson, Michael, Daniel Gros, and Alexander Italianer, *One Market, One Money: An Evaluation of the Political Benefits and Costs of Forming an Economic and Monetary Union*, Oxford University Press, 1992.

Fatemi, Khosrow, ed., *The New World Order: Internationalism, Regionalism and the Multinational Corporations*, Elsevier Science Ltd., 2000.

Foreman-Peck, Jemes, *A History of the World Economy: International Economic Relations Since 1850*, Barnes and Noble Books, 1983.

Frank, Andre Gunder, "A Theoretical Introduction to 5000 Years of World System History," *Review*, Vol. XIII, No. 2, Spring 1990.

Frieden, Jeffry A., "Invested Interests: The Politics of National Economic Policies in a World of Global Finance," *International Organization*, Vol. 45, No. 4, Autumn 1991.

Frieden, Jeffry A., *Global Capitalism: Its Fall and Rise in the Twentieth Century*, W. W. Norton & Company, 2006.

Frieden, Jeffry A., *Currency Politics: The Political Economy of Exchange Rate Policy*, Princeton University Press, 2015.

Frieden, Jeffry A., David A. Lake, and J. Lawrence Broz, eds., *International Political Economy:*

Perspectives on Global Power and Wealth, 6th ed., W. W. Norton & Company, 2017.

Fukuyama, Francis, *The End of History and the Last Man*, Penguin Books, 1992.

Garnaut, Ross, and Peter Drysdale, eds., *Asia Pacific Regionalism*, Harper, 1994.

Gilpin, Robert, *U. S. Power and the Multinational Corporation: The Political Economy of Foreign Direct Investment*, Basic Books, 1975.

Goldstein, Judith, "Ideas, Institutions and American Trade Policy," *International Organization*, Vol. 42, No. 1, Winter 1988.

Gomes-Casseres, Benjamin, and David B. Yoffie, eds., *The International Political Economy of Direct Foreign Investment*, Volume II, Edward Elgar, 1993.

Goodman, John B., Debora Spar, and David B. Yoffie, "Foreign Direct Investment and the Demand for Protection in the United States," *International Organization*, Vol. 50, No. 4, Autumn 1996.

Gourevitch, Peter, "The Second Image Reversed: The International Sources of Domestic Politics," *International Organization*, Vol. 32, No. 4, 1978.

Gourevitch, Peter, *Politics in Hard Times: Comparative Responses to International Economic Crises*, Cornell University Press, 1986.

Guzzini, Stefano, *Realism in International Relations and International Political Economy: The Continuing Story of a Death Foretold*, Routledge, 1998.

Haggard, Stephan, *Pathways from the Periphery: The Politics of Growth in the Newly Industrializing Countries*, Cornell University Press, 1990.

Hasenclever, Andreas, Peter Mayer, and Volker Ritterberger, *Theory of International Regimes*, Cambridge University Press, 1997.

Helleiner, Eric, "Division and Dialogue in Anglo-American IPE: A Reluctant Canadian View," *New Political Economy*, Vol. 14, No. 3, 2009.

Hettne, Bjorn, ed., *International Political Economy: Understanding Global Disorder*, Fernwood Publishing, 1995.

Hibben, Mark, *Poor States, Power and the Politics of IMF Reform: Drivers of Change in the Post-Washington Consensus*, Palgrave Macmillan, 2016.

Higgort, Richard, and Richard Stubbs, "Competing Conceptions of Economic Regionalism: APEC Versus EAEC in the Asia Pacific," *Review of International Political Economy*, Vol. 2, No. 3, Summer 1995.

Hindmoor, Andrew, *Rational Choice*, Palgrave Macmillan, 2006.

Hiscox, Michael J., "Class Versus Industry Cleavages: Inter-industry Factor Mobility and the Politics of Trade," *International Organization*, Vol. 55, No. 1, Winter 2001.

Hiscox, Michael J., *International Trade and Political Conflict: Commerce, Coalitions and Mobility*,

Princeton University Press, 2001.

Hopkins, Terence K., Immanuel Wallerstein and Associates, eds., *World-Systems Analysis: Theory and Methodology*, Sage, 1982.

Hymer, Stephen Herbert, *The International Operations of National Firms: A Study of Direct Foreign Investment*, MIT Press, 1976.

Hymer, Stephen Herbert, *The Multinational Corporation: A Radical Approach*, Cambridge University Press, 1979.

Ikenberry, G. John, David A. Lake, and Michael Mastanduno, "Introduction: Approaches to Explaining American Foreign Economic Policy," *International Organization*, Vol. 42, No. 1, Winter 1988.

Jackman, Robert, "Cross-National Statistical Research and the Study of the Comparative Politics," *American Journal of Political Science*, Vol. 29, No. 1, 1985.

Jacobsen, John Kurt, "Are All Politics Domestic? Perspectives on the Integration of Comparative Politics and International Relations Theories," *Comparative Politics*, Vol. 29, No. 1, October 1996.

Janos, Andrew C., *Politics and Paradigms: Changing Theories of Change in Social Science*, Stanford University Press, 1986.

Jenkins, Rhys, *Transnational Corporations and Uneven Development: The Internationalization of Capital and the Third World*, Methuen, 1987.

Johnson, Juliet, Daniel Mügge, Leonard Seabrooke, Cornelia Woll, Ilene Grabel, and Kevin P. Gallagher, "The Future of International Political Economy: Introduction to the 20th Anniversary Issue of RIPE," *Review of International Political Economy*, Vol. 20, No. 5, 2013.

Jorgensen, Knud Erik, *International Relations Theory: A New Introduction*, Palgrave and Macmillan, 2018.

Katzenstein, Peter J., "International Relations and Domestic Structures: Foreign Economic Policies of Advanced Industrialized States," *International Organization*, Vol. 30, No. 1, 1976.

Katzenstein, Peter J., "Introduction: Domestic and International Forces and Strategies of Foreign Economic Policy," *International Organization*, Vol. 31, No. 4, 1977.

Katzenstein, Peter J., *Small States in World Markets: Industrial Policy in Europe*, Cornell University Press, 1985.

Keohane, Robert O., *After Hegemony: Cooperation and Discord in the World Political Economy*, Princeton University Press, 1984.

Keohane, Robert O., "The Old IPE and the New," *Review of International Political Economy*, Vol. 16, No. 1, 2009.

Keohane, Robert O., and Helen Milner, eds., *Internationalization and Domestic Politics*, Cambridge University Press, 1996.

Keohane, Robert O., and Joseph S. Nye, Jr., *Power and Interdependence*, 4th ed., Pearson, 2011.

Kindleberger, Charles, *The World in Depression, 1929–1939*, Penguin Press, 1973.

Kindleberger, Charles, "Dominance and Leadership in the International Economy," *International Studies Quarterly*, Vol. 25, 1981.

King, Gary, Robert Keohane, and Sydney Verba, *Designing Social Inquiry: Scientific Qualitative Research*, Princeton University Press, 1994.

Kondratieff, Nikolai, *The Long Wave Cycle*, Richardson and Snyder, 1984.

Krasner, Stephen, *Defending the National Interest: Raw Materials Investments and U.S. Foreign Policy*, Princeton University Press, 1978.

Krasner, Stephen D., ed., *International Regimes*, Cornell University Press, 1983.

Krugman, Paul, "The Myth of Asia's Miracle," *Foreign Affairs*, Nov./Dec., 1994.

Lake, David A., "Open Economy Politics: A Critical Review," *Review of International Organizations*, Vol. 4, No. 3, 2009.

Lake, David A., and Robert Powell, eds., *Strategic Choice and International Relations*, Princeton University Press, 1999.

Lesage, Dries, and Thijs Van de Graaf, eds., *Rising Powers and Multilateral Institutions*, Palgrave Macmillan, 2015.

Lewis, W. Arthur, "Economic Development with Unlimited Suppliers of Labor," *The Manchester School of Economic and Social Studies*, Vol. 22, No. 2, 1954.

Leysens, Anthony, *The Critical Theory of Robert W. Cox: Fugitive or Guru?*, Palgrave, 2008.

Mahler, Vincent, *Dependency Approaches to International Political Economy: A Cross-National Study*, Columbia University Press, 1980.

Mansfield, Edward D., and Helen V. Milner, eds., *The Political Economy of Regionalism*, Columbia University Press, 1997.

Mansfield, Edward D., and Eric Reinhardt, "Multilateral Determinants of Regionalism: The Effects of GATT/WTO on the Formation of Preferential Trading Arrangements," *International Organization*, Vol. 57, No. 4, 2003.

Martin, Will, and L. A. Winters, eds., *The Uruguay Round and the Developing Countries*, Cambridge University Press, 1996.

Marvel, Howard P., and Edward J. Ray, "The Kennedy Round: Evidence on the Regulation of International Trade in the United States," *The American Economic Review*, Vol. 73, No. 1, March 1983.

Milner, Helen, *Resisting Protectionism: Global Industries and the Politics of International Trade*, Princeton University Press, 1988.

Milner, Helen, *Interest, Institutions, and Information: Domestic Politics and International Relations*, Princeton University Press, 1997.

Mittelman, James H., *The Globalization Syndrome: Transformation and Resistance*, Princeton University Press, 2000.

Modelski, George, ed., *Exploring Long Cycles*, Lynne Rienner Publishers, 1987.

Modelski, George, *Long Cycles in World Politics*, University of Washington Press, 1987.

Modelski, George, and William R. Thompson, *Seapower in Global Politics 1494–1993*, University of Washington Press, 1988.

Moosa, Imad A., and Nisreen Moosa, *Eliminating the IMF: An Analysis of the Debates to Keep, Reform or Abolish the Fund*, Palgrave Macmillan, 2019.

Moran, Theodore, "Multinational Corporations and Dependency: A Dialogue for Dependentistas and Non-Dependentistas," *International Organization*, Vol. 32, No. 1, Winter 1978.

Moravcsik, Andrew, "Taking Preferences Seriously: A Liberal Theory of International Politics," *International Organization*, Vol. 51, No. 4, 1997.

Munoz, Heraldo, ed., *From Dependency to Development: Strategies to Overcome Underdevelopment and Inequality*, Westview Press, 1981.

Oatley, Thomas, "The Reductionist Gamble: Open Economy Politics in the Global Economy," *International Organization*, Vol. 65, No. 2, 2011.

Oatley, Thomas, *Debates in The International Political Economy*, 2nd ed., Pearson Education, 2012.

O'Brien, Robert, and Marc Williams, *Global Political Economy: Evolution and Dynamics*, Palgrave Macmillan, 2007.

Owen, Erica, and Stefanie Walter, "Open Economy Politics and Brexit: Insights, Puzzles, and Ways Forward," *Review of International Political Economy*, Vol. 24, No. 2, 2017.

Phillips, Nicola, and Catherine E. Weaver, eds., *International Political Economy: Debating the Past, Present and Future*, Routledge, 2011.

Polanyi, Karl, *The Great Transformation: The Political and Economic Origins of Our Time*, Rinehart and Company, 1957.

Prebisch, Paul, *The Economic Development of Latin America and Its Principle Problems*, United Nations Department of Economic Affairs, 1950.

Puchala, Donald J., and Raymond F. Hopkins, "International Regimes: Lessons from Inductive Analysis," *International Organization*, Vol. 36, No. 2, Spring 1982.

Putnam, Robert D., "Diplomacy and Domestic Politics: The Logic of Two-Level Games," *Interna-

tional Organization, Vol. 42, No. 3, 1988.

Ravenhill, John, ed., *Global Political Economy*, 2nd ed., Oxford University Press, 2008.

Ravenhill, John, "In Search of the Missing Middle," *Review of International Political Economy*, 2008.

Rogowski, Ronald, *Commerce and Coalitions: How Trade Affects Domestic Political Alignments*, Princeton University Press, 1989.

Ruggie, John Gerard, "International Responses to Technology: Concepts and Trends," *International Organization*, Vol. 29, No. 3, 1975.

Schattschneider, E. E., *Politics, Pressures and the Tariff: A Study of Free Private Enterprise in Pressure Politics, as Shown in the 1929-1933 Revision of the Tariff*, Prentice-Hall, 1935.

Schumpeter, Joseph A., *Capitalism, Socialism and Democracy*, Harper & Brothers, 1950.

Schwab, Klaus, *The Fourth Industrial Revolution*, World Economic Forum, 2016.

Schwartz, Herman M., *States versus Markets: History, Geography, and the Development of the International Political Economy*, St. Martin's Press, 1994.

Shannon, Thomas Richard, *An Introduction to the World-System Perspective*, Westview Press, 1996.

Shields, Stuart, Ian Bruff, and Huw Macartney, eds., *Critical International Political Economy: Dialogue, Debate and Dissensus*, Palgrave, 2011.

Skocpol, Theda, *States and Social Revolutions*, Cambridge University Press, 1979.

Skocpol, Theda, ed., *Bringing the State Back In*, Cambridge University Press, 1985.

Stewart, Terence P., ed., *The GATT Uruguay Round: A Negotiating History (1986-1994)*, Kluwer Law International, 1999.

Strange, Susan, *State and Market: An Introduction to the International Political Economy*, Pinter Publishers Limited, 1988.

The WTO Secretariat, *From GATT to the WTO: The Multilateral Trading System in the New Millennium*, Kluwer Law International, 2000.

Thompson, William R., ed., *Contending Approaches to World-System Analysis*, Sage, 1983.

UNCTC, *World Investment Report 1989: Transnational Corporations in World Development: Trends and Prospects*, United Nations, 1989.

UNCTAD, *World Investment Report 2003: FDI Policies for Development: National and International Perspectives*, United Nations, 2003.

UNCTAD, *World Investment Report 2005: Transnational Corporations and the Internationalization of R&D*, United Nations, 2005.

UNCTAD, *World Investment Report 2006: FDI from Developing and Transition Economies: Implications for Development*, United Nations, 2006.

UNCTAD, *World Investment Report 2007: Transnational Corporations, Extractive Industries and Development*, United Nations, 2007.

UNCTAD, *World Investment Report 2008: Transnational Corporations and the Infrastructure Challenge*, United Nations, 2008.

UNCTAD, *World Investment Report 2009: Transnational Corporations, Agricultural Production and Development*, United Nations, 2009.

UNCTAD, *World Investment Report 2011: Non-Equity Modes of International Production and Development*, United Nations, 2011.

UNCTAD, *World Investment Report 2013: Global Value Chains: Investment and Trade for Development*, United Nations, 2013.

UNCTAD, *World Investment Report 2018: Special Economic Zones*, United Nations, 2018.

Vernon, Raymond, *Sovereignty at Bay: The Multinational Spread of U.S. Enterprises*, Basic Books, 1971.

Viotti, Paul R., and Mark V. Kauppi, *International Relations Theory: Realism, Pluralism, Globalism, and Beyond*, 3rd ed., Allyn and Bacon, 1999.

Wallerstein, Immanuel, *The Modern World-System I: Capitalist Agriculture and the Origins of the European World-Economy in the Sixteenth Century*, Academic Press, 1974.

Wallerstein, Immanuel, *The Modern World-System II: Mercantilism and the Consolidation of the European World-Economy, 1600-1750*, Academic Press, 1980.

Wallerstein, Immanuel, *Historical Capitalism*, Verso, 1983.

Wallerstein, Immanuel, "The Three Instances of Hegemony in the History of the Capitalist World-Economy," *International Journal of Comparative Sociology*, Vol. 24, No. 1-2, 1983.

Wallerstein, Immanuel, *The Politics of the World-Economy: The States, the Movements and the Civilizations*, Cambridge University Press, 1984.

Wallerstein, Immanuel, *The Modern World-System III: The Second Era of Great Expansion of the Capitalist World-Economy, 1730-1840*, Academic Press, 1988.

Wallerstein, Immanuel, *The Capitalist World-Economy*, Cambridge University Press, 1989.

Wallerstein, Immanuel, *Geopolitics and Geoculture: Essays on the Changing World-System*, Cambridge University Press, 1991.

Wallerstein, Immanuel, *Report on an Intellectual Project: The Fernand Braudel Center, 1976-1991*, Fernand Braudel Center, SUNY, Binghamton, 1991.

Wallerstein, Immanuel, *Unthinking Social Science: The Limits of Nineteenth-Century Paradigms*, Polity Press, 1991.

Wallerstein, Immanuel, "The World-System After the Cold War," *Journal of Peace Research*, Vol. 30, No. 1, 1993.

Wallerstein, Immanuel, *After Liberalism*, The New Press, 1995.

Waltz, Kenneth N., *Theory of International Politics*, Addison-Wesley, 1979.

Wang, Zhengyi, "Contending Regional Identity in East Asian: Marked-Led, Institutions or Social Reconstruction?," *East Asian Review*, Vol. 13, 2010.

Weingast, Barry R., and Donald Wittman, eds., *The Oxford Handbook of Political Economy*, Oxford University Press, 2006.

Wendt, Alexander, "Anarchy Is What States Make of It: The Social Construction of Power Politics," *International Organization*, Vol. 46, No. 2, Spring 1992.

World Bank, *World Development Report 1991: The Challenge of Development*, World Bank, 1991.

World Bank, *The East Asian Miracle: Economic Growth and Public Policy*, Oxford University Press, 1993.

World Bank, *World Development Report 1996: From Plan to Market*, Oxford University Press, 1996.

World Bank, *World Development Report 1997: The State in a Changing World*, World Bank, 1997.

Zahariadis, Nikolaos, ed., *Contending Perspectives in International Political Economy*, Harcourt Brace & Company, 1999.

教师反馈及教辅申请表

北京大学出版社本着"教材优先、学术为本"的出版宗旨,竭诚为广大高等院校师生服务。

本书配有教学课件,获取方法:

第一步,扫描右侧二维码,或直接微信搜索公众号"北大出版社社科图书",进行关注;

第二步,点击菜单栏"教辅资源"—"在线申请",填写相关信息后点击提交。

如果您不使用微信,请填写完整以下表格后拍照发到 ss@pup.cn。我们会在 1—2 个工作日内将相关资料发送到您的邮箱。

书名		书号	978-7-301-	作者	
您的姓名				职称、职务	
学校及院系					
您所讲授的课程名称					
授课学生类型(可多选)	□ 本科一、二年级　　□ 本科三、四年级 □ 高职、高专　　　　□ 研究生 □ 其他_____				
每学期学生人数	_____人			学时	
手机号码(必填)				QQ	
电子信箱(必填)					
您对本书的建议:					

我们的联系方式:

北京大学出版社社会科学编辑室

通信地址:北京市海淀区成府路 205 号,100871

电子邮箱:ss@pup.cn

电话:010-62753121 / 62765016

微信公众号:北大出版社社科图书(ss_book)

新浪微博:@未名社科-北大图书

网址:http://www.pup.cn